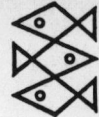

Über dieses Buch Wozu der Staat die Musik braucht – oder mißbrauchte, dieser Frage geht Fred K. Prieberg an Beispielen von der Mitte des 18. Jahrhunderts bis heute nach. Daß die Musik von der Diktatur des NS-Regimes in Dienst genommen wurde und Musikschaffende sich diesem Regime andienten, ist hinlänglich bekannt. Macht man sich aber auf »Spurensuche« in der Musikgeschichte, gibt es genügend Zeugnisse dafür, daß sich auch der starke imperiale bis demokratische und erst recht der »revolutionäre« Staat nicht scheute, die Musik als Identifikatons- und Machtmittel zu benutzen, sei es in Form von politischen Festritualen, als Sympathiewerbung oder tönende Politpropaganda. Gezeigt wird dies am Beispiel von verschiedenen Ländern und Systemen, um zu klären, ob die Musik überhaupt dazu taugt, sozusagen »hoheitliche« Ansprüche zu erfüllen.

Der Autor Fred K. Prieberg, geb. 1928, Musikforscher und Rundfunkautor. Veröffentlichungen zum Thema Musikpolitik, Neue Musik, u. a. ›Musik im NS-Staat‹ (Fischer Taschenbuch Bd. 6901).

Fred K. Prieberg

Musik und Macht

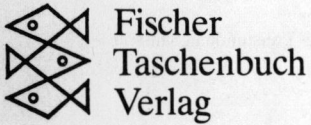

Fischer
Taschenbuch
Verlag

Lektorat: Heide Kobert

Originalausgabe
Veröffentlicht im Fischer Taschenbuch Verlag GmbH,
Frankfurt am Main, November 1991

Inhalt

Spurensuche 7
»Ingenieure der menschlichen Seele«? 36
Die Betriebsamkeit der Manager 59
Fortschritt – wohin? 81
Die Dienstherrschaft 113
Macht Musik Staat? 148
Vexierbilder 187
David oder Goliath? 209
Mordsmusik 235
Die krummen Rücken 255

Abkürzungen 278
Anmerkungen 280
Register 302

»Wenn schon brisante politische Themen, dann kümmern Sie
sich doch um Kurden oder Palästinenser, aber lassen Sie Komponisten in Ruhe.«

Prof. Dr. Hans Schneider,
Musikantiquar und Verleger in Tutzing,
an den Kölner Doktoranden Christian Detig,
20. Juni 1991.

Spurensuche

Kulturgeschichte kann Glückssache sein, zumal für einen, der sein höchstes Glück in der Spekulation sieht. Allerdings präsentiert uns die Kulturgeschichte Fragen, die tückische Fallstricke bereithalten, indem sie fixe Ideen hervorlocken. Dafür gibt es ein berühmtes Beispiel, das zwar nicht mit Musik, aber doch auch mit Ersatzbefriedigung zusammenhängt. Als eine ganz fundamentale, ja für das Menschengeschlecht existentiell entscheidende Kulturleistung zu erklären blieb, nämlich die Zähmung des Feuers, war es kein Geringerer als Sigmund Freud, der ins Stolpern geriet. Hätte er doch geschwiegen! Aber nein – es drängte ihn, da er Kulturgeschichte mit seinem Metier, der Psychoanalyse, durchleuchten wollte, die These zu äußern, der Urmensch könne gewohnt gewesen sein, »wenn er dem Feuer begegnete, eine infantile Lust an ihm zu befriedigen, indem er es durch seinen Harnstrahl auslöschte«[1]. Und so fort im Überschwang der »analytischen« Phantasie, die dem großen Gewährsmann ganzer Psychologen-Generationen einen prähistorischen »homosexuellen Wettkampf« vorspiegelte, mit dem Feuer nämlich, das folglich erst durch Triebverzicht der Menschheit dienstbar zu machen war.

Dies alles garnierte der Wissenschaftler zwar mit einigen Vokabeln des Vorbehalts, gestand auch zu, es klänge phantastisch, versteckte seinen Geistesblitz bescheiden in einer Fußnote... Aber eben da ist er doch zu lesen. Wer den Spuren Freuds bis dahin folgt, wird zuverlässig schließen können, daß der Professor fraglos mit dem Flämmchen von Kerzen und Streichhölzern vertraut war, jedoch seine Vorstellungskraft längst nicht ausreichte, ihm die Erkenntnis zu vermitteln, was die kümmerlichen Harnblasen des Urmenschen gegen die Flammen hätten ausrichten können, die diesem begegneten: Lavaströme aus Vulkanen, im Blitzfeuer brennende Wälder und Steppen. Zum Spiel mit solchem Feuer muß mehr nötig gewesen sein als der Verzicht auf homosexuellen Wettkampf.

Insofern ist es ein kulturgeschichtlicher Glücksfall, daß wir es nicht mit Feuer zu tun haben, sondern mit Musik; denn über diese besitzt der Autor verläßlichere Informationen als Sigmund Freud über das Feuer. Eines wie das andere verlangt – bei allen unleugbaren Unterschieden – Beherrschung. Nutzbar ergeben sie sich nur dem, der sie zu beherrschen weiß, und eine der beliebtesten Nutzungen scheint hier wie dort die Herrschaft über andere Menschen zu sein. Feuer und Musik verschaffen dem Macht, der sie beherrscht, der sie sich aneignet als Instrument der Politik.

Nachdem der kulturhistorische Wertvergleich gewagt ist, kann unsere Spurensuche das Feuer beiseite lassen. Jede weitere Ähnlichkeit wäre rein zufällig. Zur Diskussion steht Kunst, die flüchtigste von allen, die Musik. Obwohl so schwierig greifbar, siedelt sie immer in der Nähe von Menschen. Von ihnen kommt sie; zu ihnen geht sie. Den Menschen sozialisiert sie; ihn enzweit sie. Fraglos ist der Mensch ein politisches Lebewesen. Seine Kunstübung reflektiert den einzelnen wie die Gattung, wirft zugleich jene existentielle Problematik der Gesellschaft auf, in der das Individuum regelmäßig einer Gruppe gegenübersteht: der Familie, Sippe, dem Stamm, dem Staat. Diese Situation – einer gegen alle, alle gegen einen – führt unablässig zu Konflikten, und die Kunst steckt, handelnd wie erleidend, häufig in dieser Auseinandersetzung mittendrin, legt manchmal geradezu Zeugnis ab für die Schärfe des Kampfes oder für die Resignation der Friedfertigen. Das nennenswerte Kunstwerk scheint irgendwo zwischen individueller Eigenmächtigkeit und einengendem Gruppengeist zu wachsen.

Eine Unwägbarkeit jeder künstlerischen Gestaltung liegt in der Regel im Verhalten der Gruppe gegenüber dem Künstler. Solange er sich nicht gegen ihre ungeschriebenen Gesetze oder Wertvorstellungen vergeht, solange er das Bild nachmalt oder doch wenigstens nicht trübt, das die Gruppe als Selbstporträt vor sich her trägt, ist er entweder willkommen oder doch wenigstens geduldet. Wagt er es jedoch, mit welchen Motiven auch immer, anders zu sehen, zu denken, zu hören, zu empfinden als diese, dann begegnet er massiver Abwehr. Dann diktiert ihm die Gruppe die Rolle des einsamen Fremdlings zu. Dann erklärt sie ihn zum Beispiel für »entartet« und rügt nicht so sehr die Andersartigkeit seines Temperaments, seiner Existenz, seiner geistigen und kreativen Bedürfnisse und Folgerungen, sondern seine soziale und am Ende gar moralische Andersartigkeit, also Abartigkeit.

Damit schafft sich die Gruppe den Erzfeind, dessen Existenz überhaupt erst das Kollektiv als solches bestätigt. Sie straft ihn mit Verachtung, isoliert, diffamiert ihn durch die »öffentliche Meinung«, und alles nur, um das Selbstbildnis zu verewigen, die Gruppennorm intakt zu halten und die Illusion zu retten, der derzeitige gesellschaftliche Zustand sei der historisch fortschrittlichste und daher völlig unveränderbar. Die Musikgeschichte liefert eine ansehnliche Menge von Fallbeispielen dafür, und diese quer durch alle möglichen politischen und gesellschaftlichen Verhältnisse. Das pluralistische Gemeinwesen handelt im Prinzip nicht anders als der zentralistische Einparteienstaat, und die meisten politisch-gesellschaftlichen Utopien, zumal solche mit »weltanschaulichem« Anspruch, erweisen sich als barbarische Despotien im Umgang mit abweichenden Künstlern und insbesondere Musikern.

Mit welchem Recht erzwingt die Gesellschaft Konformität? Sie verfügt natürlich über das Recht des Stärkeren in mannigfaltiger Gestalt. Aber damit ist die Frage nicht beantwortet. Es könnte ja sein, daß der schöpferisch Begabte gegenüber den anderen eine Art Verpflichtung hätte, also nicht Gleicher unter Gleichen wäre. Könnte die Gesellschaft dann rechtens darauf pochen, er müsse daher mehr leisten als die gewöhnlichen, schöpferisch minder ausgestatteten Mitglieder? Das war in einigen Gemeinwesen nie eine strittige Frage. Die Praxis des Kunstbetriebs verrät immer wieder auch ideologische Vorgänge.

Sehr oft ergreift der Künstler mit dem, was er schafft, Partei ... zuweilen gegen die Gesellschaft, in der er lebt, zumeist aber für sie und die aktuellen Ziele ihrer politischen Führung. Er kann Außenseiter sein oder Patriot. Er kann stören, verstören, in Frage stellen. Er kann willkommene Symbole für die Selbstdarstellung seiner Gesellschaft liefern, die angenehm zu konsumieren sind. Die Kulturgeschichte lehrt es bis zum Überdruß: Künstler haben gruppenkritisch, »defaitistisch«, antinational geschaffen; sie haben aber auch platte vaterländische Verse geschmiedet, bunte Schlachtenpanoramen gemalt, Kantaten für den jeweiligen »Landesvater« und zu Staatsfeiertagen geschrieben und den aktuellen Helden in Erz gegossen. Dafür hatten sie individuelle Beweggründe, darunter manche, die sie sich bemühten zu verschweigen.

Aber solche »aktuellen« Werke – zugleich »Widerspiegelung der Wirklichkeit«, der angeblichen, und angewandte Kunst mit häufigen Symptomen der kurzlebigen Gelegenheitsarbeit – waren es, die den Machthabern suggerierten, daß Kunst ein Medium der Tagespolitik sein könne. Es lag nahe, eben diese Nutzbarkeit zum Ideal zu stempeln. Dann blieb nur noch ein kleiner Schritt bis zur Forderung, genau dies habe die Regel zu sein. Mit anderen Worten: Der Künstler könne in der jeweiligen »schwersten« oder »größten Stunde der Nation« nicht abseits stehen; er könne überhaupt nicht abseits stehen, sondern sei moralisch – wie sowieso schon als Mitglied und Teilhaber der »Volksgemeinschaft« – verpflichtet, seine Begabung zum »Wohle des Ganzen« einzusetzen. Diktion und Vokabular sind aus dem Leben gegriffen.

Trotz massiver Versuche, den Konflikt zwischen Individuum und Gruppe – diese vertreten durch ihre Machthaber – so oder so zu neutralisieren, hat der Protest des Künstlers und der Gegenschlag der Gesellschaft zumal in der Musik gelegentlich beunruhigende Formen angenommen. Dies könnte sich aus der weitgehenden Irrationalität der Tonkunst und ihrer beliebigen Deutbarkeit erklären. Ein Dichter, ein Schriftsteller bedient sich des verständlichen Worts. Er kann also jederzeit – selbst noch Jahrzehnte nach der Niederschrift – auf eine erkennbare Bedeutung festgelegt werden. Nicht anders verhält es sich mit Malerei und Plastik, mit dem Film, dem Sprechtheater. Auch sie stellen dar und ermöglichen die fast eindeutige Interpretation oder regen jedenfalls die Phantasie des Sittenapostels, des Polizisten oder Staatsanwalts dazu an, ihre Beschuldigung zu formulieren.

Vor solchen Abenteuern ist die Musik sicher. Sie stellt nicht dar wie Bild und Sprache. Ertönt sie ohne Text oder suggestiven Titel, so ergibt sich kein außermusikalischer, semantischer Sinn. Sie ist ganz Zeichen, gewiß, aber eben nur musikalisches. Sie kopiert weder ein Abbild der Umwelt, noch malt sie irgendein reales Ereignis ab. Sie malt überhaupt nicht ab, ja, ihr fehlt eigentlicher »Inhalt«. Der musikalische Sinn jedoch ist für Laien – und Machthaber handeln immer als Laien oder, schlimmer noch, wie Banausen – subtil verschlüsselt; er entzieht sich objektiven Tatbeständen weithin und juristischen erst recht. Um so großartiger der Redefluß, wenn über Musik geschrieben wird; aber damit kaschiert sich munter die Sprachlosigkeit angesichts des Phänomens.

Zuweilen geschieht es dann noch, daß Komposition ohne Text und Titel, also die »absolute«, nicht vordergründig an einen Zweck gebundene Musik als unvereinbar mit der Gruppennorm gilt. Dafür gibt es Beispiele aus der Antike, dem Mittelalter und – gehäuft – aus dem 20. Jahrhundert, überall wo das Werk nicht mehr mit der Stimme der Gruppe sang, wenn es also dem kollektiven Ohr weh tat. Dabei hätte der Komponist – gerade weil Musik nicht spricht – der freieste unter den Künstlern sein können, sogar im Gemeinwesen mit staatlich gelenkter Kunstausübung. Aber gerade seine scheinbare Freiheit hat ihm die ungeheuerlichste Unterdrückung aufgeladen. Die ideologische Kontrolle der Musik findet nämlich keinen Anhaltspunkt; da ist kein »Inhalt«, der sich zur Manipulation anböte. Also halten sich die Kontrolleure an Kriterien, mit denen der Komponist sich so festgelegt hat, daß kein Schlupfloch bleibt: an Form und Technik. Der Eingriff in diesen intimsten Bereich des Schaffens ist durchaus kein Novum in der wechselreichen Geschichte des Verhältnisses zwischen Kunst und Politik.

Wie schön, daß Musik nicht redet; daher kann sie eben nicht auf Redesinn hin zensiert werden. Leider übertragen die Machthaber ihre Vorstellung von »Schicklichkeit« auf die kompositorische Faktur, aufs Verfahren, auf Handwerkliches. Sie fragen nicht mehr: Was sagt die Musik aus? Sondern: Wie klingt sie? Der Komponist, eben noch einer der freiesten Künstler, ist solcher Zensur hilflos ausgeliefert. Kontrolle erfaßt die kreative Konstruktion und damit ein wesentliches Artikulationsfeld seiner Persönlichkeit. Satztechnik, Tonarten, Melodik, Orchestration und darüber hinaus der Stil sind objektiv registrierbare Elemente des musikalischen Handwerks... Für den Kenner natürlich nur; aber das war kein Problem. Seit eh und je verstanden es die Regierungen, ihre Zensoren aus den Reihen der Zensierten zu rekrutieren. Diese Helfershelfer, geködert mit Amt und Ehren, pflegen ganze Arbeit zu leisten. Sie messen die Form, als gingen sie mit Senkblei und Wasserwaage um. Sie prüfen die inneren Bedingtheiten der Partitur. Sie arbeiten Vorschriften für Tonkünstler aus. Gleichwohl stehen sie auf verlorenem Posten. Wann er in Verlust gerät, ist stets nur eine Frage der Zeit.

Fraglos existieren viele Möglichkeiten, eine Künstlerpersönlichkeit unter Druck zu setzen. Die Gesellschaft handhabt sie virtuos. Dabei sollte nicht allein an repressive Bezirke gedacht werden, an diktatorische Staaten. Nicht die Regierungsform ist entscheidend. Gilt irgendwo vielleicht noch eine Verfassung, die sich nicht ostentativ mit dem Recht auf freie Meinungsäußerung ziert? Was auf dem Papier steht, leuchtet nicht hinein in die hintersten Winkel des politischen Alltags. Jener Antagonismus zwischen Individuum und Gruppe belastet alle Herrschaftsformen; er kommt in der parlamentarischen Demokratie vor wie in der absolutistischen Monarchie, in der Räterepublik wie im Führerstaat. Der disziplinierende Druck, den man sich vorzustellen hat, bedarf kaum je etwa des »Kitzelns der Bajonette«... Damit gute Kunst anregen zu wollen, wäre ein aussichtsloses Unterfangen. Das begreift auch der dümmste Machthaber. Da bieten sich viel subtilere Techniken.

Wo der Musiker direkt oder mittelbar Angestellter ist – zum Beispiel Untergebener eines Feudalherrn oder Staatsbeamter –, genügt entweder die Drohung mit Entlassung oder die fast automatisch sich einstellende Befürchtung, bei der nächsten Beförderung übergangen zu werden. Die Gesellschaft »hält« sich ihre Musiker wie Haustiere. Sie straft mitleidlos, sobald einer seinen Haustierpflichten nicht eifrig nachkommt. Diese Haustierpflichten werden immer öder, seit die Gruppe ihre Vorstellungen von Kunst und ihre Niveaubedürfnisse an denen ihrer am wenigsten bildungswilligen Mitglieder orientiert. Dies ist ungefähr die heutige, »demokratische« Situation. Allerdings sind die Musiker nicht untätig geblieben. Sie haben sich in Fachverbänden und Interessengemeinschaften organisiert, die auf Verwaltung und Regierung einwirken, damit ihnen ein möglichst ansehnliches Stück vom großen Kuchen des Sozialprodukts zufällt – und sei es in Form von offenen oder versteckten Subventionen. Die pluralistische Gesellschaft macht dem Musiker unter günstigen Umständen die Existenz weniger schwer als anderswo. Schlimmeres erwartet ihn dort, wo Musikpolitik ideologisch begründet und zentralistisch gelenkt wird. Hier findet er sich regelmäßig in der Rolle des Opfers. Denn Musikpolitik aus dem Staatsministerium bedient sich immer der vorgeblichen Stimme des Volkes. Dazu bedarf es keiner Meinungsumfragen. Der Repräsentant hört Volkes Stimme in sich selber und lehrt das Volk, in rechter Weise zu sprechen. Daher kann am Ende niemand mehr durchschauen, ob der Minister der öffentlichen Meinung folgt oder diese dem Minister.

Immer dann geraten handliche Vokabeln in den Sprachgebrauch – wie »gesundes Volksempfinden«, »entartete Kunst«, »gesunde, realistische Richtung« oder »antihumanistische Musik«. Es sind Paragraphen einer

Urteilsfindung, Kategorien eben der ästhetischen Wertung, die von Staats wegen als die »richtige« propagiert wird. Dabei haben solche Wörter mit Ästhetik nicht das geringste zu tun. Es sind despotische Zauberformeln gegen die verdächtige Freiheit des Künstlers; ihre Gefahr liegt darin, daß sie ihn nur noch tiefer in die Isolation verbannen. Die Gruppe *muß* den unangepaßt Schaffenden ins Abseits drängen. Denn ein Außenseiter produziert Unruhe. Was er schafft, wirft Fragen auf, zwingt zum Nachdenken, bezweifelt den Status quo. Das ist ein psychologischer Umsturzversuch. Solches hält die Gruppe in ihrer statischen, unelastischen Bewußtseinsstruktur nicht aus. Sie existiert ja gerade durch Konformität. Jede Einbuße an Selbstverständlichkeit kündigt Zerfall, Auflösung an, eine Katastrophe mit politischen Weiterungen. Der künstlerische Herausforderer kann sich womöglich jäh verwandeln in einen politischen Revolutionär. Vielleicht ist etwas dran an der jahrtausendealten Lehre vom Ethos der Musik. Vielleicht waren die moralischen Wirkungen der Tonkunst eine Urerfahrung der Menschheit, so daß jede Veränderung der Musik üble Folgen haben müßte. Mit ihr müßten sich auch Moral, geistiges Leben, Weltanschauung, individueller Charakter ändern. Diese »andere« Musik – und das war immer die neuere – könnte also einem Kapitalverbrechen gegen den Bestand von Gesellschaft und Staat gleichkommen.

Das stammte aus der Mythologie und setzte sich daher um so fester ins Bewußtsein. Mit der Lehre vom Ethos der Musik rechtfertigte der Staat noch in jüngster Zeit sein Privileg, die Geschichte der Kunst und ihrer Schöpfer in Beamtenhand zu nehmen. Aus dem Anspruch entwickelten sich verschiedene Praktiken der Förderung. Vielleicht bindet der Staat mit Hilfe einer freigebigen Kulturpolitik die Künstler an sich. Vielleicht versucht er, sie durch Versprechungen und schöne liberale Reden zu überzeugen. Vielleicht winkt er mit weitgehender materieller Sicherheit... freilich im Austausch gegen ideologische Disziplin und bürgerliches Wohlverhalten. Gemeinhin sichert sich der mäzenatische Staat durch Verstaatlichung der künstlerischen Produktionsmittel eine Operationsbasis und versucht, dem Konflikt zwischen Individuum und Gruppe von oben beizukommen.

Jede Obrigkeit, nicht nur die totalitäre, findet wenig dabei, dem mißliebigen Künstler Schweigen zu befehlen. Sie tut es immer dann, wenn sie Gefahr für ihre Belange wittert, und das sind durchweg Belange der Machterhaltung. Wo die Massen unruhig werden, beginnt Herrschaft zu wanken. Staatliche Eingriffe haben sich wie selbstverständlich eingebürgert. Sie sind zu einem gängigen, moralisch keineswegs für Unrecht gehaltenen Mittel der Kulturpolitik geworden. Eingriff kann alles sein, alles auf allen Ebenen: Vergabe von Kunstpreisen und Arbeitsstipendien, Spielplangestaltung an staatlichen und kommunalen Musiktheatern, För-

Gudrun und Wolfgang Wagner mit dem deutschen Außenminister Hans-Dietrich Genscher und dem dänischen Außenminister Uffe Ellemann-Jensen bei der Eröffnung der Bayreuther Wagner-Festspiele am 26. Juli 1988. Foto: dpa/Kemmether

derung von Akademien und Musikhochschulen und finanzielle Unterstützung für Künstleraustausch und auswärtige Propaganda mit Mitteln der Kultur.
Obrigkeitliche Eingriffe haben Geschichte – auch und gerade Musikgeschichte – gemacht. Sie haben die natürlich wachsende Entwicklung aufgehalten oder manipulativ verändert. Der Historiker, der Sozialforscher muß dieser Tatsache Rechnung tragen. Ist denn Musikgeschichte wie bislang betrieben nicht reichlich arm an wichtigen Aufschlüssen? Welche Erkenntnis ermöglicht die harmonische Analyse eines Werks? Wen geht Beethovens unsterbliche Geliebte noch etwas an? Welche musikhistorischen Konsequenzen hat die Kochkunst der Brüder Kontarsky? Und in welcher Weise wäre Mendelssohns Sommernachtstraum-Musik noch bedeutsam, wenn nicht als ausdrucksvoller Gegenpol zu den mehr als fünfzig neuen, antisemitischen Sommernachtstraum-Musiken, die – im Auftrag oder ganz und gar als freiwillige Leistung – während des Hitler-Regimes in Deutschland entstanden?

Ich möchte damit für die politische Musikgeschichte plädieren, die bisher gern umgangene, vernachlässigte; da ist viel aufzuarbeiten. Es gibt Komponisten, die geradezu Musterbeispiele für politische Musikgeschichte liefern. Zu denken ist – vor allem, aber nicht nur – an Mikis Theodorakis. Bislang haben die Musikhistoriker eher gemieden, was sich mit dem Namen dieses Musikers verbindet: kämpferische Musik, Aufführungsverbote, Drangsalierung, Gefängnis... neues Material für neuartige Musikgeschichtsschreibung. Ihr hat es freilich, was Griechenland betrifft, nicht sehr viel weiter als bis Platon gereicht, Platon als Musiktheoretiker, wohlgemerkt. Dabei könnte Musikpolitik recht gut eine griechische Erfindung sein. Im alten Hellas jedenfalls war sie so etwas wie Pflichtpensum vieler Denker. Damon von Athen etwa wollte die Tonkunst als gesellschaftliches und politisches Bildungsmedium genutzt wissen. Er verlangte das so beredt, daß sich fast alle späteren Anwälte einer Verkopplung der Musik mit der Staatspolitik auf ihn bezogen.

Der namhafteste, der Damon zum Zeugen anrief und dessen Lehre übernahm, war Platon in seinem Entwurf des perfekten Staates. Um diesen ging es, und so nimmt es nicht wunder, daß der Philosoph die totalitäre Einschränkung der persönlichen Freiheit durch das Gruppeninteresse als selbstverständlich betrachtet. Das war zitierbar. Und so gelang – über die faszinierende Spruchweisheit »Vox populi – vox Dei« und Hegels Traum von der fast metaphysischen Allmacht des Gemeinwesens – ohne besondere Mühe der Schritt zu den zeitgenössischen Gesellschaftsutopien des Nationalsozialismus und des Kommunismus. Der antike Vordenker wollte Kunst als sozialhygienisches Medikament; daraus rechtfertigten sich die Strenge und Ausschließlichkeit seiner Handlungsanweisungen. Ihre Verwirklichung jedoch hätte die Tätigkeit eines umfangreichen Stabes von Kulturbeamten mit Zensuraufgaben erfordert; diese hätten Experten für die komplizierten Beziehungen zwischen der Meinung der Öffentlichkeit und dem Willen der Staatslenker sein müssen. Denkprozesse brauchen indes keine mögliche Realität zu berücksichtigen. Damals blieb auf dem Papier, was Platon gerade der Tonkunst als bevorzugtem sozialpädagogischem Medium zudiktierte:

Vor Neuerungen in der Musik muß man sich in acht nehmen; denn dadurch kommt alles in Gefahr. Damon behauptet – und ich glaube es ihm: Nirgends wird an den Gesetzen der Musik gerüttelt, ohne daß auch die höchsten Gesetze des Staates ins Wanken geraten (...). Dort müssen also die Wächter ihr Wachhaus bauen: in der Nähe der Musik. – Ja, Gesetzlosigkeit dringt leicht in die Musik ein, ohne daß man es gewahr wird. – Freilich, sie scheint dort bloß Spiel zu sein und ohne üble Wirkung zu bleiben. – Sie hat ja auch keine andre Wirkung (...) als daß sie sich allmählich festsetzt und heimlich auf den Charakter und die Fähigkeit überträgt, dann weiter und offener um sich greift und das bürgerliche Leben vergiftet, dann mit großer Frechheit die Gesetze und die Verfassung angreift, bis sie schließlich alles zerstört, das ganze Leben des einzelnen sowohl wie der Gesamtheit.[2]

Soweit Platon. Für ihn gilt Musik als Vehikel der Machtergreifung, also politischer Propaganda im weitesten Sinne. Durch sie soll die Gesellschaft ausgerichtet werden, sozialisiert, zivilisiert; sie liefert per Analogie den Baustoff für die staatsmännische Kunst, aus dem Gruppenkontakt und soziale Ordnung hergestellt werden können. Nachplatonische Denker nahmen diesen in der Tat bestechenden Gedanken immer wieder mit besten Empfehlungen auf. Er klingt in fast allen Gesellschaftsentwürfen des 16. und 17. Jahrhunderts mit. Im synthetisch erträumten Staat des Thomas Morus, entworfen in der ›Utopia‹ von 1516, spielt Musik eine tragende Rolle, zumal zur Unterhaltung im Sinne von Abstützung des Gemüts und der Gesittung und zur Fundamentierung der Gesellschaft. Noch weiter ging Tommaso Campanella 1602 in seinem Staatsentwurf ›La Città del Sole‹ (Der Sonnenstaat). Für das ideale Gemeinwesen, wie er es wahrhaben wollte, gilt Musik als Mittel der politischen Machtausübung. Dem höchsten Staatsführer, symbolisch »Sonne« geheißen, unterstehen drei Minister, nämlich Macht, Liebe und Weisheit; dies wären also die Ressorts Verteidigung, Soziales und Kultur. Weisheit befehligt eine Hierarchie von Fachbeamten, darunter einen, der für Musik verantwortlich zeichnet. Über die Aufgaben dieses Funktionärs läßt sich Campanella nicht näher aus; doch kann unterstellt werden, daß er wahlverwandtschaftliche Beziehungen zu Platons Wächter hat. Dann wäre ihm aufgetragen, die Geschicke der Tonkunst zu leiten, also Kompositionen zu Festen, Heldenehrungen und Führerhuldigungen in Auftrag zu geben und die Beachtung der Regel zu kontrollieren. Denn dieser »Sonnenstaat« ist ein Entwurf, der Eingriffe in die persönliche und private Sphäre für nötig und nützlich hält.

Ein Jahrhundert später befaßten sich die Denker des Rationalismus eingehend mit der Nutzanwendung aus dem Verhältnis zwischen Kunst und Politik. Noch waren die Ausläufer der antiken Ethoslehre, wenn auch mit oft absurden Spekulationen angereichert, weitgehend intakt. Die strengste Ratio vermochte sich nicht der Verlockung zu entziehen, die in der Gewißheit eines pädagogischen Werts der Künste lag. Ein hallendes Echo davon geriet sogar noch in Goethes Entwurf der »pädagogischen Provinz« und ihrer musikalischen Region. Um diese Zeit summierte der schweizerische Philosoph Johann Georg Sulzer das Resultat seiner Betrachtungen über Wesen und Wert der Musik so:

Aus allen diesen Anmerkungen folget, daß diese göttliche Kunst von der Politik zu Ausführung der wichtigsten Geschäfte könnte zu Hilfe gerufen werden. Was für ein unbegreiflicher Frevel, daß sie bloß als ein Zeitvertreib müßiger Menschen angesehen wird.[3]

Futuristisches Konzert 1919, Karikatur

Sulzer kritisierte die Theorie der »reinen Kunst« – L'art pour l'art, wie von Victor Cousin 1836 programmatisch geprägt – nicht weniger beredt als ein halbes Jahrhundert darauf die russischen Revolutionärdemokraten. Was Wissarion Belinskij dazu einfiel, mutet wie ein Widerhall jener Klage Sulzers an:

Der Kunst das Recht nehmen, den gesellschaftlichen Interessen zu dienen, hieße sie nicht erhöhen, sondern erniedrigen, denn es hieße, sie ihrer lebendigsten Kraft, d. h. ihres Sinnes, berauben, sie zum Gegenstand einer Art sybaritischen Genusses, zu einem Spielzeug eitler Müßiggänger machen.[4]

Kein Wunder, daß dieser Sozialromantiker ein fruchtbares Feld darstellte, das die späteren Fachleute für Musikpolitik begierig abgrasten, nämlich Lenin, Georgij Plechanow, Anatolij Lunatscharskij und – Stalin. Die Vorstellung von der Zweckbedingtheit der Kunst hatte eine logische Konsequenz. Sollten mit ihrer Hilfe politische Wirkungen erzielt werden, dann war Kontrolle und Lenkung unerläßlich. Dies ist durchaus keine moderne Folgerung. Bereits Jean-Jacques Rousseau redete 1761 einer drastischen ästhetischen und ideologischen Zensur das Wort, ganz ein später Schüler Platons:

Ebenso wie die Verkündung des Gemeinwillens durch das Gesetz geschieht, erfolgt die Verkündung des Urteils der Öffentlichkeit durch die Zensur. Die öffentliche Meinung ist die Art von Gesetz, dessen Minister der Zensor ist (...). Bei allen Völkern der Welt entscheidet über die Wahl der Vergnügungen durchaus nicht die Natur, sondern die Meinung. Rückt die Meinungen des Volkes zurecht, und seine Sitten werden sich von selbst bessern. Man liebt stets das, was schön ist oder was man dafür hält, aber gerade über dieses Urteil täuscht man sich. Also gilt es, dies Urteil zu berichtigen. (...) Die Zensur erhält die Sitten aufrecht, indem sie die Korruption der Meinungen verhindert und indem sie deren Rechtschaffenheit durch weise Verwendung bewahrt, manchmal sogar durch ihre Festlegung, falls sie noch unsicher sind.[5]

Zensur jeder Machart spielt in der wechselvollen Geschichte der Beziehungen zwischen Kunst und Politik eine vieldeutige Rolle, denn die Politisierung der Kunst setzt Kontrolle geradezu voraus. Im Grunde genommen schaffen die meisten Künstler – sind sie nur aufrichtig und selbständig genug – zwar für ein Publikum, aber weithin *gegen* ihre Gesellschaft, so als sei ein Notwehrfall gegeben. Paktieren sie zeitweise mit ihr, so müßten schon schwerwiegende Gründe dafür vorliegen. In Epochen politischer Unruhe schlagen sich zumindest jüngere Künstler gern auf die Seite der erstarkenden revolutionären Bewegung. Solche Haltsuche in mehrfacher Beziehung pflegt jedoch zu enden, wenn erkennbar wird, daß der Glaube an die Identität des künstlerischen und des politischen Fortschritts eine Fiktion ist. Treffliche Zeugnisse darüber hat uns die Französische Revolution überliefert. Bei der Propagierung ihrer Ideale Freiheit, Gleichheit und Brüderlichkeit – was auch immer damals darunter verstanden werden mußte – legten viele Musiker Hand und Herz mit an. Sie zelebrierten Massengesänge, vertonten Revolutionshymnen, schufen die ersten aktuell politischen Oratorien und Opern, festliche Apotheosen der Revolution und ihrer Helden.

Die Pariser Oper verwandelte sich in einen »Tempel der Künste und der Freiheit«; Notre Dame wurde zum »Tempel der Vernunft«. François Joseph Gossec schrieb zur Feier der Erlangung der Menschenrechte am 18. September 1791 die Hymne ›Peuple, éveille-toi, romps tes fers‹... Volk, erwache, brich deine Ketten! Pierre Gaveaux schuf 1795 die Revolutionshymne ›Le Reveil du Peuple‹... Erwachen des Volkes. Beim »Fest des Erhabensten Wesens« am 8. Juni 1794 führte man Massengesänge auf, die eigens zu komponieren waren. Musik für die vielen neuen Feste der Revolution – zum 14. Juli, zur Feier der großen Bürger, der Jugend, der Verheirateten, des Alters, der Landwirtschaft, Duldsamkeit und zu weiteren festlichen Anlässen – lieferten außer Gossec unter anderen Étienne Nicolas Méhul, Charles Simon Catel, Jean Paul Martini, Luigi Cherubini und Jean François Lesueur; alle bedeutenden und erst recht die weniger namhaften Musiker beteiligten sich. Revolutionäre Thematik besetzte auch die Musikbühne. Unter den einschlägigen Werken seien erwähnt: das den Fall der Bastille besingende ›Hiérodrame tiré des livres saints‹, also ein ›Weihedrama nach den heiligen Büchern‹, von Marc Antoine Desaugiers mit dem Titel ›La Prise de la Bastille‹ (1789); die Oper ›La Chêne Patriotique ou La Matinée du 14 Juillet‹ (1790), also ›Die patriotische Eiche oder der Vormittag des 14. Juli‹, von Nicolas Dalayrac; Henri Bertons antichristliche Oper ›Les Rigueurs du Cloître‹ (1790), ›Die Strenge des Klosters‹; Gossecs Opern ›L'Offrande à la Liberté‹ (1792), ›Opfergabe an die Freiheit‹, mit Einarbeitung der Marseillaise, und ›Le Triomphe de la République‹ (1793), ›Der Triumph der Republik‹; die Oper ›La Cause et les Effets ou Le Reveil du Peuple en 1789‹ (1793), also ›Ursache und Wirkung oder Volkes Erwachen‹, von Armand Trial; dazu die jeweils brandaktuellen Opern von André Grétry, so ›La Rosière Républicaine‹ (1793), ›Das republikanische Rosenkranzmädchen‹, deren Libretto gedruckt als ›La Fête de la Raison‹ (›Fest der Vernunft‹), erschien, ›Joseph Barra‹ (1794) und ›Callias ou Nature et Patrie‹ (1794)...

Alles dies war ideologischer Ersatz für den abgeschafften Christengott, seine Engel und Heiligen, pompöse Maske für Blutdunst und Todesangst, hätte gleichwohl als gleisnerisches Porträt der jakobinischen Herrschaft und ihrer Folgen »ewige« Kunst sein sollen. Ein paar Jahre später erwies sich dies als kostspieliger Irrtum, indem Napoleon eben diese Revolution verriet. Wie stets hatten die Musiker in Kauf zu nehmen, daß mit den Anlässen auch die Partituren auf den Schutthaufen der Geschichte fielen, und Anlässe waren es, die zwingend in kompositorische, das heißt geistige Arbeitsvorgänge eingriffen. Da rief zum Beispiel ein so beiläufiges, heute nur noch für den Historiker interessantes Ereignis wie der Rastatter Gesandtenmord nach patriotisch-erregter Gestaltung in Wort und Ton. François Joseph Gossec wählte den Vorfall als Sujet für eine Oper; charakteristischer Titel im Jargon der Zeit: ›Der Schrei nach Rache‹. Das war 1799. Am 28. April hatte der Überfall auf die französische Delegation beim Friedenskongreß in Rastatt stattgefunden. Gossec stand unter Termindruck. Er beeilte sich über alle Maßen; politisch engagierte Musiker haben gar keine andere Wahl. Soll die Aktualität dem Erfolg dienstbar sein, so ist Eile Geld wert; falls schöpferische Einfälle gebraucht werden, müssen sie sich schnell einstellen, wie auf Kommando. Die Uraufführung von Gossecs Oper ging am 14. Juni über die Bretter. Sechs Wochen hatten genügt für Textdichtung, Komposition, Instrumentierung, Kopieren der Stimmen, Einstudierung und Proben...

Werke dieser Art bekleiden Ideologie mit Musik. Sie sind Vorläufer, manchmal auch Anreger für spätere politisch orientierte Partituren. Allerdings hatte die Französische Revolution für Musik und Musikästhetik längst nicht in dem Maße Folgen wie die russische Oktoberrevolution von 1917. Vielleicht fehlte es ihr nur an der Zeit, die jede totalitäre Musikpolitik nun einmal braucht. Aber damals begann in Paris etwas, das schon mehr war als bloße Vorarbeit in Richtung auf ein musikpolitisches Engagement der Obrigkeit. Aufschlußreich daran ist, daß die Behörde erst handelte, nachdem die Musiker selber und ungeachtet aller möglichen Folgen bis auf eine die Sache mit Eifer betrieben hatten. Geld wollten sie verdienen, das war es, denn die Wirren der Revolution und des Schreckenregimes kamen dem Musikbetrieb und damit den Einkünften der Musiker in die Quere.

Von diesem Gang der Ereignisse lernten spätere Machthaber. Zum Beispiel Napoleon. Er betrachtete Kunst und besonders die Tonkunst als innenpolitisches Instrument und unternahm es immer wieder, laienhaft auf diesem Instrument zu klimpern. Einmal machte er Gasparo Spontini auf einen Opernstoff über den vom Volk gerichteten Orestes aufmerksam. Das war für den Komponisten ein Befehl, und gehorsam begann er, sich damit zu beschäftigen. Aber Politik ist wandelbar, und so verwarf der Kaiser sein Projekt. Nun wollte er plötzlich eine politische Oper gegen Spanien. Denn Spanien befand sich wegen französischer Übergriffe im Aufstand, und dies kreidete die Pariser Volksmeinung dem Herrscher an. Also entwarf Napoleon auf der Reise nach Spanien höchst eigenhändig eine Oper; Titelheld und Identifikationsfigur für den Eroberer: Fernando Cortez. Die kaiserlichen Aufzeichnungen gingen mit Kurier an den Polizeiminister Fouché. Der delegierte die Aufgabe an den geeigneten Mann: Joseph Alphonse Esménard hatte nicht nur einen Gedichtzyklus mit dem vielsagenden Titel ›Napoleons poetische Krone‹ publiziert, sondern auch ein Opernbuch, das den römischen Kaiser Trajan anspielungsreich mit Napoleon gleichsetzte; er war freilich offizieller Dichter des Imperiums, zugleich aber auch Zensor und Chef der Abteilung Buchhandel und Zeitungen beim Generalpolizeibüro. Beruhigt vertonte Spontini den quasi regierungsamtlichen Stoff und Text, leider eine Spur zu eifrig. Dies erwies die Uraufführung. Die Pariser bejubelten eine Oper, in der die Eroberung Mexikos historisch zutreffend als tapferes Unternehmen zäher und unerschrockener spanischer Männer dargestellt war. Der Polizeiminister verfügte die sofortige Absetzung der Oper.[6]

Persönlichkeit und militärische Erfolge des Kaisers faszinierten die Künstler immer wieder, nicht nur die in seiner näheren Umgebung. Paßte etwa die Realität nicht, erfanden sie eben eine passende. In Warschau komponierte Joseph Xaver Elsner, nachmals Lehrer von Frédéric Chopin, auf einen Text von Louis Osinski eine Andromeda-Oper; aber es ist nicht Perseus, der die an einen Felsen gefesselte Königstochter aus den Klauen des Meeresungeheuers befreit, sondern – Napoleon. Eine andere polnische Befreiungsoper, geschrieben 1798 dicht an der Aktualität dieses Jahres, ›Zélis und Valcour oder Bonaparte in Kairo‹, stammte aus der Feder des Fürsten Michael Cleophas Oginski; ein nervenkitzelnder und zugleich politischer Stoff: Zélis, eine arabische Haremsdame, liebt den jungen Franzosen Valcour und gewährt ihm unter Lebensgefahr ein Stelldichein im Harem. Natürlich erwischt der Pascha, der Eigentümer des Frauenhauses, die beiden Liebenden und verurteilt sie zum Tode. Im letzten Augenblick kommt die Nachricht, daß Napoleon die Mamelucken besiegt habe, und schon erscheint er triumphierend im Kreise seiner Stabsoffiziere, ruft die »Freiheit der Nationen« aus, fordert dem Pascha Verzicht ab und vereinigt die Liebenden. Der Einakter gipfelt in einem rauschenden Fest zu Ehren Bonapartes.

Musikwerke dieser Art verdeutlichen ein wenig vom damaligen Zeitgeist. Denken wir daran, daß Beethoven beinahe keine ›Eroica‹, sondern geradezu eine Napoleon-Sinfonie komponiert hätte. Die einen priesen, die anderen verhöhnten den Feldherrn und Kaiser. Niccolo Paganini schrieb 1805 die Sonate ›Napoleon‹ für die G-Saite; im fernen Schweden gedachte Edvard Pratté des Gestürzten und Verbannten mit dem Melodram ›Napoleon auf St. Helena‹ für Chor und Orchester. Joseph Haydn schrieb 1798 das Klavierlied ›Die Schlacht am Nil‹; das Flottentreffen bei Trafalgar 1805 besangen Jan Vanhal, der Tscheche, mit dem Klavierstück ›Le Combat Naval de Trafalgar et la Mord de Nelson‹ (›Die Seeschlacht von Trafalgar und Nelsons Tod‹) und der britische Tenor John Braham mit dem Opernlied ›The Death of Nelson‹ (1811). Die Niederlage der französischen Truppen in Spanien 1813 erwählten zum Thema Johann Friedrich Reichardt mit der ›Ouvertüre di Vittoria‹… und Beethoven mit der Sinfonie ›Wellingtons Sieg oder Die Schlacht bei Vittoria‹, und vollends der deutsche Freiheitskrieg regte die politische Thematik in der Musik mächtig an. Ein aussagekräftiges Dokument dafür ist das Klavierstück ›Die Schlacht von Leipzig‹ von Philipp Jakob Riotte in Wien; schließlich feierte sogar Carl Maria von Weber mit der Kantate ›Kampf und Sieg‹ den 18. Juni 1815, den Tag der für Napoleons Sturz entscheidenden Schlacht von Waterloo und Belle-Alliance.

Napoleons kunstpolitische Praktiken glichen bis in Kleinigkeiten denen anderer absolutistischer Herrscher. Sogar Kaiserin Katharina II. verfaßte mit eigner Hand Operntexte; es waren natürlich Lobeshymnen auf das Zarenhaus, und die Hofkomponisten hatten dann die Ehre, diese Bücher in Musik zu setzen. Eine zweifelhafte Ehre, denn wehe, wenn der Kaiserin dieser oder jener Akkord nicht ganz angenehm ins Ohr ging. Auch Napoleon versuchte immer wieder, seine persönliche Ästhetik, die eines vielbeschäftigten und weit reisenden Militärs, zum Dogma zu erheben. So beschuldigte er einmal Cherubini, dessen Musik sei zu stark instrumentiert und stelle zu hohe Ansprüche an das Publikum. Ironisch gab der Komponist zurück, der Konsul fordere wohl eine Musik, die ihn nicht hindere, an Staat und Politik zu denken, mit anderen Worten: anspruchslose Unterhaltungsmusik. Tatsächlich war Bonaparte nur einer in der endlosen Reihe jener Funktionäre, die ihr eigenes künstlerisches Niveau und ihren Kunstgeschmack – wie fragwürdig auch immer – zum Maßstab der öffentlichen Kontrolle erhoben und dabei das »gesunde Volksempfinden« zu Wort kommen ließen. Aneignung und Verwaltung der Tonkunst gingen Hand in Hand mit ihrer Anpassung an den Durchschnitt des Publikums. Oft wirkten Künstler unaufgefordert und aus freiwilligem Entschluß daran mit. Dies mag befremden. Es genügt aber vielleicht, daran zu erinnern, wie wenig sich ein repressiver Apparat scheut, selbst härteste Zwangsmaßnahmen zu verfügen, falls diese politisch erforderlich sein sollten.

Den ganzen Widersinn der Politkunst machen jedoch Kriege sichtbar. Ist aggressive nationale Propaganda im Spiel, brüllt Haß fortissimo und hymnisch gegen Haß, so schneidet die Lehre von der Unterordnung der Kunst unter die Belange des Staates tragikomische Grimassen. Dafür ein paar eklatante Beispiele aus unzähligen ähnlichen. 1870 komponierte César Franck in der vom deutschen Heer belagerten Hauptstadt Frankreichs die patriotischen Orchesterlieder ›Patria‹ und ›Paris‹. Gleichzeitig schrieb Johannes Brahms, den Sieg seines Vaterlandes zu feiern, das ›Triumphlied‹ für Chor, Orgel und Orchester. Im Ersten Weltkrieg komponierten Max Reger die ›Vaterländische Ouvertüre‹ und – etwas voreilig – Heinrich Schulz-Beuthen seine ›Sieges-Sinfonie‹. Auf der Gegenseite schufen Claude Debussy die Kantate ›Ode à la France‹ und André Caplet den ›Marche Héroique‹. Keines dieser Werke half, einen Krieg zu gewinnen;

die Entscheidung fällt nie im Konzertsaal, denn Musik – was immer sie tut – tötet nicht.

Für jede engagierte, auf politische Wirkung ausgehende Kunst existiert so etwas wie ein stilistisches Postulat; Wirkung ergibt sich aus Problemlosigkeit, aus dem »Schein des Bekannten«. Das heißt Einfachheit, Unterhaltungsfähigkeit, Appell an die breiteste Schicht mit beschränktem künstlerischen Verständnis und reduziertem ästhetischen Aufnahmevolumen. Als pädagogisches Mittel soll Musik natürlich den größtmöglichen Kreis erreichen. Daher verlangten die Sozialromantiker gegen Mitte des 19. Jahrhunderts nicht von ungefähr »Die Kunst dem Volke« – gerade als die »fortschrittlichen« Künstler sich auf »L'art pour l'art« beriefen, weil ihre Möglichkeiten der Massenkommunikation rapide zusammenschmolzen.

Diese Situation beherrscht auch unsere Gegenwart noch. Insofern hat sich nicht viel geändert. Aus ihr entleihen sich die Kulturfunktionäre immer noch die stille Rechtfertigung für ihre Herrschaft. Deren Existenz scheint dadurch legitimiert, daß der durchschnittliche Staatsbürger nichts dabei findet, wenn Kunst organisiert und in ihren Auswirkungen auf die Öffentlichkeit geregelt wird. Eben das ist »Kulturpolitik«, und Kulturpolitik versteht sich von selbst. Es hat jedoch den Anschein, als seien es die Künstler gewesen, die diese Situation mit heraufbeschworen haben. Sie verlangen – mit jedem Recht – soziale Sicherheit. Sie bürden dem Staat darüber hinaus wie so viele andere Stände und Berufsgruppen die Sorge für ihre Beschäftigung, ja ihren Lebensunterhalt auf. Die anonyme, scheinbar unerschöpfliche und stets gebewillige Finanzmacht als Schlaraffenland: eine dreiste Künstlerphantasie. Allerdings will es ihnen nicht in den Sinn, daß gerade sie als Empfänger einer staatlichen Rente, hieße diese auch »Ehrensold«, und sei es in Form garantierter Aufträge von Behörden, Gemeinden, Parteien und sonstigen öffentlichen Interessenten, ihren Status als »freie« Künstler mit Sicherheit verlören.

Welche Fragen sich auch immer aus der Freiheit des künstlerischen Schaffens im Hinblick auf die Position des Künstlers gegenüber der Gruppe ergeben mögen – eines ist klar: Der Staat als höchste Organisationsform der Gruppe kann dem Künstler nur dadurch materielle Sicherheit verschaffen, daß er ihm die schöpferische Freiheit beschneidet. Er hat gar keine Wahl, denn er handelt gemäß seiner Natur. Die imposanten Statistiken über die Förderung der Künste in diesem oder jenem Staat – und imposant sind sie überall – verbergen geflissentlich das, was Zahlen gar nicht darstellen können: die schleichende Einbuße an freier, also unabhängiger künstlerischer Entscheidungsmöglichkeit. Das mag an der offiziellen Tendenz der Kulturpolitik liegen oder an nicht durchdachten Maßnahmen untergeordneter Kulturfunktionäre, die im Regelfall Beamte sind und nicht Künstler. Möglicherweise schlagen hier und da auch des

Künstlers eigene Gewissensskrupel durch. Er ist ein Mensch mit dem ganz normalen Gefühl der Dankbarkeit. Soll er dann nicht die Gunst des Staates mit Gunst gegenüber dem Staat vergelten dürfen? Der Ruf nach Sicherheit, nach Garantien verstummt jedenfalls nicht. Was Wunder, wenn der Staat das Wehgeschrei vom »Künstlerproletariat« beim Wort nimmt. Sein gern genossenes Ansehen als großzügige Kulturmacht bedarf ja doch der Taten.

Thema ist die Mitschuld der Künstler an den Verhältnissen. Zum Spielball der Politik gerät die Kunst überall da, wo sie den politischen Funktionären ihren Platz einräumt. Oder – andersherum – wo sie in die Politik einsteigt. Da entwarf Gabriele d'Annunzio, nachdem er den umstrittenen Hafen Fiume mit ein paar hundert Freischärlern im Handstreich genommen hatte, 1920 das ›Projekt einer neuen Organisation des Freistaats Fiume‹. In dieser poetisch schwelgerischen Verfassung sah der Dichter engste Bindung zwischen der Kunst, zumal der Musik, und der Politik vor. Er empfahl, staatliche Orchester und Chöre zu gründen, Konzertsäle von Staats wegen zu errichten und für das Volk unentgeltliche Musikaufführungen zu veranstalten. Eine Utopie? Was d'Annunzio plante, erinnert in manchen Zügen an Träume und Teilerfolge der Kulturpolitik in der UdSSR und im Deutschland des Hitler-Regimes ein Jahrzehnt später.

Beide Seiten betrieben die Annäherung der Kunst an die Politik und der Politik an die Kunst, nicht nur in autokratischen Gemeinwesen. Die zwanziger Jahre des 20. Jahrhunderts scheinen für die schicksalhafte Abhängigkeit der Musik vom Staat charakteristisch gewesen zu sein. Wirtschaftskrise, gesellschaftliche Umschichtung, Massenarbeitslosigkeit, überhaupt der »demokratische« Zustand, in dem Freiheit identisch wird mit Unsicherheit, bewogen viele Künstler, der Obrigkeit die Aufsicht über das Kunstleben nahezulegen. Das machte Sinn, denn Aufsicht bedeutet Verantwortung, und Verantwortung mußte in tätige Sorge für Kunst und Künstler münden. Zufall oder nicht: Gleichzeitig appellierte der Staat, doch wohl im Bestreben, alle geistigen Kräfte zu sammeln, an die Abseitsstehenden. Leo Kestenberg, Referent im Preußischen Ministerium für Wissenschaft, Kunst und Volksbildung, beschwor die Außenseiter, indem er ihnen die von Politikern stets erträumte Kameraderie von Macht und Geist verhieß:

Der Musiker, ungewohnt der politischen Betätigung, unfrei in unruhigen Tagen, steht plötzlich mitten in der Bewegung, die ihn mitreißt und aller Schwärmereien beraubt. Es gilt für ihn, ein neues Reich zu gründen, eine Ideenwelt zu schaffen, die dieser neu erworbenen Freiheit Ausdruck gibt (...). Mehr denn je verlangt man vom Künstler, daß er sich positiv zu den Fragen unserer Lebensgestaltung stellt, daß er auf seinem Gebiet produktiv (im Sinne Platos) durch seine Kunst am Aufbau unseres Staats-

wesens mitarbeitet. Wieder kommt die Musik zu Ehren, die nicht aus den persönlichen Leiden und Erlebnissen des Komponisten geboren, sondern aus einem festen Anlaß, zu einem bestimmten Zweck geschrieben wird. (...) Die Musik wird wieder Teil unseres Volkslebens, wird aus ihrer unnatürlichen Absonderung im Konzert befreit und trägt neue Keime in die großen Massen unseres Volkes.[7]

Ein erstaunliches Dokument für das demokratische Gemeinwesen; es fügt sich zu anderen, die der Musikreformer gezielt plazierte, um dem im Krieg geschlagenen deutschen Volk den angemessenen tönenden Trost zu bieten. Die Verbeugung vor Platon kam nicht von ungefähr. Der Musiker soll Mitarbeiter des Politikers, Staatsdiener werden und so aus der gewiß unglücklichen Rolle des Außenseiters herauswachsen. Mitmachen ist gewünscht, zweckbestimmte Arbeit auf Bestellung. Eben das heißt »volksnah«. Nicht mehr der Urheber entscheidet über schöpferische Vorgänge, sondern – im Umweg über die Zweckbestimmung und ihre Erfordernisse – der Funktionär. Noch war dies nicht zu befehlen. Als dann 1933 der Befehl erscholl, schien er weithin gerechtfertigt.

Ähnliche Bestrebungen zeigten sich auch außerhalb Deutschlands. Heftig diskutierte man in England den Plan einer staatlichen Oberaufsicht über die Musikpflege; der Vorschlag zur Errichtung eines Musikministeriums schien geeignet, das Instrument für Organisation, Koordination und Kontrolle zu schaffen. Anderswo wirkten Ministerien für Kunst und Kultur in dieser Richtung. Immerhin war es in Mexiko 1933 der Komponist Carlos Chávez, der an die Spitze des Ministeriums der Schönen Künste aufrückte; allerdings verstand er es nicht, sich in die politische Hierarchie einzupassen – das heißt: am rechten Ort zu dienern –, und stieß über ästhetische und politische Fragen prompt mit seinem Kollegen Diego Rivera zusammen, dem Maler des mexikanischen Umbruchs. Vielerorts auch schalteten sich Gewerkschaften in den Musikbetrieb ein.

Im November 1933 erhielten die deutschen Musiker als Zwangsorganisation eine Reichsmusikkammer, die dem Ministerium für Volksaufklärung und Propaganda indirekt angeschlossen war. Amtliche Eingriffe in das Kunstleben mehrten sich überall. Behörden sprachen – mehr oder weniger verhüllt – Empfehlungen, oft klare Verbote von Musikwerken aus. Öffentliche Meinung oder christliche oder sonstige Moral, einschließlich der rassistischen, mußten herhalten, wenn es darum ging, mißliebige Kunst zu unterdrücken. Künstlich aufgeheizte nationale Begeisterung versteifte die Fronten. Sehr oft bezog das große Publikum, für den Appell an vaterländische oder demokratische Pflicht empfänglich, als hätte es dieses Beweises noch bedurft, Stellung gegen den Künstler. Die Galerie beschädigter oder zerstörter Werke der bildenden Kunst – unter freiem Himmel wie unter Dach – ist riesengroß; sie hat ihre Entsprechung in der Bibliothek der weltweit schändlich verbrannten Bücher.

Oskar Lafontaine dirigiert. Foto: Mark Darchinger

Wäre dies dann tatsächlich auch die Lage in der Bundesrepublik Deutschland? Steht nicht deren unantastbare Verfassung mit ihren Freiheitsgarantien jeder kulturpolitischen Mißwirtschaft im Wege? Tatsache ist, daß der Musiker – gleich dem Dichter, Schriftsteller, Filmemacher und bildenden Künstler – hierzulande weitgehend von Obrigkeiten abhängt. Es ist kaum mehr möglich, unmittelbar mit der Öffentlichkeit zu arbeiten, denn diese verschanzt sich hinter ihren Hauptsorgen – Geld, Unterhaltung, Arbeit – und läßt sich nicht einfach so ansprechen. Ansprechpartner der Künstler ist der Staat. Seit 1900 sind nahezu alle musikalischen Produktionsmittel, die Ausbildung und Arbeit bieten, in dieser oder jener Form in den Besitz des Staates übergegangen. Die schon 1925 zur »Staatlichen Hochschule für Musik in Köln« erhobene Lehranstalt zum Beispiel wurde 1968 vom Land Nordrhein-Westfalen übernommen, ein weiteres Zeugnis für den Appetit des Staates, soweit ihm Kulturhoheit zusteht, auf private, städtische, von gesellschaftlichen Organisationen betriebene Produktions- und Ausbildungsstätten. Beim Festakt in Köln beeilte sich Hochschuldirektor Heinz Schröter herauszustreichen, welcher großzügigen Förderung der Musik und Musikerziehung die Regierung fähig sei.
Wer – das blieb auch hier wieder zu fragen – umarmt wen? Wessen Inbrunst für den großen Zusammenschluß ist heißer, die der Musiker oder die der Volksvertreter? Die Musiker können zufrieden sein. Für sie spielt

25

nicht mehr das Publikum die tragende Rolle, sondern ein Ministerium. Er hat nun zu tun mit Sachverständigenausschüssen, Funktionären, mit Etats, aus denen Mittel für Zuschüsse, Stipendien, Subsidien, Werkaufträge oder Bürgschaften fließen – oder nicht fließen. Die Summen, um die es geht, sind beträchtlich. Jahr für Jahr strömen aus den Kulturetats des Staates Millionen und Abermillionen in die Taschen der Künstler und auch der Musiker. Der Staat ist, je mehr er Staat machen möchte, generös. Er ist, was ihn gewiß ehrt und die Selbstdarstellung immer rosa einfärbt, Mäzen der sogenannten freien Künstler. Die Mittel dafür bezahlen zugleich einen Werbeeffekt: Das nationale und internationale Prestige scheint zu wachsen.

Ich erinnere an das Beispiel der Sowjetunion, wie sie war. Was dort unter der Vorgabe »Sozialistischer Realismus« geschah, sollte nicht als isoliertes Phänomen gedeutet werden, geschweige denn als eine nur für die Verhältnisse im planwirtschaftlichen Einparteienstaat typische Erscheinung. Die Idee von der Verpflichtung des Künstlers gegenüber der Gesellschaft und folglich von der Unverzichtbarkeit einer obrigkeitlichen Kontrolle des Kunstbetriebs war ja nicht neu. Sie geht auf antikes und humanistisches Gedankengut zurück, und die Kulturfunktionäre der UdSSR, kaum daß sie ihre innenpolitischen Zwänge erkannten, brauchten nur zu entlehnen. Alle Argumente ihrer Musikpolitik – sogar die dazugehörigen Verfahren des Managements – ließen sich aus den Schriften jener Denker, Utopisten und Träumer destillieren, die ehedem und mit unterschiedlichen Motiven ihre Vorstellung von der Einheit der Welt – und der zu diesem Behufe unerläßlichen Querverbindung von Tonkunst und Staatskunst – zu dokumentieren, vielleicht zu verwirklichen gedachten. Selbst die Technik der kulturpolitischen Massenführung hatte Vorbilder; sie beschränkte sich keineswegs auf die revolutionäre Räterepublik. Gegenüber den historischen Prototypen mußte sie lediglich vervollkommnet werden.

Die Entwicklung des Musiklebens in der UdSSR durch den Staat – von der extremistischen, experimentierfreudigen Periode des ersten Jahrzehnts bis hin zum regierungskonformen »Sozialistischen Realismus« – hat hier und da Entsprechungen. Sie war ein spätes, aber wohl nicht das letzte Echo der uralten Auseinandersetzung zwischen Individuum und Gruppe. Sie spiegelt den verbissenen Versuch, das antagonistische Verhältnis zu entschärfen, den Künstler als Rädchen im Getriebe einzusetzen – mit keiner anderen Aufgabe, als zu funktionieren. So ein schöpferischer Mensch sollte nicht, und dies ist das unausgesprochene Ziel aller solcher kunstpolitischen Praktiken, auf eigne Selbstverwirklichung oder Selbstdarstellung bedacht sein, sondern der Gesellschaft ein schönes, nämlich wohlretuschiertes Porträt liefern.

Damit nicht genug. Dieses Bildnis muß der öffentlichen Meinung behagen, das heißt: der Meinung derer, die bestimmen und kontrollieren, welcher Meinung die Öffentlichkeit zu sein hat. Der Künstler darf nicht abweichen; er muß in der Gruppe aufgehen, notfalls auch in ihr untergehen. Heute – 1991 – bereitet es mehr Schwierigkeiten als je zuvor, solche Umkehrung des bisherigen und für die Kunst zuweilen ganz ersprießlichen Verhältnisses mitzudenken. Wie kann der Außenseiter, der stets Unruhe stiftete, diese oder jene Kritik am Zustand der Gesellschaft übte, nun plötzlich wie durch Verwaltungsakt zum Parteigänger werden, der zwar kritisieren darf nach Belieben, nur eben gerade nicht *seine* Gesellschaft und ihre Führung oder die beide verbindende Ideologie. Bereits André Gide kämpfte mit diesem Problem, als er 1936 auf dem Roten Platz in Moskau bei der Totenfeier für Maxim Gorkij die Gedenkrede hielt:

Bisher ist in allen Ländern der Welt fast jeder bedeutende Schriftsteller mehr oder weniger ein Revolutionär gewesen, ein Kämpfer. Auf eine mehr oder weniger bewußte und mehr oder weniger verschleierte Art dachte und schrieb er gegen irgendetwas. Er mochte nicht »ja« sagen. Er schmuggelte in die Herzen und Hirne ein Element der Unbotmäßigkeit, der Revolte (...). In der UdSSR hat die Frage heute – zum erstenmal – ein völlig anderes Gesicht gewonnen: indem er revolutionär ist, ist der Schriftsteller nicht mehr oppositionell. Ganz im Gegenteil: er befindet sich im Einklang mit dem Fühlen der großen Zahl, des gesamten Volkes und, was das bewundernswerteste ist: seiner Lenker. So daß jenes Problem sozusagen im Zerfließen begriffen ist oder vielmehr auf eine so neuartige Weise transportiert worden ist, daß zunächst etwas wie Verwirrung den Geist beschleicht.[8]

Der Dichter ließ sich – vorübergehend, dies sei zu seiner Ehre hinzugefügt – durch eine amtliche Wunschvorstellung blenden, die großsprecherisch als Wirklichkeit ausgegeben war. Möglicherweise erinnerte er sich nicht der zahlreichen Parallelen zu jenem aktuellen Unternehmen, die Künstler – so oder so – zur Botmäßigkeit zu bewegen. Der freiheitlich gesinnte, bis zum Äußersten mit seiner Gesellschaft verfeindete Franzose sah nicht, daß es sich um plumpe Machtausübung handelte, nicht um eine diskutable philosophische oder sozialpolitische Frage. Der Machthaber – Stalin – hatte die Differenzen zwischen Gruppe und Individuum auf seine Weise, also mit Peitsche und Zuckerbrot, »liquidiert«. Keine Widersprüche mehr. Das Kollektiv schluckte das unbequeme Einzelwesen, wohlgemerkt: das Kollektiv unter Leitung der Partei, die als Elite und fleischgewordene Phalanx der Ideologie operierte. Nun hatte der Künstler Gruppendisziplin zu halten. Das eigne Nest zu »beschmutzen« war nicht länger erlaubt; doch durfte und sollte er seine Gefühle außerhalb der Gruppe und nun sogar mit ihrer Unterstützung abreagieren, das Mütchen seiner Revolte an den vielen Feinden jenseits der Grenzen kühlen. Der Außenseiter hörte zu existieren auf. Er gehörte nun dazu und stimmte in den

Hymnus auf eben die Gesellschaft ein, in der er lebte. Solche Situation der Konfliktlosigkeit innerhalb der Gesellschaft künstlich herzustellen, lag einer politischen Zielsetzung nahe, die jeden anregenden Wettbewerb weithin ausschloß. Sogenannte Selbstkritik war ein kläglicher Ersatz für den abgeschafften Aktionsanreiz durch den Außenseiter.

Fraglos bekam die Musik unter solchen Bedingungen eine andere Funktion als in der pluralistisch organisierten Gesellschaft der föderalistischen und selbst zentralistischen Demokratie westlicher Prägung. Sie stellt nicht – wie hierzulande – den immanenten Konflikt dar, sondern ist eine Art Werbung, künstlerisch veredelte Propaganda. Ihr Objekt ist nicht existentielle Wirklichkeit, sondern die Utopie der Machthaber. Daß unter diesen Gesichtspunkten das Verhältnis zwischen Kunst und Politik in ein neues Licht gerät, läßt sich hinnehmen. Ohnehin glauben wir – wie die Romantiker – nicht mehr an die Göttlichkeit irgendeiner erhabenen, ewigen und daher im Grunde menschenfernen Kunst. Musik, Dichtung und Malerei haben sich allzuoft als ganz profane Medien politischer Menschenführung, also Menschenunterdrückung erwiesen. Nämlich immer dann, wenn sie eingesetzt werden als Instrument, als Droge gar. Dann wird Kunst Posten im großen Plan; dann muß sie Macht herzeigen, die nicht die ihre ist; dann sollen die Untertanen durch Kunst kuriert werden.

Gilt das etwa auch für die Bundesrepublik? Ich empfehle die Probe auf dieses Exempel. Garantien des Grundgesetzes? – Gut und schön. Wie aber waren dann nach dem Bau der Mauer in Berlin und der Selbstisolierung der DDR 1961 die intensiven Versuche möglich, die Spielpläne der Theater im »freien Teil« Deutschlands zu reglementieren? Kleinkarierte Parteiobere, Kulturreferenten und Stadtoberhäupter wollten den »Kommunisten Brecht« von ihren Bühnen verbannt sehen. Wer erinnert sich, welche üble Behandlung der Pianist Gerhard Puchelt erdulden mußte, als er 1962 von seiner Moskau-Tournee heimgekehrt war? Wer denkt noch daran, wie die Staatsanwaltschaft im gleichen Jahr in Augsburg gegen angeblich »unzüchtige« Bühnenbilder zu ›Figaros Hochzeit‹ einzuschreiten für richtig hielt? Oder an den politischen Krach um die Literatengruppe 47? Oder an die wütenden Attacken gegen Günter Grass? Oder an den Interministeriellen Ausschuß, der unter Bruch der Verfassung die Filmeinfuhr zensierte? Wem blieb noch im Gedächtnis haften die Aussperrung von Musikern aus der UdSSR und der DDR durch das Auswärtige Amt in Bonn, wann immer ein politischer Racheakt fällig war? Oder die von gewissen Parteien unterstützte »Aktion Saubere Leinwand«? Oder Versuche von Politikern, das Auftreten unerwünschter Künstler in Veranstaltungen des Goethe-Instituts zu verhindern? Oder die Nachwirren der Verleihung des Nürnberger Kulturpreises an Günter Wallraff? Oder die kalte Enteignung der Autoren und Komponisten zugunsten der

Schul- und Liederbuchverleger durch den § 46 des Urheberrechtsgesetzes von 1965? Und wer dennoch dafür plädieren möchte, die Künstler sollten den Politikern doch bitte zuerst einmal einen Vorschuß an Vertrauen schenken, dem sei gesagt, daß das Volk dem von den jeweiligen Inhabern der staatlichen Macht vertretenen »Trend« bisher immer wieder – auf seine barbarische Weise – ein Echo nachgesandt hat, bis hin zu einem Brandanschlag auf die Wohnung von Günter Grass. Die Kabarettisten Kay und Lore Lorentz vom Düsseldorfer »Kom(m)ödchen« bekamen zum Beispiel aus Kreisen der Sudetendeutschen Landsmannschaft Drohbriefe, einer davon mit Giftprobe, in denen die Ermordung ihrer vier Kinder versprochen war; sie hatten im Fernsehen den Bundesvertriebenenminister nebst Funktionären der Berufsvertriebenen aufs kabarettistische Korn genommen. [9] Nachdem Erwin Piscator in seiner Freien Volksbühne in Berlin die Uraufführung der ›Ermittlung‹ von Peter Weiss inszeniert hatte, erhielten beide ähnliche, natürlich anonyme Schreiben, die sie als »Feinde des Volkes und der Jugend«, als »Bolschewisten« und »Ulbrichtfreunde« denunzierten und mit Gewalt drohten. [10]

Der Katalog solcher Beispiele läßt sich bis auf den heutigen Tag weiterführen. Jahr für Jahr, Monat für Monat entstehen der Kunst traurige Einbußen, als gelte noch das alte Schlagwort: Wer die Musik bezahlt, bestimmt die Musik. Auch in der BRD hat sie eine Menge mit Politik zu tun – und die Politik mit ihr. Es ist fast schon eine müßige Frage, ob das beamtete Establishment je darauf verzichten wird, Kunst behördlich regeln zu wollen. Wird es je der Verfassung gehorchen, jener naiven Absichtserklärung, die mit guten Gründen Freiheit für die Kunst vorsieht?

Ab und an dokumentiert die Obrigkeit, was sie alles für die Kunst getan habe. So legte die Landesregierung Nordrhein-Westfalen 1962 zum zehnten Jubiläum der Verleihung des Großen Kunstpreises dieses Bundeslandes einen Rechenschaftsbericht vor, 340 Seiten lang, kostspielig ausgestattet, einen wahren Prachtband. Das war das gute Recht einer Provinzialverwaltung. Jedenfalls sah nun der Steuerzahler, schwarz auf weiß, wofür er unter anderem – und ohne je gefragt worden zu sein – sein Scherflein spendete. Er ist es schließlich, der den Preissegen finanziert, auch den für Musik. Und gerade an den Musikpreisen offenbarte sich, wie der Staat die Sache lenkend handhabt. Nur wenige Mitglieder der Jury waren völlig unabhängig von staatlichen oder kommunalen Machtbasen. Ganz bestimmt saß jedesmal der Kultusminister und ein Ministerialrat als Vertreter des Ministerpräsidenten bei den Beratungen.

Wolfgang Fortner war Mitglied der Jury, die seinem ehemaligen Schüler Hans Werner Henze 1956 den Preis zuerkannte; letztjähriger Preisträger war – Fortner. In der Jury für 1953 saß Prof. Walter Braunfels, Präsident der Kölner Musikhochschule, und half mit, den Preis an seinen Untergebenen am gleichen Institut, den Dozenten für Komposition Frank Martin, zu verleihen. Der Preisträger von 1954, Günter Bialas, fand sich ein Jahr später in der Jury, die über Fortner positiv entschied. Das alles schien in bester Ordnung zu sein. In Wirklichkeit züchtete eine Abhängigkeit die andere, und zu guter Letzt konnte der staunende Laie registrieren, daß die selbstgemachte Satzung dieses Kunstpreises in einem fort gebrochen wurde, indem die zehntausend Mark des Musikpreises solchen Persönlichkeiten in den Schoß fielen, die zu den erfolgreichen, renommierten und also nicht notleidenden Repräsentanten des Musikbetriebs gehörten.

Wie viele dieser Komponisten waren denn förderungswürdig? Sie alle – Martin, Bialas, Fortner, Henze, Hartmann, Hindemith, Klebe, Zimmermann, Blacher und Dallapiccola – standen wohlversorgt in Amt und Würden oder glänzten als Stars ihrer Verlage. Der Preis, so will es die Satzung, sollte nur solchen verliehen werden, »deren künstlerisches Werk als ein wesentlicher Beitrag zur deutschen Kultur zu bewerten ist«; besondere Aufmerksamkeit gelte denjenigen, »deren Schaffen in engerer Beziehung zum Lande Nordrhein-Westfalen steht«. Die Landesregierung hat an alle Rechtfertigungen gedacht. Um Förderung ging es ihr gerade nicht, sondern um die großen bis weltbekannten Namen, mit denen sich Politiker so gern schmücken.

Anläßlich der Preisvergabe 1962 hielt der damalige Kultusminister Werner Schütz (CDU) eine Rede. Er setzte ohne Umschweife voraus, der Staat habe das Recht und die Pflicht, Kunst zu bezahlen; im gleichen Atemzug stritt er jedoch ab, durch Kunst Politik machen zu wollen. Pluralismus und Sachlichkeit erhielten Sonderlob in eigener Sache. Dann aber gab der Minister zu:

Es ist nicht zu leugnen: selbst der Rechtsstaat demokratischer und sozialer Prägung, der die bürgerlichen Freiheiten auf seine Fahne geschrieben hat und der Handel und Wandel im Gleichgewicht zu bewahren sucht und mit nur sanftem Eingriff, schiedsrichterlich gleichsam, zu lenken trachtet, dieser Rechtsstaat mit seinen einzelnen Trägern muß seine angeborene politische Erdenschwere und sein natürliches Mißtrauen erst überwinden, ehe er zur Duldsamkeit dieser neuen Kunst gegenüber zu finden vermag.[11]

Eine schöne Absichtserklärung, wie so ein Anlaß sie dann auch erforderte. *Der* Staat ist allerdings doch wohl keiner Gefühle fähig; um so mehr gehört Mißtrauen zum Wesen seiner Funktionäre. Kunst um ihrer selbst willen gefördert zu haben, behauptete der Minister volltönend. Was haben denn zehntausend Mark auf dem Konto eines arrivierten und prominenten Musikers mit Förderung der Kunst zu tun? Es sei denn – und dies wäre der nächste Schritt –, es liefe darauf hinaus, diesen Ausgezeichneten Solidarität mit dem Staat abzufordern, und sei es auch nur die aus Dankbarkeit sich einstellende. Schütz hat genau dies – und mit drohendem Unterton – öffentlich gesagt, nämlich zur Eröffnung der Buchmesse 1962 in Frankfurt. Er konnte, da er seine politische Funktion inzwischen verloren hatte, eher noch freier sprechen, hier an die Adresse der stets viel verdächtigeren Autoren:

Nun ist es aus mit der schönen Schriftstellerunschuld, die es erlaubte, links zu sein – wo das Herz ist, wie Leonhard Frank es formuliert hat – und zugleich ein gutes Gewissen zu haben. Selbst der wohlmeinende Naive ist nicht davor gefeit, daß sein Engagement bei revolutionären sozialistischen Ideen marxistisch-leninistischer Herkunft in konkreten Landesverrat umschlägt. (...) Was also erbeten wird vom gegenwärtigen deutschen Schriftsteller, ist: daß er die nüchtern-bescheidene Wirklichkeit der Bundesrepublik annehme.[12]

Ein Plädoyer gegen die Utopie, politisch oder nicht, und ihre »zu großen« Sprünge, zugleich Erinnerung daran, daß der Politiker bestimmt, was in der Kunst erlaubt und schicklich ist.

Diesem Denken verdankte dann auch der Große Kunstpreis des Landes Nordrhein-Westfalen den beschämenden Skandal. Da ging es um Karlheinz Stockhausen. Sein Name war zu der Zeit längst ein Symbol für die deutsche Musikavantgarde. Zudem ließ sich der Komponist keineswegs den »wurzellosen Linken« zuschlagen, wie man damals unbequeme Künstler denunzierte. Sein Schaffen hing eng mit dem Bundesland zusammen, ganz wie die Satzung vorsah. Die Jury fällte einen einstimmigen Beschluß zugunsten Stockhausens. Aber der Ministerpräsident Franz Meyers (CDU) ließ sich davon nicht beeindrucken. Stockhausen, befand er, dieser unruhige und widerborstige Mißtöner, sollte das Preisgeld – inzwischen 25 000 Mark – nicht haben. Souverän mißachtete der Politiker die Entscheidung der fünf Musikexperten in seiner Jury. Was wiegt schon das Urteil solcher ausgewiesener Fachleute wie beispielsweise Heinz Dressel oder Günter Bialas, wenn ein deutscher Ministerpräsident nicht will? Meyers wollte nicht. Auch sein Kultusminister Paul Mikat (CDU) wollte nicht. Sie verabscheuten Stockhausens Musik. Das wäre nicht weiter schlimm gewesen. Schließlich steht in der Satzung kein Wort davon, daß jemand ein Werk lieben oder einen Komponisten gern haben muß. Sie verkündet nur, daß die Landesregierung »im Bewußtsein ihrer Verpflichtung, die künstlerischen Kräfte zu fördern, und in der Absicht, hervorragende Künstler sichtbar auszuzeichnen«, den Großen Kunstpreis gestiftet habe. Nichts da: Weil es um Stockhausen ging, strich der Politiker den Musikpreis für dieses Mal. Zwar verfügt die Satzung, daß auch solche Entscheidung nur durch einstimmigen Beschluß der Jury ergeht; aber so etwas hindert keinen rechten Machthaber, auch keinen mehr oder weniger demokratischen, seinen Willen durchzusetzen.[13]

Es gibt mittlerweile deutliche Hinweise, wie sich Politiker in bemitleidenswerter Einfalt die *richtige* Musik, die gute, wahre und schöne vorstellen. Wer die Reden studiert, mit denen sich Spitzen der Bundesregierung, der Bundesländer und der Stadtverwaltungen anläßlich kultureller Ereignisse ins rechte Licht zu setzen pflegen, der begreift mit Unbehagen, was der Musik und den Musikern zustieße, ginge es allein nach dem Willen dieser Volksvertreter. Sie wissen vorgeblich ganz genau, wovon sie sprechen – und was ihr Publikum gerade gern hört. Der ehemalige Bundespräsident Dr. h.c. Heinrich Lübke (CDU) verkündete 1962 bei der Jahrhundertfeier des Deutschen Sängerbundes:

Keine Musikkultur wird auf die Dauer gesund bleiben, wenn sie nicht aus den ursprünglichen Quellen des Volkstums gespeist wird. Man kann deshalb unserer zeitgenössischen Kunstmusik nur wünschen, daß sie im ganzen mehr Anschluß an das Denken und Fühlen der Bevölkerung in Stadt und Land findet. Wenn die Melodie die Seele der Musik ist, dann darf die aus unserer Muttersprache geschaffene Melodik, die dabei landsmannschaftlich noch vielfältig geprägt ist, unserem Musikleben nicht verlorengehen.[14]

Nehmen wir einmal an, der Bundespräsident habe das Papier zum Ablesen solcher Rede in die Hand gedrückt bekommen, so muß im Bundespräsidialamt ein Beamter gesessen haben, der sich fast Wort für Wort dessen erinnerte, was ein Vierteljahrhundert früher ein Politiker wie Goebbels zu diesem Thema zu sagen wußte. Es hat schlimme Konsequenz, wenn Lübke des weiteren klagte:

Es scheint mir bezeichnend für die innere Verfassung unseres Volkes zu sein, daß es bei uns noch nicht wieder zu einem neuen vaterländischen Singen gekommen ist.[15]

Selbst wenn wir annähmen, daß Ungeschick – oder »black out« – ein Wesenszug gewisser Politiker ist: Das verräterische »noch nicht wieder« hätte nicht gesagt werden dürfen. Wann denn zuvor in Deutschland war »vaterländisches Singen« hoch im Kurs, wenn nicht im Regime Hitlers? Dort brauchten sie dergleichen Musik. Brauchte die Republik etwa eine ähnliche? Was sie bewirkt, darüber belehrte der gleiche Politiker sein Publikum bei anderer Gelegenheit:

Mit dem Gefühl für Harmonie wächst die Bereitschaft, sich in ein Ganzes einzuordnen. Wer im Singen und Spielen seine Konzentrationsfähigkeit übt, wird sie auch auf anderen Gebieten, wie etwa im Beruf, erproben. Lied und Musik stärken darüber hinaus jene Kräfte des Gemüts, deren das Gemeinschaftsleben gerade in unserem versachlichten Zeitalter so sehr bedarf.[16]

Das redet sich so glatt dahin, gewiß; aber wie unbedacht und hilflos darf so ein Politiker denn seine regressiven Sehnsüchte nach der heilen und ach so konfliktlosen Vergangenheit unters Volk bringen? Zumal da eine so paradiesische Epoche nie existiert hat. Oder steckt propagandistische Methode dahinter? Wozu ließe sich diese nette, gefällige und unproblematische Musik dann wohl noch brauchen? Nun also: Auch unsere Soldaten haben Bedarf an heiler Welt:

Das Soldatenlied erfüllt seine ethische Aufgabe, indem es den unter starken Spannungen stehenden Soldaten, insbesondere den Feldsoldaten, vor dem drohenden inneren Zusammenbruch bewahrt, indem es ihn »unerschütterlich« macht. [17]

Solches schien bereits auf den Ernstfall hin angelegt; wann sonst ergeben sich »starke Spannungen«, droht »innerer Zusammenbruch«? Warum sonst hätte das Feld, auf gut deutsch das Schlachtfeld, erwähnt werden müssen? Da gab sich der einstige Reichskriegsminister Werner Eduard Fritz von Blomberg doch ziviler, obwohl er gerade mithalf, den Ernstfall vorzubereiten:

Das Lied ist des Soldaten guter Kamerad. Es schmiedet die Truppe zusammen in frohen und ernsten Stunden. Es gibt ihr Kraft und Zuverlässigkeit. Kameradschaft und Korpsgeist sind ohne das deutsche Soldatenlied nicht denkbar. [18]

Nun sind Soldatenlieder ein Spezialfall der Musik, und nach allen historischen Erfahrungen damit sollte über ihre vorgebliche »ethische« Aufgabe der Mantel gnädigen Schweigens gedeckt werden; schließlich bedeutet Ethos unwiderruflich so etwas wie sittliche Lebensgrundlage und die Gesamtheit der moralischen Gesinnung. Indoktrinierung mit Kampfeswut und Todesmut läßt gewiß keinen Platz für irgendeine Ethik. Wie es mit dieser und ganz allgemein mit Musik steht, beschäftigt ab und an mal den Politiker. Soll nämlich das Volk, wie es schon Platon vorschwebte, mit Hilfe der Musik davon überzeugt werden, daß Ruhe die erste Bürgerpflicht sei, so wären Musiker für diese sozialpädagogische Staatsaktion zu gewinnen. Ohne sie läßt sich nichts ausrichten. Wie rekrutiert man – im demokratischen Gemeinwesen, wohlgemerkt – die nötigen fach- und sachkundigen Helfer? Herr Dr. Kurt Georg Kiesinger (CDU), damals noch baden-württembergischer Ministerpräsident, schlug 1965 vor, als sei das eine Selbstverständlichkeit:

Wir haben den Volksschullehrerstand gerade eben in unserem Land durch eine Besoldungsnovelle weit über den alten Stand des kärglich besoldeten Schulmeisters hinausgehoben. Nun, dann schuldet er aber auch unserem Volke dafür seinerseits einen schlichten Dank, nicht nur dadurch, daß er in der Schule seinen Mann steht, sondern auch dadurch, daß viele unserer Lehrer sich wieder bereitfinden, über die Tätigkeit in der Schule hinaus in der Gemeinde als Kulturmittler, vor allem auch als Chorleiter, unserem Volke zu dienen. [19]

Der Landespolitiker, der nachmals sogar als Bundeskanzler große Politik bestimmen durfte, drückte sich mit zynischer Deutlichkeit aus. Natürlich, wie einfach: Das Establishment pflegt sich zu kaufen, was immer es braucht. Die zu musikalischen Volkserziehern ausersehenen Lehrer sol-

WIR FLIEGEN DURCH SILBERNE WEITEN - Fliegerlied

1. Wir fliegen durch silberne Weiten, selig dem Himmel gesellt, schweben und sinken und gleiten über unendliche Breiten, die Gott uns zum Schauen bestellt. Über der Erde zu thronen hoch im sonnigen Schein, in unerschlossenen Zonen neue Menschen zu sein, braust es im Chor: Flieger empor!

2. Wir werden zum Kämpfen geboren, Augen stets offen und klar! Klingt die Musik der Motoren, fühlen wir uns unverloren und furchtlos in jeder Gefahr. Über der Erde . . .

3. Wir werden nicht immer gewinnen. Dennoch! uns schreckt keine Not! Leben, Vergeh'n und Verrinnen, aber der Glaube tief innen ist stärker als Not und als Tod. Über der Erde . . .

Tradition der Bundeswehr. Ein NS-Kriegslied in ›Hell klingen unsere Lieder‹.
Liederbuch der Bundeswehr. Hrsg. vom Bundesminister der Verteidigung 1963

len bitte auf ihre finanzielle Besserstellung reagieren ... und dabei vergessen, daß die Besoldungsnovelle lediglich – wie für andere Berufsgruppen seit Jahren schon selbstverständlich – den dringendsten Nachholbedarf decken und nicht etwa Vorleistung sein sollte für eine künftige Bürde an außerschulischen Pflichten. Und beiläufig kam gleich mit heraus: Musik und Musiker sind Waren, die man beliebig manipulieren kann, sei es durch Geld, per Verwaltungsakt oder durch autoritatives Pochen auf die von jedem grundanständigen Menschen nun einmal zu erwartende Dankbarkeit.

Das sind Symptome. Sie gleichen Mosaiksteinchen, die zunächst scheinbar durcheinander am Pfad der Geschichte liegen. Man kann sie aufsammeln, ordnen und zu einem mehr oder weniger vollständigen Bild zusammenfügen. Dazu anzuregen, war der Sinn dieses Kapitels Spurensuche. Der Pfad der Geschichte, ein kurzes Stück nur, soweit wir ihn im Zusammenhang mit diesem faszinierenden Stoff abschreiten können, gäbe noch viel mehr dieser Mosaiksteinchen her. Aber schon das unvollständige Bild beflügelt die Vorstellungskraft. Um uns nun nicht – wie Sigmund Freud in der Frage des Feuers – in phantasievollen Spekulationen zu verlieren und das Thema zur Glückssache zu degradieren, möchte ich anregen, die Spurensuche erst einmal einzustellen. Und nun Besuch zu machen bei den Betroffenen, den »Ingenieuren der menschlichen Seele«.

»Ingenieure der menschlichen Seele«?

Wer einen Schlagersänger fragt, weshalb er sich ausgerechnet die Musik zum Metier erwählt hat, bekommt mit schöner Regelmäßigkeit eine geradezu klassische Antwort: »Ich will den Menschen Freude schenken!« Das ist ein Bekenntnis zur Gesellschaft, zur Nächstenliebe, zu einer allumarmenden Geste, wie sie dem künstlerisch Begabten nun einmal anstehen. So etwas wirkt in Interviews immer gut; Positivismus ist eine moralische Größe, und auch davon abgesehen scheint Musik sehr wohl anwendbar zur Beglückung der vielen, die nach Glück gieren, weil unsere Welt bekanntlich der Glückserwartung doch nicht ausreichenden Spielraum läßt.

»Freudemachen« zählt, wo es die Hörerschaft so will, zu den Symptomen des Metiers. Der Großteil der Tonkunst und der in ihr tätigen Künstler existiert für die Unterhaltung. So ein Beruf sollte natürlich den Mann und die Frau hinreichend ernähren; sonst lohnte er sich am Ende gar nicht. In Interviews mit Schlagersängern erübrigt es sich wohl, von Geld zu reden... Punktum, man hat es und spricht nicht darüber. Zudem ist es in unserer Gesellschaft keineswegs eine Schande, wenn endlich einer das Wort von der »brotlosen Kunst« Lügen straft. Wer Leistung bietet, der muß unangefochten den gerechten Lohn kassieren dürfen. Und der Beruf des Musikers erbringt – wie der des Industriearbeiters – nun wirklich eigene, unmittelbare Leistungen, deren Gegenwert ihm, anders als dem Industriearbeiter, zur Gänze zufließt, sofern es ihm glückt, mit eignem Instrumentarium, Selbstverlag und ohne Agenturen auszukommen.

Das ist, ich weiß es, reichlich betriebsfremd gedacht. Auf diese oder jene Art gibt jeder Musiker und erst recht einer aus der Sparte Unterhaltung große Summen seines Mehrwerts ab. Aber das ist stets selber erarbeitetes Geld. Der Künstler nutzt seine eigenen Produktionsmittel und Produktivkräfte. Er ist kein Konzernchef, der sich von seiner Belegschaft miternähren lassen muß. Wenn sich so ein tätiger Künstler dann doch mal einen Rolls-Royce kauft, tut er das von dem Geld, das er erspielt und ersungen hat. Soziale Mißgunst ist da nicht angebracht. Möglich, daß er auch noch ein Privatflugzeug anschafft. Das sollte keine Neider aufregen. Musiker haben nun einmal nicht die Verpflichtung, ihr Geld zu verschenken. Musikmachen ist nämlich ohnehin schon ein sozialer Akt... am Ende auch da, wo die Freude der Zuhörer nicht ganz ungetrübt sein sollte.

Was die Motivation zur Musikausübung angeht, befriedigt das doch eher für Werbezwecke nützliche Programm »Ich will den Menschen Freude schenken« auf die Dauer nicht. Das hört sich nett an, gewiß; es schafft Vertrauen und soll es auch, denn ein Schlagersänger ist aus dem Gröbsten heraus, sobald sein Publikum anfängt, ihn beim Vornamen zu nennen. Die sogenannten »ernsten« Komponisten und die Interpreten eben dieser »ernsten« Musik haben es viel schwerer, denn Ernst verträgt sich nicht gut mit Freude. Und daß Ernst im großen und ganzen etwas ist, das unser Leben einfach so mit sich bringt, verstärkt nur noch die Schwierigkeiten einer Ortsbestimmung. Was kann Musik eigentlich, wenn sie nicht gerade unterhält? Und wo bliebe die Befriedigung des E-Musikers, der kaum mit seinem Kollegen von der leichten Muse konkurrieren kann, sobald es darum geht, Freude zu schenken? Nun gut: Er vermittelt Information, deckt Bildungsbedürfnisse, beeindruckt, ergreift, erschüttert, ärgert Leute. Aber das tröstliche und erhebende Gefühl, den Menschen etwas geschenkt zu haben, kann sich bei ihm nicht so recht einstellen. Wäre dann Musik für ihn nur ein Brotberuf? Oder ist er ganz einfach darauf aus, sich mit ihrer Hilfe selber ein Denkmal zu setzen?

Die Frage hat, zugegeben, einen Unterton des Zweifels, des Mißtrauens. Unsterblichkeit ist ja eine ganz und gar nicht menschliche Kategorie. Deswegen sollten wir uns – für den Augenblick – mit dem Begriff »Selbstverwirklichung« begnügen. Der Große Duden übersetzt ihn mit »Entfaltung der eigenen Persönlichkeit durch das Realisieren von Möglichkeiten, die in einem selbst angelegt sind«. Also in unserm Fall durch Produktion oder Reproduktion von Musik. Indem jemand dies tut, stellt er sich selbst dar und verwirklicht sich selbst, sofern ihm das gelingt. Diese Einschränkung macht Sinn, denn allzuoft sind Hoffnung und Ehrgeiz stärker als die verfügbaren eigenen Möglichkeiten; dann stößt der verbohrteste Wirkungswille ins Leere. Ganz allgemein läßt sich Selbstdarstellung nicht von der menschlichen Existenz isolieren. Sie ist Kulturfaktor, vermittelt, wie auch immer, Befriedigung... oder, wie Freud formuliert hätte, Ersatzbefriedigung; zudem scheint es sich, gemessen an der auffälligsten Manifestation der Selbstdarstellung, um ein vorab männliches Phänomen zu handeln, um ein Moment des Wettbewerbs, der auf eine Entscheidung drängt: Wer ist der Größte?

Irgendein Mann am Stammtisch, der redet, was ihm gerade einfällt, betreibt eine Art Selbstdarstellung mit Hilfe mehr oder minder präziser Information oder verblasener Mythologie. Er politisiert, hört sich selber reden, bemerkt, wie seine Stimme den Raum füllt. Mit dem, was er sagt, vermittelt er den Zuhörern zugleich ein Selbstporträt: Er äußert sich so und so; also kann man erkennen, daß er so und so *ist*. Diese Selbstdarstellung endet, sobald niemand mehr zuhört, und das geht ihm auf, wenn er allein am Stammtisch sitzengelassen wird. Eine alltägliche Beobachtung. Sie auf den Künstler zu übertragen, mag gewagt anmuten. Weil dadurch Zusammenhänge sich erschließen, möchte ich das Wagnis eingehen.

Am Anfang sollte die Frage stehen, ob nicht jedes Selbst wirklich ist. Dann müßte diese gleichsam automatische Wirklichkeit wohl nicht noch eigens unter Beweis gestellt werden. Die Persönlichkeit, »wie sie ist«, braucht sich nicht zu produzieren. Tut sie es dennoch, so nährt sie den Verdacht, nicht das reale Selbst sei gemeint, sondern eine ganz andere »Wirklichkeit«, die gewollte, geträumte, nicht die sozusagen naturgetreue. »Wirklich« wäre in diesem Sinne nicht das unauffällige Jedermannsleben, die Normalexistenz zwischen unzähligen anderen Normalexistenzen ... obwohl gerade solches *die* individuelle und gesellschaftliche Wirklichkeit darstellt, jedenfalls statistisch und immer deutlicher – und bedrückender –, je sprunghafter sich die Zahl der Menschen ringsum vermehrt. Die erstrebte andere »Wirklichkeit« beschwört den langen und dornenreichen Weg aus der Masse heraus »nach oben«, wo immer sich jemand den Gipfel des Erreichenwollens hindenkt. Um diese fiktive Wirklichkeit geht es dem Künstler, ihm besonders. Er setzt, um sich und vor allem seiner Umwelt diese zu vergegenwärtigen, alles daran, Wirkung auszuüben, möglichst Massenwirkung.

Die Zielprojektion wird identisch mit dem Metier; Musik ist Mittel und Zweck zugleich. Solange er noch Gleicher unter Gleichen ist, braucht er Massenwirkung, um sich aus der Masse herauszuprofilieren. Dies ist um so schwieriger, als es in der Kunst keine strukturierenden Rangordnungen gibt, nichts derartiges wie beim Militär, in der Kirche, der staatlichen und kommunalen Verwaltung, wo zwecks Unterscheidung Titel, Dienstränge, Gehaltsklassen existieren. Der Musiker muß also – wenn nicht, wie es natürlich scheint, durch sein Œuvre – auf irgendeine andere Weise auffallen, einen »höheren« Grad entsprechend der hierarchischen Stufenleiter erringen. Seine Psychologie drängt ihn dazu; eine gewisse Unbescheidenheit kommt solcher Profilierung zugute. Die Lebenserfahrung lehrt, daß der Bescheidene zumeist auf der Strecke bleibt: So ist keine Karriere zu machen. Selbstverwirklichung bedarf des Ausdrucks, des möglichst unüberhörbaren. Sie hat, wenn sie gelingt, einen nicht zu unterschätzenden Nebenerfolg. Der Marktwert des Künstlers klettert entsprechend. Entscheidend scheint nicht zu sein, daß er überhaupt wirkt, sondern daß er in ganz bestimmter Weise wirkt, nämlich unterscheidungsfähig, und sich dadurch einen Namen verschafft, gekannt und bekannt wird und zunehmend erfolgreich.

Ein Komponist, der anfängt, ist zunächst so etwas wie ein »unbeschriebenes Blatt« vor dem erdrückenden Hintergrund gewaltiger, schier unübersehbarer Mengen bereits vollgeschriebener Blätter. Dieses Erbe übernimmt er als schicksalhafte Bürde. Was er zwecks Unterscheidung von allen anderen je beschriebenen Blättern benötigt, ist eben Profil, nämlich die eigene, höchst persönliche, noch nie dagewesene Handschrift.[20] Diese muß – im günstigsten Fall – unterscheidbar sein von jeder früher schon dokumentierten. Sie muß neu sein, jedenfalls unvertraut, doch nicht geradezu abstoßend, stets mit dem Urheber identifizierbar und dennoch vom Reiz des Fremdartigen. Das ganz breite Allerweltspublikum darf sich durch scheinbare Fremdartigkeit ruhig brüskiert fühlen; dies ist der überzeugende Beweis dafür, daß der Komponist sein spezielles Profil gefunden hat. Jenseits dieses Punktes braucht er kein optimal großes Publikum mehr. Sein Eigenwert ist etabliert, Selbstverwirklichung hat begonnen.[21] Entsprechend steigert sich die Selbsteinschätzung, die nun als Motivation für das Verlangen nach öffentlicher Förderung dienen kann. Es sind Presseverrisse und Aufführungsskandale, die Profil herstellen können. Die Konventionen von Publikum und Musikkritik arbeiten der Profilierung des Urhebers in die Hand; deren Rückständigkeit ist sicherer Gradmesser für die Fortschrittlichkeit des Komponisten.

Das in jeder Beziehung fortschrittlichste Profil eignet den Häuptern der Gorgonen. Wer sie anblickt, wird zu Stein; der Aufruhr der Sinne erstarrt, Protestgeschrei verstummt, Gehör versagt, das Auge erlischt. Manche Komponisten stehen in dieser Wirkung nicht den Gorgonen nach. Sie verkörpern den Fortschritt, mythologisch.

Ein komplizierter, vielfach verschlungener Weg, ein Labyrinth, in dem viele sich verirren. Wie denn, wenn es zur Selbstdarstellung gar nicht erst kommt? Sicher ist, daß der Musikbetrieb nicht auf Komponisten wartet, die ihr Profil suchen; es gibt zu viele von diesen, und es sind die oft allzu bescheidenen. Einer beklagt sein Schicksal:

In der Gewißheit, mit meinen Kompositionen keinerlei finanzielle Grundlage, geschweige denn meinen Lebensunterhalt sichern zu können, machte ich meinen Abschluß als Musikerzieher für Violine und Tonsatz. Daß ich auch mit dieser beruflichen Ausbildung arbeitslos bin, tut hier nichts zur Sache. Relevant ist vielmehr, daß mir als nicht aufgeführtem Komponisten die wesentlichste Lebensäußerung, ein großer Teil meiner Selbstverwirklichung, ja ein wesentlicher Teil meiner Identität, versagt bleibt (wie sicher Hunderten von anderen Komponisten).[22]

Musiker sprechen sich selten so deutlich aus, wenn fundamentale Fragen des Metiers anstehen. Sie befassen sich unablässig mit ihren eigenen Notwendigkeiten, und solches trübt den Blick für Ursachen. Angebot erzeugt eben nicht immer und in jedem Fall Nachfrage, und wer ganz unten anzufangen hat, kommt nicht an Gegebenheiten vorbei; aber natürlich negiert das Ego gern gewachsene Strukturen:

Das Argument, daß nicht tonartgebundene, »nicht tonale« Musik keine Hörer fände, ist angesichts der Kommerzialisierung der Musik vergangener Jahrhunderte (ständig neue Platteneinspielungen kammermusikalischer, sinfonischer Art und Liedwerke) leicht durchschaubar: Allerdings würde sich die Bandbreite des Publikums drastisch verengen, falls renommierte Orchester sich auf Musik des 20. Jahrhunderts konzentrierten, sofern sie sich nicht ganz auflösen müßten, da viele neue Kompositionen für frei zusammengestellte Ensembles geschrieben sind. Einen Millionär v. Karajan (steht hier nur stellvertretend) würde es wahrscheinlich nicht geben.[23]

Der Musikbetrieb, das ist unbestritten, sortiert die Kräfte nach Brauchbarkeit; schließlich wird da eine Ware umgesetzt. Für die Ware neue Musik existiert längst ein ständig sich steigerndes Überangebot. Dafür gibt es Ursachen dramatischer Natur. Daß ein Komponist vom Ertrag seiner schöpferischen Arbeit, also vom Verkauf seiner Partituren, von der Einräumung seiner Urheberrechte, leben kann, muß als seltener Glücksfall betrachtet werden. Erfolg ist unberechenbar. Gediegene Ausbildung besagt überhaupt noch nichts. Weil das so auf der Hand liegt, übernehmen Komponisten, die den Durchbruch nicht schaffen, in der Regel jede andere mögliche Tätigkeit in ihrem Metier, welche ordentliches und regelmäßiges Einkommen verheißt. Komponisten, die ja zumeist mindestens das Klavier beherrschen, können konzertieren, gewiß; aber das ist ein Gelegenheitsjob, und die Konkurrenz war, gerade was Klavier angeht, immer schon da. Ganz wie in der Geschichte vom Hasen und dem Igel. Also bleibt eigentlich nur, das weiterzureichen, was man selber gelernt hat. Man lehrt Komposition, gern an staatlichen Instituten, denn das läuft auf eine beamtete Stellung hinaus; ansonsten an städtischen oder privaten Einrichtungen, den wenigen, die übriggeblieben sind, oder in Privatunterricht, sozusagen per Meisterkurs. Irgendwie findet fast jeder noch einen Platz. Hier beginnt er, junge Komponisten auszubilden, an denen es noch nie mangelte. Der Gedanke, Musik zu erfinden und – vielleicht – sogar ihre Aufführung zu erleben, muß ungeahnte Verlockungen für junge Männer haben... zumeist handelt es sich um solche. Die Tatsache, daß es einen Ausbildungsgang zum Komponisten überhaupt gibt, baut wunderliche Luftschlösser. In Scharen finden sich Interessenten ein, bringen Hoffnungen mit, die keine Realität je trüben kann, und der Lehrmeister, um die Kontinuität seiner pädagogischen Arbeit besorgt, denkt gewiß nicht daran, diese Hoffnungen zu enttäuschen. Im Gegenteil versucht er, der eigene vielleicht längst begraben mußte, die Hoffnungen seiner Schüler auf diese oder jene Weise erst recht stark zu machen. So bildet ein Komponist viele andere aus. Diese vielen anderen bilden noch viel mehr weitere aus, und die Flut von jungen Komponisten, die immer wieder neue junge Komponisten erzeugen, brandet über alle Ufer des gerade im Bereich der zeitgenössischen Produktion nicht beliebig aufnahmefähigen Marktes. Genau an diesem Punkt, der ein Endpunkt ist, ertönt der Ruf nach dem Staat. Fraglos wäre er die einzige Macht, die den Marktmechanismus außer Kraft setzen könnte. Zugleich konzentriert sich auf ihn das Mißtrauen, ob er vielleicht überhaupt willens sei, den vorgeblich »demokratischen« Musikbetrieb zu reformieren. Stockhausen sagte einmal klar, wie und warum er mißtraut:

Warum sollte überhaupt der Staat etwas mit Leben und Tod der Musik zu tun haben, solange unsere Politiker musikalische Ignoranten sind? Warum sehen wir nie die bekanntesten Vertreter der politischen Hierarchie auf Festivals neuer Musik, in öffentlichen Konzerten mit neuer Musik oder in Premieren neuer Opern? Die »Gesellschaft« hat keine guten Vorbilder mehr, weder »im Staat« noch an der Spitze der berühmten Interpreten. Vielleicht existiert überhaupt keine geistige Hierarchie mehr, sondern nur noch Pädagogik und Unterhaltung.[24]

Hoffnung, so sieht es aus, fördert schöpferische Tätigkeit; aber selbst ein vernünftiges Quantum Hoffnung stößt sehr bald auf die große Desillusion durch die unangenehme Tatsache, daß das Angebot bei weitem die Nachfrage übersteigt. Das aber ist die klassische Situation, in der ökonomische wie moralische Konkurse sich massenhaft ereignen. Nur der Nebenjob verzögert die Katastrophe. Anscheinend scherzhaft, tatsächlich aber mit Ingrimm, zählte Stockhausen einmal auf, wovon selbst ziemlich namhafte Komponisten der zeitgenössischen, experimentellen Richtung zu leben genötigt sind:

Louis de Pablo und Goeyvaerts arbeiten als Angestellte großer Fluggesellschaften. Morton Feldman ist Verkäufer in einem Magazin für Herrenkleidung, Christian Wolff ist Lehrer für Latein und Griechisch, Earle Brown ist Tonmeister einer Schallplattenfirma, Berio unterrichtet in einem Mädchencollege, Kagel erhält seine Familie als Vortrags-Dirigent – Interpret – Artikelschreiber, Ligeti ist (notgedrungen) zum musikalischen Volksaufklärungsreisenden geworden, Cardew ist Notenschreiber und Übersetzer, Boulez muß unterrichten und jede Saison ein gehörig Quantum an Konzerten dirigieren, Pousseur macht Programme für den Rundfunk und eine Vortragsreise nach der anderen, Cage verrichtet – je nach Notlage – alle Arbeiten (als ich mich das letzte Mal erkundigte, dekorierte er Weihnachtskarten für seine Firma) usw. usw.[25]

Dies war die Lage, während noch allenthalben für zeitgenössische Musik tätiges Interesse bestand, als Veranstalter, Rundfunkredaktionen, Festivalmacher und Ferienkursanbieter immer neue Namen entdeckten, immer neue junge Genies in ihre mäzenatische Obhut nahmen. Gemessen an der unmittelbaren Gegenwart, erscheint das im Rückblick fast paradiesisch; doch unter der Oberfläche – der Glanz kultureller Fortschrittlichkeit blendete den ersten Blick – griff bereits der Mechanismus der wunderbaren Komponistenvermehrung. Heute sind die Berufschancen für schöpferische Musiker nahe Null. Schon Honegger, der gerade noch von seiner kompositorischen Arbeit auskömmlich leben konnte, warnte eindringlich davor, den Beruf des Komponisten zu ergreifen; dies war sicherlich ernst gemeint, hat doch so ein Arrivierter keine Ursache, sich junge Konkurrenz vom Leibe zu halten, indem er den Teufel an die Wand malt. Honegger ist glaubhaft. Er hatte das abschreckende Beispiel vor Augen, nämlich jene Schüler – und es waren bis zu 37 pro Schuljahr –, die er an der École Normale de Musique in Paris unterrichtete... in Komposition, versteht sich. Seine traurige Erkenntnis:

Komponieren ist kein »métier«. Es ist eine fixe Idee, ein gutartiger Wahn (denn selten wird der verkannte Komponist sich in Ausbrüchen ergehen, die die öffentliche Ordnung stören, außer in den Konzertsälen bei der Aufführung des Werkes eines Rivalen). Im allgemeinen ist er sorgenvoll, zerstreut und bekümmert über das Unverständnis seiner Zeitgenossen für sein Schaffen.[26]

Da bringt die Binsenweisheit, daß ja keiner gezwungen sei, Komponist zu werden, nicht eben viel Trost. Gewiß handelt es sich nicht um äußere Zwänge, wenn jemand sich trotz allem dazu entschließt. Es ist nicht so eine familiär-ökonomische Automatik, aus der sich – etwa in Arztfamilien – die berufliche Nachfolge ergibt. Eine Praxis ist an Apparatur und Patientenbestand eine so kostspielige Investition, daß sich Gewinn durch Einsparung erzielen läßt, wenn ein Sohn oder eine Tochter Medizin studiert und Vaters oder Mutters Praxis dann weiterführt. Kinder eines Komponisten können nichts weiterführen. Er hinterläßt nicht einmal Handwerkszeug, ausgenommen vielleicht ein Klavier, Notenpapier oder eine traditionelle Harmonielehre, die dem hoffnungsvollen Sprößling ohnehin nichts mehr nützt. Außerdem würde die Nachfolge hier familiären Unfrieden stiften: Ödipus läßt grüßen. Denn das Œuvre des Vaters bedeutet für den Sohn eine unerträgliche Last, ja stete Bedrohung seiner eigenen Selbstverwirklichung, und sei es auch nur, daß der Jüngere nicht mehr schaffen kann, was der Ältere bereits geschaffen hat. Das Konfliktpotential ist offenbar; am Horizont winkt psychologischer Vatermord. Kein Zufall, wenn jeder, der Wagner erwähnt, Richard meint und nicht seinen Sohn Siegfried; wenn Bach stets Johann Sebastian bezeichnet und keinen der musikalischen Söhne; wenn der Vater symbolisch abgesetzt wird, indem sich der Sohn, wie es oft genug vorgekommen ist, einen eignen, neuen Namen zulegt, um jeder Verwechslung vorzubeugen. Ganz selten gelingt es doch einmal, den Vater ins Schattenreich der Musikgeschichte zu verbannen; aber darüber entscheidet zumeist erst die Nachwelt. Allerdings zieht, wer den Vater umbringt, die Rache der Götter auf sich, wie der antike Mythos es will. Wie alt war wohl Ödipus, als ihn die Götter entrückten? Wolfgang Amadeus Mozart starb mit 35...

Nein, äußere Zwänge scheiden aus beim Berufswunsch »Komponist«. Das Bedürfnis, den Leuten Freude zu schenken, kann im Bereich der neuen Musik kaum Platz greifen. Es wäre bestenfalls Selbsttäuschung. Wann tut jemand das Aussichtslose, das Absurde? Doch wohl dann, wenn sein kritisches und selbstkritisches Bewußtsein stumm bleibt, wenn der »innere Drang« die Oberhand behält. Liebe macht blind, auch die Eigenliebe. Das ist ein psychologisches Phänomen, und es markiert – Honegger hatte recht – die Grenze, hinter der das Reich des Wahns beginnt. Dabei spielt sich das musikalische Schaffen, sogar heute noch, als Lebensäußerung normaler Menschen ab; aber eben als Lebensäußerung und nicht als austauschbarer und lediglich dem Broterwerb dienender Job. Da gelten keine anderen als psychologische Maßstäbe.

Wer sich und anderen seine Einmaligkeit, die wirkliche oder eingebildete, sein Dasein und Sosein mitteilen, ja einhämmern muß, der hat keine Wahl. Der steckt auch, wenn nichts anderes hilft, den Artemistempel in Ephesos in Brand, um berühmt zu werden. Zwar war diesem Herostrates wohl klar, daß darauf die Todesstrafe stand; daß sein Name noch mehr als zwei Jahrtausende später die Lexika der zivilisierten Welt zieren würde, hat er unmöglich voraussehen können. Aber wer weiß schon so genau, was Hoffnung, so inbrünstige, so verzweifelte, posthum noch auslösen möchte? Nun sollte niemand – auch nicht der wütendste Feind »entarteter Musik« – kompositorische Tätigkeit mit der des Brandstifters gleichzusetzen wagen. Die Zeiten, in denen dergleichen Mode war, sind vorbei. Andererseits ist die Idee, den hinderlichen Vorrat an kulturellem Erbe, damit Platz geschaffen werde für die Artikulation der Lebenden, durch ein universales Autodafé aus der Welt zu schaffen, längst geäußert worden. Es handelt sich um eine Variante des Vatermords, denn auf irgendeine magische Weise sind sämtliche Schöpfer der kulturellen Hinterlassenschaft immer auch die Väter der nachgeborenen Kunstschaffenden, die zwar wollen, aber unter der Last unvermeidlicher Erinnerungen nicht zu können glauben. Erinnerungen wirken nicht zuletzt auch als Vorbilder, die übertroffen werden müssen. Wer schöpferisch arbeitet, kann nicht anders als der Vergangenheit eine Schlacht zu liefern. Der geistige Führer der futuristischen Bewegung, Filippo Tommaso Marinetti, drückte das auf seine Weise aus:

Und da kommen die fröhlichen Brandstifter mit rußigen Fingern! Da sind sie!... Auf! Legt Feuer an die Regale der Bibliotheken!... Lenkt den Fluß der Kanäle ab, die Museen zu überschwemmen!... O, diese Freude, die alten glorreichen Leinwände wegschwimmen zu sehen, in den Wassern zerfetzt und verfärbt!... Packt die Hacken, die Äxte, die Hämmer, und reißt nieder, reißt nieder die ehrwürdigen Städte.[27]

Da wagte einer auszusprechen, was dem Künstler Freiheit verschaffen würde, ledig der Bürde des Gewesenen sich selber zu verwirklichen. Der Dichter rief seine Revolution Ende 1908 aus; daß er die Musik unter den zu vernichtenden Kulturgütern nicht erwähnte, lag wohl daran, wie wenig dauerhaft sie ist und wie wenig materiehaft. Marinetti war ein praktischer Barbar. Die Demolierung von Noten und Instrumenten hätte nicht die Musik zerstört, denn sie – anders als alle anderen Künste – tönt »metaphysisch«. Metaphysik brennt nicht und ersäuft nicht im Dreckwasser der Kanäle. Das Problem der heranwachsenden Komponisten ließ sich nicht auf futuristische Art lösen.

Vollends die neuen Medien Schallplatte und Rundfunk sorgten nicht nur für Erhaltung und technische Perfektionierung des Erbes an »Weltmusik«, sondern »programmierten« bei den Musikfreunden auch spezielle Hörgewohnheiten, die derart auf traditionelle Formen und Schaffensweisen festgelegt waren, daß nicht einmal natürliche Innovationen mehr Anklang fanden. Sogar der gern rückwärts blickende Hans Pfitzner wehrte sich – 1925 im Vorwort seiner Bearbeitung von Heinrich Marschners Oper ›Der Vampyr‹ – gegen das »Ausgraben von längst abgestorbenen Produkten, die vielleicht deshalb so gründlich vergessen waren, weil sie selbst früheren Generationen allzu problemlos waren«, obwohl ihm klar sein mußte, daß diese hundertjährige Gespensteroper durchaus und erst recht, wenn sie beim modernen Publikum so einschlüge wie beim altvorderen, aktuelleren Werken den Zugang zur Musikbühne blockieren konnte, vielleicht sogar seinen eigenen.

Keine Patentlösung zeigte sich. Die Freiheit unbehinderter Selbstverwirklichung blieb schöner Schein. Vielleicht deswegen ertönte der Schrei nach Schaffensfreiheit so laut und schrill, wo er Äußerlichkeiten angriff. Keine Zensur durch die Obrigkeit: sicher ein gutes, erstrebenswertes Ziel. Von den Einschränkungen, die Geschichte und Unbewußtes diktieren, kam wenig ans Licht. Was möglich scheint oder nicht, bestimmt, so sieht es aus, ein blindes, gerade den Musikern erbarmungslos feindliches Schicksal. Die Folgerung blieb düster:

Mir bleibt nichts anderes übrig, als allen jungen Komponisten, die mich um Rat fragen, von der Vorstellung abzuraten, sie könnten sich nur dem Komponieren widmen. (Wenn nicht in dem berühmten »Land der großen Musiker« eine gründliche Änderung eintritt, wird der Stand der Komponisten immer tiefer herunterkommen und ihre Tätigkeit zu einer Feierabendbeschäftigung nach des Tages Geldberufs-Mühen werden; das heißt die »Komponisten« werden, wie das schon sehr deutlich zu sehen ist, immer größere Dilettanten.)[28]

Resignation breitet sich aus. Wenn Deutschland nur nicht das sagenhafte »Land der Musik« wäre, das Interessenten aus Kunst und Politik immer wieder im Munde führen; gerade dies macht die Last für den kompositorischen Nachwuchs unerträglich. Was immer einer in Musik versucht: Beethoven war vor ihm da. Und sogar John Cage. Dabei möchte er sich nur ein kleines bißchen selbst verwirklichen. Aber die Enge erdrosselt ihn.

Selbstdarstellung und Selbstverwirklichung haben mit psychischer Topographie zu tun. Der Komponist setzt seine Marken – ungefähr wie es der Hund tut, nur daß es, anders als beim Hund, keine ziemlich dauerhaften Duftmarken sind. Er scheidet ja nur Musik aus. Damit gelingen ihm lediglich akustische, das heißt verklingende, flüchtige Zeichen seines Daseins und Soseins. Diese haben keinen physikalischen Bestand. Also unternimmt es der Urheber unermüdlich, sie immer eindrucksvoller zu gestalten, damit sie noch lange nach dem Verklingen im Gedächtnis der Zuhörer präsent bleiben. Solches könnte durchaus ein Motiv für die innovative Entwicklung der Musik sein: Deswegen geht sie in die Länge und Breite, wird laut, reichert sich mit mächtigen und »unvergeßlichen« Inhalten an, die alle Grenzen dessen sprengen, was Musik überhaupt vermag. Deswegen ging sie, als diese Dimensionen endlich erschöpft schienen, ins Minimale, in die Erstarrung, die Stille. Der Komponist wollte immer neue Aktualität. Bis 1910 bewegte sich das noch ziemlich gemessen, seither immer hastiger und seit Mitte des Jahrhunderts geradezu panisch. Treibende Kraft scheint die Angst, seine Marken neben andere setzen zu müssen...

Daß ein Komponist ständig auf der Jagd nach Aufführungsmöglichkeiten ist, kann ihm keiner verdenken. Aber es geht nicht nur, was angesichts seiner ökonomischen Beschränkung verständlich wäre, um tunlichst viele Aufführungen. Es geht auch um solche, die räumlich immer weiter ausgreifen. Die Peripherie winkt mit hintergründiger Verheißung. Dabei ist der Hund gegenüber dem Menschen im Nachteil, denn er kann seine Marken nur setzen, so weit ihn die Füße tragen. Der Komponist hat moderne Verkehrsmittel und Telekommunikation. New York, Rom, Sidney... ganz gleich, welcher Punkt auf dem Erdball gewollt wird oder markiert werden soll: Die Technik verhilft dazu. Expansion ist ein wesentliches Moment künstlerischer Selbstverwirklichung. Wer sich, und sei es auch nur symbolisch, »verbreiten« kann, besitzt Macht. Er nimmt zu, nimmt ein, wird zum Zentrum eines Malstroms, der alles an sich reißt. Wer sich zum Beispiel als »erster Künstler der Nation« versteht – wie Hitler –, der marschiert über kurz oder lang usurpierend über die Grenzen eben dieser Nation hinaus. Daß ihm heute Deutschland gehört, stillt nicht den Drang; spätestens morgen will er »die ganze Welt«. So auch der Musiker, obzwar ohne schreckliche welthistorische Folgen.

Der Wille zur Selbstverwirklichung läßt ihm auch keine Wahl. Der Interpret *muß* Gastspielverpflichtungen in den fernsten Winkeln der Welt eingehen, je mehr, desto lieber; gäbe es keine schnellen Jets, wäre er in seiner Selbstdarstellung arg behindert. Als ausübende Musiker noch mit der Postkutsche reisten, scheint der Anspruch auf Selbstverwirklichung erst wenig entwickelt gewesen zu sein. Möglich, daß es damals doch mehr um Musik ging. Komponisten haben es leichter. Ihnen bieten der Rundfunk und das Fernsehen die unvergleichliche Chance, fiktiv oder real, auf der ganzen Welt gehört, also symbolisch »empfangen« zu werden. Ihr Ich – wie im Werk materialisiert – verliert Erdenschwere und plumpe Leiblichkeit. Die Sendung ihrer Musik sorgt für gottgleiche Epiphanie. Der Komponist sieht sich »aufgenommen«, sogar »kopiert«, »vervielfältigt« und am Ende ausgestrahlt, in reine Energie verwandelt; so strahlt eine Sonne, *die* Sonne, so ward Licht. Nun ganz »Erscheinung«, verharrt er nicht mehr auf der Stelle; er wird allgegenwärtig und in dieser Beziehung »wie Gott«. Seine Reviermarken sitzen nun da, wohin die Rundfunkwellen sie transportierten, gleichsam »an den Rändern des Erdenrunds«.

So ist Selbstverwirklichung eine dynamische, weit ausgreifende Bewegung. Der Künstler gibt sich nicht damit zufrieden, irgend etwas zu machen, das sein Selbst nur reflektiert oder symbolisiert, gar im bescheidenen Rahmen der Alltäglichkeit. Er backt keine kleinen Brötchen. Er schafft Aufsehenerregendes oder möchte das jedenfalls; was andere Menschen veranlaßt, zu ihm aufzusehen, emporzuschauen, schenkt ihm Selbstwertgenuß. So muß einem überlebensgroßen Denkmal zumute sein. Selbsterhöhung scheint integraler Bestandteil der Selbstverwirklichung. Mit kritischem Verstand ist dem nicht beizukommen. Wer würde in diesem Augenblick einsehen können, daß er sich durchaus nicht selbst *verwirklicht*, sondern der alltäglichen Wirklichkeit im Gegenteil zu entkommen trachtet? Daß er aus der alltäglichen Wirklichkeit und ihren gesellschaftlichen Größenverhältnissen in die Unwirklichkeit flieht, Realität durch verworrene Illusionen ersetzt? Es geht um die Sternstunde. Nun kann er triumphierend auf »seinem« Erdball tanzen, wie es ihm 1928 der schwarze Geiger in Ernst Kreneks Oper ›Jonny spielt auf‹ vormachte. Damit wäre die Projektion seiner Persönlichkeit ins Gigantische, Übernatürliche vollendet. Einer hat sich durchgesetzt, bis alles von ihm durchsetzt ist; mit anderen Worten: ein Welterfolg.

So schlägt gerade noch mitzuvollziehendes Overstatement, das ja immerhin die Frustration angesichts der wenig ermunternden Spuren des gesellschaftlichen Zustandes ein wenig kompensieren könnte, in die Arroganz der Größe und Übergröße um. Der Lernende – und wir alle sind lebenslang Lernende –, falls er dann überhaupt etwas außerhalb seines Metiers lernt, nämlich sich selber moderat ins soziale Umfeld einzupassen, mutiert im Handumdrehen zum Meister, und dieser verwandelt sich, so rasch das gelingen möchte, mindestens in einen Prometheus, nein: in *den* Prometheus, der der Menschheit Licht und Wärme schenkt. Und er duldet keine Götter neben sich. Ein Künstlerschicksal?:

Aufrecht auf dem Gipfel der Welt, schleudern wir noch einmal unsere Herausforderung zu den Sternen![29]

Die Unbescheidenheit Marinettis hören wir als charakteristisches Echo. Der visionäre Anspruch gehört wohl zum Künstler, sei er ein italienischer Poet oder der fiktive Jazzgeiger Jonny, nicht weniger symbolisch, oder ein namenloser Nachwuchsmusiker »auf dem Weg«.

Oder ist das alles nur bildlich zu verstehen? Symbolisiert der Erdball etwa den Sack voll Geld? Vielleicht geht es gar nicht einmal vorrangig um Geld. Vielleicht ist die klingende Münze nur ein Tauschwert für das, was der Künstler eigentlich will. Der schöne Schein der Banknote nämlich repräsentiert die Projektion des schöpferischen Ichs; eines folgte aus dem anderen, und die Zahlen stellen Wert dar, immateriellen. Je größer hier die Quantität, desto deutlicher der Beweis, daß die Eroberung der Welt im weitesten Sinne geleistet ist. Geld zeugt für Bedeutung, für jene Macht, die der Ruhm mit sich bringt. Dennoch entscheidet der Gedanke an Geld nicht unbedingt. Immer noch haben sich Musiker dort gratis angeboten, wo Entlohnung in Geld nicht zu erhoffen war. Selbstdarstellung ist ein Wert an sich. Man kann das nachlesen. Unter den vielen Hunderten von Musikern und Möchtegern-Musikern, die nach 1933 die Dienststellen des NS-Regimes mit Partituren aller Art und Widmungen an »unseren Führer und Reichskanzler« geradezu bombardierten, gab es nicht wenige, die statt Geld eine Förderung des Werks erwarteten. Das war ihre Vorstellung von Selbstverwirklichung: ein Geschenk, das Beachtung sichern sollte. So der Potsdamer Kirchenmusiker – Organist und Chorleiter an der Heiliggeistkirche – Adolf Haensgen an den Reichsminister Dr. Goebbels:

Beiliegende Deutsche Hymne, die dem verstorbenen Herrn Reichspräsidenten, Sr. Exzellenz Paul von Hindenburg gewidmet ist und mit einem Dankschreiben angenommen wurde, möchte ich Ihnen, Herr Minister, gern für ihre Propagandazwecke frei zur Verfügung stellen. Ich glaube, daß der Text für eine Propaganda im Saargebiet geeignet erscheint. Die Hymne wird in Potsdam und Berlin von mehr als 4000 Sängern gesungen und hat stets den größten Beifall. (...) Als deutscher Mann von arischer Herkunft, Mitglied der SA der NSDAP Sturm 53/25, möchte auch ich gern mithelfen am großen Werk der deutschen Bruderliebe und dafür opfern.[30]

Einer von vielen, die um öffentliche Anerkennung buhlten; diese war ihnen ein reicheres Entgelt als jede Aufführungsantieme. Allerdings ging die Spekulation nicht auf.

Im Idealfall kommen Geld und Ruhm zusammen. Da komponierte zum Beispiel Křenek eine Oper, die rundum identifikatorisch angelegt schien: ein neuartiges musikalisches Idiom, das dem Musiktheater, hier unerprobt, bislang ferngelegen, nämlich der Jazz; Dekor aus der zivilisatorischen Gegenwart, Hotelhalle, Bahnhof, Radio... Das war 1926. Der deutsche Antisemitismus warf bereits Schlagschatten; schon marschierten die Braunhemden. Es ist nicht abwegig zu unterstellen, daß sich der »jüdisch versippte« Musiker in dieser Situation einen mehr als persönlichen Triumph verschaffen wollte, sozusagen buchmäßig, auf den Brettern, die »die Welt bedeuten«. Der leibhaftige Komponist identifizierte sich jedoch nicht mit dem Komponisten im Libretto; dieser ist als biographisches Porträt angelegt und stellt nicht den strahlenden Sieger dar, sondern er war »der verlegene, gehemmte, grübelnde Intellektuelle Mitteleuropas«. Křenek hielt sich an den schwarzen Jazzgeiger, der – in seiner amerikanischen Heimat rassistisch deklassiert – in der Alten Welt dem mondänen Publikum aufspielt, sich selber hochspielt auf einsame Höhe und dann, auf dem Erdball tanzend, seinen Triumph genießt. Diese Fabel, so erinnert sich der Komponist, *war nichts anderes als ein weiterer Ausdruck meiner ständigen Befassung mit der Idee der Freiheit (...). Jonny und sein Amerika waren Symbole für die Fülle des Lebens, optimistische Bejahung, Freiheit von nutzloser Grübelei, und Hingegebenheit an das Glück des Augenblicks. Jonny war die Erfüllung eines Wunschtraums (...).*[31]

Die Identifikation mit dem Helden des Spiels, und es gab nur einen einzigen, den schwarzen Jazzstar, war ein Experiment, das gelang. Wie diesen überhäufte die Öffentlichkeit Křenek mit jähem Ruhm. Mehr als hundert Bühnen des Auslandes inszenierten seine »Negeroper«; der Zuspruch in Deutschland reicht hin für mehr als 450 Aufführungen: ein Schlager des Musiktheaters. Und ein finanzieller Erfolg obendrein. Dies addierte sich zur glücklichen Selbsttherapie des ansonsten nicht eben selbstsicheren Provinzkapellmeisters, der die Fabel vom Sieg der unterdrückten Rasse über das hoffärtige klassisch-romantische Europa auf sich selber bezog. Solche Träume hören Psychoanalytiker von Leuten auf der Couch. Einen Augenblick lang war Křenek mit seinem Heros eins: der Neger dort, hier der durch Verschwägerung mit dem jüdischen Gustav Mahler Deklassierte... das unterdrückte und doch auserwählte Volk in beiden; beide trafen sich im letzten höchsten Glücksrausch der Herrschaft über die Welt. Und das dumme Publikum spendete dafür noch Beifall. Allerdings merkten die mißtrauischen Nationalsozialisten bald, wer ihnen ihren Rassismus um die Ohren geschlagen hatte; ihre Wut spiegelt sich in dem Umstand, daß Křenek auch noch 1938 in der 3. Auflage des berüchtigten Lexikons der »Musikjuden« von Hans Brückner und Christa-Maria Rock als »Schwiegersohn des jüd. Komponisten Gustav Mahler« denunziert war, obwohl diese Ehe schon längst nicht mehr bestand, ja daß er immer wieder als Jude verleumdet wurde, nachdem sein Name 1935 in einer schwarzen Liste unerwünschter »nichtarischer« Musiker erschien, die von der Reichskulturkammer kam und die Unterschrift ihres Geschäftsführers Hans Hinkel trug.

Dergleichen gelingt höchst selten. Auch bei Křenek geschah es einmal und nie wieder. Mit dieser Oper hatte er sein Profil erlangt; freilich schien es ihm nicht das passende. Musiker können nicht stehenbleiben. Auch in diesem Fall diente eine »Selbstdarstellung« zur Kompensation des schleichenden Verlusts. Das ist eine typische Situation. Es hat sich eingebürgert, daß Komponisten unablässig sich selber kommentieren. Vornehmlich lassen sie sich aus über Biographisches, Fragen des Handwerks, der kreativen Struktur und andere Eigenschaften des Werkes, die halbwegs objektivierbar sind. Gerade dem schöpferischen Musiker ist dies so wichtig, weil es ihn kennzeichnet, das heißt vom Konkurrenten – sei es auch in noch so unbedeutenden Kleinigkeiten – unterscheidet. Nicht nur Partituren, sondern auch Verlautbarungen über Partituren bekräftigen seine geistige Statur und dienen der Eigenwerbung. Existenz braucht Dokumentation.

Was Musiker über Musik sagen, sagen sie in Wirklichkeit über sich selber, und darin liegt der Wert solcher Selbstdarstellungen. Auch noch der erfolgreichste Komponist »wächst« auf diese Weise ein ganzes Stück, zumal da er hier Gedrucktes in der Hand hat, das beständiger ist als der flüchtige Klang des Werks und – vielleicht – fürs Publikum sogar aufschlußreicher. Wie erklärte es sich sonst, daß eine Persönlichkeit wie Stockhausen seine vielen, weit in Zeitschriften oder Funkmanuskripten verstreuten Selbstkommentare zu sammeln pflegt und bändeweise im Rahmen einer eigenen Buchreihe neu publiziert? Dies sind seine Reviermarken, die zusätzlichen. Solange er sie setzen kann, »lebt« der Komponist. Die Welt sieht nicht ganz so düster aus, wenn gelebtes Leben als Dokument schwarz auf weiß im Bücherschrank steht. Das ist Komposition mit anderen Mitteln. Das Selbstwertgefühl kann schwindelnde Höhen erklimmen.

Ein Problem bleibt, trotz aller Schleichwege: das der Partitur und ihrer Realisierung. Wo Nachfrage langsam versiegt, kann der Urheber eigentlich nur, möchte er nicht aufgeben, in eine ganz neue Rolle hineinwachsen. Er wird zum Sozialfall, Objekt mäzenatischer Großtat. Das ist keineswegs ehrenrührig, zumal da das Gesetz den Staatsbürgern ohnehin und für den Fall des Falles öffentliche Hilfe für die Lebensführung zusagt. Der Komponist braucht sich nicht einmal ans Sozialamt zu wenden. Er muß nur Argumente sammeln, mit denen Kulturbeamte sich überzeugen lassen, wie außerordentlich wichtig gerade seine Musik für die geistige Kultur des Landes sei. Dann winkt ihm die Chance einer Subvention aus der öffentlichen Hand. Das hört sich schlimmer an, als es ist. Denn unsere Gesellschaft beruht geradezu auf der Technik, unter allen möglichen Vorwänden beim Staat abzukassieren, denn der – nicht wahr? – hat es ja.

Der Arme braucht freilich Überzeugungskraft. Er kann sich nicht rühmen, »Sicherheit« zu produzieren, wo ohnehin – und aus ganz unmilitärischen Gründen – Sicherheit ist, ohne daß die stärkste Streitmacht imstande wäre, die Vergiftung von Luft und Wasser zu verhindern. Er dient nicht der Ernährung, obwohl ein Großteil der nötigen Nahrungsmittel importiert wird. Er ist nicht Arbeitgeber und muß daher frühere Überkapazitäten nicht gewinnbringend herüberretten. Was soll er tun? Soll er den Politikern einreden, die Erlösung von allem Üblen sei nur durch Musik möglich? Überhaupt bewirke erst die Tonkunst und sie allein Volkshygiene? Solche Verheißungen gab es hier und dort, denn immer wieder haben Musiker darüber nachgedacht, was sie für ihre Sache – und für sich selber – ihren Obrigkeiten mit einiger Erfolgsaussicht vortragen könnten. Das hatte jedoch Grenzen. Zwar steht in der Bibel, wie die Israeliten mit Posaunenstößen die Mauern von Jericho niederlegten; aber gegen heutige Betonbunker hilft auch die lauteste Blasmusik nicht, das ist sicher. Sollte man es mit Franz Liszt halten, der 1834 von einer zukünftigen sozialgestalterischen Tonkunst träumte?

Ja, verbannen wir jeden Zweifel: bald hören wir in Feldern, Wäldern, Dörfern, Vorstädten, in den Arbeitshallen und in den Städten nationale, sittliche, politische und religiöse Lieder, Weisen und Hymnen erschallen, die für das Volk gedichtet, dem Volke gelehrt und vom Volke gesungen werden, ja gesungen werden von Arbeitern, Tagelöhnern, Handwerkern, von Burschen und Mädchen, von Männern und Frauen des Volks! Alle großen Künstler, Dichter und Musiker werden ihren Beitrag zu diesem volksthümlichen, sich ewig verjüngenden Harmonieschatz spenden. Der Staat wird öffentliche Belohnungen für solche aussetzen, die dreimal wie wir bei den Generalversammlungen waren und alle Klassen werden sich endlich verschmelzen in Einem religiösen, großartigen und erhabenen Gemeingefühl.[32]

So ließe sich volltönend sogar der Klassenkampf abschaffen, der den linken Theoretikern so am Herzen lag; das wäre gewiß eine musikalische Befreiungstat sondergleichen. Nur: Liszt hatte leider zuviel versprochen. Kein König finanzierte diese zusammenschweißende Musik, obwohl sie ihm doch ewigen sozialen Frieden beschert hätte. Ach, es muß wohl wahr gewesen sein, was der Komponist ein paar Jahre später, sichtlich klüger geworden, so beredt beklagte:

Der Künstler lebt heutigentags außerhalb der socialen Gemeinschaft; denn das poetische Element, nämlich das religiöse Element der Menschheit, ist aus unseren modernen Staaten verschwunden. Was haben sie, die das Räthsel menschlichen Glücks durch einige ertheilte Privilegien, durch eine unbegrenzte Ausdehnung der Industrie und des egoistischen Wohlseins zu lösen suchen, – was haben sie mit einem Dichter oder Künstler zu schaffen? Was kümmern sie sich um diese Menschen, die nutzlos für die Staatsmaschine die Welt durchwandern, um heilige Flammen, edle Gefühle und erhabene Begeisterung zu entzünden, um durch ihre Thaten das unerklärliche Bedürfnis nach Schönheit und Größe, das mehr oder weniger verschlossen auf dem Urgrund der Seele ruht, zu befriedigen?[33]

Es hat ganz den Anschein, als habe in der guten alten Zeit noch kein Souverän einsehen können, wie sich Komponisten als »Ingenieure der menschlichen Seele« zur Verbesserung der innen- und außenpolitischen Lage hätten verwenden lassen. »Ingenieure der menschlichen Seele« kommen bei Liszt noch gar nicht vor, obwohl so ein griffiges Schlagwort die Sache der Tonkunst gewiß hätte fördern können. Es war nicht einmal ein Künstler, der es prägte, sondern ein Politiker. Immerhin nahm man es wie ein Evangelium auf, denn der Erfinder – Stalin – nannte sich nicht nur der »Erste Sprachwissenschaftler« seines Landes, sondern vertrug auch nicht den leisesten Hauch von Kritik. Also überschlug sich sogleich die

Presse, zumal die kunstwissenschaftliche, und die Literatur, Fachbereich Philosophie, voll Lobes ob der Weisheit des großen Führers. Es lohnt sich, etwas zu blättern:

Die geniale Stalinsche Definition des Künstlers als eines Ingenieurs der menschlichen Seelen legt den innersten Kern dieser Seite des Problems bloß. Der Künstler erkennt die Wirklichkeit und verkörpert das Resultat seiner Erkenntnis letzten Endes im Kunstwerk. Dieses wirkt auf den Verstand, die Gefühle und den Willen der Menschen ein und formt dadurch ihr Bewußtsein, und zwar in bestimmter Richtung. Schon die Auswahl der Fakten des Lebens und ihre Deutung sind von Bedeutung in dem Sinne, daß hierdurch das Bewußtsein des Menschen in der Richtung einer bestimmten Anschauung der Welt gelenkt wird, diese »Weltanschauung« aber bestimmt im Endresultat auch seine Tätigkeit. (...) Die Kunst erzieht den Menschen, indem sie bestimmte Ideen, bestimmte Ansichten vom Leben einführt und propagiert, indem sie sich auf den Standpunkt einer bestimmten sozialen Gruppe stellt; damit wird sie zur Waffe im Klassenkampf, das heißt, sie wird bewußt oder unbewußt zum Träger von Ideen, denn auf die eine oder andere Weise ist sie entweder bestrebt, die Wirklichkeit in einer bestimmten Richtung zu ändern oder, im Gegenteil, ihre Veränderung zu verhindern.[34]

Immerhin hatte der rote Zwingherr mit seinem Schlagwort ein profitables Angebot unterbreitet. Der Künstler, zumal der Musiker war aufgerufen zur politischen Mitarbeit. Für Liszt kam das leider zu spät, wenn wohl auch begründete Zweifel bestehen, daß dies die passende geistige Heimat für ihn gewesen wäre; vor allem hätte es ihn mehr als befremdet, seine Religion durch eine in Ritual und Rigorismus des Dogmas ähnliche, für ihn jedoch unannehmbare neue »wissenschaftlich-materialistische« ersetzt zu finden. Aber der Diktator meinte »seine« Künstler, und sie fühlten sich angesprochen, auch die sowjetischen Komponisten, hatten sie doch zu dieser Zeit ihre Lektion schon gelernt. Sie wußten, wer die Musik bestimmt. Stalins Schlagwort war ihnen Befehl. Es lief darauf hinaus, sich als Staatshaustier halten zu lassen und als solches gleichsam die Milch der roten Denkart abzusondern, über sich die Peitsche des Herrn, in sich die Gewißheit, am Ende Haare lassen zu müssen, aber dafür einen warmen Stall und Kraftfutter zu bekommen.

Wer in Dienst genommen wird, erspart sich fraglos einige Sorgen; aber das Materielle ist nicht alles. Musikalische Staatsdiener geraten in Identitätsnöte, denn die Marken, die sie setzen, sind oft nicht wiederzuerkennen. Um beim Hundebeispiel zu bleiben: Ein Hund, wittert er in seinen Markierungen nicht mehr das typische, vertraute Signal, eben sich selbst, reagiert neurotisch; er stolpert wie ein Fremder durch die Welt, die nur scheinbar seine eigne ist. Die Wirrsal der Musiker unter autokratischen Regimes füllt Bände.

Auch in der UdSSR geht
Kunst nach Geld, tönt Musik
nach (Rubel-)Noten.
›Sowetskaja Kul'tura‹,
Nr. 118, 30 September 1972

»Ingenieur der menschlichen Seele« genannt zu werden, ist andererseits
eine hohe Auszeichnung. So einer merkt, daß Leben und Schaffen einen
Sinn hat, hilft er doch dem Staat bei der Konstruktion des wünschenswerten neuen Menschen. Als Zögling eines Priesterseminars kannte sich der
sowjetische Diktator in Metaphysik aus; er hatte den Zugang zu den versteckten Tresoren dieser Welt, den Menschenseelen, erlernt. Darin stand
er dem Reichspropagandaminister Dr. Goebbels nicht nach. Dieser war,
Zufall oder nicht, einst von seinen Eltern für den Beruf eines katholischen
Priesters bestimmt worden. Beiden ging es um die innerliche Ummodelung der Untertanen. Goebbels wollte durch die mit Politik ideal verkop-
pelte Kunst den Adel der »Herrenrasse« verklären; Stalin brauchte die
Kunst, um jeden Funken von Widersetzlichkeit im Volk auszulöschen,
um es regierbar zu machen. Dies wie das bedurfte des Erzzeugen Platon,
und der war leicht herbeizuzitieren, denn er konnte sich gegen Vereinnah-
mung nicht mehr wehren.
Daß unter diesen Umständen der Komponist die Souveränität über sein
Handwerk weitgehend an den Politiker abzutreten hat, mochte zunächst
wie ein Manko erscheinen; aber – nicht wahr? – Geld stinkt nicht. Auch
psychologisch ging die Rechnung auf. Solange nämlich die Obrigkeit den
Musiker für seine Dienste entlohnt, sei es aufgrund von Honorarordnun-
gen oder auch nur durch sozialpflegerisch verbuchte Subvention, braucht
er die Gewißheit seiner individuellen Bedeutung und schöpferischen
Größe kein bißchen zu revidieren. Die milde Gabe aus der Staatskasse
gebar immer wieder kleine Ungeheuer und päppelte sie zu enormen Mon-

stern auf, die sich ihren Namen, falls es mit Kunst nicht glückte, durch rücksichtslos egozentrische Ansprüche machten. Sie blieben die selbst erwählte Elite.

Das Stichwort »Seele« verspricht daher so etwas wie Erfüllung eines alten Musikertraums. Wer ihr Ingenieur sein darf, rührt ans Übersinnliche und Überirdische. Komponisten vermögen dies. Jedenfalls versuchen die zahlreichen, zu Herzen gehenden Zitatsammlungen uns solches weiszumachen, wie sie zumal im 19. Jahrhundert – danach, als kritisches Denken sich immer stärker durchsetzte, freilich kaum mehr – erschienen und den Berufsstand verklärten, bis er ein Sammelbecken göttlicher Funken schien. Sichtlich war es den Urhebern gelungen, sich selber, aber auch Philosophen, Poeten und Musikhistoriker davon zu überzeugen: Musik *ist* Seele und daher Uroffenbarung der Gattung Mensch. So verkündete Schopenhauer:

Das unaussprechlich Innige aller Musik, vermöge dessen sie als ein so ganz vertrautes und doch ewig fernes Paradies an uns vorüberzieht, so ganz verständlich und doch so unerklärlich ist, beruht darauf, daß sie alle Regungen unseres innersten Wesens wiedergibt, aber ganz ohne die Wirklichkeit und fern von ihrer Qual.[35]

Eine nicht weniger tiefe Verbeugung vor den Meistern der Musik ist von Jean Paul überliefert:

O ihr unbefleckten Töne, wie so heilig ist eure Freude und euer Schmerz! Denn ihr frohlockt und wehklagt nicht über eine Begebenheit, sondern über das Leben und Sein, und eurer Thränen ist nur die Ewigkeit würdig, deren Tantalus der Mensch ist. Wie könntet ihr denn, ihr Reinen, im Menschenbusen, der so lange die erdige Welt besetzt, euch eine heilige Stätte bereiten oder sie reinigen vom irdischen Leben, wäret ihr nicht früher in uns als der treulose Schall des Lebens, und würde uns euer Himmel nicht angeboren vor der Erde![36]

Das ist nicht zum Lachen, sondern »kulturelles Erbe«, das erworben werden muß, wenn man es besitzen will; aber wie tödlich Zeit wirkt, läßt sich nicht übersehen. Möglich, daß Dichter und Denker es nicht so genau nehmen mit dem Fluß der Gedanken und der Rede. Doch selbst ein so gescheiter und vergleichsweise nüchterner Mann, nun wirklich ein Musikkenner, wie der Kritiker und Historiker Franz Brendel meinte ehrfurchtsvoll:

Die tiefsten, verborgensten Regungen darzustellen, ist ganz eigentlich die Aufgabe der Tonkunst. Sie hat das Material gefunden, welches die Tiefen der Seele unmittelbar zum Ausdrucke bringen kann. Die ist die Hoheit, die Größe der Musik, dieser Kunst der Seele, worin sie von keiner anderen erreicht wird.[37]

Handelt es sich vielleicht um einen raffinierten Reklamecoup, mit dem der Öffentlichkeit suggeriert werden soll, daß keine Gesellschaft, die auch nur ein wenig auf sich hält, ohne Komponisten existieren kann? Klar, daß die Götter nicht ihre ureigenste Erfindung, die Musik, in die Hände der Menschen – einiger weniger außerordentlich begnadeter, versteht sich! – gelegt haben, damit sie dort verkomme. Wer sich in den Mythos einhüllt, mit dem ist nicht gut rechten. Es sei aber gestattet, darauf aufmerksam zu machen, daß der Mythos einen durchaus irdischen Ursprung hat. Was der Selbstverwirklichung dient, ist ja doch nicht unentbehrlich für die Allgemeinheit. Also mußte und muß ihr immer wieder nahegebracht werden, warum sie nicht auf Musik verzichten kann und darf. Nur wenn sie dies begreift, bezahlt sie die Musik auch.

Stalin brauchte darin keinen Nachhilfeunterricht. Er war ein Mann der exakten Planung. Er wollte das Beste, was auf diesem Gebiet zu haben war: Er wollte die Posaunen von Jericho. Kein Wunder. Diktatoren tun es nicht unter Superlativen. Allerdings war die Aufgabe auch gigantisch, denn demolieren wollte Stalin die Hürden zwischen sich und der Kommunistischen Weltrevolution. Wie wir wissen, bekam er solche Posaunen nicht, und ohne den Triumph eines derartigen »Jüngsten Tages« mußte er sich von der Bühne des Lebens verabschieden. Er hatte nicht einmal Zeit, darüber nachzudenken, ob irgendeine Musik auch nur annähernd in der Lage war, so etwas zu leisten. Er hoffte nur, ganz wie jede bedrückte, arme Alltagskreatur, und tat, was er für dienlich hielt, dem Resultat nahezukommen. Politikern, so sieht es aus, bleibt nichts anderes als Hoffnung, denn im Unterschied zu irgendwelchen Werkzeugen und Waffen können sie Musik nicht anfassen, nicht benutzen, mit ihr nicht um sich schlagen. Das sind Träume... oder Prahlereien.

Politische Ausbeutung der Musik sollte den Musikern nicht so abwegig scheinen. Die Geschichte der autokratischen Zwangssysteme in diesem Jahrhundert ist allerdings so beschaffen, daß sie die Lust zur Selbstverwirklichung unter solchen extremen Umständen erst einmal gehörig dämpfte. Dergleichen Erfahrungen wirken nach. Kaum glaublich, daß es Zeiten gab, in denen Musiker und Musikerinnen ihrer Obrigkeit so sklavisch nach dem Munde redeten wie zum Beispiel die eminente Pianistin Elly Ney; sie, weltberühmt, damals auf dem Gipfel ihrer Karriere, hätte solche Art Funktionsbestimmung der deutschen »Ingenieure der menschlichen Seele« nicht nötig gehabt:

Wie Adolf Hitler immer wieder mit besonderer Eindringlichkeit gesagt hat, erstrebt die nationalsozialistische Bewegung zu allererst eine ganz bestimmte seelische Haltung auf dem Gebiet der Kultur und Kunst. Nicht mehr dem technischen Können, das nur dem akrobatisch-sinnlichen Ausdruck dienstbar ist, wird der Vorzug gegeben, sondern jenen Künstlern, die in ihren Werken und Wiedergaben seelische Tiefe verraten, die in Demut vor ihrer schöpferischen Gabe mit dem Werk ringen und in diesem Kampf die letzten Lebensquellen unseres Wesens zu erschließen suchen.[38]

Die spielerischen Aspekte der Tonkunst bleiben in solchen »Analysen«, die vollendete Hofknickse sind, ganz außer Ansatz. Denn Spiel und die dabei mitgedachte Vorstellung des Unernstes, der Leichtfüßigkeit und vielleicht gar Leichtfertigkeit würden dem Werkzeugcharakter der Tonkunst in die Quere kommen. Wer Menschen verändern will, braucht gleichsam »schweres Gerät«, starke Maschinerie; Spiel paßt nicht zur Macht, Musik ja. Wer Menschen umerziehen möchte, muß singen wie dem Odysseus die Sirenen, laut, herrlich und übersinnlich. Es sieht so aus, als ob dies die Verteidigungslinie der Komponisten sein könnte, wenn Selbstverwirklichung sich als ein zu klägliches Daseinsziel erweisen sollte: daß Musik – siehe Platon! – imstande sei, das Paradies auf Erden und im Staate zu produzieren, Musik ganz allgemein und eben auch die »neue«, das heißt eine, die geradezu das Resultat des Zwangs zur Selbstverwirklichung ist. Da müssen Funktionen her:

Wenn man aber mit »Neuer Musik« eine Musik meint, die einen neuen, vollkommeneren Menschen zum Inhalt hat, das heißt eine Musik, die das Bewußtsein des Menschen von heute erweitern hilft und ihm geistige Zusammenhänge durch das Erlebnis von Musik klar macht, die er ohne Musik nicht erlebt hätte, dann allerdings kann solche »Neue Musik« sehr wohl dazu dienen, politische und gesellschaftliche Veränderungen hervorzurufen, indem sie nämlich in zunehmend größerer Zahl die Menschen zu freien Wesen macht, die sich nicht durch Partei, Rasse oder Nation binden lassen, sondern die ihr Leben und Wirken auf die ganze Menschenfamilie mit dem Ziel einer Vereinigung in Gott ausrichten und damit auf den nächst höheren Zustand des Menschen nach seinem Aufenthalt auf diesem Planeten. [39]

Wenn dann die aktuelle Musik – und Stockhausen zählt sich zu denen, die solche schaffen – so weitreichende Wirkungen hat, ohne daß eine optimal große Zahl von Musikfreunden, die Eintrittskarten lösen, davon Kenntnis zu nehmen begehrt, bleibt eigentlich nur der Appell an den Staat... trotz aller negativen historischen Erfahrungen. Schließlich bietet er sich als Ansprechpartner immer wieder an; nicht nur in den Ländern, wo Kunstförderung in der Verfassung und in den Etats steht. Wer nicht mit Politikern reden möchte, wie dumm und banausisch sich diese auch gebärden, der geht leer aus. Es ist tatsächlich eine Frage der Gesprächsbereitschaft. Ob Antwort kommt, bliebe in jedem Fall abzuwarten. Komponisten können keine Protestdemo in Form einer Sternfahrt nach Bonn mit Brandreden, Überreichung einer Resolution und symbolischer Verkehrsbehinderung veranstalten. Was Bauern, Heimatvertriebene, Studenten und andere sich deklassiert dünkende Gruppen getan haben, würde den Musikern nichts nützen. Bonn hat für ihren Beruf keine Zuständigkeit. Der Deutsche Musikrat, der auch die schöpferischen Musiker vertritt, versucht, wo immer er auf Zuständigkeiten stößt, Überzeugung zu verbreiten und moralischen Druck auszuüben... Ein Deutschland ohne Musik? Nicht auszudenken die Katastrophe.

Aber keine Angst: Sie findet nicht statt. Denn unbestreitbar ist wohl, daß es zu den Aufgaben des Staates gehört, den Bürgern Kultur anzubieten. Kultur ist öffentliche Dienstleistung. Die Obrigkeit von heute legt einen erheblichen Teil der Etatmittel aus Steueraufkommen an, um möglichst vielen Leuten das Dasein angenehmer und bequemer zu machen. Wir haben Museen, Theater, Schulen, öffentliche Bibliotheken und Archive, Schwimmbäder, Parkanlagen und Zoologische Gärten. Wir haben kommunale und staatliche Sinfonieorchester, Konzertsäle, Opernhäuser, und sie erfüllen eine ähnliche Funktion wie sonstige Anlagen der Infrastruktur, also Straßen, Autobahnen, Energieversorgung, Kanalisation, Straßenbeleuchtung, kommunales Trinkwassersystem. Das öffentliche Angebot von Musik, weithin finanziert aus fiskalischen, von der Legislative bewilligten Mitteln, weist überhaupt erst den zivilisierten Staat aus, der möglichst viele fundamentale Bedürfnisse der Einwohner zu decken bestrebt ist. Schwer zu sagen, wer auf die Idee kam, daß Musik dazugehört; das war wohl doch eher eine Entwicklung, an der Generationen arbeiteten, Musiker wie Politiker. Ganz unabhängig davon, ob es sich um demokratisch verfaßte oder autokratisch geführte Gemeinwesen handelt, zählt Musik zu den normalen Betriebstechniken. Ihre Produktionsstätten sind mehr oder weniger »großtechnische« Anlagen im Hinblick auf Verbraucher, die nicht nur Energie, Information, Wohnung, Sicherheit und Transportmittel verlangen, sondern auch Musik hören wollen. Alles das hält der Staat, technisch-zivilisatorisch hochentwickelt, wie er ist, dann auch im Angebot. Der Interessent braucht, mit einem vergleichsweise minimalen Eigenbeitrag, nur noch zu konsumieren. Bach mußte von Arnstadt in Thüringen nach Lüneburg wandern, um dort Dietrich Buxtehude Orgel spielen zu hören. Heute engagiert das städtische Kulturamt berühmte Interpreten – und sei es in der hintersten Provinz – und erspart den Musikfreunden lange Wege. Und weil Kultur immer auch den Veranstalter ehrt und schmückt, ihn sozusagen hebt, investiert der Staat in jederlei Form in musikalischen Anstalten und Veranstaltungen.

Natürlich wissen das die Musiker. Ihr Ruf nach Förderung kann sich nur an den Staat richten... wenn nicht das Mißtrauen dazwischenstände. Manche tun dann eben so, als existiere gar kein Staat in dieser Funktion. Sie wenden sich an fiktive Inhaber von Macht. Wer kann sich angesprochen fühlen, wenn einer feststellt:

Sollte es jedoch verantwortliche Menschen geben, die der Meinung sind, die Entwicklung neuer Musik sei so notwendig, wie die Entwicklung neuer Raketen und Spülmaschinen, so mache ich den Vorschlag, mehr und ordentlich bezahlte Kompositionsaufträge zu vergeben und der Musik der Gegenwart mehr Zeit und Raum in städtischen Konzerten, Rundfunkpro-

grammen, vor allem aber bei Schallplattenproduktionen einzuräumen. Ich bin nicht der Meinung Strawinskys, daß man einigen »schlechten Komponisten«, denen Kompositionsaufträge für mehrere tausend Dollar erteilt wurden, besser Bußen in gleicher Höhe auferlegt hätte. Dummheit, Phantasielosigkeit, Geschmacklosigkeit, Mangel an Mut lassen sich nicht durch Strafen aus der Welt schaffen. Vielmehr sollte es zur Selbstverständlichkeit werden, ständig langfristige Entwicklungsaufträge an alle möglichen Komponisten zu vergeben, ohne Angst vor Nieten.[40]

Das meint doch wohl nicht irgendwelche »verantwortlichen Menschen«, was solchen finanziellen und organisatorischen Einsatz erfordert. Abgesehen von der Schallplatte, die internationalen Konzernen obliegt und nicht dem Staat und deren Erwähnung beweist, wie sehr es um Fixierung und Beweis der schöpferischen Existenz geht, um das Schwarz-auf-weiß-nach-Hause-tragen-Können, ist die Regierung auf jeder Ebene gemeint. Sie soll bitte juryfrei, ohne Rücksicht auf Qualität und pauschal und langfristig Lebensunterhalt gewähren, nur weil jemand komponiert und dies als Beruf angibt. Das alles – im Gegensatz zum sarkastisch lächelnden Strawinsky – ohne Spur von Humor vorgetragen... Eine Maximalforderung, die ins Ressort Sozialfürsorge fällt. Ist es ein Wunder, wenn sich Politiker angebettelt fühlen?

Immerhin wäre es denkbar, daß der Umgang mit Erzengeln den Blick für Realitäten des Alltags ein wenig trübt; aber dies hätte, was sonst noch für Ursachen der Kurzsichtigkeit ans Licht kämen, Stockhausen gemeinsam mit vielen seiner Berufsgenossen. Im Gegensatz zu dem Mann am Stammtisch, der ohne besondere Ansprüche versucht, Aufmerksamkeit auf sich zu ziehen, betreibt der Musiker auch dann noch Selbstdarstellung, wenn keiner mehr zuhören mag. Und auch dann noch beansprucht er Subvention. Geht ihm endlich auf, wie gering die Chancen sind, für nichts weiter als Selbstdarstellung öffentliche Gelder einzustreichen, befaßt er sich mit der schwierigen Unternehmung, sein Œuvre als gesellschaftlich unentbehrlich und daher förderungswürdig anerkannt zu bekommen. Dies geschieht sehr oft durch Einarbeitung oder auch nur Vortäuschung von »Inhalt« und »Wirkung«, die seiner Ansicht nach politisch erwünscht, ja geradezu staatswichtig sind. Er verschafft dem Werk also, weil anders niemand zahlen würde, eine Funktion über die der bloßen Selbstdarstellung und Selbstverwirklichung hinaus, möglichst eine, die der »herrschenden Meinung« als politisch und gesellschaftlich oder nur kulturell bedeutsam gilt und daher angemessenes Entgelt erhoffen läßt. Es ist ein Umweg, zu dem die historische »Entwicklung« geradezu einlädt.

Musik hatte in der Epoche des Uranfangs viel mit Zauberei zu tun. Dann schafften denkende, aufgeklärte Leute den Zauber ab, erklärten sie zur Ware unter vielen anderen Waren und lieferten sie damit einer von öko-

nomischen Grundsätzen modellierten Entwicklung aus. Musikgeschichte
scheint von diesem Zeitpunkt ab nicht so sehr vom Phänomen des Œuvres
bestimmt als vielmehr vom Getriebensein derer, die Musik schufen, nach-
schafften und veranstalteten. Seither arbeiten Komponisten – jenseits der
gleichsam natürlichen Innovation – unter dem ideologischen Banner des
Fortschritts am Markt vorbei. Deswegen brauchen sie Hilfe.

Hilfe gibt es soviel wie Helfer, die mehr oder weniger professionell tätig
werden, dieses graue Heer der auf Musik spezialisierten Veranstalter,
Manager, Agenten, Impresarios, Preiskomitees... Und vielleicht wäre
die Abstimmung des Publikums gegen den Fortschritt in der Musik noch
deutlicher, schlüge nicht sie sich auf die Statistik nieder, die Betriebsamkeit der Manager.

Die Betriebsamkeit der Manager

Unser Musikbetrieb gleicht einem gigantischen Supermarkt, der genau die ökonomischen Bedingungen unserer Existenz spiegelt. Verfügbar ist jede Ware, vorübergehend auch solche, die wenig Umsatz macht, gar Ladenhüter ist. Weil jeder das Recht auf Hoffnung hat, entstehen immer neue Angebote, die Chancen des Marktes zu testen. Lohnt ein Produkt nicht, dann verschwindet es rasch. Ein anderes taucht auf, und gelegentlich ist es nur die Verpackung, die sich ändert. Solches auf die Musik zu übertragen, mag respektlos scheinen. Wird da nicht Erhabenes zur konsumierbaren Alltäglichkeit degradiert? Andererseits waren es die modernen Kulturmenschen mit ihrer Fortschrittsbegeisterung, die den Vorrat an Heiligtümern aus den Domen der Musik auf die Straßen hinauszerrten. Jeder sollte an diesem Schatz teilhaben, nicht nur die begüterte, gebildete Klasse. Auch dies führte die Kunst in den Bereich, wo Produktion, Angebot und Werbung, Nachfrage und Verschleiß kalkulierbare Größen sind.

Werbung gehört dazu. Da hatten wir 1985 das Europäische Jahr der Musik.[41] Gesagt, getan, beschlossen und verkündet. So sind sie eben, die Politiker, wenn eine Idee in der Luft liegt. Ob sie gut und richtig ist, diese Idee, spielt dann kaum noch eine Rolle. Zündend muß sie sein, dann läuft alles von selber. Und so kam sogar Alban Berg zu einigen Aufführungen mehr als üblich, ganz gegen den Marktmechanismus und nur, weil er hundert Jahre alt geworden wäre in jenem besonderen Jahr 1985. So weit haben wir es im Musikbetrieb gebracht. Nicht mehr die Aktualität der ständigen Verfügbarkeit entscheidet, also verinnerlichtes Kulturbedürfnis, sondern irgendein Datum, das nur künstlich und mittelbar mit dem Œuvre zusammenhängt. Bietet sich keines, wird es ernannt. Derart kam 1985 zur Ehre des pompösen Titels »Europäisches Jahr der Musik«. Darunter tat man es nicht. Nun ist Musik ein blühender Geschäftszweig mit Milliardenumsätzen. Vor 1985 existierte sie in überquellendem Angebot und hinterher auch, vielleicht eine vorübergehende Ermüdungsperiode einkalkuliert. Wieso dann »Europäisches Jahr der Musik«? Diese Frage beantwortete kein geringerer als der ehemalige Bundespräsident Scheel (FDP):

Während eines Dinners in London – es wurde über Musik und Politik diskutiert – machte im Herbst 1979 einer der Gäste, der Europa-Abgeordnete Richard Balfe, den Vorschlag, 1985 zum Europäischen Jahr der Musik zu proklamieren. Dieser Anregung schloß sich später das Europäische Parlament an. Richard Balfe dachte dabei zum einen daran, daß wir in diesem Jahr den 300. Geburtstag der großen europäischen Komponisten Georg

Friedrich Händel, Johann Sebastian Bach und Domenico Scarlatti feiern. Sein Vorschlag beinhaltete aber mehr. Dahinter stand die Idee, mittels eines grenzenlosen Musikvergnügens das Bewußtsein der Bürger für die kulturelle Einheit der Bürger zu stärken.[42]
Schauplatz dieser genealogischen Enthüllung war eine Pressekonferenz in Brüssel. Was Walter Scheel damit zu tun hatte? Nun ja, er wurde immerhin Präsident des sogenannten europäischen Organisationskomitees; mit der Tonkunst lebte er ja schließlich auf vertrautem Fuße. Erst durch ihn ist das Volkslied »Hoch auf dem gelben Wagen« berühmt geworden. Freilich war es eigentlich kein Volkslied, denn der Komponist Heinz Höhne hat bis zu seinem Tode 1968 von den Tantiemen dieses Zufallserfolges gelebt. Mußte er wohl, denn für seine anderen unsterblichen Werke, die SA-Lieder und die Sonnwendfeier der NSDAP, fielen keine Tantiemen mehr an. Die Berater des Bundespräsidenten versagten. Sonst hätten sie herausfinden müssen, daß der Erfolgskomponist Altparteigenosse von 1930 war. Ein Glück, daß es niemand an die große Glocke hängte. Aber da war sie nun einmal, die Demonstration der musikalischen Begabung. Immerhin: Als Präsident des Europäischen Jahres der Musik sozusagen brauchte Scheel gar nicht zu singen, nur zu reden, zu werben, zu repräsentieren.
Eine Dinnerparty in London also, ein vornehmer Talentschuppen für Veranstalter. Man speist, trinkt diesen und jenen Schluck dazu, plaudert angeregt über das schwierige, gleichwohl fleißig zur Selbstprofilierung mißbrauchte Thema Musik und Politik. Und plötzlich entspringt da eine Idee: Man müßte 1985 ein Europäisches Jahr der Musik schaffen. Richard Balfe sprach das gelassen aus. Erstens genießen auch Briten die Freiheit des Worts, und außerdem hat dort der Name Balfe musikhistorischen Klang. Michael William Balfe nämlich, der 1870 starb, war ein erfolgreicher Operettenkomponist und Dirigent, weit über seine Heimat hinaus. Wenn nun dieser Richard Balfe ein Nachkomme wäre, ein gehöriges Maß Musikbegabung geerbt hätte, dann wäre ja alles klar. Tatsächlich war es ganz anders... Eben die Geschichte vom blinden Huhn, das auch mal ein Korn findet. Kein Vorfahr mit Musikbegabung von hohen Graden, kein Markstein in der britischen Musikgeschichte.
Richard Balfe, Jahrgang 1944, war nur Politiker und Finanzmanager, hat sich natürlich auch kommunalpolitische Sporen verdient und ein paar Bücher darüber publiziert. Er leitete einen Großhandelskonzern, gehörte der Labour Party an und war Mitglied der Königlichen Statistischen Gesellschaft. Diese Qualifikation ließ er in der aktuellen Ausgabe von ›Who's Who‹ verzeichnen. Eine Persönlichkeit also, die erfolgreich Geschäfte zu führen versteht, in welcher Branche auch immer. Seine Beziehungen zur Statistik waren zusätzlich hilfreich, denn da hat sich das Europäische Jahr der Musik mit Sicherheit niedergeschlagen, in der Statistik.

Allein sie legt bleibendes Zeugnis für diese Unternehmung ab, gewiß was das Numerische und Quantitative angeht. Schon Wochen vor Beginn des Jahres der Musik lieferte der Europarat Informationsmaterial, in dem die Zielprojektion in Zahlen nachzulesen war. Nun bitte: 24 Länder sind an der Sache beteiligt, etwa tausend Veranstaltungen in Aussicht genommen; dreißig davon werden als multinationale Vorhaben geführt und mit fünf Millionen Franc bezuschußt; man zählt 850 nationale Projekte und über hundert individuelle Initiativen. Soweit die nüchterne Auflistung aus Strasbourg in originaler Managersprache.

Nun ist der 300. Geburtstag von Bach gewiß ein Anlaß für Veranstalter. Schon der zweihundertste sah Bach-Feiern. Aber damals waren weder Rundfunk noch Fernsehen, weder Schallplatte noch Tonkassette erfunden, und die Musikfreunde mußten einiges mehr tun als nur einen Knopf drücken. Zudem blieben die Erinnerungskonzerte auf ein paar Musikzentren beschränkt, und das an Umfang noch bescheidene Management, mit Kohle, Stahl und Billigbau von Mietskasernen beschäftigt, kam gar nicht dazu, die brotlose Kunst zu organisieren. Fünfzig Jahre später war alles anders. Inzwischen hatten die Politiker entdeckt, wie nützlich die großen Musikgenies der Vergangenheit sein können. Also ließ Reichspropagandaminister Dr. Goebbels 1935 ein Feierjahr ausrichten – zum 250. Geburtstag Bachs und Händels und gleich noch zum 350. Wiegenfest von Heinrich Schütz. Den Domenico Scarlatti allerdings schenkte sich der schlaue Staatsmann, denn mit einem Italiener in der imposanten Galerie der ewigen germanischen Genies war ihm nicht gedient. Worum es ging, machte er – eigner Auftritt selbstredend mitgeplant – in seiner Festrede publik:

Im Mittelpunkt der Feier stand die Gedenkrede des Reichsministers Dr. Goebbels, der zunächst hervorhob, daß sich zum ersten Mal die Regierung hinter ein derartiges musikalisches Ereignis gestellt habe. Dann gab er einen Überblick über die Musikpflege der drei Meister, die sich aus dem nationalen Gedanken heraus im Kampf gegen die Überfremdung entwickelt habe und die einen Wegweiser für die Zukunft darstelle.[43]

Das war handfeste Politik mit unfreiwilliger Hilfe Bachs, Händels und Schützens. Hier sollte nicht selbstverständliche Musikkultur demonstriert werden, sondern nationale Identität. Kulturmacht als Spiegel politischer Macht. Und heute? Natürlich geht es nicht mehr ums Nationale. Man hat dazugelernt. Schon jener Reichspropagandaminister rief gegen Ende seines Krieges eine politische und kulturelle Abwehrfront gegen das sogenannte bolschewistische Untermenschentum zusammen, und dazu benutzte er wiederum die Musiktradition, nun aber nicht die deutsche allein, denn nach Stalingrad war mit der kein Staat mehr zu machen. Er beschwor die abendländische Tonkunst Europas, die gegen den roten Weltfeind zu verteidigen sei. Heute weiß jedes Kind, daß in Moskau und selbst in Nowosibirsk Bach, Händel und Schütz aufgeführt werden. Doch so ein bißchen Offensive ist immer noch mit drin.

Denn was da Europa genannt war im Europäischen Jahr der Musik, meinte nicht etwa das geographische Europa, sondern das abendländische, also ein ideologisches. 24 Länder beteiligten sich, und diese zierten auch das Generalprogramm: die Niederlande, Norwegen, Island, Griechenland, Belgien, Finnland, die Türkei, Italien, Portugal, Spanien, Irland, Liechtenstein, Zypern, Malta, England, Luxemburg, Schweden, Dänemark, Österreich, Frankreich, Bundesrepublik Deutschland und die Schweiz. Dazu kamen Kanada – weit außerhalb Europas – und Jugoslawien, das eine Zwischenposition hätte einnehmen können. Eines fiel ins Auge: Dieses Europa war nicht das ganze. Sämtliche Staaten mit sozialistischen Systemen und einer nicht vom US-Dollar abhängigen Ökonomie blieben draußen. Ging es überhaupt um kulturelle, musikhistorische Gemeinsamkeiten? Oder nur um politische Demonstration? Der Akzent liegt auf Europa, nun ja, auf Klein-Europa, und diese Selbstbescheidung mußte kompensatorische Sehnsüchte wecken. Vor allem in der BRD, wo das schmerzliche Bewußtsein heimisch war, daß jenseits der Grenze der Systeme noch mehr Deutsche lebten. Bei der Eröffnung des Europäischen Jahres der Musik in Bonn – anderswo reagierte man hurtiger – hat dann der bayerische Kultusminister Prof. Dr. Hans Maier (CSU) das heiße Eisen vorsichtig angefaßt:

Maier unterstrich, das Europäische Jahr der Musik dürfe nicht an den Grenzen Europas oder eines Teils von Europa Halt machen. Der Minister wörtlich: »In diesem Sinne wissen wir uns auch verbunden mit dem anderen Teil Deutschlands, der in gleicher Weise mit Bach-, Händel- und Schützfeiern der Komponisten gedenkt.« In ihren Schöpfungen erwiesen sich »augen- und ohrenfällig« das Übernationale großer Kunst, die gemeinsamen europäischen Wurzeln unserer Musik.[44]

Politiker sind wohl so. Gestern noch war das Nationale Trumpf, und die großen Meister galten als Nationalhelden. Ein halbes Jahrhundert danach werden sie flugs in Geistesheroen Europas umfunktioniert. Aber da standen Konflikte ins großzügig erweiterte Haus. Nicht so sehr mit dem – laut Kultusminister Maier – »anderen Teil Deutschlands«. Denn die Musiker und Politiker der DDR hatten nun einmal für alle drei Jubiläumskomponisten den Genius des Ortes auf ihrer Seite, sozusagen die »heiligen Stätten«. Da konnte Westdeutschland nicht mithalten. Hier kämpfte man sowieso mit der leidigen Tatsache, daß Händel, eben 25 Jahre alt, nach England emigrierte. Schon malte die Presse diesen George Frederick Handel genüßlich an unsere nationale Wand:

Obwohl er immer mit der englischen Sprache zu kämpfen hatte, fühlte sich Händel im wirtschaftlich blühenden und politisch stabilen England der damaligen Zeit offenbar sehr heimisch. Die Briten dankten es ihm nicht nur dadurch, daß sie ihm noch zu Lebzeiten Denkmäler setzten (...). Für die Briten blieb es im Laufe der nächsten Jahrhunderte bei der Bezeichnung »Our Handel«, an der jetzt auch das europäische Musikjahr nicht zu rütteln vermochte. »Eifersüchtig« müsse man nach wie vor darauf reagieren, daß »auch die Deutschen Anspruch auf Händel erheben«, gab jetzt Charlotte Ashe zu, Verwaltungschefin des seit 1978 jährlich abgehaltenen »London Handel Festival« (...). Charlotte Ashe: »Schließlich kann man Händel aus heutiger Sicht durchaus als europäischen Komponisten bezeichnen, so daß es sehr angebracht erscheint, mit englischen Künstlern für einen deutschen Sponsor italienische Kantaten aufzunehmen.«[45]

Trösten wir uns also damit, daß jeder es sehen kann, wie er mag, und über Händel dank der Europäischen Gemeinschaft kein Krieg ausbrechen wird. Immerhin stand ehedem schon der Reichspropagandaminister vor dem nämlichen Problem, 1935, zum Zweihundertfünfzigsten. Er löste es politisch, nach Proporz nämlich. Damit kein Streit entstünde, sorgte er dafür, daß nicht nur Hitler, Göring, er selber und Reichserziehungsminister Rust die Händelplakette in Silber erhielten, sondern auch fünf auserwählte britische bzw. irische Empfänger, Persönlichkeiten wie Institutionen. Eine salomonische Entscheidung.

Aber Illusionen – so oder so – erblühen allemal auf dem Nährboden unzureichender Information. Dabei lieferten die Funktionäre, was das Jahr der Musik anging, Mengen von Information. So eine gewaltige Unternehmung war zu organisieren, zu koordinieren, zu leiten, finanzieren, fördern, sicherzustellen und nahezubringen. Das kostete eine Menge Papier zur Verbreitung der Hoffnung, jetzt endlich werde es aufwärtsgehen:

Wenn man sieht, welchen Rang die Musikindustrie im Wirtschaftsleben einnimmt (z. B. in der Bundesrepublik Deutschland war der Umsatz dieser Industrie 1982 mehr als doppelt so hoch wie derjenige des Schiffsbaus und der Flugzeugindustrie zusammen), kann man sich nur freuen, daß dieser Kulturbereich einen Anstoß erfährt, der zweifellos auch wichtige wirtschaftliche Impulse mit sich bringt und somit das Nützliche mit dem Angenehmen verbindet.[46]

Hatte da etwa einer aus der Schule geplaudert? Wenn schon so klar und statistisch bewiesen ist, daß Musikmachen Reichtümer einbringt, dann entbehrt es jeder Logik, dafür auch noch die geballte Kraft europäischer Organisationen einzusetzen. Es sei denn, die Reichen sollten noch reicher werden. Fraglos geht es vielen Musikern gut, aber einige verbreiten immer noch das Märchen von der brotlosen Kunst. Die Statistik straft sie Lügen... falls die Statistik nicht lügt. Jedenfalls wissen wir heute, daß selbst Mozart mehr Geld einnahm, als die romantischen Biographen sich anzugeben trauten; nun ja, damals galt es als unschicklich zu offenbaren, daß das Genie mindestens soviel rasch wieder ausgab und zuweilen etwas mehr. Heute macht der arme Mozart seine Interpreten reich. Daß Musi-

63

ker dies nicht gern hören, ist verständlich, erst recht nicht vom Bayerischen Rechnungshof.[47] Der nämlich stellte fest, daß die 1200 städtischen und staatlichen Orchestermusiker viel mehr einnehmen, als ihnen eigentlich zukäme, auf den höchstdotierten Posten immerhin soviel wie ein Regierungspräsident oder der Polizeipräsident von München, nämlich wenig unter 10000 Mark im Monat. Nicht angestellte Musiker bringen es bei einigem Fleiß auf mehr. Schließlich beruht unser Wirtschaftssystem auf dem freien Wettbewerb der Tüchtigsten. Und dann floß, weil das Europäische Jahr der Musik natürlich seine angenehmen Seiten hatte, noch mehr Geld dahin, wo schon ein Haufen Geld lag. Musiker mußten die Sache positiv sehen.

Auch die Hundertschaft der Funktionäre war glücklich. Zwar leisteten sie, was sie leisteten, zumeist gratis, im Ehrenamt. Aber das hieß zugleich, daß sie Ehren einheimsten. Ihre Fotos, Diskussionsbeiträge, ihre Ideen gingen mit Nachrichtenagenturen, Presse, Funk und Fernsehen mindestens in Europa herum. Wieder tummelten sich da – wen wundert es noch? – Männer im Europäischen Organisationskomitee, in der Abteilung Presse und Information, in den 24 Nationalkomitees. Bedenkt man, daß allein das Nationalkomitee der BRD 68 Namen aufwies, dann kam schon so etwas zusammen wie ein Gebrauchsnormen-Ausschuß für Euromusik. Allerdings war es keine ganz männliche Affäre. Die Herren ließen hier und dort die übliche Alibidame zu; sogar vier Frauen durften die deutsche Fraktion der Euromusik schmücken, wenn auch nur eine von diesen aus dem Metier kam, nämlich die Vorsitzende des Internationalen Arbeitskreises Frau und Musik.

Im Exekutivkomitee saß nur eine Dame, Ministerialrätin aus dem Innenministerium. Den Ton gaben die Herren an. Aber vielleicht sind Frauen zu häuslich für den Job. Denn die Tätigkeit setzte natürlich häufiges Reisen voraus. Man mußte tagen. Eine Sitzung jagte die andere – und so in jedem Land, das mitmachte. Aber so groß war die Musikbegeisterung doch nicht, daß die Reisespesen auf eigene Rechnung gingen. Dafür war der Etat da. Weil die Etatkontrolle einen Tätigkeitsnachweis sehen wollte, mußten die Euromusikfunktionäre auch etwas vorweisen. Natürlich: Sie verteilten Subventionen. Aus dem Europäischen Budget des Europäischen Jahrs der Musik – so die amtliche Bezeichnung – kamen Zuschüsse für ein Jugendmusikfest in München, für das Treffen der Zehntausend beim Kongreß »Pueri Cantores« in Paris, für das Chorfestival »Europa cantat« in Strasbourg, für eine Tournee mit Musik des 18. Jahrhunderts, für das Symposion über Jacobus Gallus, den Kirchenkapellmeister aus dem 16. Jahrhundert, in Jugoslawien, für eine Musikinstrumentenschau in Louvain-la-Neuve, für das Festival »Der Osten begegnet dem Westen« in Griechenland und anderswo, für ein Festival der Mittelmeermusik und zwei Dutzend weitere Unternehmungen, alle möglichst spektakulär. Ganz ähnlich in den Bereichen der Nationalkomitees. Weil auch dies immer noch keine Mammutstatistik erbrachte, half ein Trick. Mit auf der Leistungsliste standen Musikveranstaltungen, die sowieso, aus alter Tradition und ohne Zutun, in diesem Jahr stattfanden, alle diese Festspiele, Kongresse, Galakonzerte, angefangen bei der Bachwoche Ansbach und endend mit den Würzburger Bachtagen. Damit segelte ein Großteil des laufenden Musikbetriebs hierzulande unter der falschen Flagge »Europäisches Jahr der Musik«. Unangenehme Fragen blieben draußen. Junge Komponisten wurden gefördert, mit Aufträgen bedacht. Die längst fällige Untersuchung, welcher Mechanismus des Musiklebens so viele Komponisten überhaupt erst hervorbringt und über die Realität hinwegtäuscht, ließ weiter auf sich warten. Aufträge und noch mehr Ehre für die Euromusikfunktionäre. Alternative Komponisten, kritische Liedermacher waren nicht gefragt. Sie beteiligen sich ja nicht an Ausschmükkung und Ritualen dieser mit offizieller Musik überfütterten Gesellschaft, sondern versuchen, dagegen anzusingen. Einer von ihnen, Walter Moßmann, ein geistvoller Kritiker des Betriebs mit Geschichte und Musik im Kopf, war dann auch sicher, was ihm das Jahr der Musik bedeutete:

Ich reagiere erstmal wie ein Hund, wenn der hört: das Jahr des Hundes. Der bellt ganz mißmutig. Und die erste Frage bei diesen Jahren ist ja dann immer, warum nur dieses Jahr? Dann bellt der Hund mißmutig, denn er weiß, es gilt gar nicht für die Hunde, sondern für die Hundefrisöre, weil das natürlich ein Geschäftsjahr wird, wo alle möglichen Pudelfrisöre... und sowas und Schleifchenhersteller werden bei staatlich subventionierten Ausstellungen an den Hunden irgend etwas Schönes machen und sich selber darstellen, Geld einnehmen vor allem. Das ist ja offensichtlich nur eine Geschäftsfrage, und ansonsten geht's dem Hund nicht besser oder schlechter als vorher, wenn's ein reicher Hund von reichen Herrchen ist, dann geht's ihm gut, und wenn's ein armer Hund ist, dann geht's ihm schlecht.[48]

Bei Licht besehen, ist jedes Jahr ein Jahr der Musik, welches der Kalender auch immer ausweisen mag, und das heißt zugleich Erntezeit für eine stattliche Anzahl von Persönlichkeiten, die mit Tonkunst beruflich zu schaffen haben. Allein die bedeutendsten für 1989 und 1990 vergebenen Musikpreise der Bundesrepublik summierten sich an Geldeswert zu knapp 800 000 DM. Das ist schon etwas, selbst für einen Kulturstaat; das verlockt, ganz gleich ob es dem Nachwuchs oder einem Arrivierten zugute kommt, der es eigentlich nicht nötig hätte, nicht nur zur Dankbarkeit gegenüber dem politischen Betrieb, sondern auch zu einem gewissen Vertrauen in ihn, nicht zuletzt aber zu unvermindertem Angebot, das der Hoffnung selbst des kleinsten Provinzmusikers entspringt, eines Tages doch auch da »ganz oben« ein wenig teilhaben zu dürfen. Legt man frei-

Nietzsche hat recht:

»Ohne Musik wäre das Leben ein Irrtum«

Sonntag, 25. Juni 1989: In Lübeck wird das
vierte Schleswig-Holstein Musik Festival eröffnet. Mit den Künstlern
und Besuchern freuen auch wir Sponsoren uns auf große Musikerlebnisse.
Und wir gratulieren Leonard Bernstein, Christoph Eschenbach,
Claus Peter Flor, Justus Frantz und Valerie Gergejew
zu ihrer engagierten Arbeit mit den jungen Musikern
des Festival-Orchesters.

SCHLESWIG-
HOLSTEIN
MUSIK
FESTIVAL

lich jene Preissumme auf die rund 15000 hierzulande hauptberuflich mit Musik befaßten Leute um, dann kommt heraus, daß ein jeder sich damit zusätzlich ein Viertel guten Weins leisten könnte. Diese breite Streuung tatsächlich vorzunehmen, hätte kaum einen vernünftigen Sinn.

In Wirklichkeit scheinen Musikpreise eher demonstrativer Natur zu sein. Sie beruhigen die kulturinteressierte Minderheit, die jeden Verleihungsakt mit der Gewißheit quittiert, daß alles so weiterläuft wie gewohnt. Sie bestärken den Verleiher im Bewußtsein seiner Kulturaufgabe – oder der seiner Stadtverwaltung, seiner öffentlich-rechtlichen Organisation, Stiftung, seines Ministeriums oder Autokonzerns. Da solche Festakte öffentlich ablaufen und zumeist auf das Interesse örtlicher und überörtlicher Medien rechnen können, darf der jeweilige Vertreter des Stifters sichergehen, eine schöne halbe Stunde lang als lebendige Verkörperung deutscher Kunstpflege bewundert zu werden. So hat jeder Beteiligte, aber auch das Fernsehpublikum, der Rundfunkhörer und Zeitungsleser die Chance, das Ereignis seinem Gefühlshaushalt einzuverleiben. Gefühle können allerdings täuschen. Und Preisverleiher sind auch nur Menschen.

Der Münchner Komponist Wilhelm Killmayer, obschon Professor an der dortigen Musikhochschule, kann 25000 Mark gut gebrauchen, das ist keine Frage. Ehrung nebst Vermögenszuwachs stießen ihm schon öfters zu, so mit einem Prix Italia, dem Münchner Musikpreis, dem Louis-Spohr-Preis und dergleichen. Seine Musik steht nicht nur in Rundfunkprogrammen; auch und gerade außerhalb der bayerischen Metropole hat sein Name einen guten Klang, vor allem bei Musikfreunden, die sich in den Phänomenen des hemmungslosen avantgardistischen Neuerungszwanges nicht mehr zurechtfinden. Denn Killmayer steht für Kontinuität und Gediegenheit. Er hat keine Angst, ins Hintertreffen zu geraten, und scheut sich daher nicht, »Symphonien« zu schreiben oder »Poèmes symphoniques«, und ein Romantisches suggerierender Werktitel wie ›Nachtgedanken‹ bereitet ihm keine schlaflosen Nächte. Er weiß, daß er sich damit nicht selber in Frage stellt, geschweige denn aufgibt.

Daß er jene willkommenen 25000 DM in Form des vom Schleswig-Holstein-Musik-Festival ausgelobten Paul-Hindemith-Preises 1990 ausgerechnet als »bahnbrechender Neuerer« erhielt, muß ihn belustigt haben. Natürlich kann einer, der auf die Mitte der Sechzig zugeht, durchaus und immer noch »bahnbrechender Neuerer« sein. Aber einmal trifft dieses Etikett als Begründung der Preiswürdigkeit Killmayers nicht annähernd zu, und ganz allgemein bezeichnet es keine Wertvorstellung, die auch nur

Linke Seite: Reklame ist die ganze Kunst. Anzeige für das Schleswig-Holstein-Festival 1989 im geringsten imstande wäre, kompositorische Qualität auszudrücken. Preisverleiher haben es eben schwer. Musikpflege kostet nicht nur Geld, sondern auch Überlegung, Entwürfe von Zielprojektionen, mit einem Wort Logistik... und alles dies nicht einfach so, sondern im Hinblick auf die Konkurrenz durch private Musikförderer.

Zuweilen läßt sich eine friedliche Zusammenarbeit zwischen beamteten Sponsoren und denen der freien Wirtschaft arrangieren. Das schont unter Umständen den Etat des Fiskus. Auf vertretbare Weise gelang es den Salzburger Festspielen, für die Jahre 1990 bis 1994 Sponsorenverträge mit der Industrie auszuhandeln. Die Konzerne Nestle, Vevey/Schweiz, Allianz AG, München, und Brown Boweri AG, Zürich, verpflichteten sich zur Finanzierung »besonderer künstlerischer Ereignisse« im Rahmen der Festspiele. Sie werden pro Jahr mit je ungefähr einer Million Mark dabeisein. Gleichwohl erkauften sie sich damit kein Recht, auf irgendwelche künstlerischen Entscheidungen Einfluß zu nehmen. Sie dürfen lediglich das Emblem der Salzburger Festspiele in ihrer Produktwerbung anbringen und sich tatsachengerecht »Sponsor der Salzburger Festspiele« nennen. Gesucht war Finanzierung zusätzlich zu der aus der öffentlichen Hand; dennoch spart diese auf lange Sicht nichts ein, weil der Festspieletat ohnehin noch und noch expandiert.

Hin und wieder gelingt es erfinderischen Musikern, amtliche und private Geldgeber gegeneinander auszuspielen. So kam im Sommer 1990 ein Komponistenseminar, veranstaltet namens des Frankfurter Ensemble Modern von dessen Geschäftsführer Karsten Witt, nur zustande, weil die Firma IBM Deutschland immerhin 160000 Mark zuschoß. Zwar geschah dies ohne die Bedingungen, auf denen private Förderer in den meisten Fällen bestehen, da sie immer ihre Kosten-Nutzen-Analyse im Kopf haben, gleichwohl nicht etwa uneigennützig. Denn der Workshop galt der kompositorischen und interpretatorischen Verwendung des Computers, der Musikelektronik im weitesten Sinne. Da lag es nahe, sich von einem renommierten Hersteller entsprechender Hardware Unterstützung zu holen, der diese vergleichsweise nicht einmal üppige Ausgabe als Werbekosten verbuchen und steuermindernd geltend machen kann.

Sämtliche Möglichkeiten der finanziellen Fundierung anzuzapfen, die überhaupt in Sicht sind, empfiehlt sich für den Musiker ohnehin. Denn die beamteten Geldgeber verfallen häufig in Ratlosigkeit. Möglich, daß das kommunale Musikmanagement in überschaubaren Orten in der Regel keine Probleme oder kaum welche hat. Schließlich bewegt sich der städtische Kulturreferent oder Kulturamtsleiter in einem vertrauten Bereich; er weiß, wie viele Musiktermine seine Saison erträgt und wie er sie so füllen kann, daß keine Konflikte entstehen, die seiner Position etwas anhaben können. Auf dieser Ebene erübrigt sich dann auch jegliche problemträchtige Expansion; Ehrgeiz und Profilsucht der lokalen Kulturverwalter können sich daher in recht engen Grenzen austoben. Das gilt – Ausnahmen bestätigen die Regel – nicht minder für die Qualifikation. Deswegen nahm es die Frankfurter Bürgerschaft auch ohne mörderische Häme hin, als der kulturpolitische Sprecher der SPD-Fraktion im Stadtrat, Klaus Sturmfels, im Dezember 1990, sicherlich nicht ganz glücklich, so doch wenigstens ehrlich bekannte, er verstehe von Fußball mehr als von Kultur; immerhin hatte er sich im Frühjahr noch um das Amt des Kulturdezernenten der Stadt Frankfurt beworben.

Erheblich höher werden die Anforderungen mit Sicherheit sein, wo Musik zu überörtlicher oder gar internationaler Repräsentation eingesetzt sein soll. Da tut es nicht Geld allein. Voraussetzung für gutes Gelingen ist die exakte Kenntnis der lokalen Bedingungen des Musikbetriebs. Nichts gegen Ehrgeiz bei denen, die ihn nötig haben. Ein bißchen Logistik könnte helfen, peinliche Kollisionen mit Tatsachen zu vermeiden. So 1990 in Kiel. Hier erfreuen sich die Opernfreunde eines Musiktheaters, wie es einer bedeutenden Hafenstadt wohl ansteht. Fragt sich nur, ob der Kieler Oper billig, was etwa der Deutschen Oper Berlin oder der Bayerischen Staatsoper München recht ist. Die heimischen Kulturförderer zweifelten kein bißchen, obwohl da ein Unterschied in der Größenordnung und im Rechtsstatus besteht. Jene sind Unternehmungen von Ländern; das Kieler Opernhaus ist eine kommunale Einrichtung. Aber der Ostseehafen giert nach überseeischer Wirksamkeit, als gelte es den Beweis, daß wirtschaftlicher Erfolg allein nicht selig macht.

Gedacht, geplant... nämlich eine Gastspielreise des Kieler Musiktheaters nach Tallinn in Estland – und das ist ohnehin die Partnerstadt Kiels – und nach Leningrad; auf dem Programm Mozarts ›Hochzeit des Figaro‹ und ›Elektra‹ von Richard Strauss. Und da Meere nicht nur trennen, sondern auch verbinden, sah der Plan die Charterung des sowjetischen Kreuzfahrtschiffs »Fedor Dostojewskij« für den Transport der Musiker vor. Blieb nur die Frage der Rechnung, die sich immerhin zu 1,4 Millionen Mark addierte. Zunächst schien alles in Ordnung. Die Bundesregierung schoß, da ein außenpolitischer Belang berührt war, Geld zu; auch die Landesregierung von Schleswig-Holstein, obwohl nicht eben reich und daher Kostgänger der wohlhabenden Bundesländer, ließ sich nicht lumpen. Mit einer halben Million konnte das Unternehmen in Gang gesetzt werden. Was noch fehlte, sollte von kulturfreudigen Bürgern der Stadt kommen, die für ihr Opernhaus am Kleinen Kiel schon immer eine Menge übrig hatten. Wenn nur 260 Opernfans willens wären, als zahlende Gäste an der Seepartie teilzunehmen, Kreuzfahrtlust mit Kunstgenuß und dem Abenteuer eines Besuchs in einem mit Riesenschritten sich westlichem Denken nähernden Land zu verbinden, dann bliebe kein Rechnungsposten offen.

Vielleicht lag es daran, daß die Ostsee selbst im Sommer nicht das Mittelmeer oder die Karibik ist, oder an der Angst vor innenpolitischen Verwicklungen in Estland, das begonnen hatte, die Moskauer Zentralgewalt abzuschütteln. Jedenfalls fanden sich nur 109 Musikfreunde zu der Reise bereit. Nun drohte ein Defizit von 825000 Mark zu Lasten der Kulturstiftung des Landes Schleswig-Holstein, die mit einer Bürgschaft eingesprungen war. Eine Bürgschaft aber ist keine Subvention, sondern nur eine Sicherung für den Fall des Falles, und wer bürgt, barmt zugleich, das unberechenbare Schicksal möge sich noch einmal beschwören lassen und gutes Gelingen bescheren. Um das Äußerste abzuwenden, nämlich die Schande der Stadt, wie einst Sodom zu wenig Gerechte in ihren Mauern zu bergen, also zu wenig zugleich Kunstsinnige und Gutbetuchte, die der Unternehmung mit einem Scherflein von wenig mehr als 5000 DM Gerechtigkeit widerfahren lassen mochten, griff das Stadtoberhaupt ein. In einer Eilentscheidung beglich der Oberbürgermeister Karl Heinz Luckhardt (SPD) den Fehlbetrag aus dem städtischen Etat; der Stadtrat mit seiner soliden SPD-Mehrheit billigte den Rettungsakt nachträglich. Sogleich brachte die CDU-Opposition ein Ermittlungsverfahren in Gang, um feststellen zu lassen, ob hier nicht ein krummes Ding – Veruntreuung von Steuergeldern – gelaufen sei.

Hätte sich diese musikalische Seereise vielleicht besser verkaufen lassen, wenn ein anderer Organisator damit befaßt gewesen wäre? Einer, der Boris Becker oder Steffi Graf dazu gebracht hätte, mit auf das Schiff zu steigen und ausnahmsweise einmal der Kunst zu huldigen. Es sähe nach faulem Trick aus, gewiß. Aber wenn das traditionelle Publikum so wenig Eifer zeigt – vielleicht weil man es darauf abgerichtet hat, Kultur ohne Eigenleistung als selbstverständliches Geschenk von Vater Staat gnädiglich entgegenzunehmen –, dann muß guter Rat her. Oder neues Personal. Es ist vorhanden. Die Verhältnisse im Musikleben begünstigen die Evolution eines neuen Typs von Musikschaffendem im Eiltempo. Es ist der zugleich ökonomisch wie in Kategorien des kulturellen Effekts kalkulierende, überaus betriebsame, stets nach neuen Möglichkeiten bis zur Absurdität gierende, weitgereiste und immerfort reisende, gern allgegenwärtige, in Logistik unschlagbare, von Ehrgeiz und unstillbarem Drang zur Selbsterhöhung gepeinigte Manager, der, fortwährend dicht am Herzinfarkt vorbei, im Umgang mit lauter »Very Important Persons« selber zum VIP mutiert und dabei unentwegt Tonkunst unter die Leute bringt. Keine Frage, daß es sich um einen wichtigen Job handelt. Die Marktsituation will es so.

Ehedem war es gang und gäbe, daß ein Musiker sich »verkaufte«, ohne eines Vermittlers zu bedürfen. Er selber machte sein Angebot, und daraus folgte, je nach Nachfrage, die vertragliche Verpflichtung oder eine Absage. So weit geschah alles ganz normal wie in der Wirtschaft auch.

Aber Künstler sind komplizierte Charaktere. Sie neigen dazu, eine Absage – oder, schlimmer noch, die Entscheidung für einen Rivalen – persönlich zu nehmen. Doch wer gibt so etwas schon zu? Es könnte als Zeichen von Schwäche ausgelegt werden. Zudem ist der organisatorische Umtrieb, den Selbstmanagement nun einmal mit sich bringt, tatsächlich lästig, allein schon wegen des Aufwandes an Zeit und nötiger Information über die jeweilige Marktlage. Wer einem städtischen Kulturamt Klaviersonaten von Beethoven anbietet, muß unterrichtet sein über die Programme der letzten paar Jahre in dieser Stadt; Doubletten leistet sich ein Veranstalter nur, wenn er anders den Star nicht gewinnen kann. Da zählt der augenblickliche Marktwert. Ein Spitzenpianist kann bieten, was er will. Der landläufige Klavierspieler hat Rücksichten zu nehmen; sonst wird er nicht engagiert. Abgesehen davon, ist so vieles zu beachten, was mit Verkaufsförderung zu tun hat und gar nichts mit Kunst.

Kein Wunder demnach, wenn sich die Musiker auf ihr Eigentliches konzentrieren, auf die Beherrschung ihres Instruments und die Vervollkommnung ihrer Kunstfertigkeit. Die Vermarktung geriet – nicht nur aus Bequemlichkeit, sondern tatsächlich unter innerem und äußerem Zwang – in die Hände von Impresarios, Agenten, Vermittlern aller Art. Es ist der Zwischenhandel, der die Wirtschaft belebt, auch die Marktwirtschaft. Der Musiker übt seine Kunst und übt sie aus. Der Vermarkter sorgt dafür – keineswegs uneigennützig, versteht sich –, daß jedes oder fast jedes Kunstangebot die Konsumenten erreicht. Er nimmt dem Produzenten ungewohnte und oft unangenehme Verrichtungen ab. Er garantiert einen vollen Terminkalender. Er stimmt die Presse mild, besorgt Hotelzimmer und Flugscheine, liefert jede Fahrplanauskunft, hält Verehrer und Verehrerinnen, je nach Wunsch fern oder nah, kümmert sich um Vertragsdetails und erspart dem Künstler, kommt es einmal zu Meinungsverschiedenheiten über Vertragsinhalte, den Nervenkrieg juristischer Aktion.

Derartige Leute sind schlechthin unentbehrlich. Diese Tatsache verschafft ihnen Macht und, noch übler, ein Bewußtsein, Macht zu haben, je mehr sie daran gehindert sind, die Übermenschen zu sein, als die sie sich fühlen und betragen. Solche, zumal die kleineren Existenzen, schämen sich nicht, zum Beispiel den Musikerinnen von gemischten Streichquartetten per Engagementsvertrag lange Abendkleider vorzuschreiben, damit die Augen der Herren Musikfreunde etwas zu sehen kriegen, nicht wahr? Frauen, die gern ihren Hosenanzug trügen, wagen nicht, nein zu sagen, weil erstens die Männer des Ensembles selten entsprechendes Problembewußtsein mitbringen und zweitens die willige Konkurrenz schon bereitsteht, jeder Kleiderordnung gehorsam, an ihrer Statt bei Vereinsfeiern oder Hochzeiten zu musizieren. Wenn ein derart geknebeltes Ensemble nach Jahren solcher Erfahrungen vielleicht einmal die Bühne des repräsentativen Musiklebens betritt, ist die so lange erzwungene Unfreiwilligkeit zum Stil verinnerlicht.

Musik, so sieht es aus, schreit geradezu nach Herrschaft. Daß Musiker ihr Metier beherrschen müssen, ist eine Selbstverständlichkeit, die als Qualitätsbeweis offen zutage liegt. Die Herrschaft der Vermittler und Veranstalter, der Agenturen und Impresarios, aller dieser Manager des Musikbetriebs, meidet solche Durchsichtigkeit. Sie halten es für normal, daß sich der Künstler ihnen ausliefert, und sollte einer ihrer Vertragspartner doch einmal daran zweifeln, wird er methodisch darüber belehrt, wo sein Platz ist. Das Verhältnis von Musiker und Manager definiert sich fast immer als Machtkampf. Was nach Lage der Dinge eine fruchtbare Symbiose sein sollte, erweist sich nur allzu häufig als ein wenig freies Zweckverhältnis auf des Messers Schneide.

Die Künstler arbeiten im Rampenlicht – wie immer. Ihre Manager, durchaus im tröstlichen Bewußtsein, den Helligkeitsregler für das Rampenlicht in der Hand zu haben, bewegen sich eher im schützenden Zwielicht, das so viele harte Kanten weich zeichnet. Sie sind die eigentlichen Macher des Musikbetriebs. Dabei müssen sie nicht um Macherlohn betteln. Sie wirken so souverän, daß sie ihn einfach für sich abzweigen, in barer Münze und als Zugewinn an Image. Es geht nicht nur ums Geld. PR ist für sie fast noch wichtiger als dieses; denn PR bringt Geld, Geld nicht unbedingt PR. Musikmanager sind Politiker im weitesten Sinne und – natürlich – der Tonkunst mindestens freundlich zugetan. Eine spezielle Ausbildung für ihren Beruf existiert nicht; er kann als Job betrieben werden, sogar von mehr oder weniger verkrachten Künstlern. Diese können sich dann selber zum Erfolg managen oder nach der Händewasch-Methode vorgehen: Hilfst du mir, helfe ich dir! Oder: Darf ich bei dir auftreten, darfst du bei mir! Automatisch tritt eine Maximierung des Nutzeffekts ein, je mehr wichtige Leute – zumal Politiker, Industrielle und andere seiner Funktion – ein Manager kennenlernt. Von Natur aus besitzt er Charme und gute Manieren, und so fliegen ihm alle Herzen einfach zu. Da folgt eins aus dem anderen, Expansion inbegriffen. Die Medien, stets auf der Suche nach Stoff, um ihre eigenen Probleme von Zeit und Raum in den Griff zu kriegen, fördern, was da geschieht, mit Eifer. Sie reihen den Manager in die Parade der VIPs ein.

Diese etwas summarisch dargestellten Methoden und Phänomene begünstigen so manche Managerkarriere zugunsten unseres Musiklebens. Dennoch dauert es eine Weile, ehe so ein Macher jene Gipfellage erklimmt und bei rivalisierenden Kräften ganz und gar persona grata ist. Die Ehre einer Eintragung im ›Musik-Almanach‹ ist zugleich ein Ausweis, daß er als Aktiver quasi amtlich zur Kenntnis genommen wird. Denn diese, im übrigen auch für seine Arbeit sehr nützliche Publikation erscheint unter

der Verantwortung und auf Betreiben des Deutschen Musikrats. Hier ist jeder, der im Musikleben funktional irgend etwas in Bewegung setzt oder setzen möchte, entweder persönlich oder durch Delegierte vertreten. Der Deutsche Musikrat ähnelt einem Mammutkonzern zum Zweck der Musikpflege; er will nach eigner Bekundung *auf die öffentliche Meinung, die Erziehung u. die Gesetzgebung einwirken, um der Musik die ihrer gesellschaftlichen Bedeutung entsprechende Stellung zu sichern u. Beiträge f. die Weiterentwicklung der Musikkultur zu leisten.*[49]
Wobei Lobbytaktik in Bonn, Flüssigbekommen staatlicher und kommunaler Gelder und – immer wieder und höchst intensiv – Selbstreklame einander bedingen. Der Musikrat ist im großzügigsten Wortsinn Veranstalter, Repräsentant, Macher. Gleichwohl sucht der Leser im Musikalmanach 1990/91 zum Beispiel den Namen Dirk Nabering vergebens. In der vorausgegangenen Ausgabe stand er noch.
Dabei ist Nabering kein gewöhnlicher Inhaber irgendeiner Konzertdirektion, eines Künstlerbüros, Künstlersekretariats oder Veranstaltungs-Managements. Er ist schon etwas Besonderes, wohl kaum weniger typisch, aber eben auf andere Art. Dabei lernte er Musikmanagement, wie es allein lernbar ist, nämlich durchs Tun, über zwanzig Jahre lang, ehe er sich selbständig machte. Daß ein Immobilienmakler zuerst in einer Agentur Erfahrung sammelt, ehe er auf eigene Rechnung arbeitet, scheint die Regel in diesem Beruf zu sein; nicht anders entwickeln sich Musikmanager, Musikmakler. Dazu benötigt einer keine akademische Ausbildung, weder Examina noch Dissertation. Er muß nicht einmal eines der großen Musikzentren als Wohnsitz wählen. Nabering lebt, falls er zu Hause ist, in Horben oberhalb von Freiburg im Breisgau; hierher zieht es die VIPs der Stadt immer wieder einmal, die komfortable und dennoch dörfliche Romantik schätzengelernt haben. Kokettes Understatement gehört gewiß zum Job. Wenn sich Nabering ebenso verschämt wie stolz als Winzer bekennt, weil er einen Weinberg im Markgräfler Land besitzt, dann nützt das jedenfalls dem Geschäft. Nicht jeder kann sich ohne Verblüffung einen Manager aus Westfalen vorstellen, der eigenhändig Reben schneidet.
Vorrangig hat ein Musikmanager jedoch mit Musik zu tun. Nabering natürlich auch. Also erzählt er der Presse, er sei mit dem Pianisten Peter Serkin befreundet, auch gut bekannt gewesen mit dessen Vater Rudolf; überdies habe er aus Anlaß eines selbstgeschriebenen Buches über David Oistrach in Moskau Gidon Kremer, dessen Schüler, kennen- und schätzengelernt. Ein richtiger Macher macht alles, auch ein Buch, klar. Dieses – über beide Oistrachs übrigens – war ganze 62 Seiten lang, davon nur die Hälfte beschriebene, die anderen voller Fotos. Und wem das noch nicht genügt, der bekommt zu hören, Kremer sei des öfteren zu Nabering ins Dorf Horben angereist, um dort mit dem Komponisten

Luigi Nono zusammenzuarbeiten. Hier veranstaltete der Musikmanager als »künstlerischer Leiter« im eignen Haus einige Jahre lang Internationale Meisterkurse für Musik, größtenteils finanziert aus dem Kulturetat der Stadt Freiburg. Hier auch baute er ein Gustav-Mahler-Archiv auf, nicht irgendeines natürlich, sondern – wie er gar nicht bescheiden betonte – »eines der größten in Europa«, freilich privat, also für die Öffentlichkeit nicht zugänglich. Das alles aber befriedigte den ehrgeizigen und betriebsamen Mann noch lange nicht. Jedenfalls erfuhr der Interviewer zu seinem Erstaunen, wie effektiv und zugleich selbstironisch sein Gesprächspartner wirken wollte:

In den letzten Jahren hielt ich es so, daß ich in den ungeraden Jahren eine neue Sprache lernte, in den geraden ein Instrument – nur hören lassen kann ich mich nicht unbedingt damit.[50]

Na also, nun ist es heraus, was für ein vielseitiges Genie so ein Manager sein und wie hart er sich seine Branchenkenntnisse erarbeiten muß. So etwas lechzt nach unserer Hochachtung. Ja, sein Interesse für das Außergewöhnliche muß rundum Bewunderung erregen. Er bietet in seinen Programmen Längs- und Querschnitte durch die Jahrhunderte oder jähe Kontraste mit der Gegenüberstellung zum Beispiel von Bach und Pierre Boulez; auch hat er kompositorische Arbeiten des Malers Lionel Feininger entdeckt und, wie zu erwarten, auch aufgeführt, und sogar einen Kompositionsauftrag hat er erteilt, für ein Melodram auf Texte von Alfred Kubin. Dergleichen ist zwar für jeden Rundfunkredakteur in einem der Funkhäuser Tagesroutine; trotzdem: Respekt, Respekt... Und das alles neben dem eigentlichen Job des Managens von Konzerten, des Herumreisens von Aufführung zu Aufführung, von Festival zu Festival, von Premiere zu Premiere, sei es in Frankfurt, Zürich, Berlin, in Leipzig oder im burgenländischen Lockenhaus. Es ist ein aufreibender Job, und – wer weiß? – vielleicht macht nur ein gehöriges Quantum Hochstapelei ihn überhaupt erträglich. Denn die großen Worte möchten der Konkurrenz imponieren, die immer auf dem Sprung steht. Es geht um Marktanteile, um Expansion, und da hilft die Phantasie oft besser als jedwedes unternehmerisches Können. Auf dieser Ebene des Geschäfts geht es heiß her; deswegen streben alle aufwärts, auch Dirk Nabering.

Aber der einzige Platz in der kühlen Helligkeit ganz oben, der ist besetzt. Da macht sich Herr Professor Justus Frantz breit. Er ist das Musterexemplar des weit ausgreifenden, mit Freundschaft und Anbiederung operierenden, beispiellos effektiven, dabei sogar musikalisch-fachlich gebildeten Musikmanagers, der mit Politikern wie mit Künstlern so ungehemmt verkehrt, wie es nur einer kann, der am eigenen Beispiel diese durchschaut und von jenen weiß, wieweit ihre tätige Liebe zur Kultur zwecks Selbstwerbung aufgesetzt ist. Wer durfte denn den amerikanischen Stardirigenten Leonard Bernstein als Lenny anreden? So etwas ist ein Ausweis für

Justus Frantz. Foto: Andreas Laible

Zugehörigkeit. Helmut Schmidt durfte das, natürlich. Und Justus Frantz. Sozusagen Künstler unter sich. Daß der Pianist die interpretatorische Kunst des damaligen Bundeskanzlers über den grünen Klee lobte, versteht sich von selbst. Wahrscheinlich hätte der Aufsteiger inzwischen seine pianistische Lehre gar nicht mehr nötig, es sei denn, um sich mit den Auftritten des Pianisten Frantz, arrangiert vom Manager Frantz, das Lehrgeld von ehedem zurückzuholen. Er ist kein gewöhnlicher Konzertagent; das wäre unter seiner Würde. Er ist der Tausendsassa, der ein mindestens landesweites Musikfest aus dem Boden stampfte, nicht mehr und nicht weniger.

1991 findet es zum sechstenmal statt, dieses »Schleswig-Holstein Musik Festival«, und in alter Frische und für einen organisatorisch zur GmbH konzentrierten, nur formal verantwortlichen »Veranstalter« dient Frantz weiterhin als Intendant und künstlerischer Leiter dieses auf drei Monate Laufzeit berechneten tönenden Marathons. In Wirklichkeit ist er es, der veranstaltet, was immer in den Konzertstätten zu hören und zu sehen sein wird, nicht anders als bei den fünf voraufgegangenen Festperioden. Das bringt ihm Arbeit in Hülle und Fülle. Sowieso kennt er kein vernünftiges Maß, obwohl derartige Übertreibungen selbst robusteste Gesundheit allmählich zu untergraben pflegen. Aber der Professor gehört

75

nicht zu den ängstlichen Typen; ein Sonnyboy – nicht wahr? – hat immer Glück.

Freilich hätte Glück allein nicht ausgereicht. Das monatelange Festival mit internationalen Stars und zugleich Vorstellung und Einübung des Nachwuchses erfordert mehr als die Beherrschung einer Zauberformel. Ein alemannisches Sprichwort sagt: Wer die Häuser kennt und die Leut', der kann gut betteln gehn! Frantz kannte einige VIPs in Politik, Wirtschaft und Kultur, nicht zuletzt einen Kieler Autohändler; unzählige andere konnten nicht vermeiden, ihn kennenzulernen. Das begann mit dem damaligen schleswig-holsteinischen Ministerpräsidenten Uwe Barschel (CDU), der jedoch 1987 ausfiel, weil ihm die eigene Fraktion wegen übler politischer Korruption und gebrochenen Ehrenworts das Vertrauen entzog, und endete noch lange nicht bei dessen Nachfolger Björn Engholm (SPD). Diese beiden vor allem waren ihm so etwas wie Schlüssel zur Schatztruhe des Staates. Die Bekanntschaft mit dem vorübergehenden Ministerpräsidenten der anschlußbereiten DDR, Lothar de Maizière, war nicht nur – wie zwischen einem Pianisten und einem Bratscher zu erwarten – kollegialer Natur, sondern nützte bei der angezielten Expansion des Festivals nach Mecklenburg-Vorpommern. Auch dem Kieler Landesherrn war dieser kulturelle Grenzübertritt recht; nur mochte er dafür nicht zusätzliche Mittel aus dem Schleswig-Holsteiner Topf abzweigen. Aber Musik, gleich wo, kostet immer Geld.

Für 1989 veranschlagte Frantz einen Gesamtetat von 16,3 Millionen DM, davon 7,4 Millionen aus Eintrittsgeldern von immerhin 292 000 Konzertbesuchern. Dieses Unternehmen trägt sich, wie die meisten Großtaten unseres Musiklebens, nicht selber. Das Land Schleswig-Holstein zahlte vier Millionen DM Zuschuß, 3,1 Millionen kamen von Sponsoren, zumeist aus Industrie und Handel, 1,2 Millionen erbrachten sonstige Spenden und die Beiträge der Mitglieder des zu dieser Zeit noch als eingetragener Verein verfaßten Musikfestivals. 600 000 DM waren Verkaufserlöse aller Art. Daß ein Konzertplatz hierzulande mit sechzig Prozent Fremdmitteln, zumeist Subventionsgeldern der öffentlichen Hand, gefördert wird, scheint nicht unüblich. Insofern ist die Bilanz so schlecht nun auch wieder nicht, zumal da sie einen Posten von 2,3 Millionen DM an Aufwendungen für ein ab 1987 zusätzlich mitlaufendes pädagogisches Programm enthält – so in Form einer Sommerakademie mit Meisterkursen, vom Begründer schlicht »Universität« genannt. Nachwuchsbildung mit hereinzunehmen, war eine geniale Idee, die freilich bei einem, der »die Häuser und die Leut' kennt«, gar nicht überrascht. Das Angebot von Lehre und Fortbildung macht ja doch ganz spezielle Geldmittel locker, deren Verwalter dazu neigen, jeden Pfennig an laufendem Zuschuß zur Verbilligung von Eintrittskarten für unverantwortliche Verschwendung zu halten.

Expansion ohne Hemmungen mündet leicht in Mißerfolg. So scheiterte Frantz mit dem Versuch, ein paralleles Musikfest auch in Niedersachsen zu organisieren; und das Musikfest Mecklenburg-Vorpommern läuft nach großzügiger Starthilfe aus Kiel nun doch selbständig weiter... und plötzlich geht es auch ohne den Starmanager. Es muß ihn besonders fuchsen, daß er mit der Zuwachsidee bei den Politikern in Hannover nicht durchdrang, trotz gewiß plausibler Argumente. Selbst wenn man die Festsäle der Schlösser und die Salons der Herrenhäuser dazurechnete, besitzt Schleswig-Holstein keine ausreichende Infrastruktur für einen unüblichen Musikbetrieb, weder an Spielstätten noch an Publikum. Gelänge es, etwa Hamburg, Bremen und Hannover dazuzuschlagen, wären ganz andere Großtaten von Weltformat denkbar. Noch im Sommer 1990 träumte Frantz davon, »Lenny« Bernstein mit dem New York Philharmonic Orchestra und allen Sinfonien Gustav Mahlers zu holen. Vielleicht traf er aber in Hannover nicht die richtigen VIPs an; vielleicht schwindet die Begeisterung der Politiker angesichts der immer rascher sich leerenden Kassen. Aber selbst das Gelingen der Expansion, ja die Begründung eines »Norddeutschen Musik-Festivals« hätte jenen Traum nicht Tat werden lassen. Denn Bernstein ist nicht mehr am Leben, ein anderer mit solchem Image nicht in Sicht.

Grenzüberschreitungen in jeder Hinsicht gehören wohl – selbst ohne irgendein Argument – zur Praxis des kapitalistischen Wirtschaftssystems. Insofern tut Justus Frantz nichts Abwegiges. Zudem hat es sein Vorbild Karajan bereits vorexerziert. Mehr Funktionen bringen mehr Macht. Dabei möchte man unterstellen, daß es ihm nicht um schnöden Gewinn geht. Sein Intendantengehalt beläuft sich auf gar nicht ungewöhnliche 180 000 DM, nachdem zunächst nur von einem ehrenamtlichen Posten die Rede war. Expansion steigert eben die Kosten. Auch wenn man noch die zwanzig Klaviertermine hinzurechnet, die der Veranstalter Frantz dem Pianisten Frantz verschafft, also je 15 000 DM, dann bleiben immer noch keine Reichtümer übrig. Denn stets fallen erhebliche Betriebskosten an. Der Rest ist steuerbares Einkommen, was bedeutet, daß das Finanzamt über die Hälfte davon kassiert. So gesehen, ist der Manager arm dran, trotz Ferienvilla mit Orangenplantage auf den Kanaren. Von seiner Arbeit profitieren andere womöglich mehr als er selber. Das Finanzministerium scheint gleichwohl nicht glücklich über die seltsame »Ehe von Wirtschaft und Kultur« samt Aufschwung des Tourismus und Werbeeffekt für das Land. Und der Deutsche Musikrat beklagt den hektischen Aktionismus, der einer Musikkultur von unten Schaden zufüge.

Überentwickelter Erwerbssinn kann nicht den Ausschlag gegeben haben. Nein, Grenzüberschreitung scheint diesem Mann angeboren. Ihm geht es nicht verbissen ums Geld. Er sucht Wirkung. Deswegen ließ er sich, als laste ihn das Landesfestival längst nicht aus, Anfang 1988 als Berater beim Bayerischen Rundfunk verpflichten; formell handelt es sich um die mit 150000 DM dotierte Position eines Leiters der neugeschaffenen Hauptabteilung Musikproduktion und Klangkörper. Dabei kollidierte Frantz jedoch bald nicht nur mit dem Chefdirigenten des BR-Sinfonieorchesters, Sir Colin Davis, der sich zu Recht übergangen und brüskiert fühlte, sondern auch mit dem mächtigen Rundfunkrat des Senders; mehreren Ratsmitgliedern leuchtete die damalige Entscheidung des Hörfunkdirektors für den agilen, vielversprechenden und vieles versprechenden Manager nicht ein, zumal da sie aufgrund dessen, was inzwischen als Resultat seiner Tätigkeit vorlag, an der Notwendigkeit dieser Position überhaupt zweifelten.

Es ist ein Naturgesetz, daß die Vergrößerung eines Körpers seinen Inhalt immer weiter verdünnt. Daraus folgt die Misere jeder Expansion. Frantz scheint dafür blind zu sein, übernahm er doch beim Zweiten Deutschen Fernsehen eine weitere Aufgabe, nämlich Konzeption und Planung einer etwas anspruchsvolleren Unterhaltungsserie, in der er sich als Showmaster produzieren und prominente Gäste vorstellen wird, die selber Musikfreunde sind... eben die Galerie jener VIPs seines erlauchten Bekanntenkreises. Und als sei das alles immer noch zu wenig, übte er fanatisch sämtliche Klavierkonzerte von Mozart ein, um anläßlich des Mozart-Jahrs 1991 den kompletten Zyklus nicht nur auf Schallplatten einzuspielen, sondern auch im Konzertsaal aufzuführen, in Köln, Rom, Leningrad, Madrid, Hamburg, München, Frankfurt und natürlich auch in Japan und den Vereinigten Staaten...

Wäre dies nicht genau das, was sich der Star der deutschen Musikmanager unter Leben vorstellt, bliebe zu fragen, wann er angesichts eines so prall gefüllten Terminkalenders überhaupt Zeit zum Leben findet. In der Tat ist dies *sein* Leben und Musik nur das handliche Mittel zum Zweck. Das Publikum läßt sich leicht täuschen. Justus Frantz macht das alles nicht für Musikfreunde, nicht für sie opfert er sich. Publikum ist ein Posten in der Bilanz – und in der unvermeidlichen Erfolgsstatistik seiner nicht immer und nicht ganz, aber doch fast »vollen Häuser«. Die Konsumenten kümmern ihn so wenig, daß er mit der ständigen Vermehrung der Konzerte die Verminderung des Zuspruchs der Öffentlichkeit riskiert. Das Festival entwickelt sich immer deutlicher zur privaten Erprobungsstätte für Ehrgeiz und Machereffektivität des Supermanagers. Bislang war es nicht die Musik, die diese Region prägte. Carl Maria von Weber ist da geboren, Brahms immerhin noch nebenan. Aber nicht sie machten die Gegend weltweit bekannt. »Holstein« ist der englische Name für die beliebte Rasse jenes schwarzweißen Hornviehs, das dort die Weiden bevölkert.

Immerhin: Knapp 2,6 Millionen Einwohner zählt das Bundesland Schleswig-Holstein. Von ihnen nahmen 11,4 Prozent an Konzerten des Festivals teil. Bundesweit lag die Beteiligung an Veranstaltungen der E-Musik in der Saison 1986/87 bei rund fünf Prozent. Aus Frankreich meldete das Ministerium für Kultur und Kommunikation für 1988 immerhin 16 Prozent. Diese Zahlen geben zu denken. Es könnte sein, daß Angebot von einer bestimmten Häufigkeit an keineswegs weitere Nachfrage erzeugt, sondern Konzertmüdigkeit. Allerdings gibt es so viele Unwägbarkeiten, etwa Folgen unterschiedlicher musikalischer Infrastruktur oder ungleichartiger Hörgewohnheiten, daß sichere Aussagen kaum zu erwarten sind. Zum Beispiel betrifft die Kieler Zahl lediglich die drei Festspielmonate des Sommers; sie läßt sich nicht ohne Bereinigung aufs Jahr umrechnen, denn ein Teil der Festivalbesucher nimmt gewiß Konzerte des »normalen« Musikbetriebs in der übrigen Zeit wahr. Ob jene 11,4 Prozent viel oder wenig sind, muß aber gar nicht erst mit mühsamen Rechenoperationen ermittelt werden. Denn gemessen an der rapiden Expansion der ursprünglichen Festspiel-Konzeption läßt die Beteiligung des Publikums Jahr für Jahr ohnehin viel zu wünschen übrig.

Die günstige psychologische Ausgangsposition fällt dabei kaum ins Gewicht. Festivals dieses Schlages bieten Außerordentliches, das ist keine Frage. Musik kann man ansonsten überall hören; aber zu diesem Anlaß erklingt sie eben in nicht alltäglichem organisatorischen oder topographischen Zusammenhang. Für einen Schleswig-Holsteiner ist es »sein« Musikfestival; er konsumiert Tonkunst in Domen, Schlössern, Scheunen von Herrenhäusern, im Staatstheater, ja unter freiem Himmel, und das ist für das Gros der Besucher eine reizvolle Ausnahmesituation. Die Medien bestärken den Musikfreund im Bewußtsein, mit seiner persönlichen Anwesenheit zum Gelingen einer großen Sache beigetragen zu haben. Außerdem hat er Musik genossen. Die Frage, ob er sie damit tatsächlich gefördert hat, käme ihm vielleicht zu weit hergeholt vor.

Dennoch ist diese Frage zu stellen, nicht nur an alle diese unermüdlichen Manager und Macher, die den warmen Wind fiskalischer, öffentlichrechtlicher und privater Subventionen zu »ihrem Werk« lenken und sich gebärden, als ginge ohne sie das Musikleben zugrunde. Ehedem war Musik ein laufendes Bedürfnis des gewöhnlichen Alltagsdaseins; sie zu Festivals zu konzentrieren und ihr die reklamewirksame Aura des Unalltäglichen zu geben, ist ein Phänomen jüngeren Datums, mindestens in Deutschland, Frankreich, Italien, Österreich, der Schweiz und den nordischen Ländern. Die Festspielidee resultierte einerseits aus dem Aufstieg einer neuen Machtgruppe – aller dieser Agenten, Impresarios, Direktoren, Intendanten und Präsidenten – und andererseits aus dem Versagen der Repertoirepraxis. Seitdem aktuelle Musikwerke der neuesten Produktion nicht mehr, wie zuvor ganz natürlich, ins Repertoire eingingen, entweder weil das angestammte Publikum sie nicht mehr akzeptierte oder wegen ihrer explosiv wachsenden Menge, mußte Platz geschaffen werden: Festivals überbrücken die stille Zeit zwischen einer

Saison und der nächsten, bestätigen erst eigentlich den Begriff »Musikjahr« und vermehren die Plazierungschancen für Partituren beträchtlich.

Zunächst konnten die lebenden Komponisten davon profitieren; deswegen begriffen sie die Veranstaltung eigener Festivals oder solcher mit eigenen Werken als Glücksfall. Das ging lange gut. Inzwischen hat die Inflation der Musikfeste dazu geführt, daß breite Konsumentenschichten die Inhalte bestimmen, zu Lasten moderner Partituren. Die Programme »präsentieren« zum soundsovielten Male die vertrauten oder per Sensation arrivierten Namen solcher Interpreten und Komponisten, für die das Publikum gerade noch bereit ist, sein Scherflein – um mehr handelt es sich wirklich nicht – hinzulegen. Neue Musik kommt am Rande immer wieder einmal vor: als Alibi, um etwaigen Vorwürfen gegen den Veranstalter die Spitze zu nehmen. Ansonsten spiegeln sie traditionelles Hörbewußtsein. Nicht nur das: Sie rechtfertigen dieses Bewußtsein obendrein als gang und gäbe, als Norm, und zementieren per Konditionierung die Vorlieben und Abneigungen des Ohrs.

So werden Mehrheiten herbeimanipuliert. An den Bilanzen aller Sonderkonzerte und Spezialfestivals für zeitgenössische Musik läßt sich auf der anderen Seite ablesen, was die Mehrheit will, nämlich alles andere, nur dieses nicht. Deren Entscheidung beherzigen die Manager der herkömmlichen Musikfeste; ihr Erfolg hängt ja doch von populären Programmen ab. Weniger als halbvolle Säle wären der Ruin ihrer VIP-Karriere. Der Ruin der zeitgenössischen Musik muß sie nicht besonders bekümmern. Das ist Sache der kreativen Musiker. Diese allerdings reagieren weiterhin auf die zwingenden Marktgesetze. Sie treiben die Entwicklung von Stil und Ausdrucksmitteln in einsame Höhen, wo die Luft zum Atmen zu dünn wird. Könnten sie denn anders? Es ist eine unfreiwillige Bewegung, die fürchten macht und Anlaß gibt für die bange Frage: Fortschritt – wohin?

Fortschritt – wohin?

Ein Musiker arbeitet beständig an seiner Vervollkommnung. Dies erfordert der Beruf. Wer Musik ausüben will, muß sie zuvor eingeübt haben, und das ist kein einmaliger Vorgang, sondern erstreckt sich über das gesamte Repertoire. Einübung begleitet die Musikerexistenz, solange sie währt. Wer sich darauf einläßt, hat es schwerer als zum Beispiel ein Bäcker. Dieser lernt ein paar Jahre, was zum Beruf gehört. Dann besitzt er das Rüstzeug, Brot und Brötchen herzustellen bis zum Rentenalter. Natürlich macht er im Laufe der Zeit durchaus noch Erfahrungen, die der Qualität seiner Waren zugute kommen, doch Lehrling ist er nur vorübergehend. Für den Musiker gilt es, dauernd zu lernen. Hier macht Übung den Meister, und sogar der größte Meister steht unter dem Zwang, weiterhin üben zu müssen. Der Bäcker hat seinen Meisterbrief. Der hängt unter Glas im Laden und gibt den Kunden Sicherheit: Sie können durch Zeugnis beglaubigte und besiegelte professionelle Verläßlichkeit erwarten. Dem Musiker winkt kein Meisterbrief, und die glänzendsten Zeugnisse von der Hochschule nützen ihm in der Berufspraxis leider gar nichts, denn sie benoten vergangene Leistung. Solche datierten Papiere bewahrt man wohl kaum hinter Glas auf. Sie beweisen, daß man eine Prüfung erfolgreich abgelegt hat; aber das ist kein entscheidender Punkt, denn Privilegien folgen daraus nicht. Ein Erfordernis der Ausbildungsordnung ist erfüllt, weiter nichts. Kein Musiker kommt um das Üben nach seiner formellen Studienzeit herum.

Es wäre denkbar, daß das weithin gebrochene Verhältnis vieler Musiker zur Vergangenheit mit diesem Zwang des Berufs zusammenhängt. Nur die Leistung zählt, die er heute, in diesem Augenblick, zu erbringen imstande ist. Was er früher konnte, bedeutet nichts; es ist bestenfalls sentimentale Erinnerung. Dem Bäcker – das Dokument seiner amtlich bestätigten Meisterschaft vor Augen – genügt es, heute so gute Backwaren herzustellen wie vor zehn Jahren. Es sind nicht die Brötchen, die den Meister machen. Der Musiker hingegen muß Meisterschaft immerfort unter Beweis stellen, seinem Publikum und sich selber. Allein die Fortschritte lassen ihn als Könner erkennen. Was hinter ihm liegt, war Durchgang, und Vollkommenheit winkt vorn. Selbstverwirklichung, deren wesentlichstes Moment in der Vervollkommnung der Kunst liegt, ist ein dynamischer Vorgang in die Zukunft hinein. So gesehen, ist der Künstler immer unterwegs. Sein persönliches Fortschreiten wird Teil des Fortschritts an sich. Er schlägt eine Richtung ein.

Diese Richtung weist nach oben. Allerdings streben die meisten Menschen irgendwie nach dem Höheren, jeder nach Geschmack und Vermögen, jeder nach seiner Art, gleich ob Mann oder Frau, und dieses ziemlich allgemeine Streben signalisiert das verbreitete Bewußtsein, den rechten Ort noch nicht erreicht zu haben, also fehl am augenblicklichen Platz zu sein; der Drang verläuft »vertikal«, zum Scheitelpunkt hin. Insofern ist ein Musiker fast so etwas wie Jedermann. Verlangt ist – wie anderswo auch – Wirkung, Publikumswirkung; aber dieser äußerliche Aspekt folgt – anders als anderswo – einem inneren, innerlichen, der in der Region psychischer Vorgänge wohnt. Solche Entsprechung vermag Kunst zu schaffen und macht dem Künstler manches leichter. Er ist schließlich doch kein indischer Bettelmönch, der durch Selbstversenkung und Meditation zum höheren Selbst strebt, was immer das für ihn bedeuten mag. Dessen Tätigkeit zielt nach innen und weiter nirgendwohin. Dabei weiß er nicht, wieweit irgendein anderer Bettelmönch den Weg, den er eingeschlagen, schon gegangen ist. Denn dies läßt sich nicht herzeigen; Spirituelles entzieht sich der Meßlatte. Von der Entwicklung zu dieser Art Selbstverwirklichung dringt nichts nach außen. Die Bewegung verläuft zentripetal.

Anders der Musiker. Er muß im Vergleich bestehen. Nicht nur das: Unablässiger Vergleich ist die einzige Möglichkeit seiner Ortsbestimmung. Er könnte den Weg nicht machen, ohne Kontrolle über den Grad der erreichten Vollkommenheit zu haben. Jeder Auftritt ist ein Kontrollpunkt. Auch das Publikum erhält entsprechende Hinweise auf den Fortschritt des Künstlers; an der Wirkung nach außen läßt sich abschätzen, was zuvor innen vorging. Musik ist ein komparatives Phänomen. Der Musiker kann sich nicht verstecken; wann immer er auftritt, bietet er sich dar. Fortschritte sind ihm nicht bloß Herausforderung, sondern existentielle Notwendigkeit. Er operiert nämlich, sei er Interpret oder schöpferischer Künstler, immer mit Technik, so weit sie Kunst manifest macht. Technik aber, das dynamische Moment der Kunst, bedarf der Entwicklung, des Fortschritts; er ist der Kunst geradezu immanent. Der Drang, sich vom Fleck zu bewegen, symbolisiert die Sehnsucht nach Vollkommenheit. Existierte Fortschritt nicht objektiv, dann wäre er herbeiphantasiert worden. Auch der schöne Schein, die Illusion des Fortschritts, erzeugt Glücksgefühle. Es ist das Glück der »Avantgarde« in jeder Hinsicht: Man marschiert an der Spitze; man erstürmt Gipfel; fliegend löst man sich von der Erdgebundenheit. Über alles sich zu erheben – und sogar noch, in Tat oder Traum, über sich selber – produziert Rauschzustände des Glücks. Je beschwerlicher der Weg, desto größer die Vollkommenheit. Wer sich größer fühlen kann als seine Mitmenschen, der wähnt sich einen Schritt weiter auf der Leiter der Selbstverwirklichung.

In der Tat ist Größe ein evolutionäres Element. Die Natur beruht auf Größenunterschieden. Sie bezeichnen weithin Unterschiede der Macht. Große Tiere haben mehr Macht als kleine; hohe Tiere blicken weiter; das Reich der Ameise bildet einen Punkt im Revier des Elefanten. Dem Men-

"Vielen Dank für die russische Kultur!"

Boykott-Aufruf nach dem Mauerbau 1961, als Spaß getarnt.
›Die Welt‹, 19. August 1961

schen gelang es mit Hilfe der Technik, die auch ihm zu schaffen machenden Größenunterschiede weitgehend zu verwischen. Motoren leihen die Macht, die Muskeln nicht besitzen. Aber Größe ist nicht nur ein physisches Merkmal; »oben« versteht sich auch im übertragenen Sinn. Insofern sind Musiker in aller Regel oben... ganz wie Richter, Pfarrer, Schauspieler und andere »erhabene«, weil gehobene Berufe. Wie diese blicken sie hinab auf die gewöhnlichen kleinen Menschen, zum Volk, denn sie sind »auf der Höhe«. Es muß ein Ur-Traum sein, hinunterschauen zu können, nicht wegen des unleugbar weiteren Horizonts, sondern weil Höhe das Ziel aller Selbstdarstellung ist. Musiker arbeiten zumeist erhöht, zunächst physisch-räumlich. Das Orchester musiziert auf dem Podium des Konzertsaals. Daß kategorische Prinzipien die Mitglieder des Opernorchesters zugunsten der Gesangssolisten ganz nach unten verbannen, scheint ein Regelverstoß; dieser zeigt, daß Hierarchien sich begründen, wo Platz zum Miteinander nicht ausreicht. Solche unvermeidliche Situation kann die Sehnsucht nach Größe bei den Musikern der Theaterorchester nur steigern.

Das normale Sinfonieorchester hebt sich von der Ebene des Publikums ab. So wird es nicht nur besser gehört, sondern auch gesehen und – mehr noch – beachtet. Wie das Produkt will auch der Hersteller begehrt sein. Dazu verhilft die Erhöhung. Die Leute müssen aufschauen. Durch den einfachen Trick der höheren Ebene gewinnt das Orchester Größe. Das gilt auch für solistisch ausübende Musiker. Sie stehen immer oben. Der Dirigent thront sogar über allen. Zweifellos gab es dafür zunächst praktische Gründe; er sollte allen Musikern des Klangkörpers sichtbar sein, weil es doch auf seine »Führung« ankommt und ohne ihn nicht hinlänglich und quer durch die ganze sinfonische Literatur gearbeitet werden kann, obwohl das in der UdSSR in den zwanziger Jahren wirkende dirigentenlose »Erste Symphonische Ensemble« bewies, daß »demokratisches« Musizieren auch seine Meriten hat. Bedenkt man aber, daß es – in zivilisierten Staaten – erst einer Verfassungsänderung bedurfte, um den Scharfrichter abzuschaffen, dann ist es rundweg hoffnungslos, mit weniger einschneidenden Maßnahmen den Dirigenten abzusetzen. So bleibt es, wie es war. Der Maestro steht oben, ganz oben, weit über dem Publikum und eine Ebene über den Musikern. Mit seiner Arbeit wächst er also physisch. Er wird, so erhöht, eins mit dem »ewigen« Meister, den er stellvertretend interpretiert. Indem er diesen anbetet, liebt er sich selbst. So Karl Böhm:

Wolfgang Amadeus Mozart. Alle meine Liebe, die ich ihm seit vielen, vielen Jahren schenkte, hat er mir tausendfach gelohnt. Er hat mir immer wieder den Mut gegeben, auch in schweren Stunden an meinem Beruf nicht zu verzweifeln, er ist gewissermaßen der Gesundbrunnen, aus dem ich immer wieder die Kraft für neue Taten schöpfen kann.[51]

Der Urheber der Partitur dient als Schutzpatron, und in seiner Obhut wächst der Dirigent über sich hinaus, verwandelt sich in das Über-Ich, wird im Geiste mit Mozart oder Bruckner identisch. Diese Metamorphose deutete Wilhelm Furtwängler einmal an, fragmentarisch und wie erschrocken über die Intimität des Bekenntnisses:

Ich sage und schreibe: der nicht selber Beeth ist, der hat nicht das Recht...[52]

Physische Erhöhung konnte hochgewachsenen Orchesterleitern einerlei sein. Klemperer oder Furtwängler, um nur zwei zu nennen, bedurften keiner künstlichen Hervorhebung; sie besaßen ohnehin ihre natürliche überdurchschnittliche Größe. Freilich bilden die Kleinwüchsigen in diesem Musikerberuf bei weitem die Mehrheit. Daß psychologische Motive dafür ursächlich sein könnten, scheint nicht abwegig. Wer sich klein fühlt, nach prüfendem Blick aufs Zentimetermaß oder auch nur auf seine soziale Situation, der ist gerne groß. Für ihn hat der Blick von oben herab mehr Reiz als für einen Menschen durchschnittlicher Statur und normalen gesellschaftlichen Standards. Unser Volksmärchenschatz birgt wundervolle Geschichten, wie die Zwerge nach dem prahlerischen Motto »Sieben auf einen Streich« mit den Riesen fertig werden, nämlich durch List und Tücke. Möglich, daß Zwerge sich als herabgesetzte Riesen fühlen... Aber eben dies wäre eine plausible Erklärung für ihren Drang aufzusteigen, sich ins Riesenhafte zu projizieren. Jedes Hilfsmittel ist dazu recht. Der weiland Großherzoglich-Badische Hofmarschall und erfolgreiche Theaterdichter Joseph Freiherr von Lauffenberg vertraute seinem Büchlein ›Vergoldete Pillen‹ eine lebensweise Erkenntnis an:

Steht erst der Zwerg auf eines Riesen Schulter frei,
dann prahlt er, daß er größer als der Riese sei.[53]

Wer wächst, wächst stets nach oben, wenn nicht in Wirklichkeit – sofern er aus dem Alter heraus ist –, dann in der Einbildung, fiktiv, sozusagen mit Hilfe einer Prothese. Das Konzertpodium kann durchaus die Funktion der Prothese erfüllen. Ein kleinwüchsiger Künstler – zum Beispiel Herbert von Karajan – handelte, was immer er unternahm, meist unter dem Zwang, Größe vorstellen zu müssen. Sein Zug zu den Superlativen ist typisch, und er konnte sich damit trösten, er folge lediglich dem biblischen Gebot: Wachset und mehret euch! In der Mythologie – und vom Standpunkt des dummen sanften Riesen – gelten Zwerge als schlau, hartnäckig und aggressiv.
Ein berühmter Prototyp des durch eigene Minderwertigkeitskomplexe motivierten Aggressors war Napoleon. Nicht einmal die Eroberung eines beträchtlichen Teils von Europa und seine Anwesenheit an vielen Stätten der Entscheidung konnte ihn befriedigen. Karajan war nicht Napoleon; aber auf seine Weise eroberte er mehr als dieser, unterwarf er sich die Masse der Musikfreunde auf der ganzen Welt, und seine Waffen waren nicht Kanonen und zu Eilmärschen gehetzte Grenadierregimenter, sondern Schallplatte, Rundfunk, Fernsehen, auch dies alles möglichst unter seinem Kommando. Indem er so aus der Menge herauswuchs, sie überragte und in den Schatten stellte, verschaffte er sich das Profil, das er zur Selbstverwirklichung benötigte. Im Musikbetrieb ist es üblich, wen in den Schatten zu stellen, und der Betroffene kann sich höchstens mit Novalis leidlich trösten: Wenn man einen Riesen sieht, so untersuche man erst den Stand der Sonne und gebe acht, ob es nicht der Schatten eines Pygmäen ist.
Vielleicht spielt doch mehr psychologische Bestimmung mit als blinder Zufall, wenn kleinwüchsige Komponisten sich im Musikleben deutlicher

und eher durchsetzen als solche, die diese einen Kopf oder mehr überragen. Erinnert sei an Wagner, Bruckner, Ravel, Strawinsky, Hindemith oder Schönberg. Kann es Zufall sein, wenn so viele ehrgeizige junge Komponisten hoffnungsvoll der Musik zuströmen, während sie noch wie halbe Kinder aussehen? Hier zielt Selbstverwirklichung intensiver auf »Größe«; Hochgewachsenen fehlt nur etwas, wenn sie sich – von der physischen Statur abgesehen – nicht hinreichend »groß« fühlen. Musik tönt in einem Ambiente, das Omnipotenzphantasien nährt. Wie hätte sich sonst Karajan auf dem Podium hoch über der gemeinen Menge in Wiedergeburtswehen hineinwiegen können?

Das Bedürfnis, Gipfel zu erstürmen, scheint eher psychologisch erklärbar als logisch; dem Aufsteiger macht Sinn allein der Über-Sinn, die wunderbare Verwandlung in ein Denkmal. Dies alles umfaßt, was die Tonkunst angeht, der auf sie angewendete Begriff des Fortschritts. Musikgeschichte ist – von einem bestimmten Zeitpunkt an – auch Geschichte des Fortschritts, zu dem alle Musiker, die nachschaffenden wie die schöpferischen, auf ihre Weise mit dem eignen Fortschritt Kapitel um Kapitel beisteuerten, bis auf den heutigen Tag. Es geht – mit einem Wort – um Erneuerung als Addition laufender Neuerungen; betroffen sind zugleich Qualität und Quantität der Musik. Wenn da nun nach und nach alle möglichen Veränderungen stattfinden, muß sich eigentlich die Frage nach dem Zuhörer stellen. Es ist gewiß keine typische Frage des Komponisten, schon eher des Nachschaffenden, der leibhaftig vor das Publikum tritt und dessen Reaktion auf das Gehörte direkt vor Augen hat. Die Veränderung der Musik verändert, das läßt sich nicht bestreiten, auch das Publikum.

Hier müßte nun eines der großen Geheimnisse, nämlich das der Funktion der Musik, gelüftet werden. Ganze Generationen von Denkern haben sich schon bemüht zu klären, weshalb es sie überhaupt gibt. Sogar die empirische Methode, die fraglos festen Boden bereitet, versagt angesichts der Vieldeutigkeit des Phänomens, für das eins plus eins keineswegs immer zwei ist. Bloße Mutmaßungen bringen uns jedoch nicht weiter. Die Psychologie scheint noch am ehesten geeignet, in die Nähe einer Antwort zu führen – oder besser eines ganzen Netzwerks plausibler Antworten:

Hören ist eine vergleichsweise weibliche, wärmere Funktion. Musik kommt von Muse und ist daher ebenfalls weiblich. Dank ihrem irrationalen Wesen und dank ihrem Zugangsweg über das Gehör spricht sie die Tiefenseele unmittelbar an. Da sie selbst fähig ist, alles das auszudrücken, was die erlebende Seele bewegt, muß es auch möglich sein, mit ihrer Hilfe alle diese Bewegungen anzuregen und auszulösen. (...) Die Musik begreift weiterreichende und subtilere Bezirke als das gesprochene Wort. Der offenkundige Mangel an Genauigkeit der Tonsprache erklärt sich teils aus ihrer außerordentlichen Generalität, die bis an das Wort heranreicht, teils daraus, daß die affektiven Besetzungen von verdrängten Vorstellungsinhalten leicht auf nichtsprachliche, einfach-klangliche Träger verlagert werden. Bestimmten Problemen scheinen geradezu bestimmte musikalische Symbole zu entsprechen, die sich nicht weiter rückführen lassen (Michel). Hinter Melodien, die wir nicht aus dem Kopf kriegen, verbergen sich regelmäßig unbewußte Gedanken (Freud).[54]

Wenn es, von diesen Präliminarien abgesehen, stimmte, was Freud behauptet, es sei nämlich »einfach das Programm des Lustprinzips, das den Lebenszweck setzt«, dann hätte Musik eine Menge mit Triebbefriedigung zu tun, dann böte sie diese ersatzweise. Der Vater der Psychoanalyse erklärt dies – übrigens viel glaubhafter als die Zähmung des Feuers – so:

Das Leben, wie es uns auferlegt ist, ist zu schwer für uns, es bringt uns zuviel Schmerzen, Enttäuschungen, unlösbare Aufgaben. Um es zu ertragen, können wir Linderungsmittel nicht entbehren. (...) Solcher Mittel gibt es vielleicht dreierlei: mächtige Ablenkungen, die unser Elend gering schätzen lassen, Ersatzbefriedigungen, die es verringern, Rauschmittel, die uns für dasselbe unempfindlich machen. Irgend etwas dieser Art ist unerläßlich. (...) Die Ersatzbefriedigungen, wie die Kunst sie bietet, sind gegen die Realität Illusionen, darum nicht minder psychisch wirksam dank der Rolle, die die Phantasie im Seelenleben behauptet hat.[55]

Setzen wir voraus, daß auch die Tonkunst mindestens die Funktion hätte, die menschliche Existenz über Alltagsnöte hinwegzubugsieren, Freude unter freudlosen Umständen zu liefern, ja, Glücksgefühle hervorzurufen, dann müßte jede Veränderung an ihr Konflikte provozieren. Denn nahezu jede Veränderung müßte die Erwartung des Hörers enttäuschen, weil sie gewiß nicht sämtliche Veränderungsmöglichkeiten toleriert; diese Erwartung bewegt sich kaum und gehorcht nur träge irgendeiner Zumutung, sich umzugewöhnen. Solche Erwartung heischt ganz bestimmte und aus der Erfahrung schon vertraute Streicheleinheiten. Darin gründet das Handicap jeder neuen Musik. Als bestätigende Vorahnung Freuds mutet an, wie Goethe sich äußerte:

Musik im besten Sinne bedarf weniger der Neuheit, ja vielmehr je älter sie ist, je gewohnter man sie ist, desto mehr wirkt sie.[56]

Möglich, daß dies nur die Auslassung eines Konservativen war, der mit musikalischen Neuerungen individuelle Schwierigkeiten hatte und daher in der Verallgemeinerung Zuflucht suchte. Falls Goethe und Freud aber recht hatten, bestätigen sie Platons Mißtrauen gegen Veränderung. Nicht wegdiskutieren läßt sich jedoch, daß Musikgeschichte auch die Geschichte jener Kämpfe ist, die um die Akzeptanz von Novitäten entbrannten. Das eher statische Publikum dachte nicht daran, in einem fort nur zu applaudieren, und Verdammungsurteile sind geradezu ein Synonym für Musikkritik, seit Giovanni Maria Artusi seine Schmähschrift ›Von den

Fehlern der modernen Musik‹ verfaßte – gegen Monteverdi übrigens. Sicher ist auf der anderen Seite, daß die Ohren der Zuhörer über die Zeitläufte hinweg doch nicht so beschränkt funktionierten. Sonst hätte es nie neue Musik gegeben. Minderheiten vollzogen seit eh und je nach, was ihnen Komponisten als »neue Richtung« und nächsten Fortschritt anboten. Dies war vor allem in Zeiten revolutionärer Erregung theoretisch abgesichert als notwendiger – nämlich politischer – Sprung aus der Privatheit der bürgerlichen Kunstübung mitten hinein in die aktuellen Veränderungen der Gesellschaft. Dafür sorgten gern die Schriftsteller, und wenn es sich vielleicht auch um übliche Rechtfertigungsversuche handelt, um die Vorspiegelung einer Kunst Hand in Hand mit der Politik, könnte schon der enthusiastische Tonfall vieler solcher Verkündigungen durchaus zur Werbung zugunsten des Fortschritts der Kunst beigetragen haben.

Perioden der Wende wecken Hoffnung auch in Musikern, die sich als fortschrittlich bekennen. So in den bewegten Zeiten 1848/49, als sich »das Volk«, leider ohne Bauern, Handwerker und Arbeiter, anschickte, den Deutschen Bund zum Nationalstaat umzuformen, der eine Reichsverfassung erhalten und die »Grundrechte des deutschen Volkes« garantieren sollte. Am 4. März 1848 brachen in München Straßentumulte gegen König Ludwig I. von Bayern aus; vierzehn Tage später errichteten die Berliner in der Brüderstraße und Mohrenstraße Barrikaden, und später sprang der revolutionäre Funke auch auf Dresden, die Pfalz und Baden über. Politische Veränderung war angesagt. Die Musik wollte nicht stehenbleiben. Was Franz Brendel in den unruhigen Tagen niederschrieb, reflektiert den geistigen Aufbruch:

Das musikalische Leben war das knechtischste; es bestand eine weit größere Unfreiheit in der musikalischen, als in der politischen Welt, und noch bis auf den heutigen Tag ist der Sinn für Freiheit bei uns am wenigsten vorhanden.[57]

Mutig verfolgte der Kritiker sein Ziel, die unpolitischen Musenjünger von der Notwendigkeit des Fortschritts, des politischen, sozialen und musikalischen, zu überzeugen:

Die Musiker waren zu sehr gewohnt, ihre Kunst als abgesondertes Gebiet zu betrachten, welches außerhalb aller geschichtlichen Bewegung steht; sie haben dem Fortschritt der Freiheit zu wenig gehuldigt; im Gegentheil die conservative Partei zählt unter ihnen die eifrigsten Anhänger. Schon die äußere Stellung derselben, die sie so häufig in die Nähe der Fürsten bringt, hat hierzu viel beigetragen, und nahe damit in Verbindung steht, daß die Kunst der Unterstützung bedarf und sich darum vorzugsweise an die wohlhabenden Classen der Gesellschaft wendet. Die Kunst war darum auch bis jetzt mehr ein Luxus der Höhergestellten, nicht eine Sache des Volkes (...). Auch der Isolirteste muß jetzt berührt, der Ruhigste mit fortgerissen wer-

den, *und es ist Aussicht vorhanden, jetzt oder nie, daß der Beruf der gegenwärtigen Kunst lebendiger erkannt, daß der Fortschritt in dieser Beziehung
schneller, als sich hoffen ließ, bewirkt werde.*[58]

Wieder – und entschlossener, programmatischer – reagierten Künstler auf
die gesellschaftliche und politische Wende im Deutschen Reich nach dem
verlorenen Ersten Weltkrieg. Das künstlerisch Neue war die Forderung
des Tages. Unüberhörbar klang die Hoffnung mit, der politische Fortschritt werde einen künstlerischen bedingen und dieser die Revolution
symbolisieren:

*Die Erneuerung der Kunst wird nur gleichzeitig mit der Erneuerung der
Gesellschaft, mit einem Weltbewußtsein geboren, das gebrochen hat mit
jeglicher Form der Unterdrückung und der Ausbeutung, das erkannt hat,
daß Sklaverei und Besitz nicht der Sinn der Welt und die das Universum
bewegenden Kräfte sind. Wir müssen einsehen, daß wir uns in unserer ge-
bräuchlichen Lebensform, mit der naturalistischen Auffassungsweise, nur
noch mit erstarrten und leblosen Abklatschen, mit Klischees des wirklichen
Lebens aus Gewohnheit, Bequemlichkeit und Gedankenlosigkeit umgeben
und daß die Versuche der neuen Kunst, so ungewohnt und befremdlich sie
uns auch erscheinen mögen, doch eine nähere Beziehung zum Leben und
seinen gestaltenden Kräften vermitteln, als die übliche Darstellungsart in
den Künsten.*[59]

Wenn es so einfach wäre, vernünftig und durchdacht anmutende Postu-
late in Realität umzusetzen, Bedürfnisse idealistisch wegzuerklären, das
»Volk« pragmatisch-historisch als nicht nur politische, sondern auch
künstlerische Vorhut zu verstehen, hätten die Musiker mit ihrem Fortschritt vielleicht weniger gravierende Probleme. Heute wissen wir, daß
»das Volk« so fortschrittlich oder reaktionär, so aufgeklärt oder dumm, so
anspruchsvoll oder gleichgültig ist wie die Informations- und Unterhal-
tungsmedien, die es bearbeiten. Nicht das Volk war es, so besagt alle
geschichtliche Erfahrung, das den künstlerischen Fortschritt wollte oder
trug. Es konnte auch gar nicht, denn die Beschwernis des werktäglichen
Lebens »ganz unten« verlangte Linderung, Ersatzbefriedigung, um mit
Freud zu sprechen, in den sicheren Bahnen des Gewohnten. Gewiß haben viele Komponisten ausdrücklich »für das Volk« geschrieben und daher dann auch so, daß dessen Aufnahmefähigkeit, wie die Künstler sie
sich vorstellten, nicht gerade übermäßig beansprucht war. Welche Motivation der künstlerische Fortschritt auch gehabt haben mag: Sie hatte
keine Beziehung zu den Musikkonsumenten und zum »Proletariat« schon
gar nicht. Soweit die politische Entwicklung hin zur Demokratisierung
und Abschaffung der alten autoritären Strukturen, hinein in sozialistische
Utopien und wieder weg von ihnen, sich den Fortschritten zuordnen läßt,
existierten aber auch hier keine Berührungsflächen – außer ganz vagen –
mit der Kunst. Die drängende Frage »Fortschritt – wohin?« bedarf aber

einer Basis; sie läßt sich nicht beantworten, solange nicht klar ist, wie die Antwort auf die Frage »Fortschritt – woher?« aussehen könnte. Nachdenkliche Geister haben sich immer wieder daran versucht. Irgendwo mußte es eine Beziehung zwischen dem Fortschritt der Musik und seinen anderen Erscheinungsformen geben. Das Spüren nach Parallelen erklärt sich aus der bequemen Gewohnheit, die Geschichte ganz verschiedener Bereiche als Einheit zu verstehen und ähnliche Phänomene und scheinbar in gleicher Richtung verlaufende Entwicklungen in einen Topf zu werfen, aus dem man dann »wissenschaftliche Weltgesetze« hervorzog wie der Zauberer das Kaninchen aus seinem Hut. Gleich vielen anderen zerbrach sich auch der Komponist Felix Draeseke den Kopf, ob nicht Modernität per Analogie zustande käme, also einfach, weil sich die Zeiten sowieso ändern:

Eine nicht zu verachtende Hilfe hatte die vorwärtseilende Zeit gewährt, die um die Mitte des vorigen Jahrhunderts durch die Herrschaft des Dampfes und der Elektrizität ganz bedeutend geändert, ihre gewaltigen Einwirkungen überall, also auch in der Kunst äußern mußte. Wir fuhren nicht mehr wie Beethoven in der Postkutsche und das Posthorn der Sonate l'adieu, l'absence et le retour konnte nur noch als Erinnerung an Vergangenes auf die Seele wirken. Wir begannen im Zeitalter des Verkehrs zu leben, große Entfernungen für gering zu achten und in großen Reisen nichts Wunderbares mehr zu sehen. So mußte denn auch die ängstliche Beschränkung auf die Haupttonart, der vorsichtige Gebrauch weitgehender Modulationen, der Schreck vor sogenannten harmonischen Kühnheiten, die man gern als geschmacklos bezeichnete, und vor geschärften Dissonanzen verschwinden.[60]

Technik und Transportmittel, die in rasendem Tempo gerade im 19. Jahrhundert sich mehrenden Erfindungen und Entdeckungen haben, daran kann Zweifel nicht aufkommen, das individuelle und soziale Leben verändert. Ob dies in Bausch und Bogen »Fortschritt« war, ob Fortschritt heißt, alles das zu tun, was neu auftauchende technische Mittel jeweils zu tun gestatten, muß hier nicht diskutiert werden. Der Fortschrittsbegriff – und dies besagt wohl einiges über das eingeschränkte Erlebnispotential des Menschen – ist an Novitäten der Technik festgemacht worden; dort hängt er – wiewohl inzwischen mit Fragezeichen – auch heute noch. Als Fortschritt lernte die Öffentlichkeit also etwas kennen, das explosiv die Möglichkeiten des Menschen vervielfachte, Natur zu »beherrschen«, nach seinem Willen zu formen und, auch das, zu zerstören, in jeder Beziehung als Sieger über die Natur zu triumphieren. Errungenschaften – nicht wahr? – müssen, ehe man sich ihrer rühmen kann, zunächst errungen werden; dies verlangt Ringen, Kämpfen, und die Technik stellt die Waffen gegen die Natur... und am Ende auch gegen den Menschen als Teil der Natur.

Die amerikanische Dampforgel Calliope, 1860

Daß Technik auch die Musikinstrumente fortlaufend verändert – und mit ihnen die Musik –, sollte nicht überschätzt werden. Neue, zuvor noch nie gebrauchte Instrumente existierten schon immer. Aber nicht immer bedienten sich Musiker ihrer. Inzwischen handeln sie jedoch derart zwanghaft, daß sie nach jedem neuen Schallerzeuger wie nach einem Strohhalm greifen. Die Verfremdung der traditionellen genügt schon lange nicht mehr. So wäre dann künstlerischer Fortschritt, dem der Technik parallel geführt, nicht minder Kampf – gegen wen und gegen was? Bedroht die Natur den Musiker? Sind es die Mitmenschen, von denen Bedrohung ausgeht? Befreit ihn Werk und Wirken von der Angst, zum Beispiel unterzugehen in der Flut der »Masse Mensch«? Solche Fragen berühren die Intimsphäre. Wer spricht denn gern über innerste Regungen und Motivationen, falls er sie überhaupt exakt artikulieren könnte? Deswegen finden sich Selbstaussagen in dieser Richtung so selten. Es muß einen Grund haben, daß Musiker mit psychologischen Aspekten ihrer selbst so schweigsam umgehen, auch noch heute, da es fast Gesellschaftsspiel geworden ist, therapeutisch oder kontaktsuchend seine intimsten Erfahrungen und Gefühle sogar weithin Fremden mitzuteilen. Es bleiben isolierte Anhaltspunkte, die – mit allem Vorbehalt – beleuchten können, worauf Musiker zu reagieren meinten. Wilhelm Kienzl, ein recht erfolgreicher, aber dem musikalischen Fortschritt gegenüber außerordentlich mißtrauischer Komponist vor allem von Opern, erklärte mit Überzeugung:

Wie dem auch sei, jeder große Künstler schafft aus sich und aus den Errungenschaften seiner Zeit heraus. Es ist kein Widerspruch, wenn man trotzdem behauptet, daß er in gewissem Sinne stets gegen seine Zeit schafft. Die Zeit, das ist die in einer bestimmten Epoche lebende Kulturmenschheit, empfindet ein dunkles Bedürfnis nach dem künstlerischen Ausdrucke ihrer Not und drängt mit Allgewalt zur Befreiung aus ihr. Diese kann er nur durch seine Kunst bewirken. Vermag die Zeit diese Kunst noch nicht zu fassen, weil sie von ihr überholt wird, so steht sie ihr so lange feindlich gegenüber, bis sich deren Segnungen an ihr erfüllen.[61]

Ist das mehr als die naive Bekundung eines Aufstrebenden, der sich – da Aufstreben Widerstände mobilisiert – als Verfolgter fühlt, weil die »Segnungen« der Kunst, die er seiner »Zeit« doch schenken möchte, nicht augenblicklich, sondern vielleicht erst nach seinem Ableben mit Dank erkannt und angenommen werden könnten? Aufrichtig war Kienzl sicher. Wenn er sich als Befreier von Not darstellt, und diese literarische Betrachtung ist natürlich zugleich Selbstdarstellung, dann glaubt er, Erlösermacht zu besitzen; er *ist* Erlöser und nimmt, wie dieser, die Bürde der ganzen Kulturmenschheit auf sich. Leiden an der Zeit, zumal da sie für die Segnungen solcher Kunst nicht durchweg aufnahmefähig ist, scheint Leiden durch Frustration. Nicht alle Menschen wollen sich segnen lassen, sie sperren sich gegen den barmherzigen Sendboten, der nicht nur wenigen, sondern allen Erlösung anträgt. Mit der Erlösungsphantasie geht Fortschrittsideologie einher. Daß Kienzl den Fortschritt anderer Komponisten nicht in dieses typische Wunschbild einbezog, besagt nur, daß keine anderen für ihn existierten. Er wandelte und wirkte ganz allein auf dieser Erde... wie einst Christus und verfolgt wie dieser.

Es wäre vorstellbar, daß seine selbst textierte Oper ›Der Evangelimann‹, 1895 an der Berliner Hofoper uraufgeführt, das Publikum von ebendiesem privaten Mythos überzeugen sollte. Titelfigur – Tenorpart – war der Aktuar Mathias, also ein Gerichtsbeamter, der als solcher Recht, Gesetz und Moral, mithin Unschuld symbolisiert, jedoch, zu Unrecht als Brandstifter verurteilt, fast ein Menschenalter im Kerker verbringen muß, nach der Freilassung predigend und Gutes verrichtend als Evangelimann, nämlich frommer Bettelbruder, durchs Land zieht und dabei dem wirklichen Täter begegnet:

Der Todkranke ist Johannes. Mathias erkennt ihn und empfängt mit Entsetzen die Beichte der Freveltat, die Johannes vor dreißig Jahren an ihm verübt hatte. Er drängt das Rachegefühl aus seinem Herzen und verzeiht dem sterbenden Bruder. Vom Hof her ins Zimmer klingt der Gesang der Kinder; sie wiederholen den Bibelspruch, den der Evangelimann predigte: »Selig sind, die Verfolgung leiden...«[62]

Die Spuren der Identifikation sind deutlich. Sogar die biblischen Namen der beiden Frauengestalten in der Oper machen Sinn: Martha und Magdalena. Diese, Maria aus Magdala, die Büßerin, jene die betriebsame Hausfrau, beide aus dem Umkreis des »Gottessohns«. Wie sein Mathias und der Apostel Matthias der biblischen Überlieferung predigt der Komponist Erlösung der Mühseligen und Beladenen und versetzt sich in eine prominente Form des Über-Ichs hinein: in Christus. Da wo er Seligkeit erntet als Lohn des gerechten Himmels für erlittene Verfolgung, verschmilzt Kienzl mit dem Märtyrer Matthias, der – notabene – ein Ersatzmann ist, also ein Gegenentwurf, für den im Kreis der Zwölf ausgefallenen Judas Ischariot, und am Ende mit Christus. Dieser ist quasi der »höchste« Punkt, der für Identifikation möglich scheint. Haben nicht Komponisten, vom Fortschritt getrieben in eine Existenz irdischen Jammers, ihr Kreuz auf sich zu nehmen? Sind sie nicht einerseits, um mit Kienzl zu sprechen, Nothelfer und andererseits dazu verdammt, »ihre Zeit«, also die zeitgenössische Kulturmenschheit, zu überholen, ihr im sausenden Fortschritt zu enteilen? Kienzl stand da nicht allein.

Vielleicht hatte er sich tatsächlich an Wagner orientiert, nicht nur musikalisch. Dieser verstand sich als Inbegriff des Fortschritts in der Tonkunst. Seine Selbstdarstellung erklomm einsame Gipfel, und in einem Brief, den er unter dem 2. Mai 1860 an Mathilde Wesendonck schrieb, verglich er sich in unbefangener Selbstverständlichkeit mit Jesus im Kreise seiner Jünger[63]; an anderer Stelle und vor dem Hintergrund des salvatorischen »Gesamtkunstwerks« lief diese Identifikation dem Entwurf einer durchaus kritisch angelegten und das marode Christentum ablösen sollenden »reinen Christuslehre« parallel. Hand in Hand damit und als logische Konsequenz ging die dialektische Konstruktion – und haßerfüllte Bekämpfung – eines negativen Gegenbildes zum Erlöser. Wagner, der christliche Antisemit, wollte diese phantasievoll und mythenschwanger erfundene Figur, die er als persönlichen Feind fürchtete, dem Holokaust ausliefern: Ahasver sollte sterben.[64]

Die Versuchung, sich sozusagen als Prophet einer neuen Religion zu sehen – ein Seinsprofil, das wirklich weit über »die Menschen« sich hochreckt – und komponierend zu predigen, scheint für Musiker unwiderstehlich. Alexander Skrjabin bekannte sich dazu in seinen ›Prometheischen Phantasien‹, jenen Eruptionen einer dialektisch strukturierten, gleichwohl »unvernünftigen« Rede, die immer wieder ausbricht in das verblüffende Stereotyp »Ich bin Gott«. Einer, heute vergessen, unterschrieb einmal »Von Gottes Gnaden der Musiker Josef Matthias Hauer«. Ein anderer, Stockhausen, wuchs, nachdem er sich als früher Anbieter lediglich von Partituren samt deren »Strukturformeln« nicht mehr wiedererkennen mochte, geradezu in die Rolle eines musikalischen Gurus hinein, für den Fortschritt unter anderm metaphysische Idee ist. Zur klaren Ortsbestimmung diente auch ihm eine Gegenkraft, nicht Ahasver, denn dies verboten die Erfahrungen aus der jüngsten Geschichte, aber doch der rassisch nicht belastete gefallene Erzengel Luzifer. Daß er sich, weil das der Fortschritt nun einmal mit sich bringt, verkannt fühlt, ist sehr wahrscheinlich. Dafür sorgt schon das Interesse der Musikkritik, die ihre Schwierigkeiten mit Vorgängen hat, wenn sie im Übersinnlichen sich breitmachen, und insofern kann er sich den Seligen zurechnen, die Verfolgung leiden. Dabei unterstreicht die Kritik, und das müßte für einen schöpferischen Musiker doch der Traum des überhaupt Erreichbaren sein, daß er über ungebrochene musikalische Potenz verfüge. Aber:

Karlheinz Stockhausen, der Prediger für die Vervollkommnung des Menschen, hat sich selber vergessen: Er glaubt, schon vollkommen zu sein. Das ist wenig weise. Solche Menschheitserlöser trampeln schon mal über reale Menschen hinweg, wenn sie ihnen in den imperatorialen Weg kommen.[65]

Unverdrossen und ohne Selbstzweifel spann der Komponist den Faden fort, Erlösung predigend und mit dem Anspruch, Hilfe leisten zu können bei der beschwerlichen Wanderung zum höchsten Selbst. Der Fortschritt, zugleich kompositorisch und einer der Magiologie, darf nicht aufgehalten werden: Das drängt mit Macht zur Elevation; so bezeichnet man die hohe Kunst, sich in einen Schwebezustand zu versetzen, von der Erde abzuheben. Es ist die Kunst der angefangenen Himmelfahrt. Stockhausen war da ganz deutlich:

Erst wenn wir das höhere Bewußtsein erlangt haben, brauchen wir überhaupt nicht mehr »regiert« werden, und wir holen uns Rat bei den Heiligen – nicht bei den Kirchenheiligen, sondern bei den Geistern, die der ganzen Menschheit dienen; die ein universales Bewußtsein erlangt haben, das über Religions- und Rassenunterschiede hinausgeht und das nicht länger Universalität mit Uniformität verwechselt. Was hat das alles mit Musik zu tun? Es geht heute ums Ganze. Wenn wir das begreifen, machen wir auch die richtige Musik, die dieses Ganze bewußt macht.[66]

Solange eine Gemeinde ergebener Jünger und Jüngerinnen einem Musiker zu folgen bereit ist – wie in diesem Fall –, kann ihm eigentlich nicht viel Böses zustoßen. Seine Illusion, ganz vorn zu sein, gleichsam als »treibende Spitze«, brauchte nicht an irgendeiner banalen Realität sich wundzureiben. Aber es hat den Anschein, daß sogar die Wunden dieses Konflikts noch von Wichtigkeit sind: als Stigmata.

Ich glaube, sicher sein zu können, daß die Probleme der Selbstverwirklichung »nach oben« nichts mit Verstand oder Unverstand zu tun haben. Sie sind der Kunst immanent. Wer immer sie als »ernste« betreibt, gerät über kurz oder lang in die Versuchung zu entschweben. Wie ein Kommentar dazu mutet an, was Hanns Eisler, obzwar selber Musiker, über die Dummheit in der Musik wußte:

Die Musik ist am weitesten entfernt von der Welt der praktischen Dinge. Das heißt, sie ist zurückgeblieben. (...) Gerade durch ihre Entfernung von der praktischen Welt hat die Musik etwas Dumpfes, Archaisches. Sie ist gewissermaßen der Brutherd der Dummheit.[67]

Marxistische Erfahrung, so sieht es aus, ist ein wirksames Gegengift gegen jene Fortschrittlichkeit, die sich aller sozialer Anhaltspunkte begibt und am Ende nur noch die Person des Komponisten etwas angeht. Doch wirkt sie nicht immer. Zuweilen spielt das Unbewußte dem kontrollierenden Verstand einen Streich. Der 1977 aus der DDR wegen Stellungnahme für den verfemten Wolf Biermann ausgebürgerte Tilo Medek hatte in der BRD einige Probleme, die sich aus solchen Übergängen und den mitlaufenden Erwartungen immer ergeben. Eines davon war die Tatsache, daß hierzulande die Solidarität der Sozialgemeinschaft – wie überall unter kolonial-kapitalistischen Verhältnissen – nur rudimentär funktioniert. Quasi auseinandergerissen durch den Frontwechsel war eine Partitur, die er in Arbeit hatte, ein Konzert für Orgel und Orchester; zwei Sätze waren vor der »Entlassung« schon in Rostock erklungen. Sozusagen im Exil stellte Medek das Opus fertig. Dazu gehörte die Fixierung von »Inhalten« biographischer Natur. In einem Ars-Nova-Konzert des Südwestfunks Baden-Baden fand im Frühjahr 1981 die Uraufführung statt. Für den Programmzettel schrieb der Komponist einen Kommentar zu Nutz und Frommen der Hörer. Einer las staunend und nachdenklich:

Die Sage vom Schuster Ahasver, der Jesus auf dem Weg nach Golgatha die Rast vor seinem Haus verweigerte und darum ewig wandern muß, ist der Assoziationsbezug – das Thema selbst hat seit der Aufzeichnung in einem deutschen Volksbuch von 1602 viele poetische Bearbeitungen von Goethe bis Lenau erfahren. Verweigerter Beistand in Bedrängnis könnte man die Ahasver-Sage nennen; eine unmittelbare autobiographische Parallele liegt auf der Hand.[68]

Jener Mitleser nahm den Text ernst. Er hatte kritisch gelesen, die Dramaturgie des Vergleichs verstanden. Nur eine Folgerung drängte sich auf: Wenn es Ahasver war, der dem gequälten Jesus Beistand in Bedrängnis verweigerte, und wenn assoziative Beziehungen zum Schicksal Medeks tatsächlich herzustellen waren, dann mußte es sich – streng logisch – bei den Verweigerern um solche Ahasvers handeln. Der von Bedrängnis Heimgesuchte sah sich folglich als Jesus. Umgekehrt geht es nicht.[69]

Sehr vieles an der Konzeption des Fortschritts in der Musik führt in die Irrealität. Dies kann nicht überraschen, denn der bekennerisch und sogar panisch verkündete und betriebene Fortschritt signalisiert Flucht aus der Wirklichkeit. Die verheißene Revolution, die alle Erscheinungen in die elementare Ur-Ordnung zurücktransportiert, kann, da fiktiv, nicht hier und heute ausbrechen, sondern bleibt – Zukunftsmusik. Dieser Terminus, den ein Kölner Musikkritiker um 1855 herum gegen Wagner prägte, bevor der verhöhnte Komponist ihn »umdrehte« und positiv auf sich selber bezog, ja einen Kampfruf daraus machte, hat mit den theoretischen und praktischen Zeugnissen der späteren futuristischen Ton- und Geräuschkunst überhaupt nichts gemein. Dennoch verbindet beide eine Sinnbrücke: Der Fortschritt wird in das bessere Morgen projiziert. Ihn erwartend, hofft der Künstler auf zukünftige Freiheit und Macht. Wirklichkeit weicht chiliastischer Illusion. Aber das wundersame Reich ungehemmter Seinsverwirklichung will und will nicht anbrechen. Zukunft ist immer irgendwo vorn. Kein Musiker reicht bis dahin. Sie läßt sich nicht auf die Stelle bannen.

Der Begriff »musikalischer Fortschritt« vermag recht genau datiert zu werden. Wenn H. J. Moser[70] recht hat, verwendete ihn erstmals der Lehrer und Musikfreund Wolfgang Robert Griepenkerl im August 1847 in einem Vortrag, den er vor der »Ersten deutschen Tonkünstlerversammlung« zu Leipzig hielt und der auch im Druck erschien. Thema war »Die Oper der Gegenwart«, die ihrer Natur nach und wegen der engen Bindungen an die traditionellen Bedingungen des Musiktheaters und seines Publikums gerade ein Hort der Beharrung zu sein schien. Das Neueste vom Neuen, Wagners ›Rienzi‹, war in Berlin angekündigt. Gerade im Kommen: Albert Lortzing mit ›Undine‹ und ›Der Waffenschmied‹. Ansonsten Rossini und Donizetti und die fast schon »altmodischen« Dauererfolge Carl Maria von Webers. Noch unbekannt, da erst Ende November des Jahres Ereignis, war Friedrich von Flotows ›Martha‹. Das Schaffen schien zu stagnieren; frischer Wind war erbeten, nämlich »musikalischer Fortschritt«. Daß einer ihn populär machte, der nicht komponierte, sondern nur über Musik schrieb, deutet darauf hin, wie aggressiv damals die Kritik ihre Vorgaben plazierte. Sie wollte sich, vielleicht beflügelt durch die allgemeine Stimmung des politischen Aufbruchs, die den Schreibenden näherging als den Musikern, zur »treibenden Kraft« stilisieren; denn vor allem an ihrem Horizont winkte die Freiheit, die bisher durch kleinliche Zensur der Druckerzeugnisse gefesselte. Die so lange eher evolutionäre Entwicklung der Tonkunst sollte, über »revolutionäre« innovative Sprünge dynamisiert, eben »fortschrittlich« in der Gangart werden.

Damit war die Frage angeschnitten, ob nicht die Orientierung auf morgen positive Errungenschaften von gestern sinnlos zerstöre, ob nicht dieser »futuristische« Drang, die Vor-Bilder fortzuschaffen, am Ende destruktiv wirke und weiter nichts. Aber die Begeisterung des Aufbruchs überschwemmte den Wunsch nach gediegener Analyse. Vorwürfe an die Adresse der schreibenden Kollegen blieben nicht aus; selbst nicht rückblickend:

Hier hätte die Kritik, die in früherer Zeit sich so gern als Hüterin alter geheiligter Traditionen gebärdet hatte, vollauf Gelegenheit erhalten, sich als Helferin zu erweisen, aber leider versagte sie gerade in diesem entscheidenden Momente. Hatte man ihr früher vorgeworfen, daß sie das lebenskräftige Neue nicht zu erkennen wisse, so eilte sie jetzt womöglich den produzierenden Künstlern voran und verurteilte alle, die noch einigermaßen auf Ordnung und Form sahen, als langweilige Rückschrittsmänner. (...) Hatte sie es ehemals mit den alten Meistern gehalten und Pietät geheischt für die Leistungen, die der Zeit getrotzt und lebendig geblieben waren, so trat sie der heillosen Impietät, die sich in der Neuzeit mehr und mehr ausbreitete, leider nicht mit der wünschenswerten Schärfe entgegen.[71]

Nun scheint sicher, daß nicht die Kritik den Zwang zum Fortschritt »erfand«. Damit wäre sie überfordert gewesen. Sie akzentuierte lediglich, was sich als Phänomen nicht mehr wegdiskutieren ließ. Die Musiker hatten seinerzeit einen entscheidenden Schritt in Neuland getan, ohne daß ihnen Schuld anzulasten wäre. Schuld hatte auch nicht die Französische Revolution mit ihren aufrührerischen Idealen von Freiheit, Gleichheit und vielleicht noch Brüderlichkeit. Abgesehen davon, daß die hehren Ziele zunächst in einem Meer von Blut untergingen, hatten längst mehrere Denker die paradiesische Freiheit auf das Banner ihrer Philosophie gemalt; Jean-Jacques Rousseau war einer von ihnen, lange vor 1789. Das Genie erhob Anspruch auf eigenes Recht, das ihm sozusagen gottgewollt zustehe: das der Freiheit. Und man dachte auch und nicht zuletzt an die Freiheit, nach Belieben – jedoch, versteht sich, stets im Rahmen des künstlerisch Verantwortbaren – das zu schaffen, was Geschenk der Musen sei und daher ohnehin nicht reglementierbar.

Diese Befreiung bedurfte gewisser Zeit. Der Sturz der Autoritäten ließ sich nicht von heute auf morgen bewerkstelligen; die klammerten sich hartnäckig an ihre Pfründen, alle diese Könige, weltlichen und geistlichen Fürsten, Repräsentanten des absolutistischen Staates und seiner geistigen Welt. Auch mußte eine Auswahl getroffen werden, die möglichst die allerhöchste Autorität – Gott – verschonte, denn er, ohnehin gänzlich unangreifbar, war ja *die* Identifikationsfigur für das schöpferische Genie.

Der Zeitgeist verkündete für die zweite Hälfte des 18. Jahrhunderts, vielleicht wegen des ungeheuren Drucks von oben und unten, Unruhe als erste Bürgerpflicht. Weithin ließen sich die Bürger dies nicht zweimal sagen. Sie begannen zum Beispiel eigene Musikstätten zu organisieren. Damit unterstützten sie die Befreiung der Musiker vom Joch der Obrigkeit. Vollends nach der Revolution fiel der Souverän in allen seinen Spielarten als Zwingherr, aber auch als Dienstherr und Auftraggeber weitgehend aus. Die Bürger begannen, ihn zu ersetzen... und sei es in Nachahmung der ehemaligen blaublütigen Gepflogenheiten. Außenseiter der heutigen Musikwissenschaft, soweit sie Musik als soziales Phänomen akzeptiert, sind den auslösenden Momenten des »musikalischen Fortschritts« auf der Spur:

Das schmale Bett der einfachen, natürlichen Melodie, das den Aufklärern wie ein Ozean vorkam, wollte bald dem Publikum nicht mehr genügen, und es genoß je nach seinen Bedürfnissen und seinem Bildungsstand die verschiedenartigen Einbrüche neuer Stile und Musikrichtungen und förderte damit das, was die Aufklärer als verderblichen Mischmasch, als unkontrollierbare Modesucht fürchteten, brandmarkten und abzuwehren suchten. Stilentwicklung und Marktmechanismen verbanden sich zu einer untrennbaren Entwicklungseinheit und gipfelten im Geniekult.[72]

Der langwierige Weg der Musiker zur Freiheit war – trotz des Zuspruchs durch die auf Emanzipation bedachten Bürger – nicht mit Gold gepflastert. Erst einmal schlugen Verluste zu Buch. Zweifellos war die Tätigkeit im Anstellungsverhältnis – zumeist im Dienst der Kirche oder des Hofes, und da mangelte es nicht an Möglichkeiten – generell unbefriedigend, da reglementiert. Auch wurde niemand fett davon, und die soziale Situation glich in der Regel der eines Lakaien, wenn nicht gar besseren Hofnarren. Aber der Dienst machte sich bezahlt. Noch der geizigste Fürst, immer auf Geltung als freigebiger Mäzen der Schönen Künste bedacht, fürchtete unangenehmes Aufsehen, wenn er es mit der Vernachlässigung seiner Musiker zu weit trieb. Kein Grund, diese Zustände zurückzusehnen, gewiß nicht. Aber die neue, für jene relative Sicherheit eingetauschte Freiheit tat weh. Sie hetzte die Musiker gegeneinander nach dem Motto: Freiheit ja, Gleichheit kaum, Brüderlichkeit nie.

Denn die ökonomischen Verhältnisse waren einfach nicht danach. Der angestellte Musiker hatte nur ein »Regulativ« zu fürchten, den Dienstherrn und seine Meinung in künstlerischen Belangen, die der Hofstaat äffisch nachbetete. Wer komponierte, komponierte eigentlich nur für einen, den Allerdurchlauchtigsten. Er entschied über Wohl und Wehe. Gnade oder Ungnade waren Posten einer existentiellen Gewinn- und Verlustrechnung. Nun plötzlich versagte dieses Rechensystem. Das bürgerliche Publikum war nicht berechenbar. Unsicherheit und Zweifel überfielen die Komponisten und die ebenfalls nunmehr anstellungslosen ausübenden Musiker, die auf der Suche nach einem Arbeitsplatz umherirrten. Der »freie« war ein darbender Künstler. Das Publikum bestrafte von jeher die Produktion nicht zusagender Waren mit augenblicklicher Abwendung vom Anbieter. So geschah, was sich später mit der Abschaffung von Leibeigenschaft und Sklaverei wiederholte: Eine ganze Bevölkerungsgruppe wurde ökonomisch entwurzelt und den harten Bedingungen des »freien« Wettbewerbs ausgesetzt. Dies hatte auch moralische Konsequenzen.

Hier Beispiele aufzuführen für die Tatsache, daß Musiker auch nur Menschen sind, das heißt, unter dem Druck dieser zwanghaften Situation jegliche ethische Orientierung aufgeben können, erübrigt sich. Es wäre ungerecht, damit einen ganzen Berufsstand zu diskriminieren; denn noch ist gar nicht ausgemacht, wie viele Angehörige anderer Professionen, Schauspieler, Filmkünstler, Rundfunkjournalisten oder – um auch kunstferne zu nennen – Mediziner, Lehrer und Juristen in ähnlicher Lage äußeren und inneren Zwängen nachgeben würden. Fest steht, daß Musiker um der Teilhabe am »Fortschritt« willen geradezu alles getan haben: sich angebiedert, gebettelt, an soziales Mitleid appelliert, sich auf unlautere Weise Empfehlungen Prominenter erschlichen, geschmeichelt, »geschmiert« Freundschaften ausgebeutet… und sich, wenn alles nichts nützte, sogar prostituiert, gerade im homosexuellen Bereich, ein Faktum, das – noch ängstlich verheimlicht – auch die Geschichte der modernen Musik beeinflußte.

Ich möchte an diesem Punkt nicht mißverstanden werden. Es geht um Tatsachenfeststellungen, nicht um Schuldzuweisung. Schließlich ist Homosexualität als »Normabweichung« kein Verbrechen, wenngleich der Gesetzgeber sie lange als solches verfolgte. Auch im heterosexuellen Bereich beruhten Verbindungen, die Vorteile erbrachten, nicht immer auf Liebe ohne Hintergedanken; solche Protektion charakterisiert die Biographie so mancher Primadonna. Das fängt ganz unten an. Was bedeutet es wohl, wenn – wie es 1988 an der Musikhochschule Köln den Unmut studentischer Kreise erregte – bei der Gesangsprüfung nur solche Studentinnen bestanden, die vorsorglich im Minirock erschienen waren? Oft erlagen Künstler einfach der Versuchung. Ein französischer Musikkritiker, Spezialist für Zeitgenössisches, pflegte sich auf Korrespondenzreisen in Deutschland attraktive Ballettmädchen herauszupicken mit dem Versprechen, er könne beim Ballettchef oder Intendanten etwas für sie arrangieren. Musikgeschichte als Geflecht von Beziehungen, welchen auch immer, wäre eine lohnende Aufgabe für künftige Historiker.

Der Kampf gegen die Konkurrenz nahm barbarische Formen an. Ein ehemaliger Hofmusiker war ziemlich hilflos angesichts dieser neuen Situation. In seinem Dienstverhältnis hatte er kaum mit Rivalen zu rechnen oder »fertig werden« müssen. Er arbeitete allein, komponierend, arrangierend, lehrend, die Kapelle leitend, und höchst selten kam ihm dabei ein Kollege in die Quere; denn jeder schaffte für sich und in einiger Entfernung vom anderen, und Informationen pflanzten sich langsam fort. Wer etwa in Mannheim schuf, konnte im ungewissen darüber bleiben, was ein Hofcompositeur in Schwerin tat, und es berührte ihn kaum, weil unter diesen Verhältnissen Austausch zu wünschen übrig ließ. Erst die Eisenbahn beendete den friedlichen Zustand ein für allemal. Arbeit für bürgerliche Abnehmer brachte jäh den Rivalen ins Spiel, nicht nur einen, sondern einen um den anderen, und jeder versuchte, just da Fuß zu fassen, wo schon ein anderer glaubte, endgültig

Platz gefunden zu haben. Ein gnadenloser Kampf setzte ein. Nicht daß die Komponisten gänzlich unerfahren in Auseinandersetzungen untereinander gewesen wären; nur war es eigentlich nie gefährlich ausgegangen, sondern mehr in der Art eines Turniers: Man maß die Kräfte; Tiefschlag war verpönt.

Da denkt man an den Kampf, den Gluck in Paris zu bestehen hatte. Aber sein dortiger Rivale Niccola Piccinni war im Grunde ein friedfertiger, zurückhaltender und schwacher Mann. Die Attacke ging nicht von ihm aus. Es war der klassische Putsch eines Neiders, der einen Strohmann vorschob. Als Gluck nämlich im Februar 1775 nach Wien abgereist war, im Gepäck zwei neue Libretti von Philippe Quinault, ›Roland‹ und ›Armide‹, reagierte der Cheflibrettist der Opéra-Comique, Jean François Marmontel, eifersüchtig wie ein verschmähter Liebhaber. Durch Vermittlung des neapolitanischen Gesandten gelang es ihm, aus Neapel den in seiner Heimat zunächst recht erfolgreichen, dann aber in Rom niedergezischten Piccinni nach Paris zu holen. Marie Antoinette, die Königin, arrangierte die Übersiedlung und ließ 6000 Franc Jahresgehalt, freie Wohnung und Reisespesen garantieren. So gewann sie nebenbei einen guten Gesangslehrer für sich selber. Das reichte Marmontel noch nicht, und so überredete er den mit der Lage in Paris unvertrauten Piccinni dazu, auch einen ›Roland‹ zu komponieren, obendrein eben den Text von Quinault, den Gluck bereits in Arbeit hatte. Der wütende Gluck verbrannte seine eigenen ›Roland‹-Skizzen und ging zum Gegenangriff über. Presse und Bevölkerung schlugen sich mal auf diese, mal auf jene Seite. Die Parteien beschimpften einander. Schlimmeres geschah nicht, und nach ein paar Jahren hatte Gluck genug und blieb in Wien, nach wie vor in Wohlhabenheit und hohem persönlichen Ansehen.

Die Kämpfe nach der Befreiung der Musiker pflegten dagegen häufig an die wirtschaftliche Substanz zu rühren. Jeder hatte sich nun von Anfang an dem Vergleich zu stellen. Die Frage »Wer ist besser«, »Wer ist der Größte« jagte die Künstler geradezu. Der Wettbewerb zielte auf »Fortschritt« ab, löste ihn überhaupt aus. Fortschrittlichkeit, mehr oder weniger ausgeprägt, schlug um in einen Wert an sich. Es ging nicht mehr um das bisherige natürliche Bedürfnis nach Innovation beim schöpferischen Künstler wie bei seinem Publikum, das bislang die Lust am Wechsel erwiesen hatte.[73] Es ging nur noch darum, den Konkurrenten auszustechen. Das blieb der Öffentlichkeit nicht verborgen, und es ist kein Wunder, daß sich alsbald auch die Legende einmischte und Angst schürte, so mit der Behauptung, Mozart sei von Antonio Salieri – aus Neid – durch Gift ermordet worden. Jeder wollte »an der Spitze« sein, Folge des Wettbewerbs. Jedem war klar, daß er nicht allein auf der Welt lebe. Die Auszeichnung, vorn zu sein, setzt die Anwesenheit von Konkurrenten voraus. Es gilt, sich von diesen zu distanzieren, abzuheben; es gilt, Spitze zu sein im Verhältnis zu den dahinter erst Kommenden. Einer Garde bedarf es, aus der die Avantgarde, vorstoßend, sich löst.

Dem Wettbewerb gehorchten Leistung und Lohn. Tarifordnungen existierten kaum. Angebot und Nachfrage waren die preisgestaltenden Fakten. So fiel die Musik unter die Herrschaft des Marktes, war nun Ware unter sonstigen Waren. Selbst die übelsten Tricks der Marktwirtschaft mußten herhalten, um Erfolge zu »machen« oder mindestens vorzutäuschen. Lob durch die Presse kostete nichts als Geld; viele Journalisten fanden es gar nicht ehrenrührig, sich kaufen zu lassen. Für Geld war auch Beifall im Operntheater zu haben. Die Manipulation des Publikums ließ dem Zufall keinen Raum, sondern bediente sich straffer Organisation. Ganz offiziell nahm 1820 in Paris eine »Versicherung für Theatererfolg« (L'Assurance des Succès Dramatiques) ihre »Arbeit« auf und setzte sorgsam instruierte Leute an zentrale Punkte im Parkett und in den Rängen, um den Applaus zu steuern. Eine Gruppe dieser »Animateure« pflegte im Parkett unter dem großen Kronleuchter Stellung zu beziehen, scherzhaft daher »Chevaliers du lustre« genannt. Niemand empfand es als Degradierung, die Ware Kunst mit der Ware Beifall zu quittieren. Dies war ein Teil des Systems, und auch da hatte der Fortschritt seinen Preis. Die Chefs der Claque nahmen ihre Aufgabe – Künstlerhilfe – immerhin ernst.

Einmal rügte die ohnehin gefeierte Schauspielerin Madame Rachel einen Meister der Claque, bei der zweiten Aufführung habe sie weniger Applaus erhalten als beim ersten Auftritt einige Tage zuvor. Der Helfer entschuldigte sich:

Ich kann die Schande eines Vorwurfs von solchen Lippen wie den Ihren nicht auf mir sitzen lassen! Bei der ersten Vorstellung führte ich den Angriff in eigner Person dreiunddreißig Mal. Wir hatten drei Applause, vier Ausbrüche von Fröhlichkeit, zwei bewegte Schauer, vier Wiederaufnahmen des Beifalls und zwei grenzenlose Explosionen.[74]

Dann erklärte er, seine Claqueure seien erschöpft gewesen und müde und daher nicht mehr im früheren Umfang einsatzfähig. Deswegen habe er sich um das Manuskript des Stücks bemüht, es studiert und im Interesse seiner Mitarbeiter gewisse Striche in der »Partitur des Beifalls« für die zweite Aufführung anbringen müssen. Dies konnte – Markt bleibt Markt – natürlich eine vornehm vorgetragene Anregung sein, das Entgelt für die Claque dieser Situation anzupassen. Genau so funktionierte das System. Und standen gar Rivalen auf der Bühne, dann kaufte sich der den lautesten Applaus, der mit Geld nicht zu knausern brauchte. Damit war, solange diese Methode der Reaktionslenkung in Mode blieb, das zuvor unberechenbare Publikum kontrollierbar geworden, und ein Künstler konnte es auf diese Weise führen lassen, wohin er wollte.

Markt hat immer auch Wettbewerbsverzerrungen zur Folge. Nicht mehr Wert und Leistung bestimmten in erster Linie die Akzeptanz eines Musikers. Daher genügte es nicht, allein mit Kunst sich zu befassen, nur interpretatorisches und kreatives Können zu beweisen. Marktwert bedarf der Regulierung da, wo die Ware nicht oder nicht überzeugend für sich selber spricht. Handelt es sich um einen hochbegabten Komponisten mit intakten moralischen Imperativen, so mag er sich vielleicht auf das Angebot seiner Werke beschränken. Allerdings kann er sie nicht verschenken, obwohl Verleger dies recht gern sehen würden; ihre stets aufnahmewillige Liebe zu vielversprechenden Urhebern ist, seit es Normverträge und ein Urheber- und Verlagsrecht gibt, wohl ein bißchen erkaltet. Ehedem waren sie es, die das große Geschäft machten, mochte der Komponist auch längst verstorben sein. Vielleicht könnte ein Urheber für seine Partitur eben das tun, was ein Verleger auch tut, und dazu mit weniger Aufwand, weil keine Büroorganisation nebst Gebäuden, Angestellten und laufenden Kosten zu unterhalten wäre. Er könnte billiger »verlegen«; doch der Aufwand an Zeit, den die Propagierung einer Partitur erfordert – und der sich in Geld umrechnen läßt –, würde ihn vom Eigentlichen abhalten, von der schöpferischen Bestimmung. Dennoch gibt es eine Tendenz zum Eigenverlag. Gerade erfolgreichere Komponisten neuer Musik, sind die Anfangsschwierigkeiten erst behoben, beschließen ab und an, nicht mehr mit den etablierten Musikverlagen zu arbeiten, sondern Herstellung der Partituren, Werbung, Vertrieb und Aufführungen selber zu besorgen. Sie wissen, daß persönliches Angebot auch persönliche Nachfrage erzeugen kann.

Mit dem eigenen Werk sozusagen hausieren zu gehen, ist kein Kinderspiel. Wem hat das Schicksal schon die gehörige Mentalität – und die Hartnäckigkeit, ja Frechheit, die dazu gehört – in die Wiege gelegt? Vor dem Verkauf steht die Kunst, das Gegenüber zu überzeugen, daß es ohne diese besondere Ware nicht leben kann, daß es sich unglücklich machen würde, schlüge es die einmalige Chance in den Wind. Gesprächspartner sind zum Beispiel Orchesterchefs, Leiter von Kammerensembles, Rundfunkredakteure, Veranstalter von Kompositionswettbewerben und Festivals neuer Musik, sie alle selber – mehr oder weniger – Kenner, aber, je nach individuellem Geschmack, nicht unbedingt auch Liebhaber. Oft stößt das Angebot daher auf taube Ohren. Die Experten erklären, das und das, hier im Takt Nummer soundso bis soundso, habe schon Pierre Boulez oder Wolfgang Rihm gemacht, und überhaupt vermisse man den heißen Atem der Aktualität der Handschrift, das eigentlich Neue und Individuelle, kurz den Fortschritt.

Wer das ein paarmal hat hören müssen, ist versucht, sich auf Überraschungen zu spezialisieren. Natürlich müssen es immer welche sein, die noch kein anderer herausgefunden hat. »Die Spitze« des Fortschritts dient als Richtpunkt. Ein Kritiker könnte sonst sagen: Das habe ich schon mal gehört. Selbst wenn er schwindelt, ist es ein schreckliches Verdammungsurteil, von dem sich ein Komponist selten erholt. So wird ihm niemand verdenken können, daß er versucht, was noch keiner versucht hat, nämlich genau das Gegenteil von dem zu bieten, was bereits im Angebot ist. Fortschritt ist auch Auftrumpfen. Ein Posaunenkonzert? Ungeheuerliche, abscheuliche Vorstellung für einen wie Beethoven; der wagte es gerade einmal und mit Gefühl für musikalische Dramaturgie, die Posaunen den Triumphgesang des C-dur-Themas im Finale der 5. Sinfonie anstimmen zu lassen. Sie galten noch lange als »ethisches« Symbol, nicht als Konzertinstrument. Dieses, kontrastiert gegen ein Orchester, kam viel später... Aber dann dauerte es gar nicht lange, da konnte man ein Stück für dreißig Posaunen hören. So etwas gab es früher nicht. Das war nun wirklich fortschrittlich. Und zu imitieren auch nicht. Novität ergab sich tatsächlich oft aus einfacher Addition. Mozart schuf Sinfonien von 25 Minuten Länge. Ihn konnte übertreffen, wer seine eine Stunde dauern ließ, und lange war kein Ende abzusehen. Die ›Turangalîla-Sinfonie‹ von Olivier Messiaen geriet gut fünfviertel Stunden lang. Und damit nicht genug. Das 2. Streichquartett von Morton Feldman zieht sich gar über vier Stunden hin.

Vermehrung der Instrumente produzierte zusätzlich akustische Potenz. Lauter sein als die Konkurrenz ist auch eine Art, sie zu übertreffen. Länger und lauter: das verdrängt. So plusterte sich das Sinfonieorchester bis Gustav Mahler erst einmal mächtig auf, nach außen wie nach innen, bis keine Lücke mehr blieb, der Klangumfang gewaltig gesteigert und in die mannigfaltigsten Timbres aufgesplittert war. Kaum war Mahler tot, versuchten einige Jüngere exakt das Gegenteil. Sie arbeiteten mit kammermusikalischen Besetzungen, sparten aus, was auszusparen war, und konzentrierten sich am Ende – wie Anton Webern – auf strukturelle akustische Vorgänge in der Nähe der Stille. Um wiederum diese maximal beherrschte und durchkonstruierte Musik aus dem Weg zu schaffen, propagierten noch Jüngere endlich eine »Minimal Music«, deren Tugend die Bezeichnung verrät.

Während es immer weniger glückte, sich mit nichts als Musik zu profilieren, das heißt Persönlichkeit zu zeigen, unverwechselbar zu klingen, mußten außermusikalische Elemente zur Hilfe herangezogen werden, solche, die möglichst noch kein Konkurrent genutzt hatte. So umgab sich der Komponist mit der Aura, etwas »Neues« erfunden zu haben; als allererster, wenn es gelang. Findige Charaktere konnten im Laufe ihres Lebens mehrmals auf irgendeine Art »der erste« sein. Zu den »Ausreden« für Musik, die gleichsam als »Kennung« des Urhebers herhalten sollten, gehören sekundäre Errungenschaften, die an Wichtigkeit aufgeblasen wurden: grafische Partituren, philosophische Selbstkommentare, mathematische Kalkulationen jenseits des Begriffshorizonts der Hörer, Einführung von Zufallsmanipulationen, metaphysische Erläuterungen, aktuelle

Stoffe möglichst berühmter Urheber mit hohem Aufmerksamkeitswert vom letzten Bestsellerbuch bis zum politischen Bekenntnis oder Protest, aber auch offene Form bis hin zur völligen Freiheit der Interpreten, die den Endpunkt darzustellen scheint. Denn in der offenen Form komponieren, bei Licht besehen, die Musiker anstelle des Komponisten, der sich damit selber eliminiert und auf eine letzte Rolle zurückzieht, die des einsamen Gottes, der nur noch »schöpfen läßt«, indem er Anlaß gibt, auslöst, einschaltet.

Immer weniger Wert behielten die ehemals sehr wichtigen Lehrer-Schüler-Verhältnisse. Der Fortschritt zwang dazu, den Lehrer rasch hinter sich zu bringen. Sein Name taugte bestenfalls als Empfehlung, zuweilen auch mit der absurden Bezeichnung »Enkelschüler«, aber eben nicht lange. Diese Situation verhinderte die Bildung von Schulen. Kompositionsschulen stören den Marktmechanismus, sorgen sie doch für Dämpfung der Konkurrenz. Gruppen mit gemeinsamen, eher ideologischen als stilistischen Zielen versagten am Ende immer. Sie fielen auseinander, weil der Wettbewerb jede noch so optimistisch verheißene Kameraderie über den Haufen warf. Das Tempo der Neuerungen zog von Jahr zu Jahr an. Die Bedenkenlosigkeit, mit der die Sensationen früherer Jahre zum Schrott flogen, wuchs entsprechend. Nichts hatte mehr Bestand. Der Fortschrittswahn spülte jede Spur von Konstanz weg. Es gab – gleich Felsen in der Brandung – die etablierten Meister, klassische und romantische und noch einige wenige im 20. Jahrhundert. Sie existierten außer Konkurrenz ... aber doch nur, weil dem Publikum genügend Zeit blieb, seine Wahl zu treffen. Auf diese Weise dokumentieren heute Namen wie Strawinsky, Hindemith, Schostakowitsch und dergleichen, was zu haben gewesen, wenn sich die Jagd nach Selbstverwirklichung am höchsten Punkt so weit hätte bremsen lassen, daß die Flucht nach vorn in eine Bewegung nach innen umzulenken gewesen wäre.

Statt dessen führte die Rasanz des Fortschritts dazu, daß sich immer mehr Komponisten hartnäckig an selbst erfundene oder übernommene Systeme klammerten, weil Systeme Statik vorspiegeln. Jeder »Ismus« schien Befreiung vom Zwang der progressiven Bewegung zu verheißen. Jede andere Möglichkeit rückte fern. Denn die ständig zunehmende Masse junger Komponisten wird derart getrieben, daß Entwicklung nach innen keine Muße erhält. Erneuerung findet nicht dort, sondern an der Peripherie statt, am Technischen des Phänomens Musik. Hier wird Fortschritt tatsächlich »phänomenal«.

Längst ist der Punkt erreicht, an dem die herkömmlichen Musikinstrumente, »altmodisch« wie sie sind, dem Fortschritt nicht mehr genügen. Schon Ferruccio Busoni klagte, sie ständen der Entwicklung im Wege. Wer möchte sich denn noch mit Holz, Blech, Darm und Fell nach vorn spielen? Nachdem solches seit eh und je so vielen Komponisten gelungen

Immer wieder neue Instrumente. Experimentalstudio der Heinrich-Strobel-Stiftung, Großer Saal mit Klangumformer 700 (Mitte), Synthesizer (rechts), Abhörund Tonfrequenz-Meßanlage (links). Foto: Südwestfunk Baden-Baden/Bayer

war, müssen sich die Nachfolger doch vom bloßen Gedanken an alle diese Vorgänger gelähmt fühlen. Also verlangen sie neue Klangmittel oder benutzen die, die technische Phantasie realisierte. Der eine schwor auf das »Elektrische Ätherwelleninstrument«, der andere auf die pfeifenlose elektronische Orgel, der dritte aufs Trautonium oder die Ondes Martenot. Der Generator erweiterte den Klangraum, diesmal nun endlich bis jenseits der Hörgrenzen. Aber die Entwicklung der Technik blieb auch da nicht stehen. Inzwischen verfügt, wer will, mit Vermittlung des Computers über jede Art akustischen Phänomens, wie es sich auch anhören mag. Er kann Strukturen und Tempi, Klangformen, Geräusche, Lautstärkestufen anwählen und kompositorisch nutzen, die bei weitem das übersteigen, was Ohr und Aufnahmevermögen eines Hörers noch vermitteln. Schon hat der Fortschritt die Schmerzschwelle durchstoßen.
Die Tendenz geht von der »reinen« Musik weg. Viele Komponisten haben bereits in den Nachbarkünsten Umschau gehalten, sich angeeignet, was da zu haben war: Licht, Film, Sprache, Geräuschartikulation, Farbe, Dekor, theatralische Szenerien von der Pantomime bis zum dadaistischen Schreistück. Analog reicherte sich das Musikpodium mit Apparaturen an. Bald waren die herkömmlichen Konzertsäle zu klein... nicht für das zusammenschmelzende Publikum, sondern für die Mitwirkenden und ihre apparativen Prothesen. Fortschritt zwang zum Sprung hinaus ins Freie. Der Lautsprecher – das wichtigste Requisit der Diktatoren – machte es möglich. Er spiegelte, weil Ohren nicht verschließbar sind, die Wirkung vor, die

solche Führer, seien es Politiker oder Musiker, begehrten. Lautsprecher und Verstärker: neue Anstöße für jenen Fortschritt, der sich im Kampf gegen die Konkurrenz hochpeitschte. So konnte Musik – scheinbar – »demokratisiert« werden. Nun war es nicht mehr möglich, den Komponisten zu ignorieren, sein Werkangebot einfach nicht wahrzunehmen. Nun tosten Selbstdarstellungen, akustischen Straßenwalzen gleich, über die Landschaft, zuerst in Stadtparks, auf Plätzen, in Sportstadien, dann, immer weiter ausgreifend, dynamisch in die ferne Umgebung hinein.

Im Sommer 1973 okkupierte Walter Haupt, der ehrgeizige Leiter einer Experimentierbühne der Bayerischen Staatsoper in München, ein ganzes Tal in der Schwäbischen Alb unweit des Städtchens Weißenstein. Dort ließ er elektronische Klänge, Geräusche und Lichteffekte los, eine bis dahin einzigartige Selbstinszenierung, bei der freilich der Urheber unter der Gewalt der entfesselten Reize und in der Weite der Örtlichkeit schier verschwand. Sein Kommentar verriet das ganze Ausmaß der Naivität und Selbsttäuschung:

Auch hier schwebte mir vor, mit künstlerischen Mitteln eine Bewußtseinserweiterung zu bewirken. Diesmal im Blick auf ein Massenpublikum, das in seiner Mehrheit mit modernsten künstlerischen Tendenzen völlig vertraut ist. Es war der Versuch einer Art »Sozialisierung« des Musikhörens (...). Viele bestätigen, daß das Gehörte und Gesehene in ihnen Bewußtseinsschichten freigelegt hätte, die offenbar nur verschüttet waren. Auch das Vorurteil, zeitgenössische Musik sei nur für ein »elitäres« Publikum verständlich, wurde ohne Vorbehalt korrigiert. [75]

Haupt, ganz herostratische Natur, gab sich damit nicht zufrieden. Er hatte die Erfahrung gemacht, daß es die megalomanischen Entwürfe sind, die Herz und Hand der Verwalter öffentlicher Gelder rühren. Daß jeder Fortschritt eine Kehrseite von Zerstörung zeigt, rührte ihn wenig... Schließlich hatten schon die Futuristen diesen dialektischen Zusammenhang durchschaut und ausgebeutet. Was lag näher als die Erprobung der Destruktion als Fortschritt gerade gegen die Konkurrenz, die sonst auf keine Weise auszustechen war, nämlich die längst verstorbenen, dennoch »unsterblich« gewordenen Meister der Vergangenheit? Der Denkmalssturm begann.

Wesentliche Attacken fielen in den September 1979. In einer Kindervorstellung bot das Theater Haus der Jugend in Hamburg-Altona Mozarts ›Zauberflöte‹, verstümmelt durch Graziano Mandozzi in Form einer Version für Synthesizer. Zuvor schon hatten profilsüchtige Musikerpersönlichkeiten Klassiker elektronisch ruiniert – von Walter Carlos mit der Schallplatte ›Barock-Revolution oder Die seltsamen Abenteuer des J. S. Bach im Land der Elektronen‹ [76] bis zu der nicht enden wollenden Serie Klassiker»fassungen« aus Isao Tomitas Produktionsfirma »Plasma Music« – vielsagender Name – für das Label RCA ab 1975. Nun aber addierten sich diese »Fortschritte« zum nekrophilen Gewaltakt. Am 18. September 1979 strahlte Walter Haupt – ausgerechnet an der Stätte der Bruckner-Tradition – die Achte von Bruckner über anderthalb Quadratkilometer Linzer Donau-Ufer aus und postierte in Außenbezirken der Stadt vier »Klangstationen«, in denen das »Publikum« den Originalsound des großen Sohns der Stadt elektronisch kaputtmachen konnte. Dafür flossen ihm wieder öffentliche Gelder zu. Verunglimpfung eines Verstorbenen ist zwar ein krimineller Akt, ein Antragsdelikt, aber wenn der Antrag nicht mehr gestellt werden kann, gibt es weder Kläger noch Richter. Wer wollte sich auch gegen den Fortschritt stemmen?

Wo es immer schwieriger wird, noch nicht Dagewesenes zu erfinden, konzentriert sich inventive Phantasie gern auf das Drum und Dran der Musik. Auch dieses peitscht den Fortschritt voran. Das Ambiente ist Teil des Warenangebots. Was attraktive Hülle – die »Mogelpackung« nicht zu vergessen – für die Nachfrage bedeutet, können wir jeden Tag beim Einkauf überprüfen. Geschicktes Marketing reizt Nachfrage an, und weiter geht es nach vorn und oben. Welches Lustgefühl, in dieser unaufhaltsamen Bewegung die Konkurrenten abzuhängen. Der Markt ist – sofern der Umsatz klettert – in der Tat lustaktiv. Musiker brauchen also neben ihren professionellen Fähigkeiten noch eine gründliche Begabung für das Management ihres Marktes. Novitäten sind leicht verderbliche Waren. Bleiben sie mangels Nachfrage liegen, dann landen sie fast immer auf dem Abfall, nicht anders als das unverkaufte Obst auf dem Wochenmarkt. Eine nicht aufgeführte oder nicht ins Repertoire eingegangene Partitur – und dies ist die Mehrzahl – nach zehn Jahren noch einmal anzubieten, wäre beim Tempo des Fortschritts und in der Neuerscheinungen Flucht hoffnungslos. Nichts »hält« so lange. Der Traum, ein »ewiges« Kunstwerk zustande zu bringen und damit ein wenig an Unsterblichkeit teilzuhaben, ist ein schaler Traum. Der Komponist, um wettbewerbsfähig zu bleiben, muß ständig – und immer hektischer – produzieren und ältere Stücke seines Œuvres rasch vergessen, diese können ihm nachträglich nicht mehr zur Ehre gereichen. Er steht unter dem Zwang, nicht nur die Konkurrenten, sondern sogar sich selber zu überholen. Fraglos hat dies einschneidende Folgen für seine Psyche. Der Fluch des Vergessens trifft nicht nur Partituren, sondern natürlich auch Musikerpersönlichkeiten. Die Musikgeschichte der letzten hundert Jahre ist vor allem die ungeschriebene Geschichte der notleidenden und schon zu Lebzeiten vergessenen Komponisten.[77]

Ausübende Musiker nehmen, sozusagen am Rande des Fortschritts, an der Entwicklung teil. Erwiesen sie sich nicht fortwährend als förmliche Wundertiere, so könnten sie nicht sicher sein, gegen die zunehmende Konkurrenz zu bestehen. Nur heißt »konzertieren« gerade nicht gegeneinander spielen, sondern miteinander. Die Pervertierung der sehr menschlichen Konzert- und Consort-Idee durch den Wettbewerb mußte eine Asozialisierung zur Folge haben. Noch immer neigen viele Orchestermusiker, männlich, dazu, die Tradition der Männergemeinschaft gegen das »schwache Geschlecht« vehement zu verteidigen. Frauen sollen zuhören, bewundern, anhimmeln; sie sollen unten bleiben. Oben auf dem Podium, zwischen Kollegen ein Instrument spielend, sind sie unerwünschte Konkurrenz. Männer dulden die eine einzige Harfenistin im Orchester, auch eine Pianistin, wenn die Partitur ein obligates Klavier verlangt. Nahezu alle anderen Orchesterinstrumente existieren mehrfach. Da drängt sich der Leistungsvergleich geradezu auf; da grassiert Angst vor solchem Vergleich, denn für die Herren ist eine Geigerin oder erst recht eine Klarinettistin »nur« eine Frau, sei sie auch Stimmführerin oder Konzertmeisterin. Reisende Solistin mit dem Orchester gern, Konkurrentin im Orchester nur mit Querelen, Verdächtigungen aus dem Hinterhalt, großem Krach und am besten überhaupt nicht.

Vom Intendanten des Berliner Philharmonischen Orchesters, Wolfgang Stresemann, mit Hinweis auf ihr unpassendes Geschlecht abgewiesen, emigrierte die Geigerin Helga Hussels 1969 nach Göteborg – als Konzertmeisterin des dortigen Sinfonieorchesters. 1982 bis 1984 ekelten die gleichen Philharmoniker die Klarinettistin Sabine Meyer, die vom inzwischen neuen Intendanten mit Billigung des Chefdirigenten Herbert von Karajan für ein Probejahr verpflichtet worden war, durch massive Intrigen hinaus und nahmen damit sogar den tätigen Zorn des Maestro in Kauf. Frau Meyer nutzte die Kavalierstugenden ihrer Kollegen zu einer steilen Solistenkarriere. Geschlechtsneid auf dem Orchesterpodium scheint ein weithin deutsches Phänomen zu sein.[78]

Man kann – und sollte – darüber nachdenken, ob die psychologische Belastung des geschlechtsspezifischen Selbstverständnisses durch zwei von Männern begonnene und verlorene Weltkriege eine Motivation für solches grundgesetzwidrige Verhalten hergibt. Jedenfalls wäre der Normalzustand erst dann hergestellt, wenn jeder zweite Orchestermusiker eine Frau ist. Davon sind wir in der Bundesrepublik immer noch weit entfernt. Es muß als sexistische Kampfansage verstanden werden, daß auch das Werkrepertoire unserer Orchester mit wenigen Ausnahmen männliche Produktivität präsentiert, nicht zu reden vom durchweg maskulinen Musiktheater. Wo sind die rund 350 Opern, Operetten und Singspiele, die ein rühriger Autor schon 1914 als Werke von 191 Komponistinnen der Musikbühne, darunter 27 deutschen seit 1652 bis 1914, registriert hat? Statistisch hätte eine Handvoll davon »klassisch« werden müssen.[79]

Dabei steht die Frage des interpretatorischen oder kreativen Könnens gar nicht primär zur Debatte. Ausschlaggebend waren oft nur quasi amtlich organisierte und benotete Wettbewerbe mit Preisen für Instrumentalisten, Sänger und Komponisten, etwa der Prix de Rome, der seit 1803 an französische Komponisten geht, aber nicht vermochte, die Spreu vom Weizen zu trennen. Die »Auszeichnung« heizt lediglich die Konkurrenz an und steigert so das Tempo des »Fortschritts«, weil sie Wetteifer und Neid wachhält. Das Rennen um den »ersten Platz« nimmt absurde Züge an. Oft entscheidet nur die Kunst der Verpackung. Auch hier warten Überraschungen. Als gegen Ende des 19. Jahrhunderts das bürgerliche Publikum im stets etwas langweiligen Hamburg und seiner Umgebung aller dieser Klavierspieler und Liedersänger allmählich müde war, strömte es um so lieber zu Sensationen, zum nie Gehörten, nie Gesehenen:

Am Montag Abend wird auf dem Rathskeller eine aus 14 Personen bestehende Original-Neger-Kapelle ein Concert geben, welche einen Monat lang im Bellealliance-Theater in Berlin engagirt war und sich auch vor verschiedenen gekrönten Häuptern hat produciren dürfen. Obgleich diese aus 10 Stämmen rekrutirten 14 Personen niemals eine Musikschule genossen, so spielen dieselben doch correct nach Noten, nicht allein ihre heimathlichen Weisen, sondern auch ein schönes Repertoir europäischer Meister. Für den Musiker bietet diese Kapelle ein besonderes Interesse, da sich jeder fragt: Wie ist es nur möglich, daß diese Leute mit ihren dicken schwulstigen Lippen einen guten Ansatz auf dem Blasinstrument haben können?[80]

Hier versetzte das exotische Bild die Zuhörer in Schauer der Erwartung und Überraschung. Eine schwarzgeschminkte Kapelle von des Kaisers Leibhusaren hätte es nicht getan. Allerdings haben Interpreten mit Phantasie beachtliche Möglichkeiten. Der US-Koreaner Nam June Paik zum Beispiel, rühriger »Elektronischer Bildhauer«, wie er sich nennt, und kaum Komponist in herkömmlichem Verständnis, erntete 1967 eine Mediensensation, als die aus Little Rock, Arkansas, stammende Cellistin Charlotte Moorman in seiner Komposition ›Opera Sextronique‹ auftrat... busenfrei. Zwei Jahre später genügte das schon nicht mehr. Bei einer Ausstellung über »Fernsehen als schöpferisches Medium« in Manhattan zeigte sie sich abermals halbnackt als »Interpretin«; aber gleich einem Büstenhalter kaschierten nun zwei winzige Fernsehempfänger ihre Brüste. Entblößung wirkt so gut wie Maskerade. Wichtig ist, das Unerwartete, weil noch nie Dagewesene zu tun. Das sehr erfolgreiche Kronos-Streichquartett aus den USA, das fast nur Musik des 20. Jahrhunderts spielt, heimste Überraschungsbeifall ein, der dem Repertoire zugute kommt. Die Künstler pflegen sich in Pop- und Punk-Kostüme zu werfen, knallbunt und schock-gestylt auch die Frisuren, und verzaubern »ernste Musik« zu Pop-art:

Wenn es sich einrichten läßt, stellen sie die Noten gern auf durchsichtige, von innen illuminierte Ständer, projizieren die Partitur oder ihre Konterfeis auf große Bildschirme und reißen, so bei dem melodischen Dauerlauf

»White Man Sleeps« des Südafrikaners Kevon Volans, das bedruckte Notenpapier wie auf dem stillen Örtchen Stück für Stück von der Rolle.[81]
Damit – das läßt sich an ihren Schallplattenumsätzen ablesen – spielen
und »spielen« sie sogar die berühmten etablierten Streichquartette, die
sich nicht minder für Zeitgenössisches einsetzen, an die Wand. Möglich,
daß sich das Publikum bei dunklen Anzügen und Feststimmung langweilt,
weswegen ein bißchen Karneval nach Marktschreierart das Geschäft belebt. Auch solches Opfer, falls es überhaupt ein Opfer wäre, verlangt der
Fortschritt, der schöne Schein der Konkurrenz.
Im Grunde verläuft die Entwicklung der E-Musik als »freie« Kunst deutlich analog zu der von beliebten Industrieprodukten. Für Waschmittel
zum Beispiel existiert ein konstanter Markt, aber ruinöse Konkurrenz.
Die Erzeuger bieten daher von Zeit zu Zeit scheinbar »neue« Produkte an
und versehen sie mit Etiketten, die sie für werbeträchtig halten: »Weißer
Riese«, »Das weißeste Weiß«, »Kuschelweich«, »Mit patentierter Wirk-
stoff-Kombination gegen Geruch« und so fort. Die Vokabel »neu« suggeriert einen Wert an sich, wird aber durch ermüdende Wiederholung auch
laufend verschlissen. Die Werbung baut jedoch auf die Gedächtnisschwä-
che und Dummheit der Kunden – wie an den Reklamespots im Fernsehen
abzulesen.
Selbstdarstellung bedurfte immer der Exzentrik, wollte sich der Macher
überhaupt noch von seinem Rivalen unterscheiden; sein Markenzeichen
mußte schockfarben sein. In der pluralistischen Gesellschaft von heute
findet wohl jede Mode und selbst nur die Masche einen gewissen Kreis
von Bewunderern. Daher kann sich jeder Musiker in der Illusion wiegen,
immerhin doch »anerkannt« zu sein. Schon kleine Publikumsquantitäten
verführen zur Verallgemeinerung. Je geringer aber die Zahl der »Anhänger« wird, mit der sich einer begnügen muß, desto lauter mindert er die
Konkurrenten herab, die mehr Wirkung und gar Massenwirkung erzielen. Vergleiche erschüttern sein Selbstbewußtsein. Sind ihm politische
Diskriminierungen in Fleisch und Blut übergegangen, dann schimpft er
jede Massenwirkung und die sie begründenden künstlerischen Phänomene »faschistisch«, mindestens reaktionär. Nur er und seine Gefolgs-
leute bilden Elite, ganz vorn und obenauf, nur sie im Einklang mit dem –
mit ihrem – Fortschritt.
Die anderen sind des braunen Teufels. Als solchen griff Herbert Eimert,
zunächst Musikkritiker und linientreuen Gedankengängen im 3. Reich
gar nicht abhold, dann Theoretiker, Komponist serieller Orientierung
und Chef des Studios für Elektronische Musik des Westdeutschen Rundfunks in Köln, einen Kritiker an:
In der Tat hat einer dieser musikalischen »Gesellschaftskritiker« dem
Zwölftonverfahren die Fähigkeit einer exakten Programmusik zugeschrie-
ben, als deren adäquate Gegenstände Konzentrationslager, Maschinensäle

und die Welt Kafkas anzusehen seien; und ganz folgerichtig proklamiert er als die »großen Menschheitsthemen« dann Geburt und Wachstum, Liebe und Reife, Altern und Tod – lauter Oratorientitel der liberalistischen Spätromantik, die sich später in entsprechende Parolen der amtlich propagierten Musik umgesetzt haben. Solche Beweisführungen gehören dem gelenkten Klischeedenken der jüngsten Vergangenheit an, in der nichts beliebter war als die »Natur«; nicht die zweite, von der supranaturalen Autorität des Künstlers beherrschte (...), sondern die erste, orphisch verbrämte, pseudoontologische Natur samt ihren Kategorien von Rasse, Volk, Blut und Boden.[82]

Penetrante Arroganz vor dem Hintergrund einer starken Machtposition im Musikbetrieb der BRD kehrte sogar die – allerdings erfolgreicheren, vom Publikum der Abonnementskonzerte gerade akzeptierten – Klassiker der Moderne in die reaktionäre Ecke. Resultat von Eimerts Untersuchung über die »nachexpressionistische« Situation des Komponisten:

Ob sie besser oder schlechter ist als die des gelobten Frühexpressionismus, das zu wissen ist kaum interessant, solange die Unkenntnis des musikalisch-elementaren Repertoires und der dazugehörenden Entscheidungsfunktion sich als selbstgerecht moralisierender Frühlingsglaube tarnt, der sich dem Wahn hingibt, er könne in der wachsenden Wüste seine längst versiegte Oase retten. Die stehengebliebene bürgerliche Reaktion auf expressionistisch vorgeschobene Posten ist nicht besser als diese selbst. Die Musik aber ist heute so, wie sie an der treibenden Spitze ist. Oder sie ist überhaupt nicht mehr. Das ist keine »totalitäre« Alternative, sondern die einfache Wahrheit.[83]

Fraglos sorgt die in der Vergangenheit gelungene Einbürgerung eines »modernen« Musikwerks ins Repertoire für diesen oder jenen Ruhepunkt. Im Ganzen eilt die Entwicklung – Exzentrik als Kampfmittel gegen die Konkurrenz – jedoch weiter, bis jegliche Unterschiede zwischen Musik und intellektuell organisiertem oder nur zufälligem Lärm aufgehoben oder – anders herum – alle Schallereignisse, die ein Mensch »werden läßt«, mindestens durch den Urheber und seine Jünger als Musik klassifiziert sind. Die Gegenpartei, die Beharrung und Beruhigung predigt, weil sie nicht am technizistischen Fortschrittsbegriff, sondern an der historischen Erfahrung sich orientiert, sorgt für Polarisierung und Frontbildung, indem sie solche als »Unmusik« abtut. Es handelt sich um Rückfälle von Kräften, die sich durch den kunstfeindlichen Marktmechanismus nicht jagen lassen wollen und dessen Zwänge zu negieren suchen.

Wir müssen uns wohl damit abfinden, daß zwei grundverschiedene Spielarten des musikalischen Fortschritts nebeneinander existieren: die gleichsam natürliche, nämlich von innen her motivierte Innovation und der panische, rasante, gesuchte Fortschritt, wie ihn die ständig prekärer werdende Marktsituation erzwingt. Abzufinden haben wir uns auch mit den teilweise abenteuerlichen Konflikten zwischen den Parteigängern des »schnellen« und des »langsamen« Fortschritts und ihren Cliquen. Aktion und Reaktion – hier sozialpsychologisch gemeint – bedingen einander. Darüber kann man nicht gut rechten. Hier wie dort existiert kein freier Wille. Der Markt hat die Musiker instrumentalisiert; in diese oder jene Spur zwingt er sie, nicht eigener freier Entschluß. Jede Beziehung, ob Pro oder Kontra, ist marktabhängig. Spitze sein oder nicht, das ist die Frage, Avantgarde oder Nachhut. Der Marktmechanismus schweigt und herrscht. Wäre die Lösung, die Erlösung eine Wiederherstellung der Dienstherrschaft?

Die Dienstherrschaft

Daß Musiker mit der Ausübung ihres Berufes auf irgendeine Art dienen, trägt gewiß zu ihrem Künstlerstolz bei. Etwas für andere zu tun – auch wenn es nicht nur Freude schenken würde –, reiht den Gebenden ein in die allumfassende Brüderschaft – und Schwesternschaft – aller Menschen, wie die Ideologen der Französischen Revolution sie erträumten. Idealistischem Fernblick »werden alle Menschen Brüder«. Daß Musiker, mögen sie sich auch »groß« dünken, nicht aus der Reihe der Sozialbeziehungen tanzen, sei hoffnungsvoll unterstellt. Sie wirken für Menschen, für so viele wie möglich, denn die Quantität des Publikums, gewissermaßen verdiente Quittung für die Darbietung, vermehrt auch das mit Musik nun einmal verbundene Schöpferimage. Klar: Beim Volk findet der Tonkünstler seinen angestammten Platz; da blühen Gemeinsamkeiten und gegenseitige Einflüsse auf. Wie das Volk lebt der Musiker von dem Geld, das er sich – wie mühsam auch immer – mit Kopf und Hand erarbeitet. Seine angeblich göttliche Begnadung verleiht ihm allerdings eine gewisse Vorzugsstellung, empfängt er doch eigentlich – wie jeder Priester – vom Allerhöchsten Weisung; aber wenn er es nicht für unter seiner Würde hält, sich so recht einmal ins Gewimmel zu stürzen, sieht er unter den weniger privilegierten Brüdern und Schwestern immer noch wie ein Mensch aus, einer wie du und ich.
Herrscher freilich heben sich auf den ersten Blick ab. Sie mischen sich nie unters Volk. Sie pochen auf ihre Größe dank ererbter oder geraubter Würde und fühlen sich keineswegs betroffen, wenn ein vorwitziger, gar revolutionärer Poet ihnen einen verdächtig nach Umsturz riechenden Wunsch widmet:

Große Monarchen erzeugtest du und bist ihrer würdig,
Den Gebietenden macht nur der Gehorchende groß.
Aber versuch es, o Deutschland, und mach es deinen Beherrschern
Schwerer, als Könige groß, leichter, nur Menschen zu sein.[84]

Dies war gerade nicht die natürliche Weltordnung, wie Regierende sie für Gottes Fügung hielten. Dies war ein Widerhall, noch vorsichtig in Worte gefaßt, der blutigen Ereignisse in Frankreich. Dort hatte das Volk seinen König ermordet, gesalbte und geweihte Häupter abgeschlagen, Feuer an die Fundamente christlicher Gesittung, und zwar nicht gewählter, aber doch aus Tradition und Gnade erwachsener Macht gelegt. Es war der Anfang der Weltrevolution, die am Ende das Volk zum Souverän erhob, ungefähr jedenfalls. Seither erwarben immer mehr Musiker die Freiheit, die darin bestand, daß sie sich um neue Brotgeber bemühen mußten.

Bis es soweit war, bestimmte der Inhaber der faktischen Macht – auch die Musik, die er für höfische Rituale und als Ornament eigener Selbstdarstellung für unerläßlich hielt. Natürlich bekam er sie nicht gratis. Die Finanzierung eines repräsentativen Musikbetriebs kostete immer Geld, und gewöhnlich viel Geld. Unvermeidbare Pleiten allerdings trafen jedesmal ärger die Musiker als den Dienstherrn. Zum Beispiel hatte der sächsische Kronprinz, obwohl das Dresdner Theater, eben bankrott durch teuren Opernbetrieb, in eine katholische Hofkapelle umgewandelt worden war, den venezianischen Komponisten Antonio Lotti mit italienischen Opern zu einem ausgedehnten Gastspiel eingeladen. Lotti kam mit eigner Operntruppe. Die Ausgaben im Jahr 1718 beliefen sich auf mehr als 45000 Taler; davon fielen an Lotti und seine Frau, die Sängerin Santa Stella, immerhin 10000. In der Regel knappste der kunstfreudigste König an den Kosten fürs künstlerische Personal. Vorrang hatten Rechnungen für Gebäude und Ausstattung, erst recht, wo es um Veranstaltung höfischer Feste ging. Diese Prioritäten kopierten auch die bürgerlichen und städtischen Anbieter von Opern. Telemann erhielt in Hamburg 300 Taler »Werkhonorar«; aber die prunkvolle Dekoration – ein Salomotempel – durfte anstandslos 15000 verschlingen.

Später wuchsen die Entgelte. Schon das 19. Jahrhundert sah unglaubliche Stargagen, jedenfalls für Solopersonal. Der italienische Tenor Giovanni Battista Rubini, der zwischen Paris und London pendelte, kassierte in England pro Saison den Gegenwert von 156000 DM. Kein Wunder, daß er ein ungeheures Vermögen anhäufte und sich, als er 1845 mit fünfzig Jahren der Bühne den Rücken kehrte, in Italien ein Schloß als Altersruhesitz zulegen konnte. An der Londoner Oper erhielten 1866 die zwei gefeierten Stars Giulia Grisi und ihr Gemahl, der Tenor Giovanni Matteo Mario, Cavaliere di Candia, eine Abendgage von umgerechnet 6000 DM; als die Sopranistin bei den York-Festen in der britischen Hauptstadt allein auftrat, nahm sie pro Abend 4000 DM. Die Dirigenten konnten – zunächst – damit nicht konkurrieren. Der musikalische Leiter des Drury Lane Theaters in London mußte 1858 von 150 DM im Monat leben. Als Höherrangiger, nämlich Musikdirektor, Komponist und Dirigent an der Oper Ihrer Majestät in London bezog Sir Michael Andrew Agnus Costa 1875 immerhin 1000 DM. Ruhm wirkte preissteigernd. Als Richard Strauss in Covent Garden die ›Elektra‹ dirigierte, tat er es für 4000 DM pro Abend; kein Wunder, daß die fünf Aufführungen der Oper in London mit 150000 DM zu Buche schlugen.

Angebot kann Nachfrage machen, und die Oper ist ein Angebot nicht nur an den Fürsten, sondern auch an das Volk. Dort wuchs die Hofoper, hier die privatunternehmerische Wanderoper. Dort war mehr Sicherheit, und hier machten Spekulanten manchmal ein größeres Geschäft als die Sänger. Die Komponisten kamen erst ganz hinten. Jean Philippe Rameau hatte 2000 Franc Pension aus der Hofschatulle und noch einmal 1500 Franc, sogar auf Lebenszeit, von der Akademie. Wien hielt Gluck mit 2000 Gulden im Jahr und Paris mit 3000; aber für jede Oper, die er in Paris ablieferte, waren ihm 20000 Franc sicher. Erfolg zog weiteren Erfolg nach sich, abzulesen an der Zunahme der Entgelte. Man konnte, optimale Geschäftstüchtigkeit vorausgesetzt, Großunternehmer in Opernunterhaltung werden. Giacomo Meyerbeer tat das. Die Preise der Prominenten stiegen; die anderen hungerten. An Verlagsentgelt flossen Strauss in wenigen Jahren allein für die ›Salome‹ 50000, für die ›Elektra‹ 100000 DM zu. Lohn erfordert allerdings Leistung – und in absolutistischer Zeit auch mehr als diese.

Für das Geld, das sie den Musikanten zahlten, erlaubten sich die Herrscher ganz persönliche Freiheiten. Viele standen mit der Tonkunst auf vertrautem Fuß... oder bildeten sich das wenigstens ein. Und Kommandieren unterstrich ihren gesellschaftlichen Rang. Kaiser Leopold I. ließ es sich nicht nehmen, nahezu jede der Opern, die in Wien auf die Bretter kamen, eigenhändig zu »verbessern«, indem er ein paar schöne Nummern hinzukomponierte. Karl VI., der Vater von Maria Theresia, verurteilte seinen Hofkapellmeister Johann Joseph Fux zur Untätigkeit und stellte sich selber vors Orchester, um dessen Oper ›Elisa‹ zu dirigieren. Friedrich der Große stand oft, wenn einer der beiden Grauns die Hofkapelle leitete, hinter ihm, sah mit in die Partitur und machte seinen Musikfachmann auf Fehler aufmerksam. Daß er persönlich die Auswahl der Sänger für die Oper bestimmte, indem er sie beim Probesingen am Klavier begleitete, hielt er geradezu für die Ehrensache eines Souveräns. Wie den Musikern zumute war, daran wendete er wohl keinen Gedanken.

Er fühlte sich als Kenner und Könner, beherrschte er doch die Kunst des Flötenspiels; Komponieren war ihm natürlich in die königliche Wiege gelegt. Verbürgt ist, daß er als Flötist immer wieder seine liebe Not mit Takt und Tempo hatte, und weil niemand wagte, den König darauf aufmerksam zu machen, wie wenig erfreulich es sei, mit ihm gemeinsam zu musizieren, lassen sich solche Kunstgenüsse nachempfinden. Dafür konnte er konkurrenzlos und ganz ohne »Neider« solistisch auf der Flöte glänzen. Sein Blick über den Rücken des Kapellmeisters in der Oper war fraglos geeignet, die Sänger zu kontrollieren. Friedrich hing an den Noten. Der modische Vokalstil, den die Gesangskünstler durchgesetzt hatten, beinhaltete jedoch improvisatorische Abweichungen von der notierten Stimme, wann immer ein Sänger Virtuosität beweisen wollte. Solches mochte der König nicht billigen. Daß der gefeierte Sopran Gertrud Mara Star seiner Hofoper war, hielt ihn keineswegs davon ab, eine barsche Mahnung an sie zu richten; nicht direkt, das wäre zuviel der Herablassung gewesen, sondern durch Einschaltung des Theaterintendanten Vester:

Ihr könnt der Sängerin Mara in Beantwortung ihres Briefes, den sie an mich gerichtet hat und den ich Euch hier anbei zurücksende, sagen, daß ich sie fürs Singen bezahle und nicht fürs Schreiben, daß die Arien so gut seien wie sie sind und daß sie sich darein schicken muß ohne so viel Geschwätz und Schwierigkeiten.[85]

Der Intendant, der etwas von der Tradition des Operngesangs vestand, übte jedoch Nachsicht und verwehrte der Sängerin nicht diese italienische Mode der Verzierung. Also fuhr der König nun ihn an:

Vester, besonders lieber Getreuer! Ich werde aus Eurer Vorstellung vom 4 dieses gewahr, daß Ihr sehr sanftmütig und ein großer Freund seyd von der Mara und ihrem Mann, weil Ihr Euch derselben so sehr annehmet und vor sie das Wort führet: Ich muß Euch aber nur sagen, daß Eure Sanftmuth hier schlecht angebracht ist, und daß Ihr weit klüger handeln werdet, wenn Ihr dasjenige thut, was ich Euch befehle, und Euch dergleichen nicht im Sinn kommen lassen: Die Mara soll die Arien singen, wie ich es verlange, und nicht wiederspenstig seyn, wo sie nicht will, daß es ihr eben so, wie ihrem Mann, ergehen soll, und er soll sitzen, bis auf weitere Ordre: darnach kann sie sich richten: Ihr hingegen müsset Euch nicht einbilden, daß Ihr Mein Geheimer Rath seyd, dazu habe ich Euch nicht angenommen, sondern Ihr habt Euch besser zu befleißigen, Meinen Ordres parition zu leisten, wenn Ihr wollet, daß ich ferner sei Euer gnädiger König.[86]

Möglicherweise hätte Friedrich tatsächlich seine Sängerin – und sei es für einen Tag – einkerkern lassen; aber natürlich versuchte sie nicht mehr, ihn unnötig herauszufordern, und verkniff sich die Ausschmückung der Arien. Gleichwohl geschah es immer wieder, daß der Preußenkönig den Herrn der Oper hervorkehrte. Sie hielt noch vier Jahre aus. Dann brach sie den Kontrakt und setzte sich nach Wien ab, wo die Sitten nicht so unangenehm preußisch waren.

Für einen Machthaber ist die Versuchung immer groß, sämtliche Bereiche seiner Herrschaft einem einzigen ordnenden Willen zu unterwerfen, seinem eignen. Ob er Fähigkeiten hat, die ihm ein gewisses Recht zum Eingreifen gäben, spielt keine Rolle. Ein Machthaber wird nicht geprüft und kritisiert schon gar nicht. Er ist die Vollkommenheit in Person. Die Musiker um ihn herum können sich nur ducken. Er bedarf ihrer, weil durch sie ein Abglanz der »göttlichen« Kunst auf ihn fällt. Vielleicht genießt er zusätzlich noch, Menschen sich ducken zu sehen. Jedenfalls hat Musik seine Rituale zu begleiten und zu steigern; besonders in dieser Funktion symbolisiert sie Macht. Mit aristokratischer Macht ist nicht gut Kirschen essen, wie die Geschichte lehrt. Versagen und Unbotmäßigkeit – auch bei Musikern – wird gelegentlich mit Prügel bestraft. Die Französische Revolution, sosehr sie ein Signal in die Zukunft ausstrahlte, behielt trotz aller schönen Worte die nützlichsten autoritären Strukturen bei, leicht verfremdet zur freiwillig abgeleisteten vaterländischen Pflicht. Daran waren die Musiker nicht ganz unbeteiligt. Loyalität mit den Kräften der Revolution zahlte sich aus. Staatsmacht behielt die Mehrheit... ganz wörtlich genommen.

Am 8. November 1793 gründeten die Musikschaffenden der Nationalgarde ein Nationales Musikinstitut und arbeiteten dann das Projekt einer Gesellschaft zur Publikation von »patriotischen Hymnen und Gesängen« aus, die für nationale und kalendarische Festakte gedacht waren. Der Plan gefiel den Behörden, so daß die Genehmigung kein Problem war. 51 Musiker brachten Kapital zusammen und die neue Verlags- und Druckerei-Gesellschaft unter Dach und Fach. Der Staat schoß eine fast doppelt so große Summe dazu und vermietete der Unternehmung das Haus eines Emigranten in der Rue des Fossés-Montmarte. Damit war ökonomische und ideologische Kontrolle immer dabei. Die neuen Verhältnisse riefen nach passender, das heißt neuer »revolutionärer« Musik. Solches ließen sich die Komponisten nicht zweimal sagen. Jedem Anlaß wird sein tönendes Symbol.

Die Dienstherrschaft hat demokratische Formen akzeptiert. Aber die Tribunale fällen Todesurteile von morgens bis abends. Gefährliche Zeiten seit 1789. Fast wäre es schiefgegangen für die Sängerin Louise Rosalie Dugazon. Das war nach der Erstürmung der Tuilerien. Die Königin wird aufgefordert, sich noch einmal dem Volke zu zeigen. Also besucht sie die Comédie Italienne. Man gibt Grétrys schon ältere Oper ›Les Evénements Imprévus‹. Unruhe im Theater. Man ruft: »Es lebe die Königin.« Das Parkett tobt. »Pfui auf die Königin«, brüllt einer, ein anderer behält den Hut auf. Royalisten schlagen beide tot. Die Königin, den Dauphin auf den Knien, weint. Da kommt die große Arie der Marton. Die Dugazon tritt an die Rampe, legt die Hand aufs Herz, zur Königin gewandt, und singt... »Ich liebe meinen Herrn zärtlich, oh, wie sehr ich meine Herrin liebe.« Der Saal brodelt, Wutgeheul. Jakobiner erstürmen die Bühne, um der Sängerin diese Beleidigung des revolutionären Geistes heimzuzahlen. Sie flieht, rettet sich. Dafür jagen sie die Königin aus dem Theater. Das Orchester spielt »Ah, ça ira«. Solche Szene vergißt keiner so rasch. Es empfiehlt sich, alles zu unterlassen, was als Sabotage ausgelegt werden könnte. Mitmachen ist sicherer. Die Revolution läßt nicht mit sich spaßen. Auch wer Mißgunst erregt, muß um seinen Kopf fürchten. Das dämpft den Wettbewerb.

Jetzt singt das Volk Hymnen. Alle Musiker stellen sich zur Verfügung; aber die Eifersucht bleibt wach. Frédéric Lemière, Schöpfer einer ›Trauerhymne zu Ehren unserer im Kampf für die Freiheit gestorbenen Brüder‹, greift seinen Mitbürger Gossec in der Presse an. Der habe diese Hymne beim Trauerfest nicht aufführen lassen unter dem Vorwand, er verfüge im Augenblick nur über Blasinstrumente. Mehrere junge Musiker klagen darüber, bei allen nationalen Festen seien immer nur Hymnen

117

von Gossec zu hören. Und war der nicht überhaupt vor der revolutionären Wende sogar Abbé? Ein Angriff aus dem Hinterhalt. Hätte der Beschuldigte nicht einen tadellosen vaterländischen Leumund vorweisen können, wer weiß? Also bleibt keiner abseits. Am Vorabend eines jeden Feiertags sind die Musiker ohnehin in Pflicht. Sie müssen das Volk zur Hymne vorbereiten. Einmal ist Bernard Sarrette, Offizier und Kapellmeister, so unklug, diesen Dienst zu verweigern. Prompt erhält er Hausarrest. Ein Gendarm wird abkommandiert, ihn zu bewachen; der schlägt, damit er auch alles sehe, sein Bett im Schlafgemach des Bürgers und der Bürgerin Sarrette auf.

Das wirkt. Ohne sichtbares Widerstreben versammeln sich die Professoren im Nationalen Musikinstitut. Jeder erhält Arbeit zugeteilt. Zur vorgeschriebenen Zeit stehen sie mit ihren Geigen in der ganzen Stadt verteilt auf rasch improvisierten Podien und üben die fürs Fest bestimmten Chöre mit dem Volk ein. Gossec ist einer der eifrigsten Lehrer. Es gibt nicht genügend zweckentsprechende Musik? Der Innenminister François de Neufchâteau bestellt sie durch Schreiben vom 11. Weinmonat des Jahres VII der neuen Ära:

1. Die Hymne an Hymen, die beim Fest der Verheirateten und bei der Feier der Hochzeiten in den Dekadentempeln dient; 2. die Hymne der Geburt für die Vorführung der neugeborenen Kinder beim öffentlichen Beamten und für die Feier der Geburtstage in den Familien; 3. die Hymne der Jugend zum 10. Keimmonat und zur Nutzung in den öffentlichen Schulen; 4. die Hymne des Alters zur Verwendung beim Fest der Senioren; 5. die Hymne des Todes, die bei Begräbnissen und bei dem Fest genutzt wird, das für unsere Ahnen gestiftet werden kann (...). Ohne dem Genie der Dichter Vorschriften machen zu wollen, kann man sie veranlassen, für ihre Hymnen eine etwas dramatische Form zu bevorzugen und, wenn möglich, auch verschiedene Rollen, Solisten und Chöre einzuführen.[87]

Da war viel zu tun. Die Nationalbibliothek in Paris birgt bändeweise Partituren dieser Jahre. Jedes Ereignis fand sein musikalisches Echo, sogar die › Verbrechen der Marie-Antoinette, Witwe Capet, guillotiniert am 25. des ersten Monats im Jahre II der Französischen Republik‹. Und natürlich › Die Erklärung der Menschen- und Bürgerrechte‹ ... für Gesang und Generalbaß. Es gab eine › Romanze auf die Freiheit der farbigen Menschen‹ von Honoré Langlé, dem früheren Gesangslehrer der Königin und späteren Bibliothekar des neuen Konservatoriums. Sogar ein Potpourri › Die Französische Revolution‹ hat sich, 39 Seiten lang, erhalten. Was protokollarisch vor sich ging, erzählen Festprogramme, Marschordnungen und Veranstaltungspläne. Musik war immer dabei. Diese Tatsache vermittelte den Komponisten und Instrumentalisten die Gewißheit ihrer Unentbehrlichkeit. Daraus erwuchsen Forderungen. Zum Beispiel war Lesueur noch mit der Ausrichtung der musikalischen Begrüßungszeremonie für das Jahr IX beauftragt worden. Dann wartete er, der als Inspektor des Nationalen Musikinstituts auch Amtsfunktion hatte, vergebens auf Anschlußaufträge oder demonstrative Aufführungen. Schließlich – im Nebelmonat des Jahres X – schickte er den Behörden seine Wünsche mit einer Denkschrift. Ein Exemplar ging an Napoleon, zu dieser Zeit Erster Konsul. Im Begleitschreiben mahnte der Vernachlässigte sein Recht an:

Größter aller Menschen!
Gestattest Du mir, Dir einige Minuten zu rauben, die Du zum Heile der Menschheit verwendest? Ich werde mich nicht vor dir erniedrigen, nicht mein Ehr- und Unabhängigkeitsgefühl in verlogene Höflingskunst verwandeln. Laß Dir die Forderungen vorlesen, die die Kunst des Orpheus und der Grazien Dir durch meine schwache Stimme verkünden läßt. Terpander und Timotheus stellten sie vor Alexander. Der Held hörte mit Interesse zu. Er ließ ihnen Gerechtigkeit werden.
Du bist sie mir schuldig – ich erwarte sie von Dir!
   Heil und Gruß!   *Lesueur*[88]

Die Kalkulation mit dem mäzenatischen Ehrgeiz Bonapartes ging auf, aber der aufsteigende Staatsmann brauchte eine Denkpause. Im Mai 1804 erklärte der Senat den Sohn eines korsischen Advokaten wegen seiner militärischen und organisatorischen Verdienste um Frankreich zum erblichen Kaiser der Franzosen. Dies war die Situation, sich als Freund der Künste darzustellen, Künstler in seinen Kreis zu ziehen. Sie sind Juwelen in der Krone. Lesueur, inzwischen Kapellmeister der Tuilerien-Kapelle – die nun zur Kaiserlichen Kapelle aufstieg –, konnte im Juli des Jahres mit der lyrischen Tragödie ›Ossian oder Die Barden‹ einen beachtlichen Erfolg verbuchen – auch beim Kaiser. Der ließ den Komponisten in die Loge bitten; die Opernbesucher applaudierten der öffentlichen Ehrung. Lesueur stand an der Logenbrüstung neben der Kaiserin, während Napoleon – um sich als kunstverständig und damit dem Musiker ebenbürtig zu erweisen – die ersten beiden Akte lobte. Den dritten erklärte er für ›unzugänglich‹. Nun ja, die Dienstherrschaft wußte schon immer unterhaltsame Kost zu schätzen, die ihrem Ohr keine Komplikationen zumutete. Am folgenden Morgen erschien ein General bei Lesueur und überbrachte eine Tabaksdose aus Gold mit der Inschrift »Der Kaiser der Franzosen dem Autor der Barden«. Als der Beschenkte den Deckel aufklappte, lag da schimmernd das Kreuz der Ehrenlegion – neben einem Bündel Banknoten, 6000 Franc insgesamt.
Seither kümmerte sich der Kaiser mäzenatisch um den Musiker und nicht um ihn allein; das geschah auf die naiv-direkte Art, die Politikern oft zu eigen ist, indem er, was ihm gefiel, honorierte. Lesueurs biblische Kantate ›Deborah‹ zum Beispiel begeisterte Napoleon so, daß er dem Urhe-

ber eine Pension aussetzte. Der stattete gehorsamen Dank ab. Er schrieb seine nächste Oper über einen Gnadenakt Napoleons. Fast selbstverständlich, daß dieser ›Triumph des Trajan‹ mit allerhöchstem Segen mehr als hundertmal über die Bühne ging. Allerdings hing der Segen ein bißchen schief, denn derart sklavisch und grob wollte sich der Souverän gar nicht verherrlicht sehen. Wie sich herausstellte, ging das Sujet auf eine Empfehlung des Polizeichefs zurück ... na also! Am Kassenertrag konnte der Kaiser abschätzen, wie sehr ihn das Volk liebte. Die Inszenierung kostete 100000 Franc; sie brachte 520000 ein. Schöne Porträts, vielleicht nicht penetrant reklamebunt, sind das, was die Dienstherrschaft begehrt.

Daraus folgt, daß der hohe Herr sich schon überzeugen möchte, was in einem Werk drinsteckt, noch während es entsteht. Daher seine unüberwindliche Lust, Generalproben mit seinem Besuch zu beehren. Will er ganz sicher gehen, dichtet er die Operntexte selber. Dann vertonen die Komponisten sie um so lieber. Friedrich der Große hat sich dessen ab und an gern vergewissert. Kontrolle verhindert unliebsame Überraschungen. Da hatte Napoleon aus Neapel den berühmten Giovanni Paisiello kommen lassen, damit der sich der Kapelle annähme. Dafür genoß er Einkünfte und Ehren eines Fürsten, nicht geringer Anreiz, die Erfolgsserie seiner italienischen Opern mit einer französischen fortzusetzen, ›Proserpina‹ also. Eines Tages befiehlt Napoleon eine Probe des Werks in seiner Residenz. Man trommelt die Mitwirkenden eilig zusammen. Er hört sich ruhig an, was geboten ist. Dann übt er grundsätzliche Kritik. Die Deklamation der Arien und Chöre tauge nichts. Der Komponist glaubt, nicht richtig gehört zu haben. Schließlich hält er sich für berufen, gerade er, auch französische Texte exakt zum Fluß und zur Akzentuierung der Sprache in Musik zu setzen. Da hätte sogar eine Widmung nichts ausgerichtet. Das Beispiel von Étienne Nicolas Méhul ist noch frisch. Dem hatte der Souverän – noch Erster Konsul – gesagt, in Paris sei keiner, der eine richtige Buffo-Oper fertigbringe. Méhul nahm das als Aufforderung und komponierte ›L'Irato‹, eine Buffa, die von der Parodie auf die Gattung lebte. Eben dies paßte dem hohen Herrn jedoch nicht; Parodie dünkte ihn niedrig. Zwar lobte er das Werk; doch die Widmung an ihn wertete er als Beleidigung und entzog dem frechen Musiker seine Gnade.

Schon hatte man aus dem Munde eines Gekrönten und Gesalbten die Behauptung vernommen, »Ich bin der Staat!« Besitz von Macht gebiert, so will es scheinen, stets wahnhafte Ansprüche. Die Musikliebe des Machthabers ist daher immer eine unglückliche, weil sie den geliebten Gegenstand ruiniert durch erdrückende Umarmungen. Möglich, daß Hofmusiker im weitesten Sinne des Wortes sorgenfrei lebten, manchmal gar Reichtümer erwarben. Die Musik verkommt jedoch bei so viel Pflege und Förderung ... und autoritärem Eingriff. Wo jedes Räuspern »von oben« nicht ignoriert werden kann, weil dahinter staatliche Zwangsmittel drohen, »macht« nicht mehr der Künstler die Kunst. Der Souverän weiß: »Ich bin die Kunst!« Er hält es für selbstverständlich, Aufführungen zu verbieten oder gnädigst zu befehlen – wie König Ludwig II. von Bayern per Kabinettsorder ›Tristan und Isolde‹. Er nimmt sich heraus, zu loben und zu tadeln – wie König Friedrich I. von Württemberg, der durch Kabinettsorder vom 20. April 1820 eine Aufführung der ›Zauberflöte‹ verriß:

Chöre und Orchester sangen und spielten falsch, die Dekorationen gingen zum Erbarmen, mit einem Wort, es hätte eine herumziehende Komödiantentruppe in einer Dorfschenke nicht erbärmlicher erscheinen können. Se. Majestät wollen die dem Publiko und Allerhöchstderselben schuldigen Ehrfurcht zuwiderlaufende Art der gestrigen Opernaufführung – diesem Unfug für allemal gewehrt wissen.

Friedrich, König.[89]

Daß zu dieser Zeit noch kaum eine regelmäßige öffentliche Fachkritik notwendige Korrektive bieten konnte, ist unerheblich. Sie hätte nie so folgenschwer eingreifen können wie der höchste Dienstherr des Opernpersonals, also auch nicht so einschüchternd, Raum für Irrtum völlig ausgeschlossen. Machthaber bekommen keine Skrupel, wenn sie mit »ihrem« Staat auch »ihre« Musik regieren, und das läuft ganz normal unter dem Titel Kunstförderung. Für sie bedeutet das nie, der Kunst ganz generell – und auch volkserzieherisch – zu schöner Blüte zu verhelfen. Sie wollen stets ein ganz bestimmtes Kunstprodukt erzeugen, das ihnen nach Funktion, Ästhetik und »Inhalt« nützlich oder angenehm erscheint. Nicht immer verstehen Musiker so ganz rasch und hinreichend deutlich, was »oben« von ihnen erwartet wird. Da halfen spezifizierte Werkaufträge zur Verdeutlichung »allerhöchster« Wünsche. Spielraum für Künstlerfreiheit bleibt kaum; der Künstler ist nicht alleiniger und manchmal nicht einmal ausschlaggebender Gestalter seines Werks. Der letzte deutsche Kaiser, Wilhelm II., verdeutlichte, wer Herr im Tempel der Kunst ist:

Eine Kunst, die sich über die von Mir bezeichneten Gesetze und Schranken hinwegsetzt, ist keine Kunst mehr, sie ist Fabrikarbeit, ist Gewerbe, und das darf die Kunst nie werden. Mit dem viel mißbrauchten Wort »Freiheit« und unter seiner Flagge verfällt man gar oft in Grenzenlosigkeit, Schrankenlosigkeit, Selbstüberhebung. Wer sich aber von dem Gesetz der Schönheit und dem Gefühl für Ästhetik und Harmonie, das jedes Menschen Brust fühlt, ob er sie auch nicht ausdrücken kann, loslöst und in Gedanken in einer besonderen Richtung, einer bestimmten Lösung mehr technischer Aufgaben die Hauptsache erblickt, der versündigt sich an den Urquellen der Kunst.[90]

Eine charakteristische Definition der Kunst, die Modernes von vornherein ausschließt. Machthaber können überhaupt nicht für »fortschrittliche« Kunst eintreten, solange sie stets auf Erhaltung der Macht sinnen, also konservativ sind, und obendrein auf »Aussage« zum Zweck der allerseits verständlichen Selbstdarstellung pochen. Diesen Kaiser drängte es, sich auch in der Musik zu verewigen, und das Resultat kennzeichnet zur Genüge, was sie ihm bedeutete.

Im Februar 1894 erhielt der italienische Opernkomponist Ruggiero Leoncavallo den ehrenden Auftrag des deutschen Kaisers, eine Oper zu liefern, nicht irgendeine nach eigener Wahl, versteht sich. Eine deutsch gesungene sollte es sein. Weiteres war auch schon bestimmt: der Stoff, nämlich der mehr als fünfzig Jahre alte Roman ›Der Roland von Berlin‹ von Willibald Alexis, ferner der Librettist, nämlich der Kaiserliche Intendanturrat Prof. Emil Taubert. Der Stoff erinnerte – im Rückgriff auf 1442 – an den brandenburgischen Kurfürsten Friedrich II. mit dem sinnigen Beinamen »Eisenzahn«. Daß es nicht um sentimentale Wiederbeschwörung eines fernen Ahnen des Auftraggebers ging, sondern um handfeste Innenpolitik, enthüllte die Presse:

Die Tat dieses Mannes, der den Eigenwillen der Städte zwang, ist wahrlich nicht geringer als die Tat seines Vorgängers, des Vernichters der alten Raubritterherrlichkeit. Einzelne recht aktuelle Gründe mögen den Kaiser veranlaßt haben, seine Vorliebe möglichst auffallend zu äußern. Zwischen Stadt- und Staatsrecht gibt es wieder einmal Grenzstreitigkeiten. Wilhelm II. mochte zeigen wollen, daß er von den Städten dieselbe Gefügigkeit verlangte wie sein Ahnherr Friedrich II. Besonders von der Stadt, deren erster Bürgermeister Kirschner heißt.[91]

Die innige Neigung der Machthaber gerade zur »erzählenden« Form der Oper, in der Text, Handlung und Bühnenbild konkrete Sinnfixierung erleichtern, folgt aus ihrem Drang, machtstabilisierende Breitenwirkung auszuüben. Wahrscheinlich durchschaute Leoncavallo nicht, daß er als Werkzeug der Innenpolitik des Deutschen Reiches mißbraucht werden sollte. Deutsch konnte er nicht; die Korrespondenz bediente sich des Französischen. Musik und soziale Zustände in der Mark Brandenburg des Mittelalters waren ihm einerlei. Dennoch nahm er den Auftrag an. Zwar lief sein Meisterwerk ›I Pagliacci‹ außerordentlich erfolgreich, nicht nur in Italien und dem übrigen Europa, sondern sogar in den USA; es ging also nicht um Geld, sondern um die Auszeichnung, schöpferischer Partner eines Kaisers sein zu dürfen. Mehr bot sich auch gar nicht. Die Oper fiel durch, weil es ihr an Glaubwürdigkeit gebrach. Damit durchkreuzte sie wohl auch die innenpolitische Zweckbestimmung.

Wilhelms Überzeugung – »Das Theater ist auch eine meiner Waffen«[92] – von der moralischen Nutzbarkeit der Kunst in seinem Sinne erlitt jedoch kaum Einbußen; Machthaber tun sich schwer im Dazulernen. Außerdem glaubte er an seine Sendung als Wohltäter der Künste. Kein Wunder demnach, daß er nach einem Liederwettbewerb 1903 in Frankfurt am Main die Dirigenten der Männerchöre zusammenrufen ließ und ihnen eine Standpauke über die rechte Art Chormusik hielt. Volkslieder seien besser als diese neuen Kompositionen mit ihren zu langen Texten und der komplizierten Faktur; Einfachheit und Markigkeit sei Trumpf:

Die Sentimentalität, die in jeder deutschen Seele ruht, soll in poetischen Schöpfungen auch zum Ausdruck kommen; aber da, wo es sich um Balladen und Mannestaten handelt, muß der Männerchor energisch zur Geltung kommen, am besten in einfachen Kompositionen.[93]

Weil ihm der Zustand des Männerchorwesens nicht behagte, verhieß er eine sozusagen Kaiserliche Liededition. Diese erschien nach Jahren der Vorbereitung durch eine Kommission 1907 und offerierte 610 alte und neue Lieder in Bearbeitungen für Männerchor, »herausgegeben auf Veranlassung Sr. Majestät des Deutschen Kaisers Wilhelm II.«. In die Reihe seiner Unternehmungen zur Förderung der Musik fiel auch eine Anweisung an die Intendanz des Hoftheaters Wiesbaden, sie habe am Ende eines jeden Spieljahrs sieben Aufführungen – also eine »Volksfestspielwoche« – mit ermäßigten Eintrittspreisen von 25 Pfennig bis eine Mark fünfzig zu veranstalten. Das war ebenfalls 1907. Je mehr Aufführungen vor je größerem Publikum, desto wertvoller die Kunst; je wertvoller sie, desto markanter das Profil des Machthabers.

Auch auf der anderen Seite, in Frankreich, verfuhren sie nach dieser Wunscherkenntnis. Da erließ der Unterrichtsminister in Paris ein Preisausschreiben für eine Oper. An den Komponisten fielen nur 2500 Franc, doch standen zugleich 10000 Franc für die Aufführung der Sieger-Oper im Théâtre Lyrique zur Verfügung. Ein Libretto erhielten die Interessenten kostenlos: ›La Pupille de Figaro‹ von Henri Faure, gedruckt auf Staatskosten in hinreichend vielen Exemplaren. Zwar waren auch Texte eigener Wahl zugelassen; aber wer konnte sicher sein, wieweit die Jury solche berücksichtigen würde? Im ganzen ein schlechtes Geschäft. Die Schaffung einer Oper braucht Zeit und Energie, und die Gefahr, auf einer Partitur sitzenzubleiben, weil sie angesichts eines preisgekrönten Werks zum gleichen Text nicht mehr die geringste Aussicht auf Aufführung hätte, wuchs sich zur Existenzbedrohung aus. Sieger kann nur einer sein.

Aber wie sonst läßt sich Kunstschaffen »von oben« anregen? Vielleicht durch eine behördliche Quotenregelung zugunsten der Zeitgenossen? Auch diese Idee tauchte immer wieder auf – und unter ganz verschiedenen Herrschaftsverhältnissen. Zu jener Zeit – 1904 – trug der neue Direktor des Kunstwesens beim Unterrichtsministerium in Paris, ein Mann mit Phantasie und, weil Frankreich Republik war, mit einem gehörigen Quantum Macht, ein praktikables Fördersystem vor. Die beiden großen

Konzertinstitute, die Concerts Colonne und die Concerts Lamoureux-Chevillard, bezogen jedes 15000 Franc Subvention aus der Staatskasse. Dies schien dem findigen Direktor der passende Hebel. Also führte er für sinfonische Musik ein, was bei den subventionierten Theatern, der Oper und der Opéra Comique, reglementierte Gewohnheit war. Ab 7. Februar hatten die beiden Orchesterinstitute die Pflicht, in den 24 Sonntagskonzerten je Saison mindesten drei Stunden Novitäten französischer Herkunft zu bieten... wenn nicht, verloren sie ihren Zuschuß. Das Zwangssystem förderte eine Menge unwichtiger, sonst nie mehr zu Bedeutung gelangter Namen ans Licht, verprellte die Abonnenten und erboste die ohnehin meist Neuem noch mißtrauenden Kritiker. Solche Muß-Musik verdarb vielen Neulingen die Chance. Unter diesen war eine Frau, Rita Strohl, die sich mit Liedern der Bilitis in der Übertragung von Pierre Louÿs einen Namen gemacht hatte. Sie präsentierte Camille Chevillard Ende des Jahres mit drei impressionistischen Préludes. Er schien etwas beweisen zu wollen, und die Kritiker waren nicht abgeneigt, ihm zu glauben:

Er ließ zu seiner Rechtfertigung erklären, er müsse sich an seinen Subventionsvertrag halten und, da ihm von ungespielten Werken lebender französischer Tonsetzer nichts Besseres angeboten worden sei, habe er wohl oder übel die Präludien von Rita Strohl vortragen müssen.[94]

Quotenzwang, so gehandhabt, fördert nichts weiter als die Programmstatistik, nicht die Musik – und den Musikern kann er, wie hier, mehr schaden als nützen. Dennoch gab es immer wieder Versuche, Quoten durchzusetzen. Immer wieder probierte man es mit dem fragwürdigen Mittel; auch Komponisten riefen danach. So etwas blühte natürlich – als Möglichkeit, ausländische »Überfremdung« zu verhindern – besonders im Regime Hitlers. Der Katalog der üblichen Verfahren der Musikförderung ist wenig differenziert.

Die Geschichte beweist jedoch, daß die Musiker, wurde es notwendig, selber auf gute Gedanken kamen, wie sich die Dienstherrschaft zur Öffnung von Herz und Schatulle veranlassen ließ. Machthaber, das erfuhren sie dabei noch nebenher, sind auch nur Menschen, die sich gern ehren lassen. Ehrung bedeutet konzentrierte Aufmerksamkeit durch einen irgendwie privilegierten Menschen, wobei viele unprivilegierte, im Idealfall das ganze Volk, applaudierende Zuschauer sind. Nicht nur der »kleine Mann« – in der Tat scheint es mehr ein maskuliner als femininer Drang zu sein – bedarf der Ehrung, sondern der große womöglich noch mehr. Denn ohnehin mit Ehren überhäuft zu werden, führt zur Gewöhnung, wird Alltagszustand und weckt Sehnsucht nach mehr. Obrigkeiten nehmen daher jede weitere Ehrung noch williger entgegen als irgendeine frühere. Sie gieren danach, immerfort geehrt zu werden. Das ist die Chance für Musiker. Denn sie haben Ehren zu verschenken; nun ja, nicht gerade zu verschenken... Es geht schon um ein solides Tauschgeschäft:

Förderung gegen die Ehre einer Widmung zum Beispiel. Musikgeschichte unter dem Aspekt von Werkwidmungen wäre gewiß ein spannendes Abenteuer.

Ehre kann sogar »um die Ecke« dediziert werden. Musiker brauchen manchmal indirekte, dafür vielleicht um so wirksamere Fürsprache. Dann geht die Wirkung am Allerhöchsten vorbei – und erreicht ihn aus unvermuteter Richtung dennoch. Joseph Haydn, damals Kapellmeister des Fürsten Esterházy, schrieb einmal eine Sammlung deutscher Lieder für Klavier und Singstimme. Diese widmete er nicht dem kunstsinnigen Dienstherrn, sondern »aus besonderer Hochachtung der Mademoiselle Clair«... Ein Brief an seinen Verleger in Wien verriet, daß es eine Dedikation »um die Ecke« war:

Unter uns gesagt, diese Mademoiselle ist die Göttin meines Fürstens. Sie werden wohl einsehen, was dergleichen Dinge für Eindruck machen.[95]

Fürst Nikolaus Esterházy, nicht mehr ganz jung, muß diese Ehrung seiner viel jüngeren Mätresse, wie von Haydn gewollt, freudig auf sich selber bezogen haben. In der Regel reichen jedoch Werkwidmungen aus, die geradewegs auf den Mäzen oder die Person zielen, die der Künstler sich als Mäzen wünscht.

Dabei kann es Abenteuer zu bestehen geben. Will man wörtlich nehmen, was Rossini 1843 – wie sein Biograph Eugène de Mirecourt später versicherte – bei einem Besuch in Paris erzählt hat, rettete er durch eine Widmung sein Leben. Am 5. April 1815 versuchte, bewogen durch die Wiederkehr Napoleons, dessen Schwager Murat, seinen Thron wiederzugewinnen, und rief Italiens Unabhängigkeit gegen Österreich aus. Rossini in Bologna beteiligte sich künstlerisch an der patriotischen Aktion; auf einen Text von Giovanni Battista Giusti komponierte er eine ›Hymne an die Unabhängigkeit‹. Diese, am 15. April in Anwesenheit des Königs uraufgeführt, begeisterte die Bologneser; die »Marseillaise italienne« schien geboren. Kurz darauf nahmen die Österreicher jedoch die Stadt wieder ein und legten schwarze Listen an. Die Hochverräter sollten abgeurteilt werden, wie üblich zum Tode. Auf einer dieser Listen stand Rossini. Er floh nicht, sondern schrieb die verräterische Hymne rasch um. Dann ließ er sich beim Sieger, dem General Stephanini melden, überreichte ihm feierlich eine Rolle Papier, die mit Band in den österreichischen Farben umwickelt war, und sprach:

General (...), ich habe geglaubt, unserem großmütigen Kaiser Franz huldigen zu müssen und daher den ›Retour de l'Astrée‹ in Musik gesetzt. Ich überreiche Ihnen diese Hymne, welche die Musikkorps Ihrer Regimenter aufführen werden, wenn es Ihr Belieben ist.[96]

Der General überzeugte sich, indem er das Werk entrollte, und belohnte den Komponisten mit einem Passierschein. Rossini reiste eilig ins sichere Neapel ab. Der Schwindel kam heraus, als die Militärmusik der Sieger das

Münchener

PUNSCH.

Ein humoristisches Originalblatt von M. E. Schleich.

Zwanzigster Band.

Nro. 11. Halbjähriger Abonnementspreis: in Bayern 1 fl. Im Ausland erfolgen die üblichen Postaufschläge. 17. März 1867.

Nur ein vorübergehender Besuch.

Wagner klopft bei der Staatskasse an

Werk »aus der Taufe hob« und die Bologneser die Melodie wiedererkannten, zu der sie eben noch gesungen hatten »Erhebe dich, Italien, die Stunde ist da!«.[97] Solche Abenteuer waren jedoch nicht die Regel. Der Vorgang der Widmung – wie selbstverständlich, wenn es ans Schenken geht – ist wohlüberlegt, geradlinig, fast geschäftsmäßig. Entsprechend quittiert der Empfänger. Hat der Geber Glück und stößt auf Verständnis, dann kann er die Antwort unter Glas rahmen lassen und als Beweis für widerfahrene Auszeichnung herumzeigen. Wer so angesprochen wird – »Allerdurchlauchtigster, Großmächtigster, Allergnädigster Kaiser und Herr« –, der revanchiert sich wie Kaiser Wilhelm I. gegenüber Brahms:

Berlin, den 10. Dezember 1872
Des Kaisers und des Königs Majestät haben das in diesen Tagen von Ew. Wohlgeboren eingereichte Dedications-Exemplar Ihrer Composition »Triumphlied« huldreichst entgegenzunehmen und mich zu beauftragen geruht, Sie unter dem Ausdrucke des Dankes für die Einsendung zu dem nach sachverständigstem Urtheile mit dieser Composition von neuem errungenen künstlerischen Erfolge in Allerhöchst Ihrem Namen zu beglückwünschen. Es gereicht mir zu besonderem Vergnügen, mich dieses Auftrages hiermit zu entledigen.

Der Geheime Kabinets-Rath
(gez.) von Wilmowski.[98]

Dem Komponisten muß das gutgetan haben. Zwar konnte niemand an seinem schöpferischen Ruf zweifeln; aber die kämpferischen Töne der »Neudeutschen« um Wagner und Liszt, die den »Klassizisten« das Geschäft verderben sollten, ärgerten ihn doch. In diesem Streit um künstlich hochgespielte Fragen der Ästhetik konnte ein mächtiger Bundesgenosse gewiß dienlich sein. Für den Anlaß sorgte Wilhelm selbst, indem er – so sah man das jedenfalls in Paris – nach der Vorherrschaft in Europa griff und sein Kanzler Bismarck ein Ersuchen Napoleons III. um Garantie gegen die Inthronisation eines deutschen Prinzen in Spanien barsch beantwortete. Nun erklärte Frankreich ihm den Krieg. Bei den Deutschen marschierte nationale Begeisterung mit, die sich noch mehr als ein Menschenalter später bei dem Biographen des Komponisten unbändig Luft machte:

Das gerechte Gericht der göttlichen Vergeltung hatte den Erbfeind der deutschen Nation ereilt und das stolze Babel an der Seine gedemütigt. Vom Himmel herab sandte der Herr den Vollstrecker seines Willens, daß er mit Gerechtigkeit streite. Er reitet das weiße Pferd, auf welchem auch der erste apokalyptische Reiter sitzt, dem die Krone und der Sieg gegeben war (...). Wer ist dieser König aller Könige und Herr aller Herren? Brahms hat die Frage mit dem Namen beantwortet, den er auf das Kleid seines Werkes schrieb. Auf dem Widmungsblatt der Partitur sehen wir die deutsche Kai-

serkrone im Strahlenglanze eines zwölfzackigen Sternes schweben und lesen darunter die Worte: »Seiner Majestät Kaiser Wilhelm I. ehrfurchtsvoll zugeeignet vom Komponisten.«[99]

Eigentlich war das ganz einfach. Wenn dann ein historischer Augenblick und – beim Geber wie beim Adressaten der Widmung – gesteigertes Bedürfnis nach Teilhabe, hier an der Kunst, dort am Hochgefühl des kriegerischen und politischen Triumphes, zusammenfallen, kann Erfolg überhaupt nicht ausbleiben. Es ist ein typisches Phänomen der Musikgeschichte. Jeder wollte dabeisein, ob nun zu den Großen gehörend oder ein unbedeutender Kleinmeister aus der hintersten Provinz:

Unser verehrter Mitbürger Herr Cornelius Rübner erhielt aus dem Cabinet Ihrer Majestät der Kaiserin Augusta ein Allerhöchstes Dankschreiben für die Übersendung des von ihm componierten Kaiserliedes. Den Text zu diesem Lied dichtete Frau Elise Kratt-Harweng. Sollte es möglich sein, daß diese vaterländische Composition am nächsten Kaiserbanket durch die vereinigten Männergesangvereine zur Aufführung käme? [100]

Rübner war damals Assistent des Dirigenten Felix Mottl in Karlsruhe, wohnte aber in Baden-Baden, ein ehrgeiziger Mann, dem die einige Jahre später errungene Position eines Direktors des Philharmonischen Vereins und Lehrers am Konservatorium nicht genügte, so daß er 1905 nach New York wechselte... immerhin ins Lehramt an die Columbia-Universität. Jedoch war es wohl kaum das ›Kaiserlied‹, das ihm drüben die Türen öffnete.

Fraglos setzen die meisten Komponisten ihre Hoffnung auf eine Partitur, die sie für politisch »brauchbar« halten, die vielleicht im Gefolge einer historischen Aktualität den Weg machen könnte. Am Ende gehört ja doch eine Portion Künstlernaivität dazu anzunehmen, Politikern könnten auch solche Werke höchst willkommen sein, welche von den Zielen des Tages weitgehend abstrahiert sind und zur Machterhaltung höchstens mittelbar beitragen. Der Appell an den erlauchten Musikfreund und nicht an das erste Ich des Machthabers kann dennoch auf Gehör hoffen, wenn er so rührend und »wie mit Engelszungen« vorgetragen wird:

Eure Kaiserliche und Königliche Apostolische Majestät!

Der Allerunterthänigst Gefertigte, dem vor einigen Jahren das so hohe Glück zu Theil ward, die höchst auszeichnende Allerhöchste Erlaubniß zu erhalten, nach Vollendung seiner achten Sinfonie eine allerunterthänigste Bitte am Allerhöchsten Throne zu Höchstdessen Füßen unterbreiten zu dürfen, ermuthigt sich in tiefster Ehrfurcht zu bitten: Eure Kaiserl. und Königl. Apostol. Majestät wollen allergnädigst geruhen, die allerehrfurchtsvollste Dedication im Falle Allerhöchster Auszeichnung allergnädigst Gnade zu bewilligen, u. im Falle Allerhöchster Auszeichnung allergnädigst gestatten, die allerunterthänigste Dedication auf das Titelblatt der Partitur setzen zu dürfen! [101]

Der rhetorische Kniefall mit gehäufter Benutzung von Superlativen und überdrehter Unterscheidung von »oben« und »unten« gehört zum Spiel, das immer auch dem Pech einer Ablehnung vorbeugen soll.

Nicht nur Kaiser und Könige bekamen Partituren »mit dem Ausdruck der Verehrung« überreicht. Entscheidend war, ob der Beschenkte Namen, Rang und Einfluß hatte, so daß Profil in jeglicher Beziehung zu erwarten stand. Widmungen an Ehefrauen, Freunde und Freundinnen kommen dagegen ziemlich selten vor. Diese konnten ja doch nur Zuneigung beweisen und darüber hinaus und erst recht für die Karriere kaum von Nutzen sein. Gibt es überhaupt einen Politiker, der sich keine Noten hat widmen lassen? Reichspräsident Hindenburg, die Spitzenfunktionäre des nationalsozialistischen Regimes, Stalin, Mussolini in Italien, die führenden Politiker der DDR, zum Beispiel Wilhelm Pieck, Otto Grotewohl oder Walter Ulbricht akzeptierten diese zusätzlichen Ehrungen durch Komponisten. Daß solches Geschenk keinen materiellen Wert hat, dafür um so mehr Geistiges symbolisiert, also keinesfalls als Bestechung ausgelegt werden kann, machte die Annahme leicht. So von seinen Genies beschenkt, mußte der Machthaber meinen, er sei der Verwirklichung der autoritären Utopie einen Schritt näher. Dies ist so zu verstehen:

Besitz von Macht zwingt zu unablässigen Versuchen, nicht nur Recht und Moral zu bestimmen, sondern auch die Tonkunst. Dies ist so etwas wie unausweichlicher Situationszwang. Es treibt den Machthaber, sich fortwährend sämtlicher Instrumente zur Erhaltung und Ausübung der Macht zu versichern. Ob es sich überhaupt um praktikable Instrumente für diesen Zweck handelt oder ob er sie nur für solche hält, ist unerheblich. In der Natur der Macht liegt es, daß sie den Untertanen, den Beherrschten, lückenlos bewußt gemacht werden muß. Sie muß fortwährend verteidigt und nach außen demonstriert werden. Zur Macht gehört die Macht-Show. Inhaber von Macht bewegen sich in einer Wahnwelt. Sie leiden unter dem peinigenden Gedanken, irgendwie könnte ihre Macht verlorengehen oder auch nur ein wenig schwinden. Diese paranoische Angst verlangt Vorsorge für den Eventualfall. Machthaber handeln daher unter dem Zwang, alle von ihnen beherrschten Bereiche kontrollieren und persönlich gestalten zu müssen. Sie gerieren sich als Anreger, Baumeister, eben Künstler. Ob ihre Moral, Phantasie oder intellektuelle Kraft dazu überhaupt ausreichen, ist keine Frage, die sie interessiert. Sie handeln.

Auch wenn sie wirklich Musikfreunde sind, handeln sie oft ohne das Minimum von moralischen Kriterien, die ihnen die Musik, hätte Platon recht, eigentlich vermittelt haben müßte. Betroffen machte Adorno einmal Bilanz:

Der allgemeine, zumal moralische Bildungswert von Musik, wie ihn eine auf die Antike zurückgehende Tradition dogmatisch unterstellt, ist heute überaus ungewiß. Max Frisch hat darauf hingewiesen, daß unter den furchtbarsten Exponenten des nationalsozialistischen Grauens einige, wie Heydrich, Frank und Keitel, offenbar ernsthaft musikalisch waren, ohne daß ihre ästhetische Kultur sie in ihrem blutigen Handwerk behindert hätte.[102]

Möglich, daß Musik eine Art Tarnung für negative Charaktere hergibt, und da ist in der Tat immer Bedarf. Die Politiker der sogenannten freiheitlich-demokratischen Länder, mag ihre Macht auch vergleichsweise bescheiden und mittelbar sein, halten sich in dieser Beziehung keineswegs vornehm zurück. Zwar sind sie – anders als Diktatoren und Putschgeneräle – wahlperiodenweise austauschbar. Doch spült das System der »demokratischen Mehrheitsentscheidungen« mit wenigen Ausnahmen einen bestimmten Typus an die Spitze. Mehrheiten sind Quantitäten, zu zählen, nicht zu wägen. Die numerisch kärgliche Elite der Informierten, Kritischen, Verantwortlichen fällt per Wahlmodus aus; noch immer gilt das Sprichwort »Gleich zu gleich gesellt sich gern«... auch per Wahlzettel. Dieser Umstand beleuchtet, weswegen demokratisch an die Macht gekommene Politiker so normal – eben wie Inhaber staatlicher Gewalt sonst auch – reagieren, indem sie sich mit Tonkunst schmücken, die sie als »unsere« ausgeben.

Das rührt an ein psychologisches Faktum. Nicht von ungefähr heißt Staatskunst »Kunst«, als handle es sich um einen schöpferischen Akt und nicht nur um Reaktionen auf Ereignisse und Verwaltung und Ausgleich von Interessen. Staats»geschäfte« werden verbrämt als künstlerische Offenbarung, just gerade als das, was Politikern zumeist abgeht. Selten tut ein Musiker den Schritt ins Regierungsamt. Ignace Paderewski – Patriot und Verkörperung des polnischen Freiheitswillens – stieg, nachdem seine Rückkehr in die Heimat 1918 einen Aufstand gegen das deutsche Militär in Posen mit Unterstützung der Arbeiter- und Soldatenräte ausgelöst hatte, zum Staatspräsidenten und Außenminister der neuen Republik Polen auf. Daß er nach einem Jahr die Funktionärsposten, ehrenvoll wie sie waren, niederlegte, zeigt wohl, weshalb die musikalische nichts mit der angeblich politischen Kunst zu tun hat. Umgekehrt freilich drängen sich die Politiker zur Kunst, nicht nur, weil sie ihnen populäre öffentliche Auftritte beschert. Die Chance, sich bei den Bayreuther Festspielen im Glanz gerade dieser Kunst »dem Volk« zu präsentieren, nutzten Präsidenten der ersten deutschen Republik so unbefangen wie Hitler und nach ihm Bundespräsidenten der BRD und ihre Spitzenpolitiker, nicht zu vergessen Franz Josef Strauß.

Musik vermittelt ihnen die sinnliche Erfahrung von Macht. Deswegen neigen sie dazu, sich die Tonkunst auf irgendeine möglichst übertragene Weise – in Projektion gleichsam – anzueignen. Anders als altvordere Machthaber bringen ihre zeitgenössischen Nachfolger aber weder Zeit

Hitler in Bayreuth. Ausschnitt aus UFA-Tonwoche 412/1938

noch Geduld mit, Musik zu erlernen. Gemessen an deutschen Bundespräsidenten, war Friedrich der Große eine musikalische Koryphäe, und
ich denke dabei nicht nur an Heinrich Lübke. Sicher, da schlägt zuweilen
auch Schulbildung oder Elternhaus zu Buch. Manche Politiker können
durchaus – mehr oder weniger vollkommen – Klavier spielen. Von Goebbels weiß man das, von Mussolini, der außerdem auf der Geige dilettierte,
von John F. Kennedy und Richard Nixon, auch von Walter Scheel, Helmut Schmidt und mehreren anderen; selbst Hitler genoß in seiner Jugend
einige Monate Klavierunterricht und schickte sich an, eine Oper zu komponieren. Scheel hat sich sogar als Sänger profiliert. Er sang sich gar bei
Radio Luxemburg in die Hitliste – mit diesem Evergreen »Hoch auf dem
gelben Wagen«, jenem einsamen Erfolg eines Urhebers, der auch NS-
Kampf- und Marschlieder fabriziert hatte. Gehorsam quittierte die deutsche Provinz, als sei sie darauf bedacht, sich als solche zu erweisen, dem
Bundesaußenminister unter Verwechslung nicht nur von Ursache und
Wirkung, sondern auch der Größenordnungen:
*Ignarz Paderewski, ehemaliger polnischer Außenminister und Minister-
präsident, war übrigens der letzte Politiker, der vor rund 50 Jahren als
»Meister des Klaviers« einen ähnlichen musikalischen Erfolg verbuchen
konnte wie heute Walter Scheel.*[103]

Gesang scheint für Politiker mehr mit Musik zu tun zu haben als »musikalische« Musik; General Charles de Gaulle, nachmals französischer Staatspräsident, konnte jedenfalls die ›Marseillaise‹ singen. Und Bundeskanzler Kohl das Deutschlandlied, Strophe 3.

Abgesehen von der Nationalhymne, die im engsten Sinne »unsere« Musik ausmacht, versuchen Politiker, sich Tonkunst einzuverleiben, ohne sie erlernen und einüben zu müssen. Das geschieht, so kräftesparend wie natürlich, gleichsam durch Osmose, ist wie diese ein physikalischer Vorgang. Der Inhaber staatlicher Gewalt sieht Musik und Musiker des Landes als »meine«. Eigentum – nicht wahr? – bedeutet Macht. Gleiche Staatsbürgerschaft begründet den Anspruch formell. Kaiser, Könige, Präsidenten behandeln die Kunst ihres Herrschaftsbereichs als eigene... was für eine praktische Möglichkeit zur Identifikation. Nicht daß sie sich etwa versucht sähen, Musiker als gleichberechtigt zu akzeptieren, gar die Macht mit ihnen zu teilen. Die Identifikation funktioniert gerade umgekehrt. Der Politiker identifiziert die Künstler nicht mit sich, sondern sich mit den Künstlern. Dies verpflichtet auch nicht übermäßig. Da kann einer dann sogar der »erste Künstler des Staates« werden, wenn ihm die Lakaien dies bestätigen. Selbst wenn es so weit nicht kommt, zehrt er existentiell von Musik und ist daher immer für Werkwidmungen zu haben.

Grenzen zeigen sich gelegentlich da, wo die Identifikation gestört wird. Nach der Machtübernahme 1933 gingen bei der Reichskanzlei – wie in der Parteikanzlei und bei Ministerien – buchstäblich Stöße von Noten ein, zumeist mit freundlichem Widmungsangebot. Ein Lektor, später eine personell besser ausgestattete Musikprüfstelle, wühlte sich da durch. Das Gros der Arbeiten war – wie der im Auftrag des Propagandaministeriums tätige jüdische Fachmann genüßlich gutachtete, ehe er sich im Oktober 1934, vierzigjährig, das Leben nahm – konjunktureller nationaler Kitsch. Die besseren Komponisten hatten von vornherein verzichtet. Vieles kam »aus dem Volk«, nicht von »Gottbegnadeten«. Da verbot sich Identifikation von selber. Also ließ Hitler fast stets verlauten, »aus grundsätzlichen Erwägungen« könne keine Widmung angenommen werden.

Was die identifikatorische Tendenz angeht, beruht sie wohl im wesentlichen darauf, daß es viel einfacher ist, sich die anderen nützlichen Fertigkeiten anzueignen. Sprechen und Schreiben lernt man in Elternhaus und Schule, Zeichnen auch, die Kunst der Inszenierung durch »das Leben« und die eigne psychische Disposition. So liegt es nahe sich einzubilden, in Literatur, Theater und bildender Kunst mitreden zu können, den Fachleuten ebenbürtig zu sein. Politiker tun das. Musik war Schulstoff nur in Form von Gesang, und der fand bestenfalls halbherzig Anklang; Gesang ist zudem nicht die ganze Musik. Die muß studiert und beherrscht werden. Deswegen stellt gerade sie, in der nur wenigen Meisterschaft gegeben ist, das höchste Ziel für die Identifikation dar, ganz unabhängig vom jeweiligen politischen Glaubensbekenntnis. Persönliche Interessenlage gibt den Ausschlag; dahinter der Besitz von Macht. Einer mag sich mit »seinen« Arbeitern und Bauern identifizieren. Der andere mit »seinen« Militärs. Der dritte mit »seinen« Führungskräften aus Industrie und Handel. Solches sind sekundäre Spielarten.

Mit Musik und Musikern identifizieren sich alle. Dieser Aspekt findet dann auch stets Aufmerksamkeit in den Medien. Unübersehbar ist die Zahl der Darstellungen mit Titeln, die einen erlauchten Namen nennen und hinzufügen »und die Musik«[104]. Dabei kommt es nicht darauf an, ob der prominente Musikfreund noch am Leben ist. Selbst posthum wirkt die Beziehung nach, nur daß die Autoren in diesem Falle – wie überhaupt nach Wechseln der Machtverhältnisse – freier mit der Wahrheit umgehen und dann auch unförderliche Seiten der autoritären Neigung darstellen. Sogar darin ernten die Machthaber noch genügend Lob. Solche Publikationen bilden zusätzlich Vertrauen bei Musikern wie beim Volk. Sie stärken das »menschliche« Ansehen dieses »hohen Herrn«, und durch beharrliche Wiederholung überträgt sich das auf den Typus »hoher Herr«.

Mit Musik und Musikern sich zu identifizieren, ist für solchen nicht nur tagespolitisches Kalkül. Dahinter steckt auch individuelle Psychologie. Ein Politiker kann ruhig zugeben: Ich verstehe nichts von Musik. Aber keiner kann es sich leisten, wäre es selbst die Wahrheit, zu gestehen: Ich verabscheue Musik. Damit beginge er politischen Selbstmord. So dumm dürfen Politiker nun doch nicht sein. Also wallfahrten sie nicht nur nach Bayreuth oder übernehmen Schirmherrschaften für Musikwettbewerbe und Festivals, sondern mischen sich ab und zu unter »ihre« Musiker, geben musikalische Empfänge und Hauskonzerte und werden in den Medien gelegentlich in »angeregtem Gespräch« mit dieser oder jener musikalischen Berühmtheit dargestellt.

Goebbels gründete für diesen Zweck eine »Kameradschaft der deutschen Künstler«, gleich 1933 und als eingetragenen Verein mit eigner Hauptrolle als Schirmherr. Obwohl es ihm sicher auch um das Reservoir schöner Frauen aus Film und Theater ging, mit denen er Kameradschaft begehrte, kam die Kunst als solche und eben auch die Musik nicht zu kurz. Der kleinwüchsige behinderte Minister riß sich geradezu um Größe. Andererseits bemühte er sich, die eigenwilligen und wegen der Konkurrenzsituation wenig kameradschaftlichen Musiker seinem Künstlerideal anzunähern, geradezu »neue Menschen« aus ihnen zu machen. Im Laufe dieser trotz Einsatz von Zuckerbrot und Peitsche fehlgeschlagenen pädagogischen Unternehmung lernte er, »seine« Künstler zu verachten. Dies äußerte er nicht öffentlich – wie später und aus ähnlichem Anlaß Bundeskanzler Erhard, der einen prominenten Dichter »kleiner Pinscher« nannte; Franz Josef Strauß benutzte sogar Schimpfworte wie »Ratten und Schmeißfliegen«. Goebbels redete nicht. Er befahl. Oder besser: Er ließ befehlen, denn dafür hatte er Leute. Und so lernten die undisziplinierten Künstler – bald nach dem Fall von Stalingrad – ihre »Grundpflichten« kennen:

Die Mitglieder der Reichsmusikkammer, Reichskammer der bildenden Künste, Reichsschrifttumskammer, Reichstheaterkammer und Reichsfilmkammer sind verpflichtet, in ihrer kammerpflichtigen Tätigkeit und in ihrem sonstigen Verhalten sich der Achtung und des Ansehens als Kulturschaffende würdig zu erweisen. Insbesondere haben sie alles zu unterlassen, was der deutschen Volksgemeinschaft, Kultur oder Wirtschaft abträglich ist, was ein anderes Kammermitglied in seinem Ruf schädigt, es lächerlich oder verächtlich macht und was gegen die guten Sitten verstößt.[105]

Der Minister demonstrierte »Größe«. Zu dieser Zeit muß sein Drang nach Identifikation so weit nachgelassen haben, daß er nicht mehr von den »Geistesarbeitern« Image beziehen mochte, sondern – ganz Staatsmann und Sozialpädagoge – das unruhige, neidzerfressene, von Konkurrenzängsten geschüttelte, gar nicht mehr »heitere Künstlervölkchen« rundherum abkanzelte. Künstler dürfen nicht zu stark werden, nicht größer, als der Dienstherrschaft recht ist. Die jeweiligen Gewichte richtig auszutarieren, scheint für Wohl und Wehe der Beziehungen zwischen Politik und Kunst unerläßlich. So etwas läßt sich wohl kaum erlernen. Geschichtskenntnisse helfen nur insoweit, als sie früher und in bestimmten Sonderfällen probierte Verfahren vergegenwärtigen. Es sind – wie anders? – Verfahren der Lenkung. Wie sonst könnten Politiker, wie Politiker nun einmal glauben, Geist und Kunst an den Staat binden? Sie finden eine Situation vor – oder sie entwickelt sich unter ihren ordnenden Händen –, wie sie Jacob Burckhardt 1905 als Modell beschrieben hat:

Zunächst stellt dann der Staat (mit dem l'état c'est moi) eine Doktrin von sich auf, welche mit der allgemeinen Wahrheit kontrastiert und im Gegensatz sowohl zur Kultur als selbst zur Religion steht. Dann werden Ausschließung und Beförderung systematisch gehandhabt und erstere bis zur Verfolgung gewisser Gattungen von Gebildeten gesteigert, und wen man nicht verfolgt, dem verleidet man doch die freie Regung. Dabei kommt der Geist der politischen Macht gefällig entgegen. Was sie nicht erzwingt, tut man ihr von selbst zu Gefallen, um ihre Gunst zu genießen. (...) Literatur und selbst Philosophie werden in der Verherrlichung des Staates wohldienerisch und die Kunst wohldienerisch-monumental, oder sie schaffen doch nur, was hoffähig ist. Der Geist geht auf alle Arten an die Kost und schmiegt sich an das »Gegebene«. Neben der besoldeten und soldwünschenden Produktion hält sich die freie nur noch bei den Exilierten und allenfalls noch bei den Belustigern des gemeinen Volks.[106]

Dieses lebensechte Szenario kalkuliert jedoch nicht Unschärfen und Störungen ein, welche den höchst komplizierten Vorgang unvermeidlich begleiten. Künstler sind mindestens so sehr Menschen wie Politiker auch. Je besser das Angebot des Staates ist, desto begieriger wird es wahrgenommen, desto rascher steigen die Ansprüche. Zwar tragen die Künstler stets eigene Interessen vor, verstecken diese aber hinter dem ewigen Anliegen der Kunst und sind gern bereit, die Machthaber darüber zu belehren, was die Kunst unweigerlich verlangt. Denn sie – als Diener der Kunst – kennen sich aus. Geraten diese Ansprüche aufs politische Gleis, ist der Konflikt zwischen Geist und Macht unausweichlich. Er nimmt alle möglichen Formen an, von individueller Widersetzlichkeit und kollektiver Insubordination bis zu Verweigerung und offener Revolte. Vielleicht stimmt es, daß nicht die Musiker es sind, die Revolutionen machen; daß aber die mutigsten und klügsten unter ihnen Revolutionen unterstützen, ist historische Tatsache... bis hin zur friedlichen Revolution in der DDR unter dem Motto »Wir sind das Volk«, die ohne den segensreichen Einfluß des Leipziger Gewandhauskapellmeisters Kurt Masur durchaus hätte mißlingen können.

Gegen die Unruhe der Künstler hat jeder Staat probate Rezepte. Zu den Techniken der Kunst»förderung« so oder so gehört als aussichtsreichste seit eh und je die Zensur. Richard Wagner konnte davon ein Lied singen. Damals setzte Zensur nicht nur obrigkeitliche, sondern auch religiöse Rücksichten durch. Das brachte dem ›Rienzi‹ Verzögerungen und Einbußen, und als Wagner wegen Beteiligung an den Unruhen des Mai 1849 aus Dresden flüchtete, verschwand die Oper als »Werk eines Hochverräters« vom Spielplan... für fast zehn Jahre! Nach vorübergehender Lockerung als Frucht der Ereignisse im März 1848 packte auch die Wiener Zensur wieder zu; keine Chance für Lortzings Oper ›Regina‹:

Mit meiner neuesten Oper habe ich Pech. Der liberalen Tendenz wegen kann sie natürlich hier nicht zur Aufführung kommen. Selbst Breslau nahm Anstand... Wie es draußen mit den Theatern steht, davon weiß man hier rein gar nichts. Seit den Oktobertagen kam mir keine Theater-Chronik mehr zu Gesicht. Das harmlose Blatt ist entweder ganz verboten oder liegt auf der Censur.[107]

Nun war Lortzing, immer schön in der Deckung des unverdächtigen Genres »Komische Oper«, ein durchaus politischer Künstler, Grund genug, ihn in der Musikgeschichtsschreibung verharmlosend dem »Biedermeier« einzuverleiben, als sei das die korrekte Standortbestimmung. In Wien immerhin war er nicht nur Straßenkämpfer – und Freund des dann standrechtlich erschossenen Literaten und Revolutionärs Robert Blum –, sondern übte mit rebellierenden Studenten auch Kampf- und Freiheitslieder ein. ›Regina‹, in der kurzen Zeit zwischen dem 31. Mai 1848 und dem Einrücken der kaiserlichen und Regierungstruppen komponiert, die wieder »alte Ordnung« herstellten, keine komische, sondern eine politische Oper, behandelt einen Arbeitskampf; daß nicht die Radikalen, die mit

Beilage zu den
Amtlichen Mitteilungen der Reichsmusikkammer

Nr. 4 vom 15. April 1940

*

Zweite Liste unerwünschter musikalischer Werke

Auf Grund der Anordnung zum Schutze musikalischen Kulturgutes vom 29. 3. 1939 (Deutscher Reichsanzeiger Nr. 77 vom 31. 3. 1939, Völkischer Beobachter, Gesamtausgabe Nr. 94 vom 4. 4. 1939) hat die Reichsmusikprüfstelle folgende musikalische Werke für unerwünscht und schädlich erklärt. Die Inverlagnahme, der Vertrieb und die Aufführung dieser Werke ist im deutschen Reichsgebiet verboten.

Werk	Komponist	Textdichter	Verlag
Träumerei	nach Schumann, Bearb. P. Kreuder	—	—
Dann lächelst Du	Frank Filip	Frank Filip	Edition Bristol, Wien
Es schnarcht der Onkel Juan	Karl Loubé	Erich Meder	Edition Bristol, Wien
Wenn ich ein Schlangenbeschwörer wär'	Weiß	Schwenn-Pfcötzschner	Electrola-Schallplatte Nr. E. G. 6850
Aufgeschnappt	William Hänsel	William Hänsel	A. Bennefeld, Berlin
Shadrach	Mac Gimsey	—	Telefunken-Schallplatte Nr. A 2895
Two left feet	R. Gordon	—	Telefunken-Schallplatte Nr. A 2887
Frankie and Johnny	—	—	Telefunken-Schallplatte Nr. A 2887
Conga dans la nuit	Grenet	—	Columbia-Schallplatte Nr. CL 5865
Flüsterpropaganda	S. Schieber	H. Dyk	Carl Haslinger, Wien
Sämtliche Werke	Ignatz Paderewski		

Gewalt über den Streik hinaus drohen, die Oberhand behalten, sondern die gemäßigten, kompromißbereiten Arbeiter, konnte die Zensoren nicht überzeugen. Seither gönnten sie sich, wo immer sie amtlich tätig waren, keine Atempause.

Die Geschichte der Musikzensur ist lang, auch sie noch ungeschrieben. Sie betrifft nicht nur aufrührerische Lieder oder leichtgeschürzte Couplets. 1907 setzte die Metropolitan Opera in New York Straussens ›Salome‹ wegen »Unmoral« ab; gleichzeitig blockierte die britische Zensurbehörde das Werk in London. Ein Jahr später stritt sich Rimskij-Korssakow mit dem Zensor wegen einer Zeile Puschkins in der Oper ›Der goldene Hahn‹, die als Beleidigung des Zaren mißdeutet wurde. Nach

Kriegsausbruch 1914 verzichteten London und Paris auf den nun »feindlichen Ausländer« Wagner; zwei Jahre später boykottierte Italien sämtliche deutsche Musik. 1917 schloß der Erziehungsausschuß der Stadt New York deutsche Opern von den Lehrprogrammen aus; im Jahr darauf ordneten die Direktoren der Philharmonic Society ebenda an, das Orchester dürfe keine Werke lebender deutscher Komponisten spielen. 1921 verbot die Stadtverwaltung von Zion City, Illinois, Jazz und »andere sündige Tätigkeiten«. Ein paar Jahre später – 1926 – verhinderten die städtischen Behörden in Prag die Aufführung des ›Wozzeck‹ von Alban Berg und ließ der Oberbürgermeister Konrad Adenauer in Köln Bartóks Tanzwerk ›Der wunderbare Mandarin‹ absetzen.

Ab 1933 sind im »neuen« Deutschland sämtliche jüdischen Kompositionen von Mendelssohn bis zu den Neutönern verboten und verschwinden bis 1945 aus dem Musikleben. 1934 ordnet Mussolini an, Malipieros Oper ›Die Fabel vom vertauschten Sohn‹ als »moralisch unangebracht« abzusetzen. Im Herbst des Jahres verbietet Hitler die an der Berliner Staatsoper vorbereitete Uraufführung von Hindemiths Oper ›Mathis der Maler‹ aus persönlicher Abneigung gegen den Komponisten, die allerdings öffentlich als Mißbilligung der »entarteten Musik« ausgegeben wird. Zwei Jahre darauf führt ein scharfer Angriff der ›Prawda‹ wegen »Modernismus« gegen die Oper ›Lady Macbeth des Mzensker Distriktes‹ von Schostakowitsch zum faktischen Verbot des Werks. Einige Monate später befiehlt der Rat der Volkskommissare, die im Nachlaß Borodins entdeckte Opernfarce ›Die Helden‹ abzusetzen, die der amtlichen Geschichtsdarstellung widerspräche. 1939 verbietet der Lordkämmerer und Inspektor der Londoner Bühnen das Lied »Auch Adolf Hitler hatte eine Mutter« als Beleidigung eines ausländischen Staatsoberhaupts, hebt jedoch die Anordnung im September, also nach Kriegsbeginn, wieder auf.

Dies sind nur wenige Beispiele aus der endlosen Liste verbotener Musik. Bestärkt wird dieser Index durch die Tatsache, daß sogar Strafprozesse sich mit Verstößen gegen derartige Verbote auseinanderzusetzen hatten. Wer in der ersten deutschen Republik zu bestimmten Zeiten ein kommunistisches Kampflied sang, mußte mit Anklage rechnen; hin und wieder richtete sich diese auch gegen antisemitische Lieder der Nationalsozialisten. Man kann daran ablesen, wie sehr der Staat solche Musik, in erster Linie aber wohl ihre agitatorischen Texte fürchtete. Andererseits zeigt sich, wie unstabil die durch Verwaltungsdruck oder Strafverfolgung erzwungenen Musikverbote sind. Die Zeiten ändern sich rascher, als den Obrigkeiten lieb ist; immer hat die Tonkunst sich als beständiger und stärker denn sie erwiesen. Was gestern noch staatsfeindlich war, hatte gute Aussichten, übermorgen allgemein akzeptiert und schadlos konsumiert zu werden.

Zudem steigerte die Zensur stets die Neugier aufs Verbotene, und mit der Einführung auch privater Informationsmittel wie Tonband und Kassette für Ton und Bild hatte die spektakuläre Zensur »von oben herunter« ihren Biß eingebüßt. Seither kann sie umgangen werden. Nicht so leicht ist das bei der Zensur »von innen heraus«, die medienintern bleibt oder abseits der geraden autoritativen Wege aus der Nachbarschaft vorgeschoben wird. Mit solcher Art Zensur läßt sich die Verfassungsnorm der Kunstfreiheit ohne viel Aufhebens aushebeln, weil sie quasi im Hause funktioniert. Der Artikel des Grundgesetzes der BRD, der nüchtern feststellt, »Zensur findet nicht statt«, kann schon deshalb kein Zensurverbot beinhalten, höchstens eine eher beschwörende Absichtserklärung, weil er nicht einklagbar ist. Deswegen hat niemand, als nach dem Mauerbau durch die DDR 1961 auch die mit Texten von Bertolt Brecht versehenen Bühnenwerke im »freien« Westen unter Boykott fielen, gerichtlich eine Aufführung erzwingen können, nicht einmal, wenn diese angekündigt, vorbereitet, ja bereits geprobt war. An dieser Situation hat sich im Grundsatz nichts geändert. Gegenstand der Zensur »von innen heraus« ist nach wie vor die »linke« Musik.

Ungehindert haben zum Beispiel mehrere – immerhin öffentlich-rechtliche – Rundfunkanstalten von einem bestimmten Zeitpunkt an das engagierte Œuvre des Italieners Luigi Nono »vergessen«, war er doch eingeschriebenes Mitglied der KPI. Es lag nicht einmal an seiner politischen Anschauung, sondern daran, daß er sich ostentativ zu ihr bekannte. In diesem Fall blieb publizistische Anprangerung aus, gemessen an dem Skandal, der sich bei der Uraufführung von Hans Werner Henzes Oratorium ›Das Floß der Medusa‹ abspielte. Der Komponist hatte eine historische Begebenheit, eine Greueltat des frühen 19. Jahrhunderts, engagiert musikalisiert; der Textautor Ernst Schnabel lehnte sich ans alte Mysterienspiel, gab der ergreifenden Fabel moralische Dimensionen. Während der Arbeit fiel bei einer Guerilla-Aktion in Bolivien der kubanische Revolutionär Ernesto »Che« Guevara. Henze widmete das Werk spontan dem Andenken dieses Mannes, sozusagen als Requiem. Bei der Aufführung – mit Direktübertragung im Norddeutschen Rundfunk Hamburg – hing am Dirigentenpult ein Guevara-Poster mit Trauerflor, daneben eine rote Fahne. Im Publikum wurden Proteste laut; Choristen und Vokalsolisten, so Edda Moser und Dietrich Fischer-Dieskau, auch der als Sprecher eingesetzte Charles Regnier, verließen das Podium. Es gab Krach. Henze bestand auf der roten Fahne. Der stellvertretende NDR-Intendant schloß die Veranstaltung. Polizei in Schutzhelmen marschierte auf und nahm einige Demonstranten in Gewahrsam. Die konservative Presse warnte:

Wie er, der seine esoterische Ästhetik zerschlagen möchte, die ihm doch seine musiksprachliche Beredsamkeit (auffallender Unterschied gegenüber

den Schreibschwierigkeiten, dem Sich-Verschweigen so vieler »Links«-Li-
teraten und Komponisten) und damit seinen Welterfolg erst ermöglicht hat
und liefert, seinen Salto mortale künstlerisch überleben, seine neuen Wider-
sprüche austragen kann, bleibt nach dieser gescheiterten Uraufführung of-
fen. Sie konfrontiert ihn, der einen Fischer-Dieskau ungewarnt vor eine
rote Fahne stellen und die eigentlichen »Arbeiter« dieser Veranstaltung, die
Musiker und die Choristen, um den immateriellen Lohn ihrer Arbeit brin-
gen ließ, auch mit der Frage an sich selber: ob er wirklich ernst machen will
(...).[108]

Nachhilfeunterricht für einen Komponisten? Auch solcher gehört zum
Ensemble zensurierender Elemente. Es ist die »konzertierte« feine Art.
Was opportun ist für den Erfolg, lernen die Musiker immer wieder von
neuem. In dieser Hinsicht konnte der Berliner Komponist Erhard Großkopf eine unvergeßliche Erfahrung machen. Da diese in allen Einzelheiten gut dokumentiert ist, lohnt es sich, daran zu erinnern. Großkopf hatte
1973 durch Vermittlung von Werner Heider einen ungefähren Kompositionsauftrag für das ars nova-ensemble in Nürnberg, ungefähr in dem
Sinne, daß diese Gruppe zwar die Uraufführung besorgen wollte, die Ho-
norierung jedoch dem Markt überlassen sei, also zum Beispiel dem Studio Nürnberg des Bayerischen Rundfunks. Großkopf ließ sich darauf ein
und lieferte ein neuneinhalb Minuten langes Stück mit dem Titel ›Loo-
ping II‹ in der gewünschten Besetzung. Mit Schreiben vom 27. Februar
1974 an den Ensemble-Leiter Klaus Hashagen schob er dann einen neuen
Titel nach: Bauern und Arbeiter müssen sich erheben, müssen die Herren
des Landes sein. Dieses Schlagwort, in aller Naivität formuliert, bezog
sich auf die Realität im ehedem revolutionären China. Zur Realität der
Bundesrepublik hatte es nicht die geringsten Beziehungen, denn hier sind
die Äcker Eigentum der Bauern, und auch die Arbeiter, beschäftigt mit
ihren bourgeoisen Besitzständen, dachten an Erhebung nicht. Selbst das
eingearbeitete chinesische Revolutionslied, textlos und Veranstaltern wie
Hörern durchweg unbekannt, hätte unsere »freiheitlich-demokratische
Grundordnung« gewiß nicht beschädigt. Der erste, der ängstlich reagierte, war Hashagen:
Aber gleichzeitig haben Sie uns mit diesem Stück leider in eine peinliche
Situation gebracht. Wir glauben, daß diese Komposition nicht in den Rah-
men von Konzerten mit avantgardistischer Musik paßt und doch wohl
mehr auf Veranstaltungen musizierender Politgruppen zugeschnitten
ist.[109]

Ungehalten fügte der Schreiber noch hinzu, man fühle sich getäuscht und
vor vollendete Tatsachen gestellt, eben bewußt irregeführt, und das Ensemble wolle keinerlei Propaganda für irgendwelche Ideologien, Parteien
oder politischen Systeme machen. Der Komponist versuchte, sich zu
rechtfertigen:

Den neuen Titel (...) habe ich endgültig erst nach Beendigung der Partitur festgelegt. Diese Entscheidung ist in der Entwicklung meiner Arbeit begründet, und sie bedeutet, daß ich nicht mehr die strukturellen Prinzipien meiner Musik im Titel betonen will, sondern den Inhalt. Trotz der Betonung des Inhalts halte ich auch die musikalische Struktur dieses Stückes für fortschrittlich. Ich bin allerdings der Ansicht, daß es keinen von dem gesellschaftlichen Fortschritt unabhängigen musikalischen Fortschritt gibt.[110]

Nun war das Ensemble bereits vom Südwestfunk Baden-Baden eingeladen und sollte Großkopfs Musik mitbringen. Als die politischen Implikationen ruchbar wurden, erkaltete das Interesse. Auch bei den Interpreten. Der SWF verweigerte sich. Telefonate des Komponisten nach Baden-Baden und Nürnberg erbrachten nichts. Am 20. März begegnete Großkopf dem Musikabteilungschef des SWF, Dr. Otto Tomek, bei einem Empfang des Deutschen Akademischen Austauschdienstes (DAAD). Tomek wich aus:

Was erwarten Sie, wenn Sie uns den Klassenkampf ins Haus tragen![111]

Nun wollte er das Stück auch nicht mehr unter dem zunächst ausgewählten »technischen« Titel haben. Dem Ensemble fiel plötzlich eine legale Möglichkeit der Ablehnung ein, nämlich die im Bürgerlichen Gesetzbuch vorgesehene Mängelrüge; diese mußte oft dazu herhalten, politische Zensur zu verschleiern:

Abgesehen von der Ablehnung des politischen Hintergrundes breitete sich im Ensemble eine herbe Enttäuschung über die musikalische Qualität des Stückes aus. – Möglicherweise beabsichtigten Sie bewußt mit der reduzierten, musikalischen Substanz eine Verdeutlichung Ihrer politischen Meinung. Diese aber wollen die Mitglieder des ars nova-ensembles nürnberg, Werner Heider und ich nicht vertreten. Wir identifizieren uns ausschließlich mit künstlerischen Qualitäten, die aber in diesem Stück – wie gesagt – möglicherweise bewußt nicht beabsichtigt sind.[112]

Die in der SWF-Konzertreihe »ars nova 73/74« vorgesehene und für den 19. April angekündigte Uraufführung wurde gestrichen. Großkopf stellte das Werk dann im Rahmen der Berliner Gruppe »Musikprojekte« im Dezember anläßlich einer Werbeveranstaltung für eine Volksambulanz im Bezirk Kreuzberg vor. Der Musikchef des SWF hatte damit endgültig eine unangenehme Sache vom Hals und kommentierte erleichtert:

Nun, da bin ich sauer geworden, denn ich meine, ich hab' schon allerlei auch Revolutionäres gemacht, weiß ich, mit Nono und so, aber ich will vorher Bescheid wissen und nicht plötzlich in letzter Sekunde, wo man sich fast nicht mehr rühren kann. Und vor allem: Sowas muß man auch im Hause bissel vorbereiten, sonst habe ich sofort einen Anstand. (...) Wir sind gehalten, bei Dingen, die politisch in irgend einer Weise Anstoß erregen könnten oder die irgendwie politischen Gehalt haben, da wir ja Musik sind und nicht Politik, ja, wir sind gehalten, die nächste Stelle zu verständigen, das ist also der Hörfunkdirektor und Leiter der politischen Abteilungen. Das habe ich gemacht. Und nach Rücksprache mit denen ist das dann erfolgt.[113]

Dies ist eine recht gute Beschreibung jener Zensur »von innen heraus«, die jenseits des Grundgesetzes existiert, zwar nicht durch den Staat im engeren Sinne ausgeübt, aber doch von der politischen Atmosphäre ebendieses Staates immer erst geweckt wird. Zielrichtung regelmäßig: von rechts nach links, umgekehrt nie. Ist rechte Ideologie im Gewand der Musik hierzulande wirklich kein Problem? Die Verengung der Meinungs- und Ausdrucksfreiheit nur auf die eine Seite hin spiegelt die politische Wirklichkeit der BRD, eine Frucht des »Kalten Krieges«. Dabei geht es nie um Musik, sondern stets um Texte, Titel oder Sinnbeziehungen, die sie begleiten, also um Nebenumstände des Kompositorischen. Eine strukturelle Verarbeitung des Motivs A – D – F – H – E (= Adolf Hitler), wie so etwas in der Romantik als Huldigung oder Spaß üblich war, würde heute womöglich unbemerkt jene Zensur passieren, wenn der Urheber seine Absicht nicht an die große Glocke hängt.

Oftmals wird interne Zensur von außen angeregt – wenigstens versuchsweise –, sobald Gruppenimage angekratzt scheint. So geriet der WDR wegen eines Fernsehprogramms vom November 1973 über linke Gesangsgruppen in die Schußlinie des CDU-Oppositionsführers im Landtag Nordrhein-Westfalens, Heinrich Köppler, der die Sendung nicht einmal gesehen hatte. Dargestellt war eine Nürnberger Gruppe, die eine Schnaderhüpferl-Melodie mit aktuellem Text belebt hatte, gegen Franz Josef Strauß, seine »Bazis«, gegen Neonazis und für die Kommunisten, und es handelte sich nicht um eine Studioproduktion, sondern um Reportage tatsächlicher Vorgänge. In diesem Fall gelang es dem WDR, die internen Kanäle des Beschwerdeführers zuzustopfen. Die Zielrichtung blieb konstant: linkspropagandistische Lieder und Schlager. So warnte der Präsident der Pan-Europa-Union Dr. Otto von Habsburg – ausgerechnet er – vor diesen und geißelte die angeblich dadurch bewirkte Demoralisierung der Jugend, die Zerstörung aller sogenannten Tabus, die Lächerlichmachung der Religion, die Förderung des Klassenhasses und das Verächtlichmachen der staatlichen Autorität.[114]

Diese gar nicht mehr heimliche Aufforderung zur Zensur hätte weiteres Unheil anrichten können. Zum Glück ist jene Pan-Europa-Union keine gewichtige politische Kraft. Andererseits funktioniert die viel verlachte, aber reich dokumentierte »Schere im Kopf« dennoch recht perfekt. Im November 1977 setzte das Theater der Stadt Bonn plötzlich die mehr als hundert Jahre alte Operette ›Giroflé-Girofla‹ von Charles Lecocq ab mit der Kundgabe, in der jetzigen politischen Situation schiene es angemessen, vorläufig auf die Aufführung dieses Werks zu verzichten. Was war geschehen? Terroristen hatten den Industriellen Hanns-Martin Schleyer entführt und ermordet. Die Operette kreist burlesk um eine Entführung mit Erpressung und Lösegeldforderung. Süffisant kommentierte die Presse, *unter diesen Umständen sei man gespannt, welches Theater als erstes Mozarts Oper › Die Entführung aus dem Serail‹ absetze. In dieser Oper (...) suche der Spanier Belmonte seine Geliebte Konstanze nicht durch geduldiges Verhandeln, sondern durch List und notfalls auch durch Gewalt freizubekommen. Die Ausschaltung des Staatsbediensteten Osmin durch Wein und Schlafmittel könnte Nachahmungstäter zu ähnlichem Handeln ermutigen.*[115]

Nach gängigem Verständnis ist eine hausinterne Entscheidung – selbst in einer staatlichen, kommunalen oder öffentlich-rechtlichen Institution – keine Zensur. Sie wirkt jedoch wie Zensur, und dieser dunkle Bereich animiert Lobbys der verschiedensten Couleur, sich direkt oder indirekt in Entscheidungsvorgänge einzuschalten. So nahm der Bayerische Rundfunk ein Lied von Udo Jürgens aus dem Programm; es handelte von Geburtenkontrolle und Überbevölkerung und enthielt sanfte Kritik an der Haltung des Papstes zu diesen drängenden Problemen der Menschheit. Auch ein Lied der österreichischen Gruppe »Erste Allgemeine Verunsicherung« fiel beim BR unter den Tisch. Dieser Titel »Burli Burli Burli« beschreibt anklagend die Mißbildungen eines Kindes als Folge eines Unfalls in einem Atomkraftwerk, nach Tschernobyl eine völlig realistische Möglichkeit. Die Ausstrahlung des Liedes kam daher den Interessen der deutschen Atomwirtschaft in die Quere; sie ist eine der reichsten und potentesten Machtballungen im Staate mit Einstrahlung in Politik und Medien.

Da bietet sich die nicht so auffällige Zensur »von innen heraus« zur Bereinigung des Falls an. Gelegentlich schlägt das Anhalten von »unpassenden« Musikwerken wohl auch fehl. So hatte sich der Bürgermeister des badischen Städtchens Achern am Rande des Schwarzwalds vorgenommen, ein Konzert »Rock gegen Rechts«, das in einer städtischen Halle angesetzt war, zu verhindern. Die Veranstalter hatten nämlich in ihrem Pressetext – tatsachengetreu – behauptet, auch in Achern existierten Ausländerfeindlichkeit und ´neofaschistische Radikalisierung. Darauf reagierte das Stadtoberhaupt beleidigt. Für manche Zeitgenossen ist Wahrheit eben eine Beleidigung, wenn sie eingebildete Größe kürzt. Er ließ die Hergabe des Saals durch sein Ordnungsamt widerrufen. Die Veranstalter klagten. Der Herr Bürgermeister unterlag; vier Fünftel der Gerichtskosten fielen der Stadt zur Last. Das Verwaltungsgericht machte den Klägern jedoch – als knappe Verbeugung vor der politischen Weisheit des Beklagten – die Auflage, sie dürften Erklärungen auf der Bühne weder geben noch dulden, getreu Goethes Maulkorbmotto: Bilde, Künstler, rede nicht!

142

Alle solche Einschränkungen des Musikbetriebs haben ihren Grund in der Unsicherheit jeglicher Macht, wo sie nur latent, nämlich fundamental demokratisch als Überzeugung durch das bessere Argument, vorhanden ist. Diese innezuhaben bedarf unablässiger Mühe. Macht genießt jedoch eher, wer sie demonstrativ anwendet. Eben das ist das Bestreben aller Machthaber, die disputative Strapazen scheuen. Sie seien gewarnt. Es gab historische Situationen, in denen Musiker ohne Furcht oder Rücksicht auf sich selber Widerstand leisteten, nicht um des revolutionären Krachs willen, sondern um politische Reformen zu unterstützen. Zum Beispiel sammelten sich im Gefolge der Volkserhebung, die unter anderm ausgelöst war durch die Niederlage des Zaren gegen Japan, die renommiertesten Musiker Rußlands gegen ihren Dienstherrn, als dieser im Januar 1905 eine friedliche Demonstration in St. Petersburg zusammenkartätschen ließ. In Moskau unterschrieben Künstler wie Alexander Gretschaninow, Alexander Tanejew, Jurij Engel', Sergej Rachmaninow, Nikolaj Kaschkin, Semen Kruglikow, Fedor Schaljapin, Sergej Rosanow, Rejn'gold Glier und andere eine Resolution und stellten sich demonstrativ an die Seite der Schwächeren. Unter anderm forderten sie:

Durch nichts darf die Freiheit der Kunst eingeschränkt werden. Wenn jedoch das soziale Leben eingeengt ist, kann auch die Kunst sich nicht frei bewegen, denn die Kunst ist Teil unseres Seins. Wenn dem Lande die Freiheit des Gedankens, des Gewissens, des Wortes genommen ist, wenn der geistig aufgehenden Nation Einschränkungen jeder Art gestellt werden – versiegt, vergeht das künstlerische Schaffen. Wie eine bittere Schmach klingt das Wort »der freie Künstler«. Nein, wir sind nicht »freie Künstler«, wir sind Opfer der Willkür, wie alle unsere Mitbürger, Opfer der verwikkeltsten, anormalen Verhältnisse des Gesamtlebens in Rußland.[116]

Die Musiker verlangten jene Grundreformen im Sinne einer bürgerlich-demokratischen Ordnung, wie sie von einer Landesversammlung in elf Punkten bereits formuliert war. Der Konflikt griff auf das Kaiserliche Konservatorium Petersburg über; die revolutionäre Studentenschaft gab keine Ruhe. Nikolaj Rimskij-Korssakow unterstützte die Jugend gegen die auf Ruhe und Unterwerfung bedachte Obrigkeit. Dies vergalt ihm die Direktion mit fristloser Entlassung. Der Gemaßregelte verzichtete – im Gegenzug – auf die Würde eines Ehrenmitglieds der Kaiserlichen Russischen Musikgesellschaft. Aus Solidarität legten auch die Professoren Alexander Glasunow und Anatolij Ljadow ihre Lehrämter am Konservatorium nieder, weitere folgten, bis fast der ganze Lehrkörper politisch aktiv war. Neunzehn der Professoren richteten ein Schreiben an den Direktor des Konservatoriums, Prof. August Bernhardt, und forderten ihn zum Rücktritt auf. Dieser folgte dem mit moralischer Überzeugungskraft vorgetragenen Rat. Rimskij-Korssakow erhielt eine von zweihundert Hochschullehrern aus dem ganzen Land unterzeichnete Sympathieadresse für

tapferes und würdiges Verhalten. Die Erstaufführung seiner Oper
›Kaschtschej der Unsterbliche‹, an der ausschließlich die streikenden Studenten des Konservatoriums unter Leitung Glasunows mitwirkten,
wuchs sich zur politischen Demonstration aus:

Der Enthusiasmus war einfach unbeschreiblich. Blumen und Kränze flogen en masse auf die Bühne, alsdann wurden bei offener Szene Adressen verlesen, bis die anwesende Polizei, die die goldenen Worte »Freiheit und Gerechtigkeit« nicht gut vertragen konnte, durch Herablassen des eisernen Vorhanges der unvergeßlichen Feier den Schluß machte.[117]

Bis zum Herbst hielt die Obrigkeit das Konservatorium geschlossen.
Dann kam sie auf die Idee, den für das neue Lehrjahr sich bewerbenden
Studenten die Unterschrift unter einer Erklärung abzuverlangen, die Verzicht auf jede Obstruktion, auf Demonstrationen und jede Art Reformbegehren gelobte. Wer nicht unterschrieb, sollte nicht zugelassen werden.
Einige Professoren stellten fest, dies sei erniedrigend für die Bewerber
und unvereinbar mit der Würde des Instituts. Werde die Maßnahme
durchgesetzt, drohten sie mit Rücktritt. Prompt entstand neue Unruhe.
Abermals demonstrierten die Studenten. Die Verwaltung beschloß, den
Unterricht einzustellen. Eine Studentendelegation besuchte Glasunow
und bat ihn, sein Lehramt um ihretwillen wiederaufzunehmen. Er sagte
zu unter der Voraussetzung, daß das Institut eine autonome Verwaltung
erhalte. Davon konnte jedoch keine Rede sein, obwohl ein Kollegium
von Professoren dem höchsten Dienstherrn, nämlich dem Präsidenten
der Kaiserlichen Russischen Musikgesellschaft, Großfürst Konstantin,
die Bitte um Autonomie vortrug.

Das zog Kreise. Aus Protest trat der Direktor des Moskauer Konservatoriums, Wassilij Safonow, zurück, schlug die ihm zur Besänftigung angebotene Direktorenstelle in Petersburg aus und setzte sich bald darauf zunächst einmal nach New York ab, um ruhigere Zeiten abzuwarten. Der
Druck nahm zu. Ungerührt verlangte die Verwaltung Nachzahlung der
Unterrichtsgelder für das abgesagte Frühlingssemester. Die Studenten
verlegten sich aufs Bitten. Großmütig entschieden die Bürokraten, daß
von den 101 im Februar ausgeschlossenen Zöglingen solche wieder aufgenommen werden könnten, die vor dem 1. Oktober eine Bittschrift um
Wiederzulassung eingereicht hatten. In Moskau tat sich mehr. Am 17. November erhielt das Konservatorium ein autonomes Verwaltungsstatut; als
Direktorium amtierte zunächst eine Viererkommission.

Dafür setzte die Obrigkeit den Direktor der an die Philharmonische Gesellschaft in Moskau angeschlossenen Musikschule, Alexander Chessin,
auf die Straße, weil dieser Studenten, denen Verhaftung drohte, gegen
politische Verfolgung geschützt hatte. Ein Konzert, das er bald darauf
dirigierte, rief Sympathiekundgebungen bei Studenten und Publikum
hervor; am Tag darauf war die Philharmonie aufgelöst, das Lehrpersonal

entlassen, die Studentenschaft der Schule verwiesen. In Moskau verstummte die Musik. Monate später gestattete die Regierung die Wiederaufnahme der Abonnementskonzerte und des pädagogischen Wirkens der Gesellschaft. Der gerade aus Paris heimgekehrte Cellist Anatolij Brandukow erhielt den Posten des neuen Direktors der Musikschule. Chessin blieb in Ungnade und schlug sich jahrelang mit Gastkonzerten in der Provinz durch.

Auch in Petersburg gaben die Behörden am Ende nach. Das Konservatorium erhielt ein zwar provisorisches, doch liberaler verfaßtes Statut. So konnte sich ein Autonomer Künstlerischer Rat bilden. Dieser erkor in seiner ersten Sitzung am 17. Dezember 1905 Glasunow zum Direktor. Die gemaßregelten Professoren kehrten zurück. Alle relegierten Studenten erhielten Pardon. Dennoch gelang es zunächst nicht, den Unterricht wiederaufzunehmen. Die Studenten streikten so lange, bis die Universität und die anderen Institutionen, welche die Regierung hatte schließen lassen, wieder arbeiteten. Brutale Unterdrückung der sozialen und politischen Unruhen durch die Obrigkeit – »Patronen sind nicht zu sparen«, hatte der Generalgouverneur angeordnet – drängte die Musiker an die Seite der Verlierer. Zugleich erlebten die Herrschenden wieder einmal, daß Geist sich nicht totschlagen läßt.

Der Aufbruch des russischen Volkes machte vor der Musik nicht halt. Ein im Herbst 1905 verstorbener General hatte ein Kapital von fast einer Million Rubel hinterlassen mit der letztwilligen Verfügung, aus diesem Geld ein Bildungsprogramm für das Volk zu finanzieren. Dies geschah. Die Unternehmung erhielt auch eine Sektion Musik. Hier saßen bekannte Musikschaffende wie Tanejew, Gretschaninow, Engel', Nikolai Kaschkin oder Jewgenija Linewa und erarbeiteten Statuten und Semesterprogramme. Im Oktober begannen diese »Musikkurse für Volk und Arbeiter« mit einem Stundenplan zur Förderung des Chorgesangs – moderne und auch geistliche Lieder – und mit Instrumentalklassen etwa für Klavier, Geige, Cello; Theorie und Musikgeschichte waren ebenfalls Unterrichtsstoff. Die Jahreskursgebühr betrug drei Rubel für Chorübungen, für Instrumentalspiel zwanzig Rubel. Diese Volkskonservatorien etablierten sich in städtischen und dörflichen Schulen außerhalb der üblichen Schulzeiten. Angewandter Sozialismus spiegelte sich auch in den Entgelten; sämtliche Lehrer, gleich ob hochangesehene Künstler und Pädagogen oder nur von bescheidenem Image, erhielten bei einer Wochenstunde den gleichen Honorarsatz, fünfzig Rubel im Jahr. Die Nachfrage war reißend. Allein das Moskauer Volkskonservatorium hatte am Ende des ersten Unterrichtsjahres schon mehr als 600 Schüler.

Mit Freiheit und Autonomie nahm es jedoch bald ein Ende. Zwar brach das Regime des Zaren zusammen, doch nahm – nach einigen Wirren – ein

»Entartete« Musik, UdSSR 1933. Erkennbar sind – unten, von links nach rechts –
die Komponisten Schostakowitsch, Prokofjew und Schebalin

anderes, mit Zwangsmitteln nicht barmherziger umgehendes Regime
dessen Platz ein. In Lenins bolschewistischer »Diktatur des Proletariats«
war kein Raum für selbständige Basisdemokratie. Sein Gleichschaltungs-
programm schloß auch die Musik ein. Der Rätestaat eignete sich mit
einem Federstrich sämtliche materiellen Basen der Tonkunst im Lande
an, indem er ihre Produktionsstätten »nationalisierte«. Am 12. Juli 1918

unterschrieb Lenin im Kreml das Dekret über die Verstaatlichung der Konservatorien Moskau und Petrograd, wie Petersburg inzwischen hieß, und zwar unter »Annullierung ihrer Abhängigkeit von der Russischen Musikgesellschaft«, die damit liquidiert war: eine halbe Seite, getippt in Großbuchstaben, mit ein paar handschriftlichen Streichungen und Zusätzen, darunter die breit hingeworfene Signatur des Volkskommissars Lunatscharskij, gegengezeichnet vom Geschäftsführer des Rats der Volkskommissare: ein Dokument der Veränderung wie der Beharrung auf der Dienstherrschaft. Binnen kurzem war Musik unter der Sowjetmacht nur noch Staatsmusik. Doch zehrten die neuen Herren gern vom Erbe der Kaiserlich Russischen Musikgesellschaft, die fruchtbaren Boden für die Musikalisierung des Volkes bereitet hatte:

Ungeachtet ihrer Abhängigkeit von der staatlichen Sphäre, unter deren offizieller Gönnerschaft sich die R. M. G. befand, und des Konservativismus und der reaktionären Haltung des Hauptvorstands spielte die Tätigkeit der Gesellschaft, indem sie das Bildungsstreben in tonangebenden Kreisen der Gesellschaft reflektierte, eine große Rolle für die Entwicklung der professionellen russischen Musikkultur.[118]

Die Abhängigkeit des Musikschaffens von der Dienstherrschaft etwa aufzuheben, wagten die neuen Machthaber nicht. Selbst anderswo führten Regimewechsel höchstens vorübergehend zur Lockerung des Zugriffs von oben. Sogar in demokratisch verfaßten Gemeinwesen bauen Verwaltungen immer wieder Schranken für die »freie« Kunst auf. Das Kontrollbegehren, so verhüllt es sich äußern mag, ist eine Tatsache, die zu denken gibt. Wäre es möglich, daß eine bestimmte Funktionserwartung an die Musik dafür ursächlich ist?

Dann sollte jetzt die Frage untersucht werden: Macht Musik Staat?

Macht Musik Staat?

Die musikalischen Vor- und Nachdenker haben es eigentlich schon immer gewußt und immer wieder auch durch alltägliche Erfahrungen im Musikbetrieb bestätigt gefunden, so daß die antike Theorie ein plausibler Anknüpfungspunkt, ja eine Beschwörung der musikhistorischen Praxis zu sein schien:

Die Lehre von der Einwirkung der Musik in ihren verschiedenen Elementen, Tonarten und Klängen auf den inneren Menschen, sein Wollen, seine seelische und geistige Haltung führte zu einer Betrachtung ihrer Wirkung auf die politische Erziehung des Volkes, wie sie Damon von Athen begonnen hat und wie sie bei Plato zum Ausdruck kommt.[119]

Die Vorstellung, mehr als andere Künste tauge die Tonkunst zur Stabilisierung politischer Machtpositionen, spiegelt sich in zahlreichen Dokumenten quer durch die Geschichte. Es ist der Traum des Despoten seit jeher, außer der Peitsche noch einen mächtigen, ebenso unauffälligen wie gesellschaftlich durchweg akzeptierten, ja unentbehrlichen »hidden persuader« zur Verfügung zu haben. Dies konnte die Musik sein, die immer und überall war und bei Bedarf nicht erst aus den Rüstkammern der Polizei herbeigeschafft werden mußte ... falls, ja falls sie für den Zweck der Erhaltung und Mehrung von Herrschaft überhaupt taugte. Nun hätte es sich angeboten, diese Frage durch eine empirische Untersuchung zu klären. Jedoch hat die Geschichtsforschung bisher noch keinen Hinweis darauf ermittelt. Das ist nicht die Schuld der Historiker. Solche Untersuchung hat wahrscheinlich nie stattgefunden. Wie sollte sie auch?

Da reichte es doch nicht, eine einfache Versuchsanordnung zu stellen wie in Physik oder Chemie. Kunst funktioniert nicht mechanistisch. Die Musik ist kein Automat, in den man oben politische Lehrsentenzen hineinstopft, und unten kämen dann »Gemeinwille« heraus oder »Treue zu Führer, Volk und Vaterland« oder auch nur demokratisches Wohlverhalten. Welchen Versuch hätte man mit einiger Aussicht auf Erfolg überhaupt machen können? Nein, die Klärung der Kardinalfrage aufgrund wissenschaftlicher Kriterien mußte scheitern, weil schon die Ausgangslage keine konkreten Resultate begünstigte. Es waren lediglich Hoffnungen. Despoten pflegen sehr einsilbig zu sein, wenn es um die Methodik ihres Regierens geht. Warum und wie die Musik ausgerechnet als *ihre* Bundesgenossin wirken sollte, war nicht Gegenstand öffentlicher Verlautbarung. Sie wußten es nämlich gar nicht. Sie hofften nur, es möge so sein, und diese Hoffnung stärkte sie in ihrer Selbstdarstellung durch Ausübung von Macht.

Solche fanatische Hoffnung – gegen die die Realität nicht das geringste auszurichten vermochte – stützte sich keineswegs auf persönliche Erfahrungen. Man vermied geradezu, solche zu riskieren: Sie hätten am Ende das schöne Gebäude von Eigenliebe, Hoffnung und Glauben demolieren können. Außerdem reichte das Zeugnis des klassischen Philosophen. Er genoß als immer wieder zitierbare Autorität aus »großer« geistiger Blütezeit unbestreitbares Ansehen, war Denkmal, Symbol der Gelehrsamkeit. Was Platon über die Musik sagte, mußte letzte gültige Wahrheit sein. Wer ihn als Offenbarung bewertete, ersparte sich eignes Nachdenken. Der Glaube an »ewige« und unveränderliche Dogmen ist, was Philosophie und Tonkunst anbetrifft, eine der folgenreichsten menschlichen Schwächen überhaupt.

Verstehen läßt sich gerade noch, daß mittelalterliche Autoren auf ihn schworen; sie waren, wo empirische Resultate hilfreich gewesen wären, durch die geistliche und weltliche Macht doch stark behindert. Ihre ständige Berufung auf Platon erzeugte natürlich so etwas wie einen bedingten Reflex. Schrieb einer über Musik, fiel ihm der antike Vordenker ein. Und das änderte sich nicht, mochte auch die Aufklärung ihre ersten Wehen in die Studierstuben schicken. Johann Mattheson wies zwar weit von sich, daß »man noch bey heutiger aufgeklärten Welt den Fall der Mauren zu Jericho, als eine Wirckung des Posaunen-Schalles angeben will«[120]. Aber wenige Zeilen weiter teilte er im Brustton der Überzeugung mit:

Plato wuste sehr wol, daß auch in der Music, zur Erhaltung des Staates etwas nützliches stecke.[121]

Da erübrigte sich jede Gegenfrage, jede Diskussion. Und so blieb das, als sei, wie sehr sich die Musik seither in Formen und Funktionen verändert haben mochte, Hypnose im Spiel. Man starrte wirklich wie hypnotisiert in die Antike und benutzte Platons Ausdruck »Musik« so unbefangen, als eigne er sich weiterhin, diese Kunst präzise zu benennen. Richard Wagner scheint immerhin gewahr geworden zu sein, wie sehr der griechische Gewährsmann schon Geschichte war:

(...) wir sehen überall das innere, nur aus dem Geiste der Musik zu verstehende Gesetz, das äußere, die Welt der Anschaulichkeit ordnende Gesetz bestimmen. Den echt antiken dorischen Staat, welchen Platon aus der Philosophie für den Begriff festzuhalten versuchte, ja die Kriegsordnung, die Schlacht, leiteten die Gesetze der Musik mit der gleichen Sicherheit wie den Tanz. – Aber das Paradies ging verloren: der Urquell der Bewegung einer Welt versiechte.[122]

Trotz solcher Vorbehalte, die der späteren Musikwelt keineswegs verborgen blieben, nahm der streitbare Hans Pfitzner das Thema wieder auf – und sei es, weil ihm das in den chauvinistischen Kram paßte und die altbewährte Autorität seinen Gedankengang zu stützen schien:

Die künstlerische Verwesung ist das Symptom der nationalen. Die natio-

nale Kunst ist im Volkskörper der edelste Teil. Sage mir, welche Kunst im Volke gedeiht, und ich will dir sagen, wie der Gesundheitszustand des Volkes ist. Alle guten Diagnostiker des Riesenorganismus einer Nation oder Religion haben Kunstfragen ernst genommen. Die Strenge aller Kunstfeinde ist nur eine Überspannung eines richtigen Prinzips; und wenn Plato streng aus seinem Idealstaat gewisse Tonarten und Rhythmen ausgeschieden wissen will, und fordert, daß man darauf sieht, »welches die Rhythmen eines ordentlichen und tapferen Lebens seien« (Staat, Kap. 3), so ist dies jedenfalls nicht zu verwechseln mit den blöden Zensurverboten auf prüdmoralischer oder engherzig-religiöser Grundlage.[123]

Bisher sieht es so aus, als sei der antike Denker passende Munition nur für konservative, ideologisch auf seiten politischer oder gesellschaftlicher Unbeweglichkeit verharrende Nachbeter gewesen, ja, als könne er überhaupt nur für sie Instrument sein. Nun traten jedoch Revolutionäre jeder Farbe auf den Plan und entdeckten gleichfalls die Bremswirkung des unsterblichen Zeugen. Denn von einem bestimmten Zeitpunkt an ging es darum, die Musiker davon abzubringen, ihren stilistischen Fortschritt als Symbol der Revolution zu verinnerlichen. Ganz im Sinne Pfitzners bekamen die sowjetischen Musiker erklärt, daß und warum »künstlerische Verwesung« in der UdSSR keinen Raum mehr habe. Erklärer war kein Geringerer als der höchste Kulturfunktionär des Landes, Lunatscharskij, und er berief sich auf die sozialen Quellen der Tonkunst und empfahl zunächst Lao-Tse, den chinesischen Philosphen, der dem Volk mit Musik zu besserer Moral und krisenfreier Harmonie der Seele hatte verhelfen wollen. Dann fügte der Kommissar hinzu:

Wenn der Mensch davon abweicht, was die Griechen später Harmonie nannten, erweist er sich als erbärmliches verirrtes Geschöpf. (...) Bei Pythagoras (später bei Platon in veränderter Form), in einem der größten Augenblicke der menschlichen Kulturentwicklung, bekam diese Anschauung ganz genaue musikalisch-philosophische Bedeutung – und physikalisch-philosophische dazu.[124]

In seiner politischen Umwelt schien es allerdings klug, die Untertanen musikalisch zu befrieden, Zwang, Hunger und tägliches Elend vergessen zu machen. Ein harmonischer Mensch – nicht wahr? – ist die Ruhe selber, paßt sich aus freien Stücken dem sozialen und politischen Ambiente an. Der erhebt sich nicht. Vielleicht beglückt es ihn sogar, daß die theoretischen Grundlagen dieser musikalisch zu bewerkstelligenden Einstimmung in Ruhe und Ordnung in einem der »größten Augenblicke menschlicher Kulturentwicklung« erfunden wurden. Platon scheint ziemlich unvergänglich. Selbst wenn er nicht ausdrücklich mit Namen genannt ist, hält es nicht schwer zu merken, woher der Wind weht:

Der Inhalt der Musik ist darum in jedem Musikstück eine musikalische Konkretisierung einer Weltanschauung.[125]

So einfach kann es sich ein deutscher Professor und Komponist von musikalischer Bildung und – nicht zu vergessen – als prominentes Mitglied der Sozialistischen Einheitspartei Deutschlands (SED), mehrfacher Nationalpreisträger und hochgeehrte Respektsperson, machen, wenn es um »richtige« und »falsche« Musik geht und, vor allem, um ein Signal nach Moskau und an den Geist des Theoretikers und Gleichschalters der Sowjetmusik, Andrej Shdanow, daß man den großen Bruder verstanden habe. Platon oder nicht scheint allerdings keine ideologische Positionsbestimmung zu sein, sondern die praktische Folgerung aus nackten Machtinteressen. So gesehen, war es selbstverständlich, daß auch der baden-württembergische Ministerpräsident Dr. Kiesinger (CDU) 1965 lobend und zugleich empfehlend unterstrich:

Und Platon, tiefer grabend, weist der Erziehung allgemein die Aufgabe zu, die Seele des Menschen so zu stimmen und mit sich und der Welt in Einklang zu versetzen, daß sich das Auge des Geistes zu öffnen vermag. Und in diesem Zusammenhang hebt er hervor, daß die Erziehung durch die Musik so überaus wichtig sei.[126]

Erziehung, das bedeutet die Konditionierung des Menschen im Hinblick auf die Rolle, die ihm die Inhaber der staatlichen Gewalt zugedacht haben, ganz gleich, wie das Gemeinwesen verfaßt sein mag. Denn Konditionierung durch Musik bringt jeder Art Obrigkeit immensen Nutzen. Der Staat repräsentiert ein Ordnungsprinzip. Anarchie vermöchte nicht staatsbildend zu wirken. Also liegt es nahe, die Tonkunst – das platonische Symbol dieses Ordnungsprinzips – loszulassen gegen jedwede anarchistischen Gelüste. Mit dem Erstarken der auf Potenzgewinn für den Staat bedachten Rechten in Deutschland zeichnete sich neue und gleich massenhafte Aktualität des giechischen Denkers ab. Ausgaben und Auswahlpublikationen häuften sich; die Bibliographie ab 1933 ist voll davon.[127]

Es waren zumeist Pädagogen, die den neuen Machthabern historische Rechtfertigung schenkten und sich selber damit bei denen anbiederten. Der Reigen der Solidaritätsbekenntnisse enthüllt erstaunliche Verwandtschaften:

Wenn man sich nach historischen Parallelen umsieht, nach einem organischen und doch überlegten, zielbewußt aus der Staatsstruktur abgeleiteten Erziehungsplan, so stößt man vor allem in Platons »Staat« auf Gedankengänge, die denen Hitlers verwandt sind. (...) Außerordentlich wichtig ist Platons Grundtheorie, daß ein leistungsfähiger Körper niemals die Seele leistungsbereit mache, wohl aber umgekehrt, daß eine tüchtige Seele den Körper auf das beste unterstütze![128]

Da waren nun wieder diese »Ingenieure der menschlichen Seele« gefragt, hier die tatsächlich oder in Gedanken braun uniformierten. Damit sie auch richtig verstanden, wie die Bedarfslage nach der nationalsozialistischen »Revolution« den anpassungsfähigen Künstler begünstigte, unterstrich Universitätsprofessor Dr. Karl Gustav Fellerer, damals noch in Freiburg/Schweiz lehrend, was nunmehr zu geschehen habe:

Für Plato bedeutet eine Änderung der Musik eine Änderung des Staates; deshalb muß der Staat genau auf die Musik achten und gegen Neuerungen eingreifen; denn die Musik ist Ausdruck des Menschen und der Mensch Träger des Gemeinwesens, das einheitlich im Sinne des alten Polis-Ideals gerichtet sein muß; deshalb dürfen nicht Menschen durch eine neue fremdartige Musik verändert werden und wenn aus ihnen eine neue Musik spricht, dann hat sich auch ihr Charakter verändert, so daß eine politische Beaufsichtigung und Zurechtweisung dieser Menschen notwendig wird. (...) Große Bewegungen haben stets der Kunst große Anregungen gegeben, die schöpferische Gestaltung finden. Auch in der Gegenwart ist solches aus der Neubesinnung auf das Volkstum und der Aufrüttelung der Geister im nationalen Gedanken zu erwarten. Die gemeinschaftsbildende Kraft der Musik wird wie in früheren Jahrhunderten ihren Teil an der großen geistigen Einigung des deutschen Volkes haben und neue künstlerische Werte formen. Das Ethos politikon der Musik ist umfassend, reißt mit, formt innerlich gleichgerichtete Menschen, weckt in Denken und Lied Gemeinschaftsgeist.[129]

Um ganz deutlich zu machen, wo er stand, schlug der auf katholische Kirchenmusik spezialisierte Musikologe kühn den Bogen von Platon zum »Horst-Wessel-Lied« und suggerierte einen geistigen Zusammenhang zwischen beiden. Über solche Schützenhilfe dürften die NS-Kulturpolitiker höchst erfreut gewesen sein. Hier war von fachkundiger Seite »bewiesen«, wie sehr sich die Kulturpolitik des neuen Reiches auf ewige Quellen abendländischen Denkens stützte. Die Autorität des antiken Philosophen, von Pädagogen immer wieder herangezogen, legitimierte auch dieses Regime... mindestens solange niemand die Faszination des großen Bogens zwischen Griechentum und Deutschtum durch unpassende Fragen sabotierte. Sie deckte – wieder einmal – die Verwendung der Musik als Herrschaftsmedium, immer noch in den beiden nötigsten Funktionen: zur »Beruhigung« der Untertanen wie zwecks volltönender Selbstdarstellung des Staates. Abgesehen von der theoretischen Rechtfertigung, die man Platon abguckte, konnte man sich auf Fakten der Musikgeschichte berufen.

Hatte nicht ein Meister wie Max Reger als op. 140 eine ›Vaterländische Ouvertüre‹, Ausdruck seiner Kaisertreue in »schwerer Zeit«, geschrieben und dem deutschen Heer gewidmet, das im Februar 1915, während der Komponist in Berlin die Uraufführung dirigierte, in den Winterschlachten der Champagne und der Karpaten verblutete? Der triumphale Ausklang mit der Melodie des Deutschlandliedes machte das Werk zum passenden Anknüpfungspunkt, und 1933 konnte sich der Verleger über das flott auflebende Geschäft mit diesem Gelegenheitsstück die Hände reiben. Tönende Denkmäler wie dieses – selbst posthum – erfreuten sich amtlicher Förderung. Innenwirkung und Außenwirkung steigerten einander, spiegelten nationales Pathos und regten lebende Komponisten zu entsprechendem Schaffen an. Hitlers Machtergreifung schuf einen riesigen Markt.

Daß Musik imstande sei, politisch-pädagogisch etwas auszurichten, war – Platon sei Dank – nicht zweifelhaft. Der imperiale Gestus dieses Glaubens folgte den politischen Ereignissen wie ein Echo. Auf dem Höhepunkt der Machtdemonstration nach innen und außen, mit der das Kaiserreich Überlegenheit über seine europäischen Nachbarn vorspiegelte, hatte sich ein Musikschriftsteller gefragt:

Weswegen ist denn unsere Musik so gewaltig herangewachsen, weswegen erzwingt sie sich heute gebieterisch allüberall Ehre und Einfluß, weswegen beugt sie Jeden durch ihre überwältigende Macht zu Boden, der sich mit chauvinistischer Grimasse gegen sie auflehnt? Weil sie aus nationaler Erde herausgewachsen und zu nationaler Kraft erstarkt ist. Wo gäbe es heute ein Land, welches uns auf musikalischem Gebiet nicht tributpflichtig wäre? [130]

Das ist durchaus in militärtaktischen Kategorien gedacht. Wer so folgert, pervertiert Musik zur Waffe, die imponiert, expandiert, niederwirft und sogar noch Kriegsbeute in Form von Tributen der Besiegten einbringt. Ihm schlägt die Wettbewerbsidee auf künstlerischem Gebiet, die gang und gäbe wäre, um in politischen Konkurrenzkampf. Musik versteht er nicht mehr – wie noch Shakespeare und viele deutsche Romantiker – als Sprache der Liebe und des Friedens. Er setzt sie ein als Siegel der politischen Beherrschung und zur Kriegführung mit anderen Mitteln und womöglich noch mit der heuchlerischen Entschuldigung, durch Musikhören komme bestimmt niemand zu Tode. Was eine geistige Neutralitätsverletzung darstellt, jener forsche Ausspruch des Souveräns – »Am deutschen Wesen soll die Welt genesen!« –, lautet präzisiert: an der deutschen Tonkunst erst recht. Musikexport zwecks Aggression scheint ein dogmatisch begründetes Aufputschmittel für nationales Selbstbewußtsein. Wenn dies schon in einer ungestörten Periode der Macht und Pracht des Reiches nötig war, liegt die Frage nahe, welche Rolle der Musik nach dem verlorenen Ersten Weltkrieg und dem jämmerlichen Ende des kaiserlichen Regimes zukam. Abermals hatte dieser gleiche Autor die Antwort parat, und an seinem Bewußtsein schien das inzwischen vergangene Menschenalter kein bißchen zur Vernunft hin verändert zu haben:

Wir deutschen Musiker wollen unser Deutschtum über alles setzen! Auch unsere Kunst, wenn anders wir sie rein bewahren, mit äffischer kosmopolitischer Liebedienerei aufräumen, auch unsere Kunst wird dazu helfen, Deutschland moralisch wiedererstarken zu lassen, die nächste oder über-

nächste Generation derart zu ertüchtigen, daß sie Verlorenes wiederge-winne![131]

Das ist noch deutlicher. Tonkunst soll Verlust wettmachen, nämlich die militärisch verspielten Werte und Gebiete des Deutschen Reiches durch Konditionierung künftiger Generationen wiedergewinnen helfen, das heißt: Revanche vorbereiten, zu Wehrertüchtigung und Angriffsgeist blasen. Der Hochstand der deutschen Musik – übrigens dank der Popularität der großen Klassiker von Bach bis Beethoven, von Schubert bis Wagner, und nicht wegen der Erfolge der lebenden Komponisten – schien ein außenpolitisches Plus, indem man hoffte, durch sie die Einbuße an nationaler Größe und Selbstwertgefühl kompensieren zu können. Blüte der Kunst war Gleichnis für den Stand des Nationalbewußtseins. Was militärische Waffen nicht vermocht, sollten die tönenden Waffen nachholen.

Etwas friedlicher, aber durchaus auf propangandistischen Effekt bedacht, formulierte ein anderer aus der Zunft der Schreiber über Musik:

Jetzt ist unser geliebtes Vaterland vom unerbittlichen Weltenschicksal in seiner politischen Macht von höchster Höhe in einen furchtbaren Abgrund gestürzt worden. Noch sieht man keine Rettung aus dem Zusammenbruch. Unsere deutsche Musik darf nicht in ihn hineingezogen werden. Möge sie vielmehr, in der wir auch jetzt noch allen Völkern siegreich voranschreiten und vor allem unseren ärgsten Feinden, den Engländern, so weit überlegen sind, in fernerem Siegeszuge dazu beitragen, daß wir uns darauf besinnen, was Deutschland für die Welt bedeutet, und uns, statt am Deutschtum zu verzagen, allem Haß und Neid und aller Gemeinheit und Vernichtungswut der Feinde zum Trotz, stolz aufrichten, um im Kreise der Völker von neuem ein unser würdiges politisches Leben zu beginnen.[132]

Hier sollte Musik zu politischer Ersatzbefriedigung herhalten. Der deutsche Mann wollte sich wieder mit stolz hochgerecktem Kopf zeigen können, aufgerichtet durch die nationale Tonkunst, als sei sie, vorweggenommener pharmazeutischer Fortschritt vielleicht, so etwas wie eine Glücksdroge. Vorangehen und oben sein wäre ihre staatswichtige Suggestion. Da wird sprachlicher Ausdruck, weitgehend unbewußt, zum grellen Signal eines singulären existentiellen Zustands; positive Selbstdarstellung in Musik wäre dann die des kleinen, zu klein sich fühlenden Mannes, dem seine alte Welt zusammenbrach, weswegen er sich nun, sei es auch illusionär, »Größe« zusammenborgt, wo immer diese erhältlich sein mag. Ein Jahrzehnt später bescheinigte ein anderer Musikschriftsteller der Tonkunst gleichsam dialektische Qualität, und diese bestätigte jegliche politisch-therapeutische Zweckbestimmung als normal:

Der Gedanke des Sichreckens ist das Deutsche, des Sichsammelns das Undeutsche in der Musik.[133]

In der Frage der Wirkung der Musik war man sich weitgehend einig, obwohl niemand entsprechende Untersuchungen vornahm. Der Glaubenssatz – immer wieder mit Überzeugungskraft vorgetragen – schläferte jedes empirische Verlangen ein. Daß Musik Wirkungen ausüben *kann*, steht mittlerweile fest; eben deswegen dient sie therapeutisch[134]. Physiologische Folgen sind sicher verbürgt. Sie lassen sich im Experiment auch wiederholen. Allerdings treten sie nicht unter allen Umständen ein. Wir wissen aber, daß bestimmte Kompositionen auf bestimmte Versuchspersonen körperlich verändernd wirken. Solches funktioniert indes keineswegs automatisch. Musik ist eben keine Droge. In der Unterschiedlichkeit der Resultate spiegeln sich Unwägbarkeiten, nämlich musikalische Bildung und Hörgewohnheiten, das kulturelle Umfeld des Hörers ganz allgemein und selbst sein Erwartungshorizont. Erzeugt werden individuelle Reaktionen, nicht Massenwirkungen. Derart lassen sich Herzschlag, Hirnströme, Pulsfrequenz, Blutdruck, Hautfeuchtigkeit, Muskelaktionsströme und dergleichen meßbar beeinflussen. Musik kann das. Aber was heißt schon Musik? Diese Komposition macht einen anderen Effekt als jene, und eine dritte wirkt wieder anders. Wer ein bestimmtes Stück kennt und liebt, liefert sich seiner Wirkung leichter aus als jemand, der das Werk nie zuvor gehört hat, also keine Erinnerung mit ihm oder mit der ersten Hörsituation verbindet, es vielleicht sogar verabscheut. Wer Kommunist ist, reagiert mit anderen physischen Zustandsäußerungen, sobald die ›Internationale‹ erklingt, als ein braver Bourgeois. Ein braunes Kampflied, das einen Skinhead mit neofaschistischer Ideologie »heiß« macht, wird einem Sozialisten das Blut zu Kopfe treiben; aber seine Hitze ist die des Zorns.

Jedenfalls läßt sich die individuelle physiologische Wirkung von Musik nicht anzweifeln. Diese ist indes gar nicht von Belang, wenn es darauf ankommt, mit Tonkunst politische Kampfkraft anzustacheln. Hierzu bedarf es eines unfehlbaren Mediums, das große Massen pauschal packt und nicht nur den Einzelmenschen in singulärer Art. Wirkung muß undifferenziert in *eine*, zudem im voraus bestimmbare Richtung drängen. Alle Herzen müssen höher schlagen, nicht nur einige wenige. Musik müßte bringen, was nur die Droge vermag, und dies auch noch zeitlich unbegrenzt. Es ist leicht einzusehen, warum kurzfristige und vorübergehende Einflüsse, vorausgesetzt, sie seien objektiv nachweisbar, für eine tönende politische Überzeugungs- und Glaubenskampagne nicht taugen. Wenn schon Droge, dann zweckmäßigerweise mit Depotwirkung, so daß das Gift dosiert und nach und nach ins Blut oder auf den Geist geht. Musikstücke jedoch fangen an und enden. Mit politischem Sinn aufzufüllende Formen sind zumeist recht kurz. Für die Dauer von Strophenliedern, um nur eine häufig benutzte Form zu nennen, gibt es Grenzen der Erträglichkeit. Hält es überhaupt ein Mensch aus, vierundzwanzig Stunden je Tag mit Musik vollgestopft zu werden? Rund ein Drittel dieser Zeit liegt er sowieso im Schlaf. Viele Lebensverrichtungen entziehen sich tönender

Begleitung völlig. Hat aber Musik ihre beschränkte Zeit, dann konzentriert sich jede denkbare Wirkung auf eben diese. Zum Kummer der Machthaber ist Musik flüchtig. Der spezielle Langzeiteffekt, ohne den politische Einflußnahme versagt, geht ihr ab. Dieser Zusammenhang ist den Altvorderen keineswegs entgangen:

Bei diesem augenscheinlichen Vorzug der Musik über andere Künste, muß doch nicht unerinnert gelassen werden, daß ihre Wirkung mehr vorübergehend scheint, als die Wirkung anderer Künste. (...) Also müssen die Werke der Musik, die dauernde Eindrücke machen sollen, oft wiederholt werden.[135]

Es ist ziemlich unwahrscheinlich, daß sich einer der Machthaber des 20. Jahrhunderts in ein so monumentales Werk aufklärerischer Ästhetik wie Sulzers ›Allgemeine Theorie der schönen Künste‹ vertieft hätte, um daraus Handlungstips zu beziehen. Ursache und Wirkung lagen jedoch ohne ehrwürdigen Gewährsmann so klar auf der Hand, daß sie in kulturpolitisches Management umgesetzt werden konnten. Sämtliche Herrschaftsformen welcher Richtung auch immer treffen sich in der gleichen Praxis: Zusammen mit »Ingenieuren der menschlichen Seele« treten nun auch Programmdirektoren der menschlichen Seele auf. Sie bestimmen, was fürs Volk und seine weltanschauliche Bildung – möglichst lückenlos – an musikalischer Kost geeignet ist. »Wir brauchen mehr Lieder«, das ist ein Stoßseufzer, der in vielen Sprachen den Komponisten beibringen sollte, was die Obrigkeit von ihnen erwartete. Zuweilen bedurfte es solcher Aufforderung gar nicht, weil die Musiker ohnehin taten, was zu tun war. Zum Beispiel überschwemmten sie den freilich zugleich jäh expandierenden Markt 1933 in der NS-Diktatur mit Abertausenden von Marsch-, Kampf- und Huldigungsliedern. Da herrschte Hochkonjunktur:

Seit Monaten gehen dem Führer Stöße von Kompositionen zu. Jeder Komponist bittet, sein Werk dem Führer widmen zu dürfen. Da jedoch die hierzu erforderlichen Nachprüfungen nicht möglich sind, wird dringend gebeten, die Kompositionen den Verlegern zur Begutachtung vorzulegen.[136]

Dieses dringende Ersuchen der Reichskanzlei traf auf taube Ohren. Die Hoffnung, zum Ruhm des neuen Regimes beizutragen – und dadurch auf sich aufmerksam zu machen –, verdrängte alle Rücksicht. Das ganze Volk beteiligte sich, nicht nur Fachmusiker, weniger namhafte eifriger als bereits erfolgreiche. Unverkennbar ist, daß dieser schöpferische Elan nicht ausschließlich durch politische Begeisterung motiviert war. An der Staatsmacht mittelbar teilzuhaben – und sei es mit einem hingekritzelten Notenblatt »Lied auf den Führer«, das Eingangsbestätigung und Dank mit dem Absender Reichskanzlei erwarten ließ –, das war ein verbreiteter Wunschtraum. Auf diese Weise liefen Mengen von nationalem Kitsch auf. An die Öffentlichkeit kam nur wenig davon. Das Gros der Einsendungen erfüllte nicht den Zweck. Dabei schilderten doch schon viele Musikforscher, wie die stilistische Übertragung vom Volkslied zum politischen Lied vor sich zu gehen habe:

Die Entwicklungslinie »vom Volkslied zum Kampflied« ist insofern klar verfolgbar, als von dem weiten Bereich des Volksliedes her die Parteilieder und Kampfgesänge der Braunhemden vielfach ihre Motive, ihren Formenvorrat abgeleitet haben – wie anders hätten sie sich sonst derart ausbreiten und in die Gemüter einpflanzen können?[137]

Das Volkslied sollte also – wieder einmal – als Materialhalde dienen, von der jeder aufsammeln konnte, was er an Versatzstücken für sein politisches Lied benötigt. Natürlich: Auf Volksliedern liegt kein Copyright. Aber der Hauptgrund war nicht juristischer Natur, sondern taktischer. Entlehnungen vom Volkslied »mit dem Schein des Bekannten« sichern die Akzeptanz des neuen Produkts durch den breiten Kreis derer, die noch Erinnerungen an die Volkslieder ihrer Jugend mitbringen. Das ist eingängig, kann ohne langes Einüben gesungen werden, und eben darauf kommt es der Obrigkeit an: So verwandelt sich eine singende Menge auf wunderbare Weise in »Volksgemeinschaft«, wie der Musikforscher bezeugte:

Ist nicht »Horst Wessel« Symbol für den »unbekannten Soldaten« des heroischen SA-Krieges gegen die rote Unterwelt schlechthin geworden, singen nicht darin alle gefallenen Braunhemden, alle Sturmbanne mit? Ist das nicht sogar sein eigentlicher Sinn, sein Wert, seine Rechtfertigung gegenüber bloß ästhetisch-artistischen Maßstäben? Weil sich das ganze deutsche Volk zu Sinn und Ziel dieses märtyrerreichen Kampfes bekannt hat, singt es dies Lied – und somit ist es »Lied des Volkes«, tönendes Wappenschild der ganzen Volksgemeinschaft geworden.[138]

Damit war das Ideal formuliert und zugleich angedeutet, wohin die schon vom letzten deutschen Kaiser propagierte Pflege des Volksliedes weiterzutreiben sei. An Bekenntnissen zum »lebendigen«, durch die Tradition kanonisierten Volkslied fehlte es nicht. Die ganze Wandervogel- und Jugendmusikbewegung häufte eines aufs andere:

Ich will noch einmal erklären, daß mir das deutsche Volkslied lieb ist als Zeichen deutschen Geistes, als eine kunstlos bescheidene, und darum so heilig-innige Kunst; und ich lege nur deshalb nicht mehr Ton auf seinen Wert, weil in unseren Kreisen des urteilslosen Preisens kein Ende ist. Wir wollen das Volkslied wahren![139]

Hier brauchte Kestenberg, Preußens Musikreformer, nur weiterzumachen, denn ihm ging es um Einbeziehung des Volkes in die staatlich zu fördernde Musikkultur. Die wahrscheinlich gangbare Pforte war eben das von unten kommende, zersungene und über Generationen memorierte Volkslied, aus dem zusätzlich die fundamentale Sicherheit des historisch festgeschriebenen geistigen Besitzes sprach. Auch die Republik zielte auf das Zusammenwachsen von Volk und Staat ab. Also empfahl Kestenberg die Förderung von Liederbüchern und Volksliedforschung, knüpfte dabei unbefangen an das von Wilhelm II. angeregte »Kaiser-Liederbuch« an und betonte die Wichtigkeit lokaler Wiederbelebung des Volksliedes, nicht zu vergessen die Veranstaltung von Konzerten zu »volkstümlichen Zwecken unter besonderer Pflege des Volksliedes«[140]. Der Pädagoge argumentierte pädagogisch und immer im Hinblick auf das politische Ziel, Kunst als Bindemittel zwischen Staat und Staatsbürger einzusetzen. Ein Vorhaben wie dieses konnten alle politischen Parteien der Weimarer Republik unterschreiben, linke wie rechte und sogar die Mitte. Möglich, daß ihr Verständnis von Macht und Methode sich weitgehend unterschied, doch bestand Einigkeit in der Deutung der Musik und vor allem der Volksmusik als Machtmedium. Die Nationalsozialisten setzten dann entschlossen auf die angebliche ideologisierende Kraft hinter den Tönen:

Wo fände unsere Seele reiner und kraftvoller als im altdeutschen Volksliede das Stahlbad, dessen sie zur Erringung wahrhaft nationalsozialistischer Seelenhaltung bedarf? Was atmen die alten, die echten Kriegs- und Landknechtslieder anderes als jugendlich-freudiges, todestrotzig-entschlossenes Kämpfertum? Was atmen die geistlichen Lieder der alten Zeit anderes als echte, unverbogene, innige und doch hochgemute Frömmigkeit?[141]

Der Theoretiker predigte offenen Ohren. Die Musikpolitik im neuen Regime setzte die nötigen Prioritäten, und unter diesen nahm die Volksmusik – fast magisches Ritual – den ersten Platz ein. Leider war sie nur imstande, Identifikationen mit der Landschaft oder mit typischen kollektiven Lebensumständen und Lebenserfahrungen wie Liebe, Heimweh oder Fernsehnsucht zu bieten. Hier trat das Lied *für* das Volk ein. Dieses sollte die Identifikation weitertreiben bis zum Mitgefühl für die politische Macht, entweder die in der fernen Regierungsmetropole oder auch nur deren mystische Idee. Die provinzielle Seele sollte sich aufschwingen zum religiös-inbrünstigen Glauben. Andere Darstellungen sprechen klar aus, daß es nicht um Musik ging, sondern um das, was man mit ihrer Unterstützung polit-pädagogisch auszurichten hoffte:

Zum Volk zu gehören, bedeutet nicht ergebenes Versinken in einer Masse, sondern das Sicheinordnen in den Rhythmus, der heute in unerhörter Kraft durch unser Land geht, von dem wir entweder erfaßt werden können oder als ewig Gestrige verständnislos beiseite stehen müssen. (...) dem gemeinsamen Rhythmus, dem Feiern und der Arbeit klingende Form zu verleihen, ist das Vorrecht und die vordringliche Aufgabe der Musik. In ihrer Erfüllung steht der Musiker an einem Ehrenplatz. Volksmusik ist dann das Gestalt gewordene kultisch-politische Bekenntnis des Volkes, das wir selbst sind.[142]

Damit war der Exerzierplatz für musikfreudige Erzieher genau abgesteckt. Es ging um Kampfesmut und unerschütterlichen Glauben, der imstande wäre, jedes Opfer, auch das des eigenen Leibes und Lebens, zu rechtfertigen. Der Ingenieurskunst am Menschen waren beste Möglichkeiten gegeben. Denn vielleicht konnte die Volksmusik wirklich den neuen Menschen hervorbringen, wie ihn die Machthaber auch hier wollten. Vordringlich war es dabei, das widrige Wirken des Zufalls auszuschalten; hier hatten die Lehrer ihre immer wieder unterstrichene Aufgabe, wie einer von ihnen betonte:

Daher erkenne der Erzieher zunächst: daß das Volkslied auf seine Weise von den ewigen Dingen, von der Natur, von deutscher Seele und dem deutschen Menschen kündet, daß das Lied heute wie zu allen Zeiten in lebendiger Beziehung zum Ringen um Volkswerdung und Volksordnung steht und daß das Lied der Gegenwart die mythische Bindung schafft zwischen dem Einen, der durch seine Tat deutsches Schicksal gewendet hat, und dem Volk, das seinem Führer gläubig folgt.[143]

Gegenseitige Durchdringung, eine mystische Kommunion, welche die Untertanen mit der Herrschaft nicht nur versöhnen, sondern auch magisch verschmelzen sollte. Es ist fast unglaublich, was eine Obrigkeit der Musik zumutet, hat sie diese erst einmal fest im Griff. Solche Art Instrumentalisierung beschränkte sich keineswegs auf das Regime Hitlers. Auch dessen wütendste Gegner von links bauten auf die Volksmusik, nicht auf die deutsche zwar, sondern auf die russische. Daß Lenin einst den Textautor der ›Internationale‹, Eugène Pottier, einen Poeten und Kämpfer für die Pariser Kommune 1871, »einen der größten Propagandisten mittels des Liedes« nannte, blieb verpflichtend für die Musikpolitik der UdSSR über Jahrzehnte. Zwar sprach der Führer des Rätestaats nicht von der Melodie, die Pierre Degeyter schuf, damals Modellbauer in einer Eisengießerei und Dirigent eines Arbeitergesangvereins; aber auch dieser war wie Pottier ein Mann aus dem Volk, und wie er mit Volkes Stimme dichtete, musizierte jener mit dem gleichen mythischen Organ, und beides lief auf Identifikation mit einem imaginären Volk hinaus, dem – laut Lenin – die Musik »gehört«. An diesem Punkt vermischte sich die Konzeption »Musik aus dem Volk« mit der aktuellen politischen Zielsetzung »Musik für das Volk«. Logische Folge war die Forderung an Berufsmusiker, das kanonisierte ethnische Erbe als Reservoir anzusehen, mindestens aber in dessen Geist zu schaffen. Dieses Postulat bestimmte die sowjetische Musikpolitik wie die des deutschen Propagandaministers Dr. Goebbels, in dessen Zuständigkeit – und dies signalisierte Zweckbestimmung – die Tonkunst überführt worden war. Ein Ordinarius für Musikwissenschaft gab eifrig seine private Lehrmeinung dazu:

Eine nationale Musik, die als Ideal und Erfüllung des Wesens und der Begabung des Volkes vorschwebt, muß natürlich gewachsen sein. Ihr Unter-

bau ist die Volksmusik, das breite Fundament, das den kühnen Dom geisti-
ger Höhenleistung deutscher Musik zu tragen bestimmt ist.[144]
Das mutet reichlich elitär und theoretisch an, wie ein Professor sich eben
auszudrücken pflegt. Der Minister, ein Praktiker der Ästhetisierung der
Politik und des Staates, dekretierte dagegen ganz direkt, wie die staatsim-
manente Musik auszusehen habe:
Wie jede andere Kunst, so entspringt die Musik geheimnisvollen und tie-
fen Kräften, die im Volkstum verwurzelt sind. Sie kann deshalb auch nur
von den Kindern des Volkstums dem Bedürfnis und dem unbändigen
Musiziertrieb eines Volkes entsprechend gestaltet und verwaltet wer-
den.[145]
Lied und Musik des Volkes wurzeln, und das war eine kompositionstech-
nische Handlungsweisung, vor allem in der Melodie; Musik habe,
meinte der Minister, durch ihren Reichtum an Melodien erst eigentlich
»Sinn«, steht und fällt doch ihre Nutzbarkeit mit der Sympathie, die sie
im Zuhörer zu wecken vermag. Solcher »Sinn« kommt den mittranspor-
tierten ideologischen »Inhalten« zugute. Wer eine Melodie voll Wohlge-
fallen hört, öffnet sich leichter für den Text, der in sie verpackt, oder für
Titel oder Programm, mit denen sie verbunden ist. Der Jungbrunnen
Volksmusik soll die Greise und die alten Weiber und mehr noch den »alten«, kritischen und fragenden Teil der jungen Generationen zwar nicht
jauchzen und tanzen machen, sondern marschieren und Heil rufen.
Leicht zu Hörendes und zu »Verstehendes« schlägt durch; bizarre »arti-
fizielle«, also »unnatürliche« Melodik, gar Dissonanz, stößt ab. Daher
ist die »richtige« Musik die des Volkes, kollektiv gewonnen aus dem Puls
der Natur. Nur sie eignet sich zur politischen Werbung. Ein Politiker, der
dies realisiert, braucht seine Machtmittel nur noch auf Stellen zu konzentrieren, die für ihn »richtige« Musik schaffen. Er betreibt gleichsam
»Zuchtwahl« bis zu dem Extrem, daß ein untauglicher Musiker, der sich
nicht anpassen möchte, eliminiert wird. Aus der Sowjetunion, die zur
Ausbildung einer eignen Musikpolitik viel mehr Zeit hatte als das Hitler-Regime, sind harte »züchterische« Eingriffe überliefert und noch
mehr »freundschaftliche« Ermahnungen, vom Weg des Guten, Wahren
und Schönen nicht abzuirren. Stalins Kulturvogt warnte die Musikschaffenden, aus dem Paradies naturhafter Gemeinschaft mit dem Volk zu
desertieren:
Es genügt nicht, daß Sie alle hoch und heilig versichern, Sie seien für eine
Volksmusik. Wenn dem so ist, warum sind dann in Ihren musikalischen
Werken so wenig Volksmelodien verwendet? (...) Entwickelt sich bei uns
etwa die sinfonische Musik in enger Wechselwirkung mit der Volksmusik –
dem Lied, der Konzert- und Chormusik? Nein, das kann man nicht sagen.
Im Gegenteil, hier klafft zweifellos ein Riß, entstanden durch die Unter-
schätzung der Volksmusik seitens unserer Sinfoniker.[146]

Die Ingenieurkunst mit Hilfe der Musik bedarf gewisser organisatorischer Voraussetzungen. Diese fanden sich regelmäßig sowohl in sozialistischen Staaten wie in der braunen Diktatur, und die meisten parlamentarischen Demokratien bemühten sich nicht minder um solche. Das ist in erster Linie eine Frage des Geldes. Der niedersächsische Ministerpräsident Ernst Albrecht (CDU) verkündete 1989 einen Mammutwettbewerb zum Thema »Lieder – so schön wie der Norden«, setzte die unglaubliche Summe von 75000 DM aus Steuermitteln als Preisgeld aus und erhielt rund 3000 Einsendungen, einen Querschnitt durch die Volksbegabung seines Bundeslandes mit dem voraussehbaren Niveau solcher Musterkollektionen. Die Jury, begreifend, was der Politiker suchte, nämlich ein Identifikationssymbol, empfahl unter anderm einen Song mit optimistischem Durchhaltecharakter:

Ich bin ein Nordlicht und sehr stolz darauf,
denn meine Heimt ist so schön.
Ich setze eine frohe Miene auf
und will vergnügt durchs Leben gehn.[147]

Bei der Vorstellung der Preisträger stützte sich der Ministerpräsident auf die Hilfe von Funk und Fernsehen; dies war eher eine Verlegenheitslösung bei einem Genre, für das keine staatseigenen Möglichkeiten der Verbreitung existieren.

Soll der Staat, wie auch immer, Musik fördern, dann bedarf er des direkten Zugangs zu ihren Produktionsstätten. Die Verteilung öffentlicher Gelder an alle möglichen Kräfte, die am fleißigsten die Hand aufhalten, wäre nicht zweckmäßig. Vielmehr muß die Obrigkeit massiv und punktuell fördern können; solches ergibt sich aus der ideologischen Interessenlage. Dürften wir dem bundesdeutschen Kulturwissenschaftler glauben, wäre der kulturpolitische Eingriff von oben so etwas wie unabwendbares Schicksal, das uns die Geschichte auferlegt:

Freilich kommen auch die politikfernen Gebiete der Kultur heute nicht
ohne jede staatliche Einflußnahme aus. Das hat vor allem zwei Gründe von
verschiedener Qualität: Kultur ist immer nur in einer organisierten Gesell-
schaft möglich gewesen, die übergreifende Organisationsform der Gesell-
schaft im technischen Zeitalter scheint aber ein mit erheblicher Macht aus-
gestatteter Staat zu sein. Außerdem hat sich heute das Kapital so stark beim
Staat konzentriert, daß nur er größere Kulturvorhaben finanzieren
kann.[148]

Diese Erklärung ist deswegen bemerkenswert, weil sie, innerhalb des Systems erdacht, als Alibi für dieses sich andient: Die Verhältnisse sind nun einmal so; was geschieht, ist objektive Entwicklung, gar historische Gesetzmäßigkeit, nicht umkehrbar, und also muß man sich darein schicken. Solches läßt den kulturschaffenden Menschen draußen, degradiert ihn zum Objekt der Obrigkeit, spiegelt demnach exakt, was jede staatliche Kulturpolitik mit sich bringt, nämlich die Tendenz zur Abschaffung des schöpferischen Individuums, ohne das Kultur nicht existent wäre. Zunächst bringt der Staat die musikalischen Produktionsmittel an sich. Kommunen, Provinzen und das Reich – oder die Zentralregierung – übernehmen Konservatorien und Musikhochschulen, Orchester, Konzertsäle und Musiktheater und gewähren dem Musiker Daseinssicherung von nie gekannter Fülle. Gesetze regeln Urlaub und Arbeitsbedingungen, Überstundenentgelte, Familienzuschläge, Rentenansprüche und Krankenversicherung. Der bestgestellte Hofmusikus früherer Jahrhunderte hätte vor Neid erblassen müssen.

Nun ist es nicht so, daß die Musikschaffenden besonders überrascht – oder übermäßig dankbar – für die Segnungen der staatlichen Angestelltenexistenz gewesen wären. Sie hatten es ja genau darauf angelegt. Sicher war Wagner nicht der erste, der im Vollgefühl seines Wertes zwar keine Anstellung, aber doch etwas bei weitem Bequemeres erstrebte:

Was ich dagegen beanspruche, ist die Fixierung einer ehrenvollen und reichlichen Pension, lediglich und einzig zu dem Zweck, ungestört und gänzlich unabhängig von äußeren Erfolgen meine Kunstwerke schaffen zu können.[150]

Woher hätte wirtschaftliche Sicherung kommen können, wenn nicht vom Monarchen? Je autoritativer die Obrigkeit das öffentliche Leben regelt, desto höhere Ansprüche provoziert sie sich. Der höchste ist fraglos der, ohne Dienstverpflichtung verköstigt zu werden; als Erweis der Erkenntlichkeit war eine kompositorische Huldigung an den Souverän übrigens mitgedacht, und solches schloß zusätzlichen Gewinn gar nicht aus, wie Wagner dies bei seinem ›Kaisermarsch‹ erlebte ... 1500 Franc vom Verleger waren eine unwiderstehliche kreative Anregung. Mehr Sicherheit verhießen die fiskalischen Kassen. Seit eh und je begehrten Musikschaffende, je »freier« sie den Unbilden des Markts ausgeliefert waren, die fixe Pfründe. Arbeiten wollten sie, sicher; aber sie wollten auch, was sie anzubieten hatten, abgekauft und honoriert bekommen. Der Staat sollte sie vom Markt befreien. Denn der Markt war höchstens gut für solche seltsamen Existenzen wie Gaukler, Bänkelsänger oder Wandermusikanten, nicht aber für Musiker, die sich als Meister verstanden und Uroffenbarungen in Form unsterblicher Tonschöpfungen hervorbrachten. Deswegen begrüßten sie das Engagement des Staates in ihrer Kunst. In seinem 1888 erschienenen utopischen Bestseller sah Bellamy für das Jahr 2000 geradezu den Musikbeamten voraus:

Alle die wirklich guten Sänger und Spieler stehen im Musik-Staatsdienste (...).[151]

Weniger weit in die Zukunft blickend, bot ein Münchner Theaterexperte den Bereich, der ihm am meisten am Herzen lag, der Obrigkeit an:

Die Oper erwartet die Adoption durch die Nation und durch deren politischen Ausdruck, den Staat. Dadurch treten die Lenker und Leiter von Bühne und Szene in ein wesentlich verstärktes Pflichtenverhältnis; sie sind »Organe des Staates, des Volkes«, diesem Rechenschaft für ihr Handeln schuldig.[152]

Daß besondere Pflichten ebensolche Rechte bedingen, hielt er einer Erwähnung nicht für wert; der Theaterschaffende als Beamter war Teil seiner – inzwischen verwirklichten – Utopie. Was Burckhardt für die griechische Antike sah, *daß der Durchbruch der Demokratie als Überwältigung des Staates durch die Kultur zu betrachten sei*[153], läßt sich auch umkehren. Auf Musik bezogen, wäre zu formulieren, daß die Überwältigung des Staates durch die Musiker den Durchbruch der Demokratie markiere. Es war eine praktische Lösung für viele Künstlerprobleme und sogar Verheißung für ein beträchtlich erweitertes Berufsbild. Denn die neuen Umstände erforderten nicht nur Nachschaffende und Komponisten, sondern Musikverwalter, Musikagenten, Musikökonomen, Musikwerbefachleute aller Art, staatlich besoldet und beaufsichtigt. Ein Garten Eden der Musik kam am Horizont in Sicht. Die Obrigkeit verstand sich zu der Aufgabe, Musik zu pflegen. Dies war nicht nur eine Frage wirtschaftlichen Kalküls; der Staat suchte keine zusätzliche Einnahmequelle. Schon Kestenberg wußte:

Die Musik ist aber nicht nur Teil unseres Lebens, sie ist auch für den Staat von unübersehbarer Bedeutung. Wir haben heute nichts, was im Ausland höher im Kurs stände als deutsche Musik. Sie ist unser begehrtester Ausfuhrartikel. Vom wirtschaftlichen Standpunkt müßte die Pflege und Erhaltung der Musik zu den ersten Forderungen des Staates gehören. Demgegenüber ist auf die Musik in den Ausgaben des Staates bisher stets der kleinste Teil entfallen.[154]

Um ökonomische Erwägungen ging es höchstens nebenbei. Die Argumente für die Musik waren politische. Nicht Ausfuhrerlöse interessierten, sondern die Probe, wieweit Tonkunst geeignet sei, Staat zu machen. In der Republik herrschten darüber ganz widersprüchliche Meinungen. Der Finanzminister und seine Partei dachten – natürlich – weniger enthusiastisch als zum Beispiel der Erziehungsminister an Funktionen, die den Haushalt noch mehr belastet hätten. Musik kostet zunächst einmal Geld. Zwar existierten ungefähre Vorstellungen, daß sie in Frage käme, Sympathiewerbung im Ausland zu bewirken; aber das tat sie dank der kostenlosen Dienste durch die am Gewinn orientierten Musikverleger und Musikagenten sowieso. Die Einsicht, welches politische Kapital durch Förderung der Tonkunst zu gewinnen war, kam dann auch keineswegs plötzlich. Zudem war die Weimarer Republik arm. Zu viele kostspielige Notwendigkeiten stürzten auf sie ein. Immer wieder bedurfte es der Erinnerung durch die Künstler, und sie schämten sich nicht zu betteln, denn zeitweise stand der Musikbetrieb vor dem Ruin. 1930 strich der Reichstag sogar eine schon beschlossene Subvention von 120000 Mark für das Berliner Philharmonische Orchester. Dessen Chef appellierte geschickt an den Reichskanzler:

So moechte ich nun an Sie, verehrter Herr Reichskanzler, die Bitte richten, Ihren großen und bestimmenden Einfluß dahin geltend zu machen, daß es bei dem bleibt, was der letzte Reichstag bereits angenommen hatte, und so durch den Zuschuß die finanzielle Sicherstellung des Orchesters, und damit die Moeglichkeit, dasselbe kuenstlerisch auf seinem hohen Niveau zu halten, gewaehrleistet bleibt. Sie wuerden, nach meiner festen Ueberzeugung, damit den kulturellen Interessen Deutschlands einen großen Dienst tun. [155]

Der Musikbetrieb der Reichshauptstadt basierte geradezu auf dem Orchester. Vielleicht wäre das in dieser Notsituation des Staates kein Argument gewesen. Jedoch spielte der Dirigent auch seine politische Karte aus und unterstrich den Erfolg der Auslandsgastspiele. Dies wirkte, und der zuständige Parlamentsausschuß setzte die Subvention wieder in Kraft. Anders als der Gesetzgeber, hieß die Exekutive – die Ministeralbürokratie – die Streichung von Anfang an nicht gut, aus dem praktischen machttaktischen Grund, weil dem Reich dann jede Möglichkeit der Einflußnahme auf das Orchester genommen wäre. Dieses Moment scheint charakteristisch für eine Obrigkeit, die für jede Förderung handfeste politische Gegenleistung erwartet; ohne solches schiene der Verwaltung jegliches Geld sinnlos hinausgeworfen. Demokratische Gemeinwesen verfahren darin nicht so grob wie Despotien. Aber sogar unter den Verhältnissen der BRD, wo sich die Kulturhoheit dezentral auf die Länder verteilt, wird immer wieder einmal so ein utilitaristischer Zusammenhang deutlich. Verstaatlichung funktioniert auch indirekt über Subventionen. Dabei erübrigt es sich, stets Gegenforderungen nachzuschieben. Es genügt anzudeuten, was erwartet wird. Der Künstler reagiert dann schon, wie er soll, denn ein gewisses Maß an Dankbarkeit gehört seit eh und je zu den menschlichen Tugenden; entsprechend selten ist krasser Undank.

Gleichwohl markiert das Individuum einen Schwachpunkt im Begehren des Staates nach Souveränität auch über die Tonkunst. Es kann nicht so effektiv in Besitz genommen werden wie irgendeine Produktionsstätte der Musik. Wer Marx folgte, also Musik als Überbau der ökonomischen Verhältnisse verstand, konnte sich einbilden, alle Probleme mit der Verstaatlichung ihrer materiellen Voraussetzungen in den Griff zu bekommen. Keine Oper mehr in Privathand, kein Orchester, keine Werkstätte für Instrumentenbau, kein Musikverlag, keine Künstleragentur mehr im Besitz privater Ausbeuter ... und hülfe das nicht, wäre sogar eine Art »Maschinenausleihstation« für Musikinstrumente leicht einzurichten, ein Zentralmagazin, bei dem Musiker die nun in Staatseigentum stehenden

Produktivmittel zu den jeweils genehmigten Konzerteinsätzen hätten in Empfang nehmen können. Absurd? Ja, doch gab es bereits Schritte auf dem Weg dahin.

Nach der Oktoberrevolution stellte die Räteregierung beschlagnahmte kostbare Instrumente aus Sammlungen geflohener Adliger, darunter italienische Meistergeigen, einigen verläßlichen Spitzenmusikern zur Verfügung, an deren Loyalität kein Zweifel bestand. Ähnliches geschah im Hitler-Regime. Enteignete wertvolle Instrumente aus jüdischem Besitz gingen leihweise an parteitreue Künstler. Während des Krieges ließ Goebbels in großem Umfang – und billig dank des von den Besatzern festgesetzten Zwangskurses – zumal in Frankreich alte Musikinstrumente ankaufen und verdienten Solisten im Reich zukommen, ebenfalls als Leihgabe des Staates. So erhielt der Konzertmeister der Staatskapelle Berlin, Rudolf Schulz, eine Gofriller-Geige. Nach 1945 dachte keiner der Rechtsnachfolger mehr an dieses ausgeliehene Staatseigentum... schöner Vermögenszuwachs für die Künstler.[156]

Doch selbst mit guten Gaben und sonstiger Privilegierung blieben die Musikschaffenden ein unsicheres Element, mindestens im sozialistischen Machtbereich. Zwar repräsentierten sie geballte Produktionskraft, und ohne sie wären Konzertsäle und Musikbühnen verwaist, aber sie waren keiner Enteignung zu unterwerfen. Im Sinne des historischen Materialismus zählen Künstler zweifelsohne zu den Produktivkräften vom Faustkeil bis zum vollautomatisierten Industriewerk, wie Stalin definierte:

Produktionsinstrumente, mit deren Hilfe materielle Güter produziert werden, Menschen, die diese Produktionsinstrumente in Bewegung setzen und die Produktion der materiellen Güter dank einer gewissen Produktionserfahrung und Arbeitsfähigkeit bewerkstelligen – alle diese Elemente zusammen bilden die Produktivkräfte der Gesellschaft.[157]

Der theoretische Ansatz läßt außer Betracht, was schon damals augenfällig war: Gehirne und Hände sind naturgegebene Produktionsinstrumente und jedem Menschen eigen. Die musikalische Stimme, ein sehr spezielles Produktionsmittel, ist vielen Individuen der Spezies Mensch angeboren. Diese benötigen kein technisches Werkzeug, um zu produzieren und sozusagen die Ware Musik herzustellen. Mindestens Sänger fallen aus der Theorie heraus, indem sie unter allen gesellschaftlichen Verhältnissen – sogar sozialistischen oder kommunistischen – Privateigentümer ihres kreativen Organs bleiben und die Verfügung darüber behalten, wie immer sich die ökonomische Basis der Gesellschaft entwickeln mag. Wo könnte hier Enteignung, das probate Verfahren zur Veränderung der gesellschaftlichen Bedingungen, überhaupt greifen?

Mit einer nur ideologischen Patentlösung ist sicher kein Musikbetrieb zu »sozialisieren«, denn er steht und fällt mit individueller Begabung und allgemein-menschlicher Realität, die Hirn, Hand und Stimme auch ganz privat kreativ sein läßt. Nun kennt jeder Machthaber exakt die Methoden, sich auch solche Persönlichkeiten zu verpflichten, die eher zu einer Art Außenseiterrolle neigen. Der Enteignung der Werkzeuge entspricht die Disziplinierung der Künstler und ihre Umwandlung in ein angepaßtes Instrument der politischen Wertschöpfung. Das geschieht durch »human engineering« von oben, wie es fundamentale Praxis der Despotie ist. Sowjetische Komponisten hätten kein »Recht, unpolitisch zu sein, sich selbst vor der Gegenwart in ihren kleinen eigenen Welten zu verstecken«[158], warnte ein Theoretiker. Die also Belehrten konnten dann auch der laufenden Presse detaillierte Handlungsanweisungen entnehmen. Sie blieben nicht im Zweifel, was zu tun war und wo sie zu stehen hatten. Eine Blütenlese von Titeln zeigt, wie wenig Spielraum ihnen gegönnt war; auch die penetrante Indoktrinierung durch die Publizistik lief auf Enteignung der schöpferischen Persönlichkeit hinaus:

A. W. Lunatscharskij: Preist den Oktober! (d. h. die Oktoberrevolution) (Musyka i rewoljuzija Nr. 11, 1926), Verfügung des Sekretariats der Russischen Vereinigung Proletarischer Musiker: Lieder über die Helden des Fünfjahrplans schaffen! (Proletarskij Musykant III/3−4, 1931), A. Eschpaj: Den Menschen Freude bereiten (Die Sowjetunion heute V/21, 20. Juli 1960), B. Jarustowskij: Freude − kostbare Gabe der Kunst (Iswestija, 21. Mai 1961), S. Aksjuk: Entrolle dich im Marsch, Musik! (Sowetskaja Kul'tura, 4. November 1961), T. Chrennikow: Quell der Freude und Begeisterung (Sowetskaja Kul'tura, 7. November 1961), D. Schostakowitsch: Wege zur großen Musik des Kommunismus (Sowetskaja Kul'tura, 18. Januar 1962), P. Apostolow: Die Herzen entflammen! (Sowetskaja Kul'tura, 20. März 1962), L. F. Il'itschew: Schaffen für das Volk im Namen des Kommunismus (Sowetskaja Kul'tura, 22. Dezember 1962), G. Taranow: Für helltönende, lebensbejahende Musik (Kommunist Ukrainy Nr. 5, Mai 1963), T. Chrennikow: Für eine zu kriegerischer Tat und zur Arbeit begeisternde, aufrufende Musik (Sowetskaja Kul'tura, 28. Mai 1964), Leitartikel: Würdig die große Sache des Sowjetvolks darstellen (Prawda, 9. Januar 1965), T. Chrennikow: Verpflichtung vor dem Volk (Sowetskaja Kul'tura, 2. August 1977)...

Alle diese Überschriften und die dazu akkurat passenden Inhalte der Artikel sind Politpädagogik. Die Pflichten der schöpferischen Individuen gegenüber dem Staat, der immer wieder − ein kluger psychologischer Schachzug − das Volk vorschob, werden durch ständige Wiederholung geradezu eingeimpft. Es ging um *das* Anliegen der Machthaber an die Musik. Sie sollte Staat machen, und das genau so, wie die Partei für richtig hielt. Um der Obrigkeit schönzutun, redeten profilsüchtige Leute ihr immer wieder nach dem Munde. Gern gehört war so etwas wie dieser »Rechenschaftsbericht«, der den Wunschtraum in Wirklichkeit verfälschte:

Die intensive lebendige antifaschistische Wirksamkeit der tonangebenden Musikanten der Welt fußt auf der Erfahrung der sowjetischen Musik. Allerdings ist auch die multinationale, internationale sowjetische Musikkultur einer der stärksten Faktoren des Sieges über die faschistischen Narreteien auf dem Gebiet der Musik. (...) Kampflieder sowjetischer Meister erklingen im Alltag, erklingen im Kriege. Indem sie anknüpfen an die Werke sowjetischer Komponisten, kämpfen begeisterte Krieger der spanischen Armee gegen die Faschisten im Vaterland und im Ausland. Die sowjetische Musikkultur ist international. In ihr lebt der mächtige Odem der Freiheit, flammender Humanismus, leidenschaftliche Liebe zum Leben. Der Rhythmus dieses Lebens äußert sich in den Worten von J. W. Stalin, welche die vor uns liegenden Aufgaben und Ziele festlegen.[159]

Solche irrealen Auslassungen spiegeln einen politischen Zustand äußerster Beengung, den des absolutistischen Machtwahns. Dieser wird jedoch keineswegs immer honoriert. Hin und wieder führte krasses Herrschaftsbegehren zu mehr oder weniger offenem Widerstand. Ein Staats- und Parteichef, Fanatiker der Einheit von Künstlern und Partei, wehrte kontroverse Regungen ab, ziemlich ungeschickt:

Leider trifft man unter den Literatur- und Kunstschaffenden auch solche Leute, die Verteidiger der »Freiheit des Schaffens« sind, die möchten, daß wir vorübergingen, sie nicht bemerkten, ihnen keine prinzipielle Bewertung zuteil werden ließen und solche Werke nicht kritisierten, die das Leben der sowjetischen Gesellschaft aus einem verkehrten Blickwinkel zeichnen. Diese Leute, so stellt sich herus, belästigt die Leitung von Literatur und Kunst durch Partei und Staat. Sie treten gegen diese Leitung manchmal unverblümt auf, und am häufigsten bemänteln sie dies durch ihre Haltung und den Wunsch nach Gesprächen über die übermäßige Bevormundung, die Fesselung der Initiative usw.[160]

Daß hochrangige Funktionäre in dieser Sache das Wort ergreifen, besagt nur, welche Wichtigkeit sie der zugunsten der Staatsmacht anzuwendenden Musik beimessen. Sie kümmern sich nicht erst um Resultate, sondern bereits um vorbereitende Probleme der schöpferischen Arbeit, um geistige Entwicklungsprozesse. Angst vor unkalkulierbaren Abweichungen motiviert strikte Kontrolle, und am meisten gefürchtet war der Verlust des politischen Bekenntniseifers. Darin unterschieden sich das »rote« und das »braune« Regime überhaupt nicht. So rief der Reichspropagandaminister aus:

Es ist nicht wahr, daß der Künstler unpolitisch sei, denn politisch sein heißt nichts anderes, als mit Verstand der Öffentlichkeit zu dienen. Und wenn einer, dann tut der Künstler das. Er hat die geistige und die seelische Kraft, dem Leben der Völker Werte zu geben, – Werte, die über den Tag hinauswirken und in die Ewigkeit hineinreichen. Die großen Würfe, mit denen die Künstler der Geschichte nach der Unsterblichkeit zielten, sind auch in die

Unsterblichkeit eingegangen, und sie haben Millionen und Millionen Menschen Trost und innere Stärke im schweren Kampf des Lebens gegeben.[161]

Daß der deutsche Minister – anders als der sowjetische Spitzenfunktionär – mit Unsterblichkeit operierte, lag an den ideologischen Differenzen zwischen beiden politischen Glaubensrichtungen. Ihm hatte es der Geist angetan, der bejaht, Ewigkeit verheißt und das Volk stark macht. Im Verlauf dieser Rede erklärte er sich noch deutlicher: Im Volkstum lägen die Wurzeln aller künstlerischen Kraft, und ein Volk sei durch Ideen zu erobern und durch die – auch künstlerischen – Methoden, mit denen diese Ideen verbreitet werden. Daraus folgte für ihn die Notwendigkeit behördlicher Kontrolle:

Wenn ein Stand (...), dann hat der Stand der schaffenden Künstler eine starke und leitende Hand notwendig. Man darf ihn in Fragen, von denen er nichts versteht, nicht sich selbst überlassen (Beifall). Deshalb haben wir die widerspenstigen Elemente unter ein Kommando zu bringen versucht.[162]

Das Postulat der Politisierung von Kunstbetrieb und Kunstschaffen rief automatisch nach organisatorischen Regelungen. Damit Kontrolle nicht nur von oben wirke, sondern auch horizontal und intern, mußten die Künstler in Verbänden zusammengefaßt werden. Das geschah in der UdSSR ab 1932, in Hitlerdeutschland ein Jahr später. Dort waren es »gesellschaftliche« Fachverbände, deren Führungsgremien politische Zielsetzung spiegelten. Hier war es für Musiker die Reichsmusikkammer, ein wesentlicher Schritt zur personellen Verstaatlichung und ein schwerwiegender dazu. Seine Begründung begegnete aber keineswegs der Abwehrfront aller Musikschaffenden. Kein Wunder: Die Idee eines staatlichen Engagements in den Künsten war nämlich nicht neu. Die Nationalsozialisten vollendeten vorliegende Pläne und nicht einmal solche der Weimarer Republik. Schon 1865 hatte ein Buch von Franz Brendel in der deutschen Musikwelt Aufsehen erregt, ein durchdachter und detaillierter Entwurf für eine vom Staat zu besorgende Musikpolitik, im Titel auch ehrlich deklariert: ›Die Organisation des Musikwesens durch den Staat‹. Auf wirtschaftlichem Gebiet existierte bereits eine an den Staat angelehnte Eigenorganisation der Industriellen und Kaufleute, die Industrie- und Handelskammer. Sie war direktes Vorbild. Brendel, der aus dem politischen den musikalischen Fortschritt destillieren wollte, suchte die Musik der Obrigkeit schon längst schmackhaft zu machen:

Wer von dem Standpunkte alten, aristokratischen Empfindens aus componirt, wessen Herz nicht schlägt für die Verbrüderung des Menschengeschlechtes, für die Demokratie, der hat heutzutage nichts mehr zu sagen. (...) Andererseits aber ist diese Gegenwart, wie es in verkehrter Weise geschehen ist, nicht so mißzuverstehen, daß man an schweizerische Tagsatzung, preußischen Landtag und Parlament dächte. Es ist ein gründliches

Mißverständnis, wenn man meint, der Künstler solle sich in spitzfindige Untersuchungen über die politischen Fragen des Tages einlassen.[163] Gemeint war nicht Konkurrenz mit Politikern, sondern Politik jenseits aller Verwaltungsaspekte, die »große«, ideale, vom Volk getragene und durch seine Vertreter nur im Auftrag besorgte, die »Stimmung« der Staatskunst, die sich in der Tonkunst widerspiegeln sollte. Sicher schwebte ihm nicht tönende Parteipropaganda vor. Selbst Hitler distanzierte sich später davon, als er über die Möglichkeit nachdachte, Weltanschauung durch das Kunstwerk wiederzugeben:

Diese musikalisch darzustellen, ist weder möglich, noch notwendig. Es ist daher ein Unsinn, wenn jemand glaubt, in der musikalischen Einleitung – sagen wir – einer Kongreß-Veranstaltung eine Deutung der Parteigeschichte geben zu müssen oder überhaupt auch nur geben zu können.[164]

Brendels Anregung mündete in einen Organisationsentwurf für alle Gebiete des Musiklebens, der lange und heftige Diskussionen anheizte. So nützlich Fürsorge durch den Staat schien, so fern fühlten sich die meisten Künstler der Idee, politische Sänger sein zu sollen. Aber der Traum von der Musikerkammer starb nicht aus. Man stritt um Für und Wider. Richard H. Stein muß geahnt haben, wohin das zielte. Schließlich war er der Vorkämpfer der Vierteltonkomposition in Deutschland, eines Stils also, der den äußersten Gegenpol zur Staatskunst darstellte. Möglicherweise deswegen lehnte er brüsk ab:

An die Schaffung einer Reichsmusikerkammer (oder gar einer Vielheit von Musikerkammern) ist freilich nicht zu denken; sie wäre, wenn sie je Polyhymnias Schoße entbunden werden sollte, ein totgeborenes Kind.[165]

Zwanzig Jahre später war die Organisation mit kräftiger – auch finanzieller – Hilfe der braunen Herren unter Dach und Fach. Stein, nun verhaßter Exponent der »entarteten« Musik, nämlich der auf keine Weise politisch brauchbaren, brachte sich auf den Kanarischen Inseln in Sicherheit. Nachdem das System zur Durchsetzung eines ideologischen Herrschaftsanspruchs durch Gesetzgebung und in der Praxis etabliert war, mißbrauchte man den Namen Brendels, indem man sich auf ihn als Ahnherrn der neuen Ordnung berief, aber natürlich verschwieg, daß er an eine demokratische Form der Musikorganisation gedacht hatte und nicht an eine unter der Fuchtel des »Führerprinzips«[166]. Weil die NS-Funktionäre alles darauf angelegt hatten, national Vertrauen zu ernten und international mindestens Achtung, brachten sie die beiden prominentesten Musiker des Reichs, Richard Strauss und Wilhelm Furtwängler, dazu, die Führungspositionen der Reichsmusikkammer einzunehmen, dieser als Vizepräsident, jener als Präsident. Der Dirigent fand sich um des darniederliegenden Musikbetriebs willen bereit und weil er glaubte, als fachlicher Berater nützen und möglichst vielen Musikern, auch den boykottierten jüdischen, helfen zu können. Strauss, der schon Monate zuvor auf die

Die deutsche Musik im Gleichschritt, gesehen von Moskau, wo man gerade
den Gleichschritt selber übte. ›Sowetskaja Muzyka‹, Nr. 6, 1933

Position der höchsten Musikautorität im Lande hingearbeitet hatte,
machte mit, um möglichst viel für sich selber und das eigne Œuvre tun zu
können, eine Tatsache, die interne Berichte bald rügten. Beide Musiker
bemerkten erst viel später, zu spät, daß sie Schachfiguren waren. Nur
einer machte deutsche Musikpolitik: der Reichspropagandaminister.
Allerdings scheiterten die musikpolitischen Vorhaben von Goebbels wie
von Stalin an einer einfachen Tatsache: Das fundamentale musikalische
Produktivmittel, der Mensch, war nicht zu vergesellschaften; er ließ sich
weder durch Organisation noch durch Privilegien oder moralischen oder
politischen Druck auf Dauer dahin stellen, wo er hätte stehen sollen. Die
Diktatoren konnten Musik ordern, die sie brauchten. Aber auch der best-
dotierte Auftrag zauberte kein Meisterwerk hervor. Sie konnten das mu-
sikalisch-kreative Potential verwalten, kontrollieren, fördern, indoktri-
nieren – und das alles taten sie massiv. Trotzdem entwickelte sich kein
idealer Typ Staats- und Parteikomponist, der Verlangtes gehorsam aus-
führte. Immer wieder kam es zu Konflikten, die jäh personelle Entscheidungen nötig machten. Jegliche Förderung erwies sich am Ende nur als
fehlgeschlagener Versuch, durch Bestechung zu wirken oder sonstwie für
die Ware Politmusik ein Angebot herauszulocken. Die »neuen Men-

schen« unter den Musikern, welche die Machthaber glaubten schaffen zu können, solche nämlich, die aus eigenem Antrieb und primär gesichertem Bewußtsein in die erwünschte Richtung arbeiteten, blieben rar.

Man kann davon ausgehen, daß die Politiker das nicht dramatisch sahen. Für sie stellen sich Maßnahmen zur Reglementierung der Musik als unerläßlich dar, um die Musiker in die Gesellschaft zu integrieren, sie eigentlich erst zu Menschen zu machen. Macht ist unangefochten nur in der Totalität ihrer Akzeptanz beim Volk; dessen Einmütigkeit schafft die Bestandsgarantie. Daß immer mehr Musiker unter dem Zwang des durch ihre »Freiheit« bedingten Warencharakters der Tonkunst diese Einmütigkeit störten, konnte die Obrigkeit nur in der Gewißheit bestärken, Eingriffe seien existentiell entscheidend. Jede Manipulation zielte folgerichtig auf die Aussetzung des sozial beunruhigenden Fortschritts. Anders war kein Musikbetrieb möglich, der noch den letzten Volksgenossen nicht nur erreichte, sondern zu interessieren und zu beteiligen vermochte. Die Propagierung der Volksmusik als alleinige Quelle des Schaffens hat machtpolitischen Hintersinn.

Hier findet die Gegenposition keinen Platz; Opposition behelligt die Sicherheit der Machtausübung. Was auch nicht annähernd so mythenbildend ist wie die Folklore zwischen den Beziehungspolen Volk, Heimaterde, Blut und Boden, Urkraft und Natur, muß weichen. Dieses Anathema richtet sich gegen künstlerische Entwicklungen, die – wie avantgardistische Musik – keine Utopie für Wirklichkeit erklären. Solche werden propagandistisch anhand jener »gesunden«, weil aus dem Volkstum hervorgegangenen Musik als »krank«, »minderwertig« und »entartet« diffamiert. Dies geschieht regelmäßig auch schon im Vorfeld und in den Nachwehen totalitärer Regimes. Bürgerliche öffentliche Meinung bereitet hier vor und nach, je lauter einige provokante Künstler ihr »Écrasez le bourgeois« hinausposaunten, das die Verständnislosigkeit der konservativen Schichten gegenüber jedweder »fortschrittlichen« Kunst anprangern sollte.

Es sieht so aus, als habe der Konflikt zwischen Bewahrern und Saboteuren der Tradition historisches Beharrungsvermögen; er schlägt immer wieder in Diskussionen über Kunst durch. Gern verteidigen auch Parlamentarier im demokratischen Staat die Seite, die geeignet scheint, Macht zu stabilisieren:

Was Wahrhaftigkeit des Empfindens betrifft, ist manches Volkslied, manche Erzählung vielem, was heute hochgelobt wird, überlegen. Die Rückkehr zu solcher schlichten Kunst ist durchaus erfreulich und bringt oft denen die künstlerische Befriedigung, die mit manchen lauten Künsten der Gegenwart nichts anzufangen wissen. Vielleicht liegt es auch daran, daß nicht alle Menschen das Mindestmaß an Neurotik besitzen, das zum Verständnis mancher Produkte offensichtlich notwendig ist.[167]

Weder die nationalsozialistischen noch die kommunistischen Kulturvögte hatten sich so diplomatisch ausdrücken müssen. In der Bewertung der Modernen als »neurotisch« wären sie mit diesem braven Volksvertreter der bajuwarischen Provinz einig gewesen. Es scheint lediglich eine Frage der politischen Situation und der verfügbaren Machtmittel zu sein, ob es einer beim Schimpfen beläßt oder ob er mit eisernem Besen kehrt. Die Vokabel »entartet« – wie viele ähnliche, nicht weniger biologistische – diente der Kennzeichnung und Austreibung solcher Künstler, deren Arbeiten nichts aufwiesen, was konstruktive Unterstützung der Staatsmacht verhieß. In der Frontstellung gegen diese herrschte Einigkeit zwischen Hitler und Stalin[168]. Erschrocken sprach Adorno von den »Maßnahmen, welche die östlichen Kulturvögte im Gefolge der nazistischen verhängen«[169], und Hans Heinz Stuckenschmidt klagte über die Argumentationen bei der großen Säuberung der Musik 1948:

Sie stimmen nicht nur sachlich bis in Einzelheiten der Formulierung mit den Kunst-Maximen der Nationalsozialisten überein, von deren geistigem Terror wir gerade erst drei Jahre lang befreit sind. Sie diffamieren auch dieselben großen Führer der zeitgenössischen Musik, die im Hitler-Reich verboten waren und, soweit sie in Deutschland lebten, zur Emigration gezwungen wurden.[170]

Diese ernüchternde Feststellung stimmte. Was geschah, gleich wo, geschah stets in der Überzeugung, ein »zusammengeschweißtes« Volk ohne Oben und Unten und von dynamischen Künstlern geschaffene Unruhe sei besser lenkbar. Hier wie dort operierten die Machthaber dann auch mit weitgehend identischen Verboten und Ratschlägen für die »richtige« ästhetische Anschauung. Politisierung der Musik war Gebot. Man regte aktuelle Stoffe an, in denen sich technologische Träume oder realisierte Machtsymbole spiegelten, von der Festrevue »Mit ›Kraft durch Freude‹ ins Weltall« zum zweiten Jahrestag der zwecks Organisation von Freizeit und Urlaub begründeten NS-Gemeinschaft »Kraft durch Freude«, die Ende November 1935 im Berliner Theater des Volkes über die Bühne ging, bis zu den unzähligen Hymnen, die sowjetische Komponisten und ihre anpassungswilligen Kollegen der anderen Ostblockländer zur Feier der »Eroberung des Weltraums« durch »Kosmonauten« der UdSSR fabrizierten.

Man schuf Institutionen zur Überwachung des Musikbetriebs und der Konzert- und Theaterprogramme, publizierte Listen mit empfohlenen Werken und durchsetzte die Musikerorganisationen propagandistisch. Dabei verfuhr das Hitler-Regime zweckmäßiger als die Sowjetunion, dank seiner perfekteren organisatorischen Kräfte. Zudem bedurfte es bei der rassistischen Pauschalabrechnung keiner mühseligen ästhetischen Definitionen. Mit diesen quälte sich die Kunstkritik der UdSSR jahrzehntelang ab. Daher konnte sich Goebbels demonstrative Einzelverbote

»entarteter«[171] Werke jedenfalls bei der »ernsten« Musik ersparen. Sämtliche Verbote – und diese dann auch listenmäßig – betrafen die durch Film und Schallplatte noch international verflochtene Unterhaltungsmusik.
Die rigide Aussperrung der jüdischen Musiker erwies sich weitgehend als »Reinigung« in stilistischer Hinsicht; die Spitze der Avantgarde verschwand damit aus dem Musikleben. Etwa verbleibende Nachfrage bei Veranstaltern war gestoppt durch den Austausch von Theaterintendanten und Generalmusikdirektoren. Verläßliche, zumeist parteitreue Kräfte traten an die Stelle der nicht mehr »tragbaren«. »Entartete« Partituren hatten keine Aufführungschance mehr. Eine Meldepflicht für geplante Konzertprogramme stand davor. Das Repertoire schmolz zusammen und konzentrierte sich auf »Deutsches«, also aus nationaler Überlieferung Abzuleitendes. Deswegen erübrigten sich hier – anders als in der UdSSR – dramatische Verbote neuer Opern oder Konzertwerke. Was aussieht wie ein Gegenbeispiel, die Unterdrückung von Hindemiths Oper ›Mathis der Maler‹ 1934, ging über den Kopf des zuständigen Ministers Goebbels hinweg, kam von Hitler und hatte keine ästhetischen Gründe, sondern verschroben-moralisierende. Vor der Machtübernahme war der »Führer« angewidert Zeuge gewesen, wie in Hindemiths frecher Zeitoper ›Neues vom Tage‹ eine »nackte«, tatsächlich von Hals bis Fuß mit einem Trikot verhüllte Sängerin in einer schaumgefüllten Badewanne mitwirkte. Seither haßte er den Komponisten krankhaft. Vielleicht neidete er ihm auch nur die Freiheit und den Unernst der Ironie. Was dahintersteckte, war natürlich nichts für die Öffentlichkeit. Daher mußte für den in Handlung und Musik nun wirklich urdeutschen ›Mathis‹ der Vorwurf des »Kulturbolschewismus« an Haaren herbeigezogen werden. Diese unangenehme Aufgabe erhielt Goebbels, obschon die Spitzenfunktionäre wußten, daß er weder mit Jazz noch mit ein paar Dissonanzen und erst recht nicht mit nackten Damen irgendwelche Schwierigkeiten hatte. Hindemiths Oper fiel als Opfer in dem lange schwelenden Kompetenzkonflikt zwischen Goebbels und dem Chefideologen der NSDAP, Alfred Rosenberg; denn dieser hatte sich Deckung beim »Führer« verschafft, indem er dessen Schwäche zum Schlag gegen den Rivalen ausbeutete.
Auch bei einer auffälligen Unternehmung, die in der UdSSR freilich nicht ihresgleichen fand, hatte der Reichspropagandaminister das Nachsehen. Es ging um die Denunzierung der »entarteten« Musik auf andere und wirksamere Weise, als die Presse sie bisher geübt hatte, indem sie Musikjournalisten zu Wort kommen ließ, die übereinstimmend die – zumeist ohnehin jüdische – »kulturbolschewistische« Moderne aburteilten. Als 1938 anläßlich der Reichsmusiktage in Düsseldorf eine Ausstellung »Entartete Musik« stattfand, sah es so aus, als habe hier eine Staatsaktion gegen unleidliche Bezirke der Tonkunst Front bezogen. Dieser Eindruck läßt sich nach vorliegenden Indizien nicht mehr erhärten. Richtig ist, daß

der im Juli 1937 in München eröffneten Ausstellung »Entartete Kunst« ein »Führerauftrag« voranging. Sozusagen »staatsfeindliche« Maler und Bildhauer zu entlarven, war ein persönliches Anliegen Hitlers, der sich als Künstler und Kunstkenner von hohen Graden einschätzte. Weil bildende Künstler im Grundsatz privat arbeiten und weithin keine öffentlichen und staatlichen Institutionen als Vermittler brauchen – private Sammler und Galeristen besorgen ihnen im wesentlichen die materielle Plattform –, stellen sie, kaum kontrollierbar durch die Obrigkeit, ein besonderes Gefahrenpotential dar, das sich nicht steuern noch entschärfen ließ... es sei denn durch eine zentrale anprangernde Ausstellung. Für den Bereich Musik erübrigte sich das. Wo Aufführungen sowieso nicht mehr glückten, weil die verstaatlichten, mit parteihörigen Direktoren besetzten Institutionen – Theater, Orchester, Rundfunk – einfach keine abnahmen, existierte solche Musik höchstens in Form von Partituren, also völlig irrelevant für das praktische Musikleben. Eine staatliche Ausstellung gegen »entartete« Musik hätte demnach wenig Ursache gehabt; dieses Problem hatte sich von selbst erledigt.

Dennoch gab es solche Ausstellung. Sie war die private Unternehmung mehrerer Persönlichkeiten des Kunstlebens, die es nötig hatten, sich ins rechte Licht zu setzen. Der Schauspieldirektor des Deutschen Nationaltheaters in Weimar, Dr. Hans Severus Ziegler, Leiter des Gaukulturamts der NSDAP, Nationalsozialist der ersten Stunde mit der Nummer 1317, hatte die Idee. So versuchte er, sich politisches Profil durch Unterstützung aktueller Forderungen gerade auf dem Gebiet der Kultur zu verschaffen. Zwar war Ziegler Theatermann, nicht Musiker; aber da sekundierte ihm gern sein Chefdramaturg für Oper und Schauspiel, Dr. Otto zur Nedden; beratend wirkten mit der GMD Paul Sixt, der gerade ein Hymnisches Vorspiel für großes Orchester, Fanfaren und Orgel dem Gauleiter und Reichsstatthalter Thüringens, Sauckel, gewidmet hatte, und Generalintendant GMD Ernst Nobbe, beide ebenfalls in Weimar. Ziegler trat als großer Anreger auf und ließ seine Beziehungen spielen. Er kannte Hitler und Goebbels persönlich, und das bedeutete Verpflichtung. Zumal da er an einem gefährlichen, oben bekannten und mißbilligend beobachteten Makel litt. Er verstieß gegen die allgemeine gesellschaftliche Norm des sexuellen Verhaltens, und dies, obwohl der Paragraph 175 des Strafgesetzbuches damals Zuchthaus dafür vorsah, das sich in der Praxis als Konzentrationslager entpuppte.

Bekanntlich hatte Hitler die Abschlachtung der Führungsspitze seiner SA 1934 nicht nur als »Staatsnotstand«, sondern ausdrücklich mit deren »unglücklicher Veranlagung« zu rechtfertigen versucht. Seither wußten Homosexuelle, was sie riskierten. Ende Januar 1935 wurde Ziegler dann auch – auf Gerüchte oder Denunziation hin – von allen seinen zivilen und politischen Ämtern beurlaubt. Der Oberstaatsanwalt beim Landgericht

Weimar begann gegen ihn zu ermitteln. Dann hielt plötzlich jemand seine Hand über den Beschuldigten. Die Staatsanwaltschaft stellte das Verfahren ein und machte bekannt, daß »irgendwelche nach dem Strafgesetz strafbaren Handlungen Dr. Zieglers zweifelsfrei nicht vorlägen«[172]. So lautete die gängige Formulierung in solchen Fällen; hinter ihr verbarg sich eine letzte Warnung. Es bedarf keiner Phantasie, sich vorzustellen, was nun in Ziegler vorging. Einesteils signalisierte Berlin eine Art Burgfrieden, so daß der Funktionär Anfang Juni 1935 beim Gauparteitag der NSDAP Thüringens seine Rolle spielen konnte. Aber im Privaten gab es Veränderungen.

Goebbels löste in ebendiesem Jahr den obersten Theaterchef Weimars, Nobbe, ab und überstellte ihn an das vergleichsweise wenig bedeutende Landestheater Altenburg, wo er 1938, erst 44jährig, starb. Ein Jahr später entfernte er zur Nedden aus der verdächtigen Nähe Zieglers und des unmoralischen Theaters und ließ ihn an der Universität Jena etablieren. Nobbes alte Position – die des Generalintendanten des Deutschen Nationaltheaters – erhielt Ziegler, der auf die Dresdner Generalintendanz gehofft hatte, dazu die Ernennung zum Staatsrat im Thüringischen Kabinett und 1937 überdies die Würde eines Reichskultursenators. Ersichtlich ging es darum, ihn zu exponieren, sozusagen als Vorleistung. Klar, daß der Aufsteiger sich von dieser »unglücklichen Veranlagung« hätte lossagen sollen. Eben dies scheint zweifelhaft geblieben zu sein. Denn Ziegler ergriff fortan jede Chance, sich unmißverständlich zum loyalen Gefolgsmann Hitlers zu profilieren, indem er als musikpolitischer Saubermann eiferte.

Als Goebbels zum Besuch des Weimarer Musikfestes des Allgemeinen Deutschen Musikvereins 1936 in Erfurt landete, fingen ihn Ziegler und sein Protektionskind, der Dirigent Dr. Drewes[173], noch am Flughafen ab und erstatteten Meldung, welche »kulturbolschewistischen« Umtriebe dort im Gange seien… Wenn das der Führer wüßte! Zornig kehrte der Minister um und ließ die Maschine wieder in Richtung Berlin starten. Einige Monate darauf, Anfang November, traf sich Ziegler mit Goebbels und denunzierte ihm angebliche »atonale« Musiktendenzen in der Hitler-Jugend; der Herr der deutschen Musik vertraute seinem Tagebuch an, er werde dagegen einschreiten. 1937 publizierte Ziegler ein »kämpferisches« Buch mit dem Titel ›Weg und Wende‹, das noch wüstere als die gewohnten antisemitischen Ausfälle enthielt. Im Herbst des Jahres reifte ihm die Idee der Ausstellung. Mit seinen Freunden traf er in aller Stille Vorbereitungen, als sei ihm an einer Überraschung gelegen, wie sie wahrscheinlich war, wenn es gelänge, mit persönlicher Initiative ohne staatliche Hilfe durchzudringen. Damit wäre die stets mitgedachte Eigensicherung komplett.

Ziemlich spät drangen Gerüchte zu Rosenberg, der sich als Beauftragter des Führers für die Überwachung der gesamten geistigen und weltanschaulichen Schulung und Erziehung der NSDAP zuständig für solche Vorhaben und wohl auch übergangen fühlte. Im Oktober erkundigte sich sein Stabsleiter, was da vor sich gehe:

Wie wir erfahren, bereiten Sie eine Ausstellung »Entartete Musik« vor. Im Auftrage von Reichsleiter Rosenberg teile ich Ihnen mit, daß er wünscht, über die beabsichtigte Ausstellung und die bereits geleisteten Vorarbeiten unterrichtet zu werden.[174]

Um die Eigensicherung nicht aufs Spiel zu setzen, mußte Ziegler den Reichsleiter bald informieren. Zugleich lag es in seinem ureigensten Interesse, auch seinen politischen Dienstherrn Goebbels nicht im dunkeln zu lassen. Der hatte ebenfalls eine kategorische Zuständigkeit für eine derartige Ausstellung. Dessenungeachtet arbeitete Ziegler hastig improvisierend weiter, als läge ihm daran, vollendete Tatsachen zu schaffen. Damit geriet ein Kompetenzkonflikt zwischen Rosenberg und Goebbels in den Bereich des Möglichen. Einer von beiden schob eine Institution dazwischen, die geeignet war, die ökonomischen und technischen Fragen der Ausstellung zu lösen: das »Institut für Deutsche Kultur- und Wirtschaftspropaganda«. Dieses, als eingetragener Verein getarnt, war 1933 von der Reichsleitung des »Kampfbundes des gewerblichen Mittelstandes« in der Reichsleitung der NSDAP gegründet worden, gehörte also nicht zum ProMi, kooperierte aber häufig mit ihm, so daß sich Goebbels nicht zurückgesetzt fühlen mußte.

Noch am 12. April 1938 wandte sich das Institut an den Musikwissenschaftler Dr. Friedrich Brand. Um diese Zeit dürften die Weimarer Freunde mit der inhaltlichen Disposition bereits fertig gewesen sein. Brand war Sachbearbeiter für Musikstipendien und hatte musikpolitische Sonderaufgaben in der Kulturabteilung der RMK, selbstverständlich Parteimitglied und SS-Mann im Unteroffiziersrang. Gleichzeitig arbeitete er für das berüchtigte Kulturpolitische Archiv im Amt Rosenberg, das Informationen über die politische Zuverlässigkeit aller Persönlichkeiten des kulturellen Lebens sammelte und bei Bedarf an andere Behörden – auch an die Geheime Staatspolizei – weiterreichte. Nicht nur war er ein tauglicher Verbindungsmann zwischen beiden konkurrierenden Politikern; er besaß auch Sachkenntnis und kulturpolitisches Problembewußtsein, wo die Anprangerung der mißliebigen Musik zur Debatte stand.

Solches hatte schon einmal der Rundfunk unternommen, wenn auch so, daß eher die Freunde der neuen Musik etwas davon hatten als die Gegner. Am 5. September 1933 strahlte der Mitteldeutsche Rundfunk mit den Sendern Leipzig und Dresden anschließend an die Spätnachrichten anderthalb Stunden moderne Musik aus, festgemacht am Titel »Satyrspiel (Musik von gestern)«, kommentiert von dem Sachbearbeiter Pg. Dr. Wilhelm Hitzig, und gespielt – wie damals üblich, direkt ins Mikrophon –

vom Leipziger Genzelquartett unter Mitwirkung eines Pianisten und der Mezzosopranistin Margarete Kraemer-Bergau. Natürlich war die Einführung eine Verbeugung vor dem »neuen Geist«, aber das Programm bot die Möglichkeit, verfemte Werke in Ruhe zu Hause am Radio noch einmal, zum letztenmal für zwölf Jahre anzuhören: Sechs Bagatellen für Streichquartett op. 9 von Anton Webern, drei aus Alban Bergs Liedern op. 2, einen Satz aus Arthur Honeggers 2. Sonate für Violine und Klavier, ›Drei Landschaften‹ für Streichquartett von Ernest Bloch, aus Arnold Schönbergs ›Pierrot lunaire‹ op. 21 die Stücke ›Mondestrunken‹, ›Gebet an Pierrot‹, ›Der Mondfleck‹ und ›Galgenlied‹, ferner zwei Sätze seines Streichquartetts op. 30 und Beispiele aus zwei Klavierwerken von Igor Strawinsky. Die Ausgrenzung spiegelt den Stand vom Herbst 1933; sie wurde bald revidiert, so daß Honegger und der zunächst fälschlich für einen Juden gehaltene Strawinsky nicht mehr »so schlimm« waren, was diesem ermöglichte, zu vielbeachteten Festaufführungen im Konzertsaal und auf dem Musiktheater beliebig im Reich herumzureisen.[175]

In ähnlicher Weise, nur systematischer, »wissenschaftlicher«, wollte Brand eine Ausstellung gegen derartige »verderbliche« und vor allem »rassisch unwerte« Musik verwirklicht wissen. Einzelheiten erfuhr das Institut für Deutsche Kultur- und Wirtschaftspropaganda im letzten Augenblick. Schon hatte die Presse die von Ziegler zusammengetragene Ausstellung für die Reichsmusiktage in Düsseldorf angekündigt. Brand sandte ein Gutachten für den Aufbau eines »Mißklang-Museums« und betonte, es sei sinnvoll, nicht nur optisches Material anzubieten:

Für den Fachmann mag auch diese Form der Ausstellung reizvoll sein, dagegen wird eine Musikschau erst dann auf ein volkstümliches Interesse rechnen dürfen, wenn zu dem sichtbaren Material als Kern der gesamten Ausstellung tönende Beispiele in ausreichender Zahl vorgeführt werden.[176]

Bei der Veranstalterroutine des Instituts mußten einige der Anregungen Brands noch in die am 24. Mai mit einer Rede Zieglers eröffnete Ausstellung einfließen; zu spät war es für filmische Aufarbeitung, die der Gutachter zur Denunzierung der »Entstellungen deutscher Kunst durch jüdische Starsänger, -virtuosen und -dirigenten« vorgeschlagen hatte. Das Presse-Echo auf die als Horror-Kabinett angelegte Ausstellung hielt sich in Grenzen, ganz gegen jede Erwartung angesichts des »reichswichtigen« Anliegens. Was war geschehen? Noch eine Woche vor der Eröffnung hatte das Reichspropaganda-Amt, das Lenkungsorgan für jegliche Öffentlichkeitsarbeit, per Rundspruch an die Redaktionen gemahnt:

Die Pressepropaganda für die Reichsmusiktage in Düsseldorf ist noch nicht intensiv genug. Damit die Reichsmusiktage schon jetzt innerhalb der Bevölkerung den Resonanzboden finden, den sie brauchen, um diese kulturell bedeutungsvollen Tage zu einem wirklich großen Ereignis zu ma-

chen, ist es notwendig, daß die Zeitungen in ihrem Kulturteil mehr als bis-
her auf die Bedeutung der Reichsmusiktage in Düsseldorf eingehen und
entsprechende Vornotizen bringen.[177]

Hier hätte die propagandistisch bedeutsame Ausstellung eigentlich besonders erwähnt sein müssen. Aber Goebbels hatte Bedenken bekommen. Die Ausstellung öffnete ihre Pforten in Halle 7 des Kunstpalastes
um 11 Uhr vormittags. Zwei Stunden später und offensichtlich als rasche
Reaktion auf einen Bericht aus Düsseldorf über Zieglers Rede und Vorgänge und Äußerungen während der Ausstellung jagte das Reichspropaganda-Amt Berlin an alle lokalen Propagandaämter, Propagandalei-
tungen und das Braune Haus, die Münchner Zentrale der NSDAP, ein
Fernschreiben hinaus:

Berichte über die Ausstellung »Entartete Musik«, die in Düsseldorf wäh-
rend der Reichsmusikwoche stattfindet, sollen nicht in besonderer Aufma-
chung und Größe erscheinen. Die Ausstellung soll nicht anders besprochen
werden als alle anderen Veranstaltungen der Reichsmusiktage. Kurze Aus-
züge aus der Eröffnungsrede von Dr. Ziegler können innerhalb der Be-
richte gebracht werden. Auch nach den Reichsmusiktagen sollen keine
Sonderberichte über »Entartete Musik« erscheinen.[178]

Ein Grund für die plötzliche Zurückhaltung – so daß nur noch Weimar,
München und Wien in den Genuß der Ausstellung kamen – mag die Tatsache gewesen sein, daß die Veranstalter auch einige Komponisten an-
prangerten, die in amtlichem Ansehen standen, darunter der Frankfurter
Hochschuldirektor Hermann Reutter, ein Parteigenosse, der im Jahr zuvor sein op. 49, die Hölderlin-Kantate ›Gesang des Deutschen‹, dem
Oberbürgermeister von Frankfurt, Dr. Friedrich Krebs, NSDAP-Kreis-
leiter, Staatsrat und Abteilungsleiter der RMK, gewidmet hatte. Möglicherweise deswegen lief die inzwischen von Zweifelsfällen gereinigte
Schau in Weimar, wenn auch als »Sonderausstellung« deklariert, nur noch
als Anhängsel der Ausstellung »Entartete Kunst«; für beide hielt das
Landesmuseum gerade fünf Wochen die Pforten offen. Schon in Düsseldorf war die vorgesehene und angekündigte Laufzeit radikal um zwei Wochen verkürzt worden.

Hier auch revanchierte sich Dr. Krebs, indem er wütend angereist kam,
auf der Ausstellung einen Vortrag hielt, der Ziegler in die Schranken
wies, und unbefangen betonte:

Man hätte die junge Kunst vor dem Angriff der Minderwertigen zu schüt-
zen.[179]

Damit deutete sich ein zweiter Grund an. Es mußte für Kenner der Kul-
turszene einsehbar sein, welche Art private Motive Ziegler zu der für die
Staatsräson überflüssigen Ausstellung veranlaßt hatten. Wenn sich das
Frankfurter Stadtoberhaupt für junge Kunst einsetzte, und gemeint
waren die Arbeiten des kompositorischen Nachwuchses – deutscher

Provenienz, versteht sich –, wobei er deren Gegner als »Minderwertige« charakterisierte, so konnte das nur eines heißen. Diese Vokabel war ja festgelegt auf rassischen, biologischen und aus »Veranlagung« sich ergebenden Defekt... nach der Lehre der NS-Theoretiker. Und Krebs, der für neue Musik viel tat – nicht nur für Carl Orff –, konnte sich als bedeutender Funktionär den Gegenschlag auch leisten. Er wußte, daß Ziegler gegen die Diffamierung als »Minderwertiger« nichts würde ausrichten können, weil er Gesetzgeber wie öffentliche Meinung gegen sich hatte. Dem Dr. Goebbels genügte es völlig, daß die Juden aus der deutschen Musik ausgeschlossen waren. Einige Dissonanzen regten ihn nicht auf, und er wußte sogar Jazz zu schätzen. Deswegen bremste er immer wieder den Übereifer untergeordneter Dienststellen und kümmerte sich persönlich um die eingereichten Vorschläge zur Musikzensur:

Ich überarbeite die Liste der verbotenen Musik. Da ist von den Banausen etwas zuviel verboten worden. Ich hebe das auf.[180]

Tatsächlich herrschte im Reich, begünstigt durch weitgehende Verstaatlichung und interne Kontrolle der Produktionsstätten der Musik, eine Atmosphäre, in der sich Verbote der nichtjüdischen modernen Musik rundweg erübrigten. Dies war für die Obrigkeit ein Idealzustand. Denn was Verbote auch immer bewirken: Schwäche demonstrieren sie auf jeden Fall; also können sie nicht im Interesse des autoritativen Staates liegen. Solidarität zwischen Künstlerschaft und Führung läßt sich nicht auf Dauer durch Verbote »anregen«. Sie herzustellen, als sei das eine ganz natürliche Regung, bedarf es psychologischer Feinsinnigkeit. Die Machthaber versuchten es auf verschiedenen Wegen, mit Musik Staat zu machen. Komponisten und Interpreten taten dabei zumeist von selber mit.

Aus den zwölf Jahren des Hitler-Regimes sind politisch angewandte Werke in der Größenordnung von zwanzigtausend Titeln überliefert. Viele der etwa 3600 Komponisten, die in dieser Zeit aktiv und Mitglied der RMK waren, beteiligten sich jedoch überhaupt nicht an aktueller politischer Werbung – vom neuen antichristlichen Weihnachtslied mit heidnisch-germanischer Mythologie über Märsche für Formationen der NSDAP, Kantaten auf den Führer und auf Redetexte von Hitler, Kampflieder über Phrasen der braunen Revolution, Soldatenlieder zur Begleitung der militärischen Eroberung Europas bis zu Ritualmusik für Parteikongresse, Morgenfeiern und sonstige festliche Anlässe der NSDAP. Alle diese, die – wenn auch auf konjunkturelle Nachfrage hin – schöpferische Mühe und interpretatorische Kraft gekostet hatten, verschwanden spätestens 1945 mit einem Schlage, als hätten sie nie existiert. Daß politische Musik ein defizitäres Unternehmen ist, selbst wenn das System, dem sie zugedacht war, nicht plötzlich abtritt, sondern sich von innen heraus und evolutionär wandelt, lehrt das Beispiel der Sowjetunion und der DDR. Buchstäblich Tausende von Huldigungen an Stalin und zahlreiche andere

Musik als Waffe – nicht so spaßig. ›Le Monde de la Musique‹,
Nr. 136, September 1990

Helden der UdSSR aus früheren Tagen, alle die Lieder auf Großtaten der
Arbeit und der Parteigeschichte, zu den Jubiläen des Staates und seiner
Einrichtungen sind heute Makulatur. Sie waren für den Tag geschrieben,
schienen ihren Zweck auch zu erfüllen. Aber die Komponisten mit ihrem
Anspruch, möglichst weit in die Nachwelt hineinzuwirken, hatten das
Nachsehen. Dies verunsicherte selbst namhafte Köpfe der Tonkunst, die
von der jähen Veränderung ihrer vorgeblich ewigen und ewig »monolithi-
schen« Staatswesen getroffen sind. Kein Wunder, daß immer mal einer
für Musik ohne Politik plädierte:
*Und gerade die Politik ist es, die uns Musikern blutmäßig ja am nächsten
liegen muß. (...) ABER: selbst diese Musik – auch wenn sie nicht stählern-
romantisch, nicht schwerterklirrend oder marschstampfend ist – gehört
zum Geisteskampf unseres Volkes, – auch die stillste, tiefste Melodie ist ein
niemals wegzudenkender Bestandteil im Ringen um unser Deutsch-
sein!*[181]
Was also könnte – außerhalb der tagespolitisch engagierten Komposition
– die Musik noch anderes bewirken als nationale Selbstdarstellung? Verbreitet sie das Gute, Schöne und Wahre? Bessert sie den Zuhörer mora-

181

lisch? Spiegelt sie, vom Himmel stammend, vollkommenere Welten? Alles das steht schon irgendwo, denn mindestens die Phantasie regt sie doch an. Auch die der Machthaber. Musik verschafft uns Weltgeltung, hoffen sie. Wir ziehen ein optisch lebhaftes Musikleben auf, lassen unsere besten Instrumentalisten und Sänger, unsere Spitzendirigenten samt Orchestern und Opernensembles – es koste, was es wolle! – im Ausland gastieren: Dann können wir im Lande tun, was uns behagt, ohne daß dies irgendwen im Ausland stört, weil man da am tönenden Beispiel der Exportveranstaltungen gelernt hat, wie sehr wir ein zu achtender Kulturstaat sind.

Früher reisten Künstler auf eigene Faust zu den internationalen Musikstätten. Spätestens nach dem Ersten Weltkrieg begann die Periode gezielter staatlicher Kulturpropaganda. Was immer diese tatsächlich auszurichten imstande war, gedacht war sie – in fester Überzeugung, dies könne sie leisten und es sei Teil ihrer Bestimmung – als Sympathiezauber. Solches blieb denen nicht verborgen, die verzaubert werden sollten. Die hatten dann jeden Grund, die ausgesandten Künstler als Erfüllungsgehilfen faschistischer oder kommunistischer Despotien zu denunzieren, deren Auftritte zu boykottieren und Politisierung der Musik mit Antipolitisierung heimzuzahlen. Rasch war der lächerlichste Kulturkrieg im Gange. Nach 1918 und immer den »Schandvertrag« von Versailles als Schreckbild im Kopf, hatte man in Deutschland plötzlich erst recht etwas gegen Konzerte britischer und französischer Gastkünstler. 1933 boykottierten das Ausland und besonders die USA Gastspiele deutscher Musiker unter dem Etikett »Raus mit den Sendboten Hitlers!« Als Bruno Walter, im Reich gerade als Jude für unerwünscht erklärt, 1934 mit den Wiener Philharmonikern eine Tournee durch Westeuropa plante, verweigerten sich die Agenturen in der Schweiz mit der Erklärung, *daß die Wiener Philharmoniker, die nach Tradition und Ruf gewissermaßen als Repräsentanten Österreichs zu betrachten sind, angesichts der zwiespältigen Meinung in der Schweizer Bevölkerung über die politische Neugestaltung Österreichs zweifellos bei ihrem Auftreten Demonstrationen ausgesetzt sein würden.*[182]

Plötzlich waren die harmlosen unpolitischen Wiener Musiker Botschafter des »klerikal-faschistischen« Ständestaats, obwohl sie keinen Teil an ihm hatten und den politischen Umschwung über sich ergehen lassen mußten wie alle anderen Bürger Österreichs, denen es an Macht gebrach, die Entwicklung zum autoritären Regime zu stoppen. Und so wären dann in Zürich, Bern und Genf solche verdächtigen Gesellen wie Mozart und Schubert »im Solde« des Kanzlers Dollfuß erschienen, um die urdemokratische Schweiz zu faschisieren nach Wiener Muster. Die Eidgenossen waren stets als erste dabei, den persönlichen Leumund zureisender Musiker durch politische Anschuldigung in den Schmutz zu ziehen, als ergösse sich aus ihrer Musik subversive Energie ins vorgebliche Musterland der

Oistrachs geigen für Rußland

Zeichnung: H. M.-Brockmann

Freiheit. Eine integre Persönlichkeit wie Furtwängler mußte in der Links-
presse lesen – zu einer Zeit, als das für Journalisten ganz risikolos war:
*Er hat sich jahrelang dazu mißbrauchen lassen, daß nach außen die Schreie
der Opfer in den Konzentrationslagern mit feierlicher Musik übertönt wurden; durch sein Wirken sollten im Ausland die grausamen Verbrechen an
unzähligen Menschen nicht gehört und nicht für möglich gehalten werden.*[183]

1961 schritt die Zürcher Fremdenbehörde gegen ein sowjetisches Gastspiel ein und versagte David Oistrach die Auftrittserlaubnis; die Kantons-
regierung begrüßte das, *weil im kommunistischen Herrschaftsbereich
Kunst und Kultur ausschließlich im Dienste des Staates und der Partei stehen und für politische Zwecke mißbraucht werden.*[184]

Minutiös spiegelte sich Staatspolitik im Geschick der Gastkonzerte;
paßte ein von der Regierung im Kreml unternommener Schachzug nicht,
prügelten sie im »freien Westen« auf die Künstler ein, die zufällig die
gleiche Staatsangehörigkeit hatten wie das Politbüro. Nach dem
Mauerbau im August 1961 durch die DDR boykottierte man tapfer Kon-
zertauftritte von DDR-Musikern. Wenn es um Aussperrungen ging, etwa
1964 durch Widerruf der bereits erteilten Sichtvermerke für das Bolschoj-
Ballett mitten in einer laufenden Tournee durch die BRD, operierten die
Behörden sogar mit plumper Lüge:

*Eine Grundsatzentscheidung, daß Visaanträge sowjetischer Künstler gene-
rell abgelehnt werden, besteht nicht. Die Bundesregierung verfolgt auch
nicht die Praxis, die Erteilung von Sichtvermerken mit der jeweiligen politischen Lage zu verbinden, etwa dergestalt, daß sie auf jede politische Un-
freundlichkeit seitens der Sowjets automatisch mit der Verweigerung von
Einreisesichtvermerken für sowjetische kulturelle oder wirtschaftliche Vertreter reagiert.*[185]

Aber die Aussperrung des Balletts war die Quittung für eine solche Un-
freundlichkeit, und keine vier Jahre später galten Anstand und Liberali-
tät vollends nichts mehr. Weil fünf Staaten des Warschauer Pakts die
Freiheitsbewegung in der Tschechoslowakei 1968 auf einen Wink aus
Moskau durch Truppeneinmarsch unterbanden, mußten die Künstler
dafür büßen, obwohl sie mit der Politik ihrer Heimatländer nichts zu tun
hatten und dafür auch nicht verantwortlich gemacht werden konnten.
Dazu noch agierte die Minsterialbürokratie blind. Zwar berief sie sich
auf eine Empfehlung der NATO, größere kulturelle Veranstaltungen mit
den Staaten zu suspendieren, die an der militärischen Intervention in der
ČSSR beteiligt waren, fragte aber nicht, wodurch die Brüsseler Militärs
plötzlich zur Mitsprache in nationalen Kulturfragen legitimiert – und be-
fähigt – seien. Am 11. November gastierte in Bad Godesberg noch unangefochten das Rundfunksinfonieorchester aus Budapest. Die vorgesehe-
nen Konzerte der Polnischen Nationalphilharmonie aus Warschau in

Bonn am 12. und 14. November wurden durch Verweigerung der Visa torpediert.

Der brisante Anlaß bewegte allerdings auch Musiker zum Bekenntnis. Führende Persönlichkeiten des internationalen Musikbetriebs kündigten an, sie wollten, »solange die Selbstverwaltung der gesetzlichen tschechoslowakischen Regierung nicht wiederhergestellt ist«[186], ihre künstlerischen Kontakte mit den Besatzerstaaten UdSSR, Polen, Ungarn, Bulgarien und DDR abbrechen. Eine entsprechende Protesterklärung, die in der hitzig antikommunistischen Atmosphäre jener Wochen Beifall aus der richtigen Ecke eintrug und den hellhörigen Verdacht »linker« Sympathien mit einem Schlag entkräftete, trug die Unterschriften von Claudio Arrau, Daniel Barenboim, Clifford Curzon, Dean Dixon, Rudolf Firkušný, Marius Flothuis, Andor Foldes, Wolfgang Fortner, Pierre Fournier, Carlo Maria Giulini, Friedrich Gulda, Bernard Haitink, Paul Klecki, Otto Klemperer, Rafael Kubelik, Nikita Magaloff, Enrico Mainardi, Frank Martin, Yehudi Menuhin, Nathan Milstein, Jacqueline du Pré, Fritz Rieger, Mario Rossi, Artur Rubinstein, Wolfgang Schneiderhan, Georg Solti, Isaac Stern, Igor Strawinsky und Sir William Walton. Hätten sie es gewagt, ihre Kunst den Musikfreunden jener fünf Länder ungeachtet der Aktion der Regierungen zu bieten, hätten sie im »freien Westen«, wie die Situation war, mit Boykott rechnen müssen. Dafür gibt es mehrere Beispiele; aber auch für ungezwungenen Protest gegen musikpolitische Untaten. Zu denken ist an Erich Kleiber, der im Winter 1938/39 einen ›Fidelio‹ in der Mailänder Scala zugesagt hatte, aber dann aus einem Grund verzichtete, der ihn als Musiker ganz direkt anging:

Ich höre, daß die Scala ihren jüdischen Mitbürgern die Tür verschlossen hat. Die Musik ist für Jedermann geschaffen, wie die Sonne und die Luft. Wo diese Quelle des Trostes, die in harten Zeiten wie in der unseren so notwendig ist, menschlichen Wesen nur darum versagt wird, weil sie irgendeiner besonderen Rasse angehören, dort kann ich weder als Christ noch als Künstler mitarbeiten.[187]

Künstler sein und politischer Mensch außerdem, geht gewiß zusammen, allerdings nur bis zu dem Punkt, an dem dieser jenen in Frage stellt. Stets waren Musiker die Leidtragenden, nie Politiker, und das Publikum spielte bei solchen kleinkarierten Streichen schon gar keine Rolle.[188] Die gehorsam dienernden Bürokraten hatten vergessen, was einst ein ebenso sachlicher wie unanfechtbarer, dazu noch »linker« Zeuge, nämlich Heinrich Mann schrieb, nachdem das Berliner Philharmonische Orchester 1937 unter Eugen Jochum in Riga, Reval, Helsingfors, Stockholm, Oslo und Kopenhagen und unter Furtwängler in Paris und London gastiert hatte:

Die kulturelle Propaganda des Regimes, die auf die Abwürgung der gemeinsamen Gesittung der Völker ausgeht, ergänzt wird sie durch Gewalthandlungen und Spionage. Die Unzahl der politischen Agenten, mit denen

ein einzelnes Land alle anderen überschwemmt, die Attentate, Verschwö-
rungen und Bestechungen, die ihr Werk sind, das alles soll in geheimen
Hintergründen bleiben; man ist dumm genug, sie für geheim zu halten.
Vorn im Rampenlicht spielt ein herrliches Orchester den Hauptstädten der
Welt die alte deutsche Musik vor, in der unfaßlichen Annahme des Re-
gimes, sie könnten es für die Musik des Regimes halten und setzen auf seine
Rechnung nicht die Attentate, sondern die Musik.[189]

Solange die eifernden Gegner der Despotien allerdings jeden Versuch der
Sympathiepropaganda dadurch honorieren, daß sie so tun, als könne die
von den Machthabern erhoffte Wirkung – trotz Presse, Rundfunk, Fernsehen und Nachrichtenagenturen, die noch immer Information über deren Untaten genug verbreiteten – tatsächlich eintreten und über die grim-
migen Tatsachen hinwegtäuschen, arbeiten sie ihren Feinden dümmlich
in die Hände. Bisher existiert nicht die Spur eines Beweises, daß irgendein geistig wacher und informierter Bürger, weil er ein Gastkonzert aus
NS-Deutschland oder einem kommunistischen Regime gehört hat, Nazi
oder Marxist geworden ist. Umgekehrt stecken Konzerte amerikanischer
Künstler einschließlich der Jazzmusiker keinen mit US-Ideologie an, was
immer diese beinhalten sollte. Eine Obrigkeit, die Musikeinfuhr vom
Wohlverhalten der »Lieferstaaten« abhängig macht, beweist damit nur,
daß sie ihre Untertanen nicht als mündige Bürger einschätzt, sondern sie
bevormundet, als entfiele in diesem Punkt der Unterschied zwischen den
Ideologien und ihrer Praxis. Inzwischen sind längst ernste Zweifel ausgesprochen, ob Kunst eine kontrollierbare Wirkung nach außen überhaupt
hat, so daß mit ihr Politik gezielt und mit einiger Aussicht auf Erfolg zu
betreiben wäre:

Das Presse-Echo eines Gastspiels im Ausland sagt z. B. sehr wenig über
seine Wirkungen aus; auch ist mit einer Besucherstatistik kaum etwas zu
machen. Außerdem verursacht das, was von der auswärtigen Kulturpolitik
unternommen wird, nur einen geringen Teil derjenigen Wirkungen, die tat-
sächlich vorhanden sind und in dessen Gesamtbild der Aktionen eingefügt
werden müssen. Dieses Gesamtbild aber kennen wir nur höchst unvoll-
kommen oder in wenigen, meist einseitigen Perspektiven.[190]

Dies bedeutet nichts anderes, als daß die Politiker im dunkeln tappen. Es
bleibt beim schönen Glauben an den Zauber der Musik und daher bei den
Denkfehlern und Mißbräuchen, die dieser Glaube erst erzeugt. Macht
Musik also doch nicht Staat?
Sie macht jedenfalls unentwirrbare Vexierbilder ...

Vexierbilder

Die unheimliche Zuneigung der Obrigkeiten zur Tonkunst muß Gründe haben, die außerhalb des Rationalen angesiedelt sind. Allerdings existiert eine scheinbar natürliche Affinität zwischen Macht und Musik: Beide verwirklichen sich durch Ausübung. Wie jene nur besteht, indem sie nicht Titel bleibt, sondern immer wieder dynamisch durchgesetzt wird, lebt diese allein durchs Ertönen. Und wie alle Ideologie nicht mehr ist als das theoretische Fundament der Macht, so hat auch die Musik eine Basis von Theorie. Diese ist jedoch nicht das Eigentliche. Ich gestehe ein, daß es sich um etwas oberflächliche Zusammenhänge handelt, und aus solchen vielleicht zufälligen Parallelen sollte man besser keine Schlüsse ziehen. Aber es scheint nicht aussichtslos, dabei Momente des Unbewußten ans Licht bringen zu können.

Musiker müssen ihr Metier – wie es sich im Instrument verkörpert – beherrschen. Sie sind Herrscher, nicht nur über die Musik, sondern auch über das Publikum, das sie bannen oder verzaubern, mitreißen oder beeindrucken. Alle diese Vokabeln spiegeln die Wirkung des Musikers und der Musik. Sie gelten aber auch für den Politiker und seine Macht. Da wie hier offenbart sich Macht weithin theatralisch in sehr ähnlichen Formeln menschlicher Selbstdarstellung. Hier wie da findet Inszenierung persönlicher Sehnsüchte, ja ein Eigenkult der Persönlichkeit statt. Der Ehrenname Lenins war »Woshd'«, das heißt Feldherr, Führer, Oberhaupt, also der Kopf über allen anderen Köpfen; er hat die Untertanen an der »woshsha«, am Zügel, an der Leine. Hitler ließ sich »Führer« nennen, Mussolini »Duce«, der rumänische Staats- und Parteichef Ceauşescu »Conducător«, und das bedeutet nicht nur Fremdenführer; General Franco nannte sich »Caudillo«, und sie alle fanden es unerläßlich zu beweisen, was niemand bezweifeln konnte, daß sie Macht besaßen und ausübten wie irgendein exotischer Despot vergangener Epochen.

Der aus dem Italienischen entliehene Ausdruck »Dirigent« ist für den Herrscher über das Orchester eingebürgert; er schwingt – wie einst der Kaiser sein Szepter – den Taktstock und gebärdet sich oft, trägt ihn erst die Bewunderung des Publikums, wie ein ganz unkünstlerischer politischer Souverän. Können und Kunst gehen zusammen; Mögen und Macht auch. Da stecken Anschlußpunkte; da ließen sich Musik und Politik mindestens theoretisch zusammenkoppeln. Interessengleichheit bedingt Ähnlichkeiten des Verhaltens, ja sogar ab und an der egozentrischen Weltanschauung. Es ist daher nicht verwunderlich, daß die öffentliche Meinung, gemessen an ihrer Sprache, die Musik vor allem als Machtsymbol benennt. Der Volksmund reagiert auf die Urerfahrung, daß jeder Ton

zugleich »Über-Ton« ist, indem er etwas anderes übertönt, zum Beispiel –
und ganz besonders – »störendes Nebengeräusch« wie Angst, Ohn-
machtsgefühl oder Schmerz. Ihm gilt Musik als Reviermarke und als Verteidigung und Aggression zugleich – wie dem Musiker in noch spez[i]ellerer
Hinsicht. Es muß zu denken geben, daß die von den Grundwörtern zur
Bezeichnung musikalischer Tätigkeiten abgeleiteten Formen und Formeln nahezu durchweg irgendeine Sinnbeziehung zur Ausübung von
Macht erhalten haben: spielen, pfeifen, singen, flöten, pauken, geigen,
tuten, tönen ... Auch da, wo es sich um die Kaschierung sexueller Inhalte
handelt, scheint häufig die Vorstellung von Gewalt durch.[191]
Wer Musik ausübt, hat Gewalt, verfügt über ein Medium der Herrschaft. Dies beweisen auch ganz stereotype Situationen, in denen Singen, Pfeifen oder sonstige akustische Äußerung Hilfe bringt: das Kind
im Keller, Spaziergänger im Wald, der Vormensch bei Gewitter. Man
setzt das hörbare – also auch im eignen Ohr zu empfangende – Lautwer-
den, und das ist plausibler Existenzbeweis nach der Zauberformel »Ich
singe, also bin ich«[192], gegen die Unheimlichkeit der Umgebung oder
gegen die brüllend tobenden Geister der Natur. So vergegenwärtigt man
sich: Ich bin da und ich bin stark! Schall verschafft Überlegenheitsge-
fühl. Natürlich ist so etwas leidige Selbsttäuschung, denn diese Wirkung
verändert kein bißchen das reale Kräfteverhältnis, sondern verharrt im
Bereich des »Seelischen«. Der Schall scheint den Raum zu füllen; er
expandiert den Singenden oder Musizierenden. Es ist »sein« eigener
Schall, der dem Raum die schreckliche Leere nimmt, indem er ihn »belebt« und dem Schallerzeuger wachsende, ja übermenschliche Dimensionen verschafft. Er singt sich in die Illusion der Macht hinein. Noch
besser gerät das in der Gruppe. Hier hört einer deutlicher, daß er nicht
allein, sondern von Menschen umgeben ist: Das Ambiente verliert seine
Bedrohlichkeit; die Angst vor dem einsamen Tod legt sich. Eben dadurch, daß die Angst schwindet, scheint auch ihr Anlaß besiegt. Das hat
dann die Musik bewirkt.[193] Obwohl alles beim alten bleibt und das Alte,
sobald die Musik verstummt, von neuem zu drohen beginnt, hat sich der
Mythos von der Macht der Tonkunst über alles Böse und für das Gute
und Schöne verinnerlicht. Dies ist ein Vexierbild.
Jedoch liegt darin eine mögliche Erklärung für die Neigung der Obrigkeit, dieses Machtmittel in Regie zu nehmen und der politischen Räson
entsprechend einzusetzen, für das eigne und gegen fremde Gemeinwesen. Durch Musik führen sie Kriege mit anderen Mitteln, flößen den Untertanen Gehorsam ein und dämpfen ihren intellektuellen Elan. Ausge-
liefertsein an Musik, die »beeindruckt« wie ein imaginärer Stempel von
oben, minimiert die Lust auf Aktivität und »organischen« Widerstand,
also die Ratio und ihre kritischen Potentiale. Für die Inhaber der staatlichen Gewalt wäre dies ein starkes Argument, ihr Herrschaftsmedium zu

nutzen. Nur hüten sie sich, solche Absichten in aller Deutlichkeit anzu-
kündigen. Schweden, immerhin eine Demokratie, hat in den sechziger
Jahren eine umfassende staatliche Musikpolitik, nicht zuletzt über ein
»Institut für Reichskonzerte«, in Angriff genommen, sozialpflegerische
Zielsetzung inbegriffen:

*Musik schenkt dem Einsamen in seiner Stube die Möglichkeit zu reisen,
wohin auch immer. Musik schenkt mehrfach zugleich Gemeinschaft, Zu-
wendung, Klassenfreiheit. Musik schenkt Ernst, Kraft zur Auflehnung,
Freude, Spaß.*[194]

Fraglos gelingt es, über ihre physiologischen Wirkungen mit der Musik
therapeutische Resultate zu erzielen. Aber das genügt den Politikern
nicht. Sie wollen mehr. Sie wollen, ausgerechnet mit ihr, moralische und
politische Aufklärung betreiben:

*Wir huldigen an diesem Tag hier alle der Kunst, indem wir sie als eine in
sich ruhende Welt begreifen. Aber was in sich ruht, das ist nicht Sache eines
snobistisch-überheblichen Artistentums, sondern es lebt aus einer volkhaf-
ten, einer sozialen, einer seelischen Wirkkraft von der Gemeinschaft ins
kleine Los. Wer deutsche Geschichte kennt, der weiß, die neuere Vater-
landsgeschichte ist von der Kunst des Singens in Gruppe, Chor, Verein,
Verband begleitet worden. Sie wird aus ihr in einer verwandelten Zeit neue
Lebendigkeit ziehen, um so mehr dann, wenn sie frei und tapfer sich zu
dieser Zeit bekennt in einer gläubigen Hoffnung, die um die Kraft der Liebe
weiß.*[195]

Der erste deutsche Bundespräsident meinte es gut, das möchte ich unterstellen; wie sonst hätte er den politisch reichlich zurückgebliebenen alten
Kameraden der Sängerbünde neue Loyalität empfehlen sollen? Etliche
seiner 30000 Zuhörer begrüßten den mitgelieferten Gegenentwurf zur
staatserhaltenden Musik in Form des Ausfalls gegen das »snobistisch-
überhebliche Artistentum«. Dergleichen hatten sie früher schon gehört
und ebenfalls mit brausendem Applaus belohnt:

*Darum ist es das Ziel der nationalsozialistischen Weltanschauung, den gan-
zen deutschen Menschen nicht in kleinlicher Dogmatik, sondern in seiner
tiefen inneren Geistes- und Willensrichtung, in seiner gesamten Seelenhaltung zu erfassen, die auf das Ganze des deutschen Volkes hinzielt, von
diesem Ganzen kommt und zu diesem Ganzen wieder hin will. Das ist die
große Aufgabe, die auch Sie zu tragen haben. Denn wenn andere Künste
ihren Einfluß vielfach verloren haben: im deutschen Lied und in der deutschen Musik steckt ein sich ewig erneuerndes und die Millionen immer wieder verbindendes Mittel, und dieses Mittel ist auch in Ihre Hand gegeben.*[196]

Zweifellos besteht ein Unterschied zwischen Heuss und Rosenberg, politisch, moralisch und sonst auch; gleich war hier die Interessenlage. In
beiden Fällen sollten die Sänger eingeschworen werden auf eine neue

Regierung. Die Inkriminierung des zur Solidaritätsfindung Unbrauchbaren, mehr oder weniger scharf formuliert, gehörte dazu. In einer Ergebenheitserklärung zur Volksbefragung 1936 geißelte der Berliner Musikhochschuldirektor dann auch »seelenlose, rein artistisch-verstandesmäßig konstruierte Machwerke«[197]. Dies sind gängige Termini. Sie denunzieren alle Arten Musik, die sich nicht mehr als Waffe in Staatshand eignen, weil es da um »Seele« und Glauben und Liebe geht, nicht um klaren, kritischen Verstand. An diesem Punkt begegnen sich die Ideologien; von ihm aus kurieren sie alle ihre Tonkunst und durch sie Volk und Staat. Hier und eben wegen der Unbrauchbarkeit der Modernen, mögen sie formalistisch, snobistisch, volksfremd oder konstruktivistisch geschimpft werden, beginnt die Bestrafung der »Schuldigen«. Der Zynismus der Verfolger kennt keine Grenzen. Ihr hättet eben nicht »entartet« komponieren sollen, sondern volksmäßig, dann hätte Hitler euch nichts getan, lehrte ein marxistisch-stalinistischer Musikpapst der DDR:

Eine Reihe der Verfechter solch abstrakter oder neurotischer, nihilistischer Musikstile waren vom Nazifaschismus vertrieben, entwurzelt oder eingeschüchtert worden. Es ist bedauerlich, daß sie nicht die Kraft aufgebracht haben, aus ihren eigenen Lebenserfahrungen den richtigen Schluß zu ziehen – in ihrem Kunstschaffen den Weg des Kampfes gegen Reaktion und Imperialismus zu gehen, anstatt sich weiter mit ihren stilistischen Abstraktionen zu beschäftigen.[198]

Die von der Marktsituation in den nicht enden wollenden Fortschritt gepeitschten Musiker, die tatsächlich nicht die mindeste Entscheidungsfreiheit über Material und Strukturierung herüberretten konnten, werden von jeder Obrigkeit fast als Staatsfeinde hingestellt. Diese geht davon aus, daß sowohl im demokratisch-parlamentarischen Gemeinwesen wie in der Diktatur eine Wahl bestehe. Wenn der Musiker die »richtige« Entscheidung nicht trifft, ist das ein unfreundlicher Akt gegen die Gesellschaft, die nicht mit »entarteten« oder sonstwie als negativ verschrieenen Produkten beunruhigt werden darf. Die Einordnung gehorcht jeweils politischem Kalkül. Gleichwohl kann zum Beispiel die politische Führung der BRD mit einigem Recht behaupten, hier im Lande werde ja die zeitgenössische Musik gefördert, obwohl sie vom breiten Publikum nicht angenommen sei, weil dessen musikalische Vorliebe recht eng um den »Tag, so wunderschön wie heute« kreist. Richtig ist, daß die Zeitgenossen, beklagen sie sich laut genug über Vernachlässigung, auch Förderung aus dem großen Topf erhalten. Das Gros des Geldes fließt aber dem Repräsentationsobjekt Musiktheater und den volkstümlichen, volkspädagogischen Aktivitäten zu. Im übrigen kann die Obrigkeit der BRD allmählich immer friedlicher mit den Modernisten leben, weil deren Einfluß mangels Echo im »Volk« rapide zurückgeht. Die lautstärksten Propagandisten und Nutznießer der »Avantgarde« leben nicht mehr; Nachwuchs, der mit ebensoviel Fanatismus wie Wortgewalt sich in die Bresche würfe, ist rar. Die Sache der unangepaßten zeitgenössischen Komponisten scheint an dem im Zuge des aus den Nähten platzenden Wohlstands eingerissenen Desinteresse des Publikums über kurz oder lang verloren. Wenn eine Minderheit derart zusammenschmilzt, schwindet auch die Sorge über die Gefährdung der »nationalen« Basis durch diese.

Die Wächter können Ferien machen. Schließlich funktioniert Demokratie nicht totalitär. Ein paar kleine bunte Tupfer in ihrer »formierten« Gesellschaft mögen dann sogar als Beweis der Vielfalt der kulturellen Phänomene unter den Bedingungen der freiheitlich-demokratischen Grundordnung dienen. In der Tat, so ein bißchen Unruhe, die von diesem Grüppchen heute noch ausgeht, die milden Skandälchen, gerade noch knapp im Kulturteil einiger Zeitungen erwähnt: Sie untergraben nicht die Fundamente des Staates. Sie sind systemimmanent, Schaustücke der großen multikulturellen Freiheit. Was waren das doch für Zeiten, als Anno 1526 der Conz Annahas seinen Bauern unter der Fahne mit dem Bundschuh das Lied gegen die Schinder und Schaber der kleinen Leute vorsang? Da spannten ihn die Schergen der Ritter in die Folter. Heute geht es gesitteter zu. Wenn die Folkszene in ohnmächtigem Protest gegen eine der tragenden Säulen »dieses unseres Landes«, mit Bob Dylan singend, die Herren der Kriege, die Bankiers also, in Grund und Boden verdammt, dann ist rasch eine neutralisierende Gegenkraft zur Stelle – und sei es Hannelore Kaub mit dem beredten Song »Ach, laßt uns doch in Frieden mit dem Frieden!«[199].

Keine Gefahr also, denn – nicht wahr? – alles hebt sich gegeneinander in »Ausgewogenheit« auf, bis die Sicherheit der Immobilität »stimmt«. Natürlich geschieht es hier und dort dann doch einmal, daß sich einer aufregt über »volksfremde« oder »subversive« Musik zu Lasten des Staates; sogar führende Politiker der Bundesländer, die immer wieder wärmstens das Singen im Volke empfehlen, bekunden ab und an Mißtrauen. Aber verglichen mit den Despotien – und auf diesen Vergleich legen sie großen Wert, weil er ihnen das Alibi sichert – bleibt solches im Rahmen der garantierten Meinungsfreiheit. Richtig: Die Verfassung behandelt alle Bürger gleich, als ob es keine Gewichtsunterschiede gäbe. Ein Ministerpräsident ist aber nicht Herr Jedermann. Bringt er »Musikkritik« an, wiegt sie viel schwerer in den Augen des nach wie vor von Autorität beeindruckten Volkes, als stamme sie von einer Fachpersönlichkeit – und sei es eine mit Doktor- und Professortitel. Von oben herunter überzeugt so ein rundherum bekannter, oft fotografierter, in Rundfunk und Fernsehen heimischer Amtsträger immer eher als der kleine und im Jonglieren mit effektvollen Phrasen weniger geübte Experte.

So hat die Obrigkeit den Untertanen einreden können, der Fortschritt müsse – aus Gründen der nationalen Selbstachtung – blockiert werden, damit das Eigentliche, Ewige, die Seele des Volkes Ausdruck erhalte:

Daher wird die Kunst dieses neuen Reiches nicht mit Maßstäben von alt oder modern zu messen sein, sondern sie wird als eine deutsche Kunst sich ihre Unvergänglichkeit vor unserer Geschichte zu sichern haben. Denn die Kunst ist nun einmal keine Mode. So wenig wie sich das Wesen und das Blut unseres Volkes ändert, muß auch die Kunst den Charakter des Vergänglichen verlieren, um statt dessen in ihren sich fortgesetzt steigernden Schöpfungen ein bildhaft würdiger Ausdruck des Lebensverlaufs unseres Volkes zu sein (...).[200]

Das könnte eine knappe, konzentrierte Plakatierung des »Nationalsozialistischen Realismus« sein. Wie bitte? Einen »Sozialistischen Realismus«, ja, den gab es nach dem Willen Stalins, und er hat des Zwingherrn irdische Existenz, weil die Machtmittel intakt blieben, noch Jahrzehnte überlebt. Aber »Nationalsozialistischer Realismus«? Immerhin war ein besonders Hellhöriger damals dicht dran:

Nur mögen unsere jungen Tonsetzer (...) nicht vergessen, im Kampfe um die nationale Revolution der Musik zu Vorbild und Wegweiser den politischen Nationalsozialismus zu nehmen, der eben deshalb, weil er national ist, auch sozialistisch ist. Das heißt: als revolutionäre Musiker können sie nur neue Musik schaffen, als nationale Musiker nur deutsche, als sozialistische Musiker aber haben sie mit solcher Musik den Anfang zu machen, die jedes fähige und gutwillige Ohr in unserm Volke auch ohne »Schulung« und »Bildung« hörend aufnehmen kann.[201]

Was Stalin als »Realismus« ausgab, hatte nichts mit Wirklichkeit zu tun, sondern mit seinem Verlangen, dem Volk verständliche und zur Werbung für Staat und KPdSU taugliche Produkte zu liefern. Parallelen – über die braune und rote Erbfeindschaft hinaus – liegen auf der Hand. Deswegen prägte der aus Polen emigrierte jüdische Historiker Joseph Wulf in einer seiner epochemachenden, wenn auch über Einwände nicht erhabenen Dokumentationen der Kulturpolitik des Dritten Reiches den trefflichen Ausdruck »Nationalsozialistischer Realismus«, denn ihn verblüffte und verstörte die *offensichtliche Verwandtschaft und oft sogar Gleichartigkeit der Richtungen und Parolen bei beiden totalitären Systemen (...)*[202].

Nein, Platon ist noch lange nicht tot. Er geistert überall herum. Die ihn mißverstehen oder zu gut verstehen, zerstören die Musik. Gewußt haben es schon immer alle; nur fragt sich dann, warum sie es nie sagten. Die großen Dichter, denen auch der Souverän, waren sie nur groß genug, manches nachsah, hätten protestieren können. Aber selbst Molière nutzte nicht die üppige Chance, die ihm die Form der Ballett-Komödie hätte aufdrängen müssen:

Nichts ist in einem Staat so förderlich wie die Musik. (...) Ohne Musik kann ein Staat nicht Bestand haben. (...) Aller Aufruhr, alle Kriege in der Welt kommen nur daher, daß die Musikpflege im Argen liegt. (...) Wenn nun alle Menschen Musik zu machen lernten, wäre dies dann nicht der rechte Weg, miteinander in schönstem Einklang zusammenzuleben? Könnte man auf diese Weise nicht den Weltfrieden herbeiführen?[203]

Kann sein, daß das doch leicht ironisch gemeint war; aber dann darf auch Orpheus nicht fehlen, der mit Gesang und Saitenspiel sogar den Gott der Unterwelt milde gestimmt haben soll. Man könnte solche Mythologie endlos fortspinnen. Doch die Vertreter unserer Obrigkeit sind keine Götter der Unterwelt. Deswegen handeln sie ganz ungerührt, wenn es um Sinnbestimmung der Musik geht. Für alle klardenkenden Menschen ist das ein Wagnis, nicht für sie. Sie schalten und walten nach Belieben. Und immer finden sich rechtzeitig irgendwelche eifrigen Platon-Imitatoren ein, die passende Stichwörter liefern, oft im Brustton des Treueschwurs:

In der gewaltsamen und leidenschaftlichen Sprache unserer jungen Kameraden erkannten wir, daß die Kunst aufhören müsse, um ihrer selbst willen da zu sein oder gar um ihrer geistigen »Bildung«. Sie sollte für die Politik da sein, worunter wir aber niemals die Herrschaft des Systems, sondern das Gesamtschicksal der nationalen Gemeinschaft verstanden.[204]

Leider identifiziert sich unentwegt jede »Herrschaft des Systems«, welche gerade eben aktuell ist, mit diesem nebelhaften Gesamtschicksal der nationalen Gemeinschaft, und derart versucht eines um das andere, in der Weltgeschichte ruhmvolle Spuren zu hinterlassen. Prediger jeglicher Farbe werden nicht müde, ihr mahnendes Wort beizusteuern:

Das »Ja-Sagen« zum Aufbau der neuen Welt, das »Ja-Sagen« zum Menschen muß heute mehr und mehr zum Hauptinhalt des musikalischen Kunstwerkes werden. Vom Kampf für die große Zukunft, vom Ethos und dem heißen Atem der aufbauenden gesellschaftlichen Arbeit, von der gereinigten Moral und dem befreiten Bewußtsein des neuen Menschen muß unsere Kunst durchdrungen sein.[205]

Wenn sich Komponisten schon immerfort selbst darstellen in dem, was sie schaffen, dann sollte es ihnen auch nicht schwerfallen, dies für Staat und Nation zu besorgen. Die Verpflichtung, der Obrigkeit zu Willen zu sein, scheint selbstverständlich. Stößt sie auf Entgegenkommen, hilft sie gern mit Privilegien und Geld nach. Die Lieferanten von Heroldsmusiken sind nie so arm wie ihre feindlichen Brüder, die »Avantgardisten«. Mit Geld läßt sich allerlei kaufen, Widmungen, die genehmen Texte, Titel und »Inhalte« eines Musikwerks. Alles Geld der Welt kauft jedoch keine kompositorische Qualität. Diese fundamentale Tatsache entpolitisiert dann wieder ein wenig jene Partituren, die der politischen oder nur sympathetischen Reklame im Ausland dienen sollen. Da haben wir den Grund, weswegen sogar hochgerühmte Stücke, in denen Winke zum politischen Verständnis eingelassen sind, die Grenzen gar nicht erst überqueren. Ideologisches bleibt drinnen. So entstehen keine Konflikte mit Veranstaltern und Publikum der Gastländer; diese richten sich bei Austauschverhandlungen auf nationale Höchstleistungen ein, nicht auf Produkte jener Ja-Sager, von denen zwölf auf ein Dutzend kommen.

In der kurzen Periode des rot-braunen Bündnisses 1939 bis 1941 bot das Moskauer Bolschoj-Theater keines der vielen deutschen Huldigungswerke, sondern die Gala-Inszenierung von Wagners ›Walküre‹. Und das Reich nahm keine stramme Heroenfeier ab, sondern ein bißchen Volkslied und etwas Tschajkowskij. Nichts Neues hörte der eine also vom anderen, und man verständigte sich auf dem historischen Stand von 1870. Was wohl der Untertan des Zaren, Tschajkowskij, mit dem Geist des Marxismus-Leninismus oder gar mit dem Alltag des Stalin-Regimes zu tun hat, blieb im dunkeln. Wieso die ›Walküre‹ geeignet sei, beim bisherigen Todfeind gut Wetter für Hitler zu machen, auch. Hatte man vielleicht das absolut Unverbindliche herausgesucht, weil das kein offizieller Austausch war, sondern gegenseitige höfliche Verbeugung unter Einsatz eigener Musiker? Und wie werbekräftig war diese Aktion? In Moskau hatte man jahrelang gelernt, Berlin richtig einzuschätzen; und in Berlin war man nicht im unklaren über die sicherlich in Moskau ausgeheckte »bolschewistische Weltverschwörung«. Aber da wird politische Selbstdarstellung auf den Vormarsch geschickt, und selbst das untauglichste Mittel heiligt den Zweck.

Regelmäßig klammern sich Weltgeltungsphantasien an die Tonkunst. Ein Sieg im Fußball-Länderspiel, schlimm genug, steigert den chauvinistischen Wahn ins Unkontrollierbare. Ein Sieg der Musik – was immer das sein mag – erzeugt, weil er im Gegensatz zum sportlichen Triumph wiederholbar ist, nationalen Glücksrausch, aus dem sich die Gewißheit »Wir sind wieder wer!« volkspädagogisch destillieren läßt. Das fing im letzten Jahrhundert ziemlich militant und auslandsfeindlich an. Vollends im Ersten Weltkrieg schossen sie scharf, unter anderm gegen die Franzosen, nicht nur an der Front:

Für uns Deutsche ist Musik höchste Vergeistigtheit, die nur in den durch die Gesetzmäßigkeit einer Idee beherrschten Beziehungen zur Gestaltung gelangen kann, wie sie Harmonik, Rhythmik und Melodik, diese drei Grundelemente, bewirken. An ihre Stelle tritt bei Debussy und seinen zahlreichen Nachahmern der rein sinnliche, also der Vergeistigtheit bare Klang, der eine psychologische, ja pathologische Wirkung auf die Gehörsnerven ausübt. Solche Richtung des Schaffens kann für unser deutsches Empfinden den Begriff Kunst aufheben, den wir auf der Grundlage der Gestaltung aufgebaut sahen.[206]

Nationale Identifikation – das ist wahr – gelingt am einfachsten vor dem Kontrast eines möglichst widerlichen Gegenbildes. Wer im Vollbesitz der edlen Kunst ist, wächst, während der Gegner nur unedle oder gar keine fertigbringt. Das ist ein abgedroschenes Schema. Es brütet nationales

Geltungsgefühl aus, hier vom Schlage »Deutschland über alles«. Einige Jahre später mahnte zwar Paul Bekker zur Friedlichkeit:

Weltgeltung ist ein schönes Wort, und es ist ein stolzes Bewußtsein, denken zu dürfen, daß die deutsche Musik die innere Kraft dazu hat. Aber sie wird diese Kraft nur dann üben und wirksam machen können, wenn sie und wenn wir alle erkennen, daß Weltgeltung nicht Beherrschung, sondern Erfassung und Durchdringung der Geister bedeutet.[207]

Aber selbst dies geriet nur zur Schattierung im Kampfgetümmel mit der tönenden Waffe, und da half keine Vernunft mehr, denn »Weltgeltung« wuchs sich zum Schlagwort eines dialektischen Systems aus. Je krankhafter die Minderwertigkeitsängste in irgendeinem Staat, desto forcierter der Musikexport. Kulturimperialismus kann pathologische Ursachen haben. Gerade das Hitler-Regime wollte eine Menge zudecken, und dazu sollte Musik herhalten:

Niemals in der ganzen Geschichte ist es einem großen Volke so schwer gemacht worden, sich und sein innerstes Wesen zur Geltung zu bringen, wie es uns jetzt im Dritten Reich von aller Welt schwer gemacht wird. Aber grade darum gilt es, nichts von dem, was bei uns leuchtet, unter den Scheffel zu stellen. So müssen auch Volk und Regierung, Künstler und Laien zusammenstehen, der deutschen Musik den Strahlenglanz zu geben, der unser Reich so hell bescheint, daß alle Welt sehen muß, wer wir in Wahrheit sind.[208]

Musik scheint gerade recht, um angegriffener nationaler Würde aufzuhelfen; sie ist ein stets verfügbares Instrument politischen Managements. Und das geht quer durch die verschiedenen Herrschaftsformen. Keine Obrigkeit hält Tonkunst für zu schade. Immer wieder verfährt sie schematisch wie eh und je. Da stellte der Staatsratsvorsitzende der DDR und Erste Sekretär des ZK der SED, Walter Ulbricht, stolz fest:

Unsere Musikkultur nimmt einen würdigen Platz im Rahmen der sozialistischen Weltkultur ein.[209]

Auf daß dies auch stimmig wirke, diffamierte er gleich danach antithetisch die Situation in »Westdeutschland«, worunter er die BRD verstand; hier habe im Musikleben »der verderbliche Geist des Chauvinismus« die Oberhand gewonnen. Die Konkurrenz ist hart in der Politik; erst recht in der Musik, wenn sie gezielt zum Zweck der Weltgeltung eingesetzt wird. Da konnte sich dann ein Münchner Kritiker aufregen, weil bei einem internationalen Musikfest in Japan das Leipziger Gewandhausorchester gastierte. Nichts gegen diesen Klangkörper, natürlich nicht, *aber ist es nicht paradox, daß auf einem großen internationalen, ja interkontinentalen Musikfest, dessen Veranstalter der Kongreß für die Freiheit der Kultur ist, die deutsche Musik von einem Orchester aus jenem Teil Deutschlands repräsentiert wird, in dem kulturelle Freiheit ein unbekannter, ja verfemter Begriff ist? Hat man in Bonn wieder einmal kein Geld (oder kein Interesse)*

gehabt, um zu einer so umfassenden Kundgebung internationaler künstle-
rischer Solidarität ein Elite-Orchester aus der Bundesrepublik (...) nach
dem Fernen Osten zu schicken? [210]
Da kommt kindische Eifersucht hoch, politische, und der Zeitungsschrei-
ber läßt erkennen, wie wenig ihn die Musik schert und die angebliche
künstlerische Solidarität. Seine Solidarität ist die parteiliche; er bekennt
Zugehörigkeit zur antikommunistischen Ideologie seines Staates, die auf
Verdrängung des Gegners zielt. Das eigene Nest geht über alles in der
Welt. Und so geschieht es, daß ab und an auch mal ein naiver Musiker mit
dem rechten Revierinstinkt versichert, es gehe darum, die »in der Volksbegabung wurzelnde Überlegenheit der deutschen Nation auf dem Gebiete der Musik zu sichern«. [211]
Daß es dem äußerst isolierten, sich stets an Metaphysisches klammernden
Schönberg darauf ankam, Anschluß an seine Mitmenschen und an deren
Gemeinwesen zu finden, überrascht kaum. Denn gerade zu dieser Zeit,
gleich nach 1918, muß ihn das Gefühl der Vergeblichkeit übermannt haben. Wer Präsident eines von vornherein Breitenwirkung versagenden
»Vereins für musikalische Privataufführungen« wird, der beschreitet ohnehin einen Leidensweg und muß den Ausschluß der Öffentlichkeit irgendwie kompensieren. Wenig später verabsolutierte er dann auch seine
»Erfindung«, die Komposition mit zwölf Tönen, eine von vielen schöpferischen Techniken, welche momentanen Vorrang im hitzigen Vorantrei-
ben des »Fortschritts« zu gewährleisten schien. Er äußerte seinen Traum
vom säkularen Triumph, nicht dem persönlichen allein:
Ich habe eine Entdeckung gemacht, durch welche die Vorherrschaft der
deutschen Musik für die nächsten hundert Jahre gesichert ist. [212]
Abgesehen von der Naivität des Standpunkts, sind hundert Jahre doch
eine lange Zeit; nicht einmal der totalitärste Diktator bekommt sie in den
Griff, weil er so alt gar nicht wird. Aber auch der liberalste Präsident einer
Demokratie nicht. Alle träumen sie aber von der Projektion ihres jeweiligen »Geistes« in die Zukunft; doch diese sieht dann immer ganz anders
aus. Die Botschaft sperrt sich gegen hemmungslose Expansion. Und Musik als ideologisches Design wirkt reichlich abgeschmackt. Trotzdem ver-
stummen die Interessenten nicht:
Und die amerikanische Regierung hängt sogar noch mehr von der Kunst
ab. Denn Kunst wirkt indirekt; sie spricht eine Sprache ohne Wörter und ist
ein bedeutendes Mittel, um Amerikas Botschaft der Welt zu verkünden,
über die Köpfe der Diktatoren hinweg und außerhalb des Zugriffs der Bü-
rokratie. (...) Es gibt eine schwerlich logisch zu erklärende, aber leicht
spürbare Verbindung zwischen den Errungenschaften im öffentlichen Le-
ben und dem Fortschritt der Künste. [213]
Zu den typischen Vexierbildern aus der Klitterung von Tonkunst und Politik gehören Nationalhymnen und Militärmusik. In diesen kulminiert die

Identitätssuche der Machthaber. Wenn es überhaupt einen tönenden Ausweis nationaler Selbstbehauptung gibt, dann liefern ihn Hymnen, Märsche und Kampflieder, und nicht zufällig basieren sie alle auf primärem Glauben. Wer nicht glaubt, durchschaut das Pomposo der meisten Nationalhymnen und zackig-dümmlichen Soldatenlieder und -märsche als lächerlich. Aber der klebrige Mythos hinter diesen verhindert objektive Aufarbeitung und kritische erst recht.[214] Es ist jedoch nicht einzusehen, weswegen eine Tradition, die zum Beispiel mit der schmeichelnden Huldigung an den Souverän oder mit dem Trompetenstoß des Herolds begann, auch unter demokratischen Vorzeichen so gepflegt werden sollte, als sei inzwischen nichts, aber auch gar nichts geschehen in der Politik. Dabei ist rapider Werteverfall offenkundig.

Veränderungen am »heiligen« Bestand bringen fraglos konservative Gemüter in Rage; auch die Hymne soll Ewigkeit garantieren, obwohl weltliche Choräle solchen Schlages ohnehin meist recht kurzlebig sind. Wer überdies Musik als Waffe handhabt, verharrt in seiner Selbsttäuschung. Also singt er gläubig: »O Herr, unser Gott, steh auf, zerstreue unsere Feinde und stürze sie!« So in Großbritannien. Oder: »Zittert, Tyrannen und ihr Falschen, Schmach aller Parteien, zittert!« So in Frankreich. Und die Italiener sind con fuoco »bereit zum Tod«. Die Mexikaner »baden die vaterländischen Banner in Wogen von Blut«. Es wimmelt in solchen Hymnen von Schlüsselwörtern wie Glanz, Ruhm, Freiheit, Opfer, Glauben, Gott, Helden, Kampf... und immer wieder Blut. Was sich in den Untertanen abspielt, wenn sie ein wenig darauf achten, welche Worte sie singen, kann kaum zweifelhaft sein; so etwas wird auch heute noch in den Schulen eingeübt, und gerade Schulkinder durchschauen am wenigsten, daß man ihnen versprengte Relikte nationalen Machtwahns einimpft. Musikalisch sind die meisten Nationalhymnen sowieso Desaster. Aber die Obrigkeit ist überall langsam im Dazulernen.

Die Marseillaise der Franzosen – wir wissen es – war ein Kampflied gegen die monarchistischen Interventen. Ihre Geschichte wird immer wieder kolportiert. Der Pionierleutnant Claude-Joseph Rouget de Lisle, 32 Jahre alt, in Straßburg stationiert, dichtete und komponierte in der Nacht vom 24. auf den 25. April 1792 das »Kriegslied der Rheinarmee« und widmete es dem Grafen Nikolaus Luckner, dem Marschall und Oberbefehlshaber der Nordarmee. Pech, denn keine zwei Jahre später wurde Luckner vom Revolutionstribunal zum Tode verurteilt und starb unter der Guillotine. Anregung lieferte dem Dichterkomponisten übrigens die Kriegserklärung an Österreich. Kurz und gut, ein idealisierter Mythos, und so hat ihn Isidore Pils später auch gemalt, den Offizier, der ein mäßiger Geigenspieler war, in der Pose des Götterjünglings, ganz und gar nachempfundener jakobinischer Realismus. Jene Freiwilligen aus Marseille, die das Lied zuerst sangen und ihm den Namen gaben, waren ein wüster Haufen aus verschiedenen Anliegerländern des Mittelmeers, fünfhundert Mann, die ebenso patriotische Begeisterung wie Schrecken verbreiteten. De Lisles Mutter fragte ihren Sohn brieflich:

Was ist das für ein revolutionäres Lied, das eine Gruppe von Banditen auf ihren Wegen durch Frankreich singt, ein Lied, mit dem dein Name verbunden ist?[215]

Möglich, daß noch mehr zweckvoll geschönt worden ist als nur die Geschichte jener »Freiwilligen«, die im Sommer 1792 in Paris einfielen und sich dann im Solde der Kommune bei dem Schlachtfest hervortaten, das als die Septembermorde in die Geschichte eingegangen ist. Die Marseillaise war auch dabei, aber bald nach dem Sturz Robespierres wurde sie erst einmal verboten. Jedenfalls ist verständlich, daß die Vergangenheit einer Nationalhymne sauber zu sein hat; da war immer wieder einmal nachzuputzen. Ernste Zweifel am kompositorischen Genius des Soldaten Rouget de Lisle kamen in den sechziger Jahren des 19. Jahrhunderts auf. Damals stand in Choisy-le-Roi, wo der Berühmte starb, schon längst ein Denkmal. Auch existierten Bühnenstücke von ihm und Texte zu weiteren Kriegs- und Revolutionsliedern, die in einer Liedersammlung, »in Musik gesetzt von Rouget de Lisle«, 1825 erschienen. Aber gerade die Melodie der Marseillaise scheint Meisterhand zu verraten. Solches singt wohl kein Dilettant, auch wenn er ein bißchen auf der Geige kratzen kann. Die Zweifel verdichteten sich zum Strafprozeß. Wortführer war der belgische Musikpapst François Joseph Fétis, Direktor des Konservatoriums Brüssel, erfahrener Musikhistoriker. Er hätte sich lieber nicht mit hehren vaterländischen Gefühlen anlegen sollen. Dabei hatte er nur eine Frage aufwerfen wollen. Doch Kollegen und Presse in Frankreich fielen allesamt über ihn her. Für sie war das keine legitime Frage. Wie kommt es wohl, wollte Fétis in aller Arglosigkeit wissen, daß diese Melodie nahezu komplett bereits vor 1792 auftauchte, nämlich in dem Oratorium ›Esther‹ von Jean Baptiste Lucien Grisson, dem Domkapellmeister von St. Omer?

Ein Historikerstreit entbrannte. Zwanzig Jahre lang blieb die Debatte laut, sogar noch nach dem Tod des fürwitzigen Fragers. Beweise und Gegenbeweise verwandelten sich in schweres Geschütz. Es ging nicht mehr um Geschichtsforschung, sondern um Ideologie. Nun ließ sich nicht ableugnen, daß dieser Kirchenkomponist existierte, und daß er ein Oratorium mit der nachmals geheiligten Marseillaise-Melodie geschrieben hatte, war immerhin noch sicher. Dennoch versuchten Parteigänger, diese Urheberschaft zu widerlegen und für das Werk ein Datum zu etablieren, das nach 1792 lag und nicht mindestens acht Jahre davor. Noch 1886 erschien ein Buch, das die Argumente pro und kontra zusammenfaßte und – gegen den Musikliebhaber Rouget de Lisle stimmte.[216] Aber da war es schon zu spät, Frankreich in Not. Im Kriege 1870–71 den deutschen Heeren unterlegen, hatte das Land ein unantastbares Symbol bitter nötig. Die Hymne mußte ihre Kraft nun erst recht beweisen. Und 1904 schnitt der Musikforscher Constant Pierre in seinem Monumentalwerk über die Hymnen und Gesänge der Revolution jeden weiteren Einwand brüsk ab.

Noch mindestens eine zweite Geschichte war in Umlauf. Danach stammten die Verse von Rouget de Lisle, der den Namen eines Freiwilligen-Bataillons »Les Enfants de la Patrie« und den Aufruf eines in jenen Tagen überall angeschlagenen Plakats, »Aux armes, citoyens!«, mitverarbeitete. Die Melodie sei von dem Straßburger Münsterkapellmeister Ignaz Pleyel, einem Freund des Dichters, komponiert und bei der »Uraufführung« des Liedes am 26. April bei einem geselligen Abend des Straßburger Bürgermeisters Baron Dietrich auf der Geige begleitet worden. Aber auch diese Version hat Schwachpunkte trotz einleuchtender Erklärung, weswegen sich Pleyel nicht danach riß, als Komponist genannt zu werden:

Ignaz Pleyel hielt, just in dem Moment der Kriegserklärung an seinen Kaiser in Wien, wohlweislich den Mund, so daß er weder daheim noch in Paris, wo sein Dichterfreund schon bald danach von den Jakobinern verhaftet und nur durch die Gegenrevolution des 9. Thermidor (27. Juli 1794) vor der Guillotine gerettet wurde, Unannehmlichkeiten hatte.[217]

Dabei war es eigentlich gleichgültig, ob die Marseillaise geklaut oder geschenkt war. Viele nationale Symbole sind ohnehin keine meisterlichen Originale; manche gingen aus Wettbewerben hervor. Schließlich sollte man sich erinnern, daß die Melodie unter den Augen und Ohren von Rouget de Lisle mehrmals »ausgeliehen« worden ist; mit irgendeinem anderen Text tat sie es nicht minder. Als der Pfarrer René-Christian Lusson aus Saint-Fulgent 1795 eine Parodie draufsetzte, nämlich ein Kampflied für die katholischen Gegner der antikirchlichen Fronde, schadete das der Melodie auch nicht weiter. Sie überstand sogar alle Interpretationen. Ende der vierziger Jahre des 19. Jahrhunderts war man in Paris überzeugt, niemand könne die Marseillaise so singen wie die Rachel, die große Schauspielerin der Comédie Française. Ein Korrespondentenbericht aus Straßburg, wo sie eben gastierte, scheint den Eindruck zu stützen:

Die Rachel erschien in demselben Costüm, in dem gewöhnlich die Republik von 1848 abgebildet wird. Die dreifarbige Fahne lehnte seitwärts. Ihre Wangen waren ohne Schminke und geisterhaft blaß; die Gluth der schwarzen Augen vermehrte noch diese Blässe. Sie begann auf ganz eigenthümliche, merkwürdige Weise. Es war gar keine Rede, es war kein Gesang, sondern nur ein Flüstern, schauerlich wie das Säuseln des Windes in den Wipfeln der Bäume vor dem Ausbruch eines Gewitters. Allmälig wurde die Stimme stärker, und schwoll so mächtig an, wie es der schwachen Brust der Schauspielerin kaum zuzutrauen war. Bei der letzten Strophe ergriff sie die Fahne, mit der sie niederkniend sich malerisch drapirte, und schloß unter unerhörtem Beifallssturm und unter einem Regen von Kränzen.[218]

Nationalhymnen haben viel mit Theater zu tun, wie hier zu sehen. Wer könnte auch widerstehen, wenn eine 28jährige Mademoiselle, Heroine der klassischen Tragödie, umworbener Star, sich so produziert? Doch möchte man unterstellen, daß für sie die Marseillaise noch etwas anderes bedeutete als ein Theaterstück. Denn Rachel, bürgerlich Elisa Félix, war die Tochter eines aus dem Elsaß stammenden jüdischen Hausierers, in der Schweiz geboren und daher für die einflußreiche antisemitische Bourgeoisie der französischen Hauptstadt eine Fremde. Obzwar als Halbwüchsige, singend in Kaffeehäusern und auf Straßen von Paris, entdeckt und protegiert, so daß sie am Konservatorium studieren und dann zum Schauspiel konnte, blieb sie für dieses Leute eine, die nicht zu ihnen gehörte.[219] Dies schmälerte nicht ihren triumphalen Erfolg auf der Bühne, und es ist möglich, daß ein Teil des Applauses einem unbewußten Schuldgefühl des Publikums entsprang, sozusagen Selbstbestrafung war für die rational nicht erklärbare innere Abneigung gegen die Jüdin auf der Bühne. Umgekehrt mußte Rachel Zugehörigkeit demonstrieren, indem sie nicht nur die Glanzrollen der französischen Klassiker bevorzugte, sondern auch vorbildlich patriotisch-republikanisch sich gab, gleichsam französischer als die Pariser, und dann war die Marseillaise in ihrem Munde keine gewöhnliche Nationalhymne mehr, sondern inniges Solidaritätsbekenntnis.

Fraglos gilt die Marseillaise in Frankreich als nationales Heiligtum. Als der populäre Sänger Serge Gainsbourg 1978 eine Reggae-Version des Lieds aufnahm und immerhin 350000 Exemplare davon unters Volk brachte, beschuldigte man ihn der Entwürdigung des großen Symbols. Die Empörung kannte jedoch keine Grenzen, als er 1981 in Versailles auf einer Auktion eine von 1833 stammende Original-Kopie des Manuskripts der Marseillaise für den Gegenwert von 54000 Mark ersteigerte, drei Blätter mit Signatur von Rouget de Lisle, dazu einen Begleitbrief an Cherubini vom 7. August jenes Jahres.

In der Frage der Nationalhymne haben es die Deutschen schwerer als die Franzosen, das ist sicher. Da sie ihre nationale Einheit sehr viel später errangen, mußten etliche »nationale« Lieder der Einzelstaaten erst einmal vergessen werden. Allein Preußen hatte mehrere ausprobiert. Um sich gut einzuführen, komponierte Spontini, als er im Frühjahr 1820 nach Berlin kam, flugs einen »Preußischen Volksgesang« mit dem Titel ›Borussia‹, passend zum Geburtstag des Königs am 3. August, wenn auch dem preußischen Volk gewidmet. Die hielt nur 22 Jahre und verschwand mit dem zwar vom Herrscher, nicht aber vom Volk akzeptierten Künstler. Danach tat es die Eindeutschung der britischen Hymne »God Save the King«. Auf die Melodie von Henry Carey, die sich auch in Deutschland eingebürgert hatte, war schon 1795 der Text »Heil dir, im Siegerkranz« gesungen worden. Dann dichtete ein Gymnasial-Oberlehrer »Ich bin ein Preuße, kennt ihr meine Farben?« Es bekam von mehreren Komponisten Melodie; am Ende setzte sich August Neithardt, ein Stabs-Hoboist im Regiment Kaiser Franz, mit seiner durch; wieder mal ein »Volksgesang«. Das hörte Meyerbeer nicht gern, und rasch entnahm er seiner Oper ›Il Crociato in Egitto‹ eine Chormelodie und unterlegte sie dem gleichen Text. Weder Vaterland noch Volk honorierten seinen Ehrgeiz.

Unter dem Eindruck des deutschen Sieges über Frankreich schrieb 1871 auch Kurt Rheinberger eine deutsche Nationalhymne. Wer verbindet seinen Namen nicht gern mit einem nationalen Symbol dieser Mächtigkeit? Seine Frau vertraute ihrem Tagebuch bange Hoffnung an:

Drei Hymnen hat Kurt nun für verschiedene Gelegenheiten gehabt; die erste wurde zur Goethe-Enthüllungsfeier vom König bestellt, die zweite zur Enthüllung der Madonna vom Magistrate und von der Geistlichkeit bestellt und mit Grobheit belohnt – und diese, von Künstlerhand erregt – was wird sie für Früchte tragen? Die schönsten wären es, wenn das deutsche Volk sie sänge (...). Man erwartet täglich die Kapitulation von Paris. Wäre es also![220]

Das Volk dachte jedoch nicht daran, sondern eignete sich ein ganz anderes Lied an... ein ausländisches. Die Melodie war von Joseph Haydn. Als 1797 die Marseillaise vor Wien ertönte, brauchten die Österreicher eine Gegenkraft; psychologische Kriegführung ist ja nicht neu. So entstand die Herrscherhymne »Gott erhalte Franz, den Kaiser«. 1841 setzte der Dichter Hoffmann von Fallersleben im damaligen englischen Exil auf Helgoland seinen Text auf diese Melodie: »Deutschland, Deutschland, über alles«. Vier Louisdor brachten ihm die Reime ein, und es dauerte lange, bis sich das Lied gegen konkurrierende und scharf wider Frankreich gerichtete Kampfgesänge durchsetzen konnte. Am Ende half ein frommes Märchen: Langemarck. In diesem flandrischen Dorf sollen 1914 Regimenter junger deutscher Kriegsfreiwilliger die britischen Linien durchbrochen haben, dieses Lied als Geheimwaffe auf den Lippen. Ein Mythos begann. Der Heeresbericht hatte, um Stimmung zu machen, die Geschichte in die Welt gesetzt. Sie ist inzwischen als Propagandaschwindel entlarvt.[221]

Auf den Mythos baute Reichspräsident Ebert (SPD), als er das Lied 1922 zur Nationalhymne der ersten deutschen Republik erkor. Lange zuvor hatte das Schlagwort »Deutschland über alles« im Ausland Kritik provoziert als Verkündigung von Großmachtanspruch; kein Wunder, denn das Reich tat seit Jahrzehnten nichts anderes, als eben diesen Anspruch politisch und militärisch durchzusetzen. Noch George Bernard Shaw rügte 1914 dieses inzwischen populär gewordene Lied deswegen. Aber die

Deutschen hatten nach der Kapitulation 1918 einiges zu kompensieren, weil der imperiale Traum zu Ende war. Die Etsch fiel bald an Italien, die Memel an Litauen; der Belt war sowieso eine dänische Wasserstraße schon zu Hoffmanns Zeiten und der niederländische Teil der Provinz Limburg mit der Maas 1866 aus dem Deutschen Bund ausgeschieden. Poetische Phantasie, die damals ein bißchen hinter die Grenzen gegriffen hatte, schlug nun um in chauvinistisches Möchtegern. Ließ sich der Verlust in der Realität nicht wettmachen, dann eben – ohne neue Opfer an Blut und Tränen – in Gedanken an »Deutschland über alles in der Welt«. Ebert kalkulierte dies gewiß mit ein. Symbole müssen passen wie angegossen. Dieses paßte nicht immer. So verbot 1928 die Direktion der Internationalen Presseausstellung in Köln das Spielen von Nationalhymnen generell, um in den Ausstellungsgaststätten keine politischen Kontroversen zu fördern. Das Parteiblatt der NSDAP schoß sich auf den Kölner Oberbürgermeister Adenauer ein; dieser habe schon gelegentlich der Anwesenheit Herriots eine gleiche Anordnung erteilt. So wurde z. B. bei dem Bankett, das Herr Adenauer dem französischen Unterrichtsminister Herriot gegeben hatte, ebenfalls das Spielen des Deutschlandliedes unterdrückt.[222]

Während des Dritten Reiches hätte Deutschland um ein Haar eine zweite Nationalhymne bekommen. Die Parteihymne der NSDAP, das »Horst-Wessel-Lied«, sollte aufgewertet werden. Sie, getextet und »gefunden« von einem jungen SA-Sturmführer, der dann im Milieu Berlins einer privaten Abrechnung erlag, ließ sich schon bei Peter Cornelius nachweisen. Seit dem 5. März 1933 schloß der Mitteldeutsche Rundfunk Leipzig sein Abendprogramm mit dem Deutschlandlied und dem Horst-Wessel-Lied. Staatshymne und Parteihymne blieben fortan gekoppelt. 1935 durchkreuzte Hitler eine Initiative aus Parteikreisen, »ihr« Lied zur Nationalhymne zu erklären. Drei Jahre später versuchten sie es abermals. Nach Abstimmung mit den zuständigen Ressorts schlug Goebbels vor, den Zustand nicht zu ändern. »Die Fahne hoch, die Reihen fest geschlossen« blieb Parteilied und damit zweitrangig. Trotz dokumentarischer Beweise über diesen Vorgang aus der Aktenüberlieferung der Reichskanzlei sprechen selbst politisch bildende Publikationen noch heute von einer »zweiten Nationalhymne«[223].

Jedenfalls bevorzugte Hitler das Deutschlandlied als Staatssymbol, und beim Deutschen Sängerbundesfest in Breslau 1937 sagte er auch warum:

So ist denn auch gerade das Lied, das uns Deutschen am heiligsten erscheint, ein großes Lied dieser Sehnsucht. Viele, in anderen Völkern verstehen es nicht, sie wollen gerade in jenem Lied etwas Imperialistisches erblicken, das doch von ihrem Imperialismus am weitesten entfernt ist. Denn welch schönere Hymne für ein Volk kann es geben als jene, die ein

Probleme mit der Nationalhymne. Felix Mussil, ›Frankfurter Rundschau‹,
8. Juli 1989

*Bekenntnis ist, sein Heil und sein Glück in seinem Volke zu suchen und sein
Volk über alles zu stellen, was es auf dieser Erde gibt.*[224]
Als es galt, 1941 die Jahrhundertfeier des Deutschlandliedes zu begehen,
erinnerte sich mancher Jubiläumsautor des Hitler-Worts. Dieser und jener setzte noch einen Punkt drauf:
*Heute haben durch unseren Führer Adolf Hitler alle Deutschen ein Vater-
land und die Worte des Liedes haben einen neuen Sinn, von einer Tiefe und
Weite, wie ihr Sänger als Kind eines anderen Zeitalters nicht hat ahnen
können.*[225]
Der Mißbrauch der Hymne – nicht nur im braunen Machtbereich –, für
den das Ausland ein empfindliches Ohr hatte, sorgte nach der Gründung
der Bundesrepublik zunächst für Bedenken. Auch die DDR verzichtete
auf sie und bestimmte sich eine neue, Johannes R. Bechers Gedicht »Auf-

erstanden aus Ruinen und der Zukunft zugewandt« von 1942 auf die Melodie Hanns Eislers; die verlor jedoch, weil sie »Deutschland, einig Vaterland« beschwor, mit dem Umschwenken der Politik der SED zu Abgrenzung und Zweistaatlichkeit hin ihre Worte… und bekam sie erst Anfang Januar 1990 im Zuge der neuen Politik des veränderten Landes zurück, ehe sie völlig verschwand. Vor der alten Hymne rettete sich die DDR, indem sie diese kriminalisierte. Zum Beispiel verurteilte 1953 das Bezirksgericht Potsdam eine Druckereibesitzerin zu zwei Jahren Zuchthaus und Vermögenseinziehung. Die Frau hatte tausend Liederhefte für Westberlin gedruckt. Urteilsbegründung unter anderm:

Die frühere deutsche Nationalhymne sowie das Lied Feuerspruch müssen jedoch als offene Kriegshetze bezeichnet werden. (…) Es war ihr bekannt, wie sie selbst zugibt, daß das Singen des Deutschlandliedes in der DDR verboten ist.[226]

Die BRD versuchte es zunächst ebenfalls mit etwas Neuem. Hermann Reutter, der noch ohne Funktion nach der Entnazifizierung etwas verloren, wiewohl als erfolgreicher Komponist, in Stuttgart herumsaß, lieferte »Land des Glaubens, deutsches Land« auf Worte von Rudolf Alexander Schröder. Es kam nicht an. Andererseits gab es von links Proteste gegen das belastete Deutschlandlied, das Kristallisationspunkt einer Konfrontation zu werden drohte. Der Bundesregierung war es um ein Symbol zu tun. Was lag näher, als das in jeder Hinsicht – und sogar schon einmal nach einem verlorenen Krieg – bewährte Symbol wieder hervorzuholen? Dies geschah mit einem Briefwechsel zwischen Bundeskanzler Adenauer (CDU) und Bundespräsident Theodor Heuss (FDP). Heuss resignierte; er hatte geglaubt, *daß der tiefe Einschnitt in unserer Volks- und Staatengeschichte einer neuen Symbolgebung bedürftig sei, damit wir vor der geschichtlichen Tragik unseres Schicksals mit zugleich reinem und freiem Herzen, in klarer Nüchternheit des Erkennens der Lage bestehen werden. Ich weiß heute, daß ich mich täuschte.*[227]

Die wiederaufgenommene Tradition, eingegrenzt für offizielle Anlässe auf die dritte Strophe, erwies sich bald als Bürde. Immer wieder gab es Dispute. Die ultrarechte ›Deutsche Soldaten-Zeitung und Nationalzeitung‹ schaltete sich ein. Am Tag der deutschen Einheit (17. Juni) 1962 sangen viele Gäste der Feierstunde im Plenarsaal des Deutschen Bundestags die erste Strophe, nachdem der Festredner Prof. D. Dr. Helmut Thielicke diese verharmlost und den Vorwurf erhoben hatte:

Wer ein gebrochenes Verhältnis zu Symbolen hat – und die Nationalhymne ist ein solches Symbol –, der hat auch ein gebrochenes Verhältnis zu der Sache, die das Symbol darstellt.[228]

Damit waren die Kritiker schon fast als Staatsfeinde abqualifiziert. Frohlockend reagierte die Rechte:

Die Bresche ist jetzt geschlagen. Dürfen wir nunmehr erwarten, daß jetzt

auch bald die offiziellen Anweisungen ergehen, wonach in Zukunft auch
bei staatlichen Veranstaltungen die erste Strophe oder alle Strophen des
Deutschlandliedes gesungen werden?[229]
Ein psychologischer Zusammenhang mit den Abgrenzungsmaßnahmen
der DDR scheint gegeben; nun war die Hoffnung auf Wiedervereinigung
unter demokratisch-kapitalistischen Vorzeichen dahin, der Ruin einer
wenn auch reduzierten Reichsidee offenbar. An die Stelle der nüchternen
Realität mußte daher das Symbol mit allen seinen Glaubensinhalten.
Drei Jahre später forderte sogar der FDP-Vorsitzende Erich Mende,
wieder alle Strophen zu singen, ganz im Sinne jener Vaterländischen der
Weimarer Republik, die als vierte Strophe hinzugedichtet hatten:
»Deutschland, Deutschland über alles und im Unglück nun erst recht«.
Nationalgefühl beschränkte sich auf einen Teil der Nation; das Ganze
blieb ein schöner rechter Traum, und das Symbol mußte als Ersatzbefriedigung herhalten. Bis hierherauf war die politische Auseinandersetzung um die Hymne einigermaßen friedlich verlaufen, wohl auch weil
das zuständige Bundesinnenministerium eher gelassen blieb:
Beispielsweise sähe man Neufassungen der Hymne mit zeit- und staatskriti-
schen Texten, wie sie in bestimmten Kabaretts produziert und gesungen
werden, nicht als Mißbrauch oder Verunglimpfung an. Anders wäre es,
wenn ein Schnulzenkomponist die Melodie in einem Stück der leichten Mu-
sik, Schlager und dergleichen zu Variationen oder als Zitat benutzen
würde. Aber das habe es noch nicht gegeben.[230]
Auf Antrag eines CDU-Abgeordneten ließ das Kultusministerium Baden-Württemberg 1977 die ganze Hymne in den Musikunterricht der
Schulen einbringen, weil *das staatsbürgerliche Bewußtsein der Schüler*
nicht nur auf rational-kognitive Weise, sondern auch im emotionalen Be-
reich nachdrücklich gefördert werden sollte.[231]
Es kam, wie es kommen mußte. Die Protestierer legten im Bestreben, die
Hymne historisch zu relativieren, einen Zahn zu. Als das NDR-Fernsehen
Anfang 1981 das Duo Z in die norddeutschen Wohnzimmer strahlte,
hörte der gute Bürger überrascht eine neue Hymne:

Darum, Brüder, laßt euch sagen, es ist wieder fünf vor zwölf.
Nazis dürfen wieder singen, was dem braunen Pack gefällt:
Deutschland, Deutschland über alles, über alles in der Welt...

Die Redaktion wies Publikumsproteste zurück; darauf mobilisierte die
Rechtspresse Volksmeinung gegen den Sender und die »Täter« und denunzierte diese rassistisch als »zwei Zigeuner namens Tornado Rosenberg
und Rudolf Kafschinski«[232]. Dazu paßt, daß zwei Jahre darauf die ganz
rechte »Konservative Aktion« des Exiltschechen und Schachmeisters Ludek Pachmann Schallplatten mit allen Strophen des Deutschlandliedes
den Schulen Hamburgs anbot – als Geschenk. Dann neigte sich auch die

amtliche Schonzeit ihrem Ende zu. 1985 verurteilte das Landgericht Baden-Baden einen 57jährigen Mann, Verfasser von Antikriegslyrik, der Gedichtbände unter anderm an zwei Bundeswehroffiziere geschickt hatte, wegen Beleidigung und Verunglimpfung der Nationalhymne zu Geldstrafe. Der Delinquent war schuldig, zum Beispiel einen zeitgemäßen Text zum Deutschlandlied gedichtet zu haben: »Deutschland, Deutschland über alles, über alles in der Welt, wenn es nur Raketen in den USA bestellt...« Folgerung also: »Idiot, wer für dich fällt«.

Um zu diesem Urteil zu kommen, engten die Richter »schöpferisch« das Grundgesetz ein: Der von der Verfassung garantierte Schutz der Freiheit der Kunst greife nur, wenn sie innerhalb ihres »Wirkbereichs« öffentlich gemacht werde, etwa durch Lesung oder Konzert. Das konnte nichts anderes bedeuten, als daß die Kunst frei ist, nur natürlich nicht überall, so daß dieser Artikel nicht für die BRD gilt, sondern nur für die angestammten Stätten der Kunst. Verfassungen werden, wie das Beispiel zeigt, stets von ihren »Dienern« ausgehöhlt. Daran änderte die im März 1990 veröffentlichte Entscheidung des Bundesgerichtshofes in Karlsruhe anläßlich eines Parallelfalls von Neutextierung der Hymne nichts Grundsätzliches, schränkte aber den Schutz des Symbols auf die tatsächlich bei staatlichen Anlässen gesungene dritte Strophe ein. Mehr als ein enges Schlupfloch für Satiriker bietet dieser höchstrichterliche Spruch jedoch nicht.

Die Empfindsamkeit gegenüber Symbolen der Macht hat tiefere Ursachen. Nicht nur relativiert die Parodie das Symbol, entkleidet es aller Metaphysik; sie zerstört es geradezu. Brecht hat das mit seiner »Entweihung« des Horst-Wessel-Liedes als »Kälbermarsch« – »Der Metzger ruft. Die Augen fest geschlossen, das Kalb marschiert mit ruhig festem Tritt...« – ehedem vorexerziert. Ein noch so heiliges Symbol, das auch dem Gegner dient, wird wertlos. Die Verfolgung der Verunglimpfer spiegelt die Hilflosigkeit angesichts des offenkundigen Wertverlusts. Denkbar wären andere Konsequenzen, einschließlich des Verzichts auf Musik zur Darstellung staatlicher Macht überhaupt, um so mehr als nach Umfrageergebnissen die Nationalhymne der Mehrheit der Bundesbürger gleichgültig bis unangenehm ist und nur 46,5 Prozent der Befragten Stolz beim Anhören des Deutschlandliedes meldeten. Aber nicht einmal die Statistik nützte etwas. Mit Erlaß vom 23. Mai 1989 verfügte auch der Hessische Kultusminister Christean Wagner (CDU), das Deutschlandlied in den Schulen zur Gänze zu behandeln. Begründung:

Das Deutschlandlied ist in einer Zeit des Kampfes um die deutsche Einheit und die Demokratie entstanden. Der Dichter Hoffmann von Fallersleben war ein Vorkämpfer des freiheitlichen Deutschlands und mußte wegen seines Eintretens für Freiheit und Demokratie in die Verbannung gehen.[233]

Weil das Ministerium eine Art Arbeitsanweisung für die Lehrer nachreichte, die bewies, wie schlecht es um die Geschichtskenntnisse der Exekutive immer dann bestellt ist, wenn es um die Feier nationaler Größe geht, provozierte es scharfen Streit mit der Gewerkschaft Erziehung und Wissenschaft (GEW). Lehrer rügten »Irreführung« und »revanchistische Provokation« und hoben darauf ab, daß Hoffmann – der Antisemit – nicht als demokratisches Vorbild tauge. Im Volk, soweit politisch wach, muß dies durchaus gängige Meinung sein. Als sich zur Feier des Falls der Mauer alle möglichen Politiker am Abend des 10. November 1989 vor dem Schöneberger Rathaus in Berlin versammelt und hochtönende nationale Reden gehalten hatten, stimmte einer von ihnen das Deutschlandlied, 3. Strophe, an; Bundeskanzler Kohl fiel kräftig und siegesbewußt ein... und dann ging der Gesang kläglich unter im Pfeifen und Toben des Publikums. Natürlich, wenn im Fernsehen bei Sendeschluß zum Beispiel die schwarzrotgoldne Fahne flattert und die Hymne ertönt, kann jeder aufs Knöpfchen drücken. So wie in Berlin, live und über Lautsprecher, gelingt das Abschalten nur durch Niederpfeifen. Das ist eine Art Volksabstimmung.

Die Hymnendiskussion erhielt jedoch mächtig Auftrieb durch die politischen Schachzüge zur Wiedervereinigung der beiden deutschen Teilstaaten. Dabei erlag das nüchternste Argument dem nationalen Enthusiasmus: Eine Zweckorganisation – wie der Staat, die kommunale Müllabfuhr oder die Kultusministerkonferenz – bedarf überhaupt keines Symbols, denn dieses, anders als das lokale Heimatlied ein überhöhendes Zeichen, täuscht doch nur über die Tatsache hinweg, daß solche Einrichtungen des Gemeinwesens utilitaristische Strukturen ganz ohne Magie und Emotionsbürde sind. Das Symbol schafft lediglich Konfliktstoff. Wo sich Fußball-Fans, die »Sieger«-Hymne grölend, durch die Straßen wälzen, ist Gewalt nicht mehr fern.

Tatsächlich hat jede Hymne einen Effekt, der ihren Benutzern nur recht sein kann. Sie erzeugt automatisch die Ausgrenzung der »Fremden«, je stärker sie die Identifikation der »Einheimischen« vorantreibt. Die Reviermarke des Staates begünstigt dann jedwede Fremdenfeindschaft bis hin zum latenten Bürgerkriegszustand zwischen Deutschen und Zugewanderten, der in der BRD – zufällig gleichzeitig mit der Wiederentdeckung des Deutschlandliedes – leider Ereignis ist. Die fortschreitende Deromantisierung der nationalen Idee, das Bewußtsein, in einer Völkergemeinschaft besser aufgehoben zu sein als im engen – auch geistig engen – Nationalstaat, hat die ehedem bedeutende Rolle der Nationalhymnen weitgehend abgebaut. Das ist gut so. Es kann der politischen Moral nur nützen, die immer wieder Einbußen erlitt, zum Beispiel als 1966 bei der Fernsehübertragung der Europameisterschaften der Leichtathleten per Eurovision die bei der Siegerehrung für den Ostberliner Diskuswerfer gespielte DDR-Hymne »Auferstanden aus Ruinen« auf

Anweisung des ARD-Programmdirektors Lothar Hartmann durch eine »Tonstörung« weggezaubert wurde; beim ZDF mußte man scharf hinhören, um die Melodie zu erkennen, so weit war der Ton heruntergezogen. Lächerliche Spiegelfechtereien, mit denen in der Musik das aufgespießt werden sollte, was einfältige Gemüter hinter ihr witterten.

Die Musiker sind in diesen Konflikt hineingeworfen. Auf irgendeine Art ist die Bedeutung der Tonkunst für sie immer Schicksal, und so stehen sie mit einem Staat oder gegen ihn. Wie sie sich auch verhalten: Es ist eine höchst ungleiche Situation, in der wieder und wieder dem Künstler eine grundsätzliche Frage zu schaffen macht: Ist er David oder Goliath?

David oder Goliath?

Für jeden Musiker bleibt es wünschenswert, mit der Dienstherrschaft auf gutem Fuße zu leben, denn nur dann hat er eine Chance, an Privilegien und Macht der Großen – der Goliaths – teilzuhaben. Musikgeschichte ist daher immer auch die Geschichte der Einordnung ins politische Umfeld. Allerdings ordnet sich durchaus nicht jeder fügsam ein; der kleine, noch kaum renommierte Musiker hat es nötiger als einer mit Weltruhm. So erklärt sich, weswegen zwei Drittel der deutschen Musikerpopulation – viele schon vor 1933 – es für opportun hielten, eilig der NSDAP beizutreten. Diese Quote lag dreimal höher als beim Durchschnitt der erwachsenen Bevölkerung sonst. Dabei war auch ein damals noch wenig hervorgetretener kleiner Kapellmeister am Ulmer Stadttheater namens Herbert von Karajan.[234]

An diesem Beispiel – für den NS-Staat existieren heute noch unglaubliche Mengen von Dokumenten, die sich auf Musik beziehen – kann eine Art Frontbildung abgelesen werden. Käuflich durch ihr Bestreben, zu den Goliaths zu gehören, waren vor allem Nachwuchskünstler, die rücksichtslos »nach oben« strebten. Doch selbst unter diesen gab es ab und an doch eine Ausnahme. Zum Beispiel ließ der noch kaum bekannte Münchner Komponist Karl Amadeus Hartmann die Ansprüche der NS-Musikpolitik abprallen, indem er sich konsequent verweigerte. Freilich erfreute er sich einer verständnisvollen Frau und wohlhabenden Verwandtschaft, die ihn unterstützten. Noch ein Umstand begünstigte die Verweigerung. Hartmann, 28 Jahre alt, war 1933 noch keinem Verleger verbunden, der Partituren aufgrund der üblichen Rechtsabtretung auch ohne Zustimmung des Urhebers hätte vermarkten können. Lediglich eine Burleske für sieben Bläser und Klavier erschien 1933 bei einem Verlag in Berlin, der – vermutlich weil »nichtarisch« – ein Jahr später zumachte und seinen Werkbestand an einen »arischen« Verlag übertrug. Dieser war an dem Stück so wenig interessiert, daß es erst 1967 uraufgeführt wurde. Weil wirklich kein einziges Werk im braunen Deutschland erklang, schien es plausibel, wie selbst ernstzunehmende Lexikographen unterstellten, dies könne nur an einem Verbot gelegen haben.[235]

In Presserezensionen tauchte das immer wieder einmal auf. Dabei war es umgekehrt. Hartmanns Stil hätte in der Gruppe der stilistisch Avancierten durchaus im Konzertbetrieb des Regimes Chancen gehabt, zumal wo er aus der bajuwarischen Volksmusik abzuleiten war. Der Komponist, ein humanitärer Sozialist, wollte aber nicht... aus politischem Protest. Er war jedoch Mitglied der Reichsmusikkammer, besaß also das Recht, musikalisch tätig zu sein, einschließlich des Aufführungsrechts. Dieses nahm er nicht wahr, sondern vergab Aufführungen nur ins Ausland; an diesem Punkt hatte das Reichskulturkammergesetz eine Lücke, indem es nur im Reich galt. Auch sonst führte er die NS-Behörden an der Nase herum. Den für RMK-Mitgliedschaft obligatorischen Beweis seiner »arischen Abstammung«, mit dem jüdische Musiker ausgefiltert werden sollten, erbrachte er nicht in der vorgeschriebenen Vollständigkeit, sondern hielt die Kammer immer wieder hin. Andererseits muß er gewußt haben, daß dies keine schlimmen Folgen nach sich zog; es gab durchaus schwierige Fälle, in denen der Verlust von Dokumenten oder Geburt in Übersee den Nachweis erschwerte oder ganz unmöglich machte. Wie er damit durchkam, zeigt ein interner Aktenvermerk:

H. ist am 2.8.05 in München geboren. Er hat als einziger reichsdeutscher Komponist am »13. Musikfest der Internationalen Gesellschaft für zeitgenössische Musik« in Prag teilgenommen, ohne die Genehmigung der Reichsmusikkammer zu besitzen. Die Angelegenheit wurde mit Zustimmung des Ministeriums als erledigt betrachtet. Nach Auskunft der Reichsmusikkammer geht aus einem Katalog hervor, daß H. von einer ganz bestimmten meist jüdischen Clique gefördert wurde. Den Abstammungsnachweis hat er für sich sowie für seine Ehefrau bisher immer noch nicht restlos erbracht, obwohl er hierzu seit 1935 wiederholt aufgefordert wurde.[236]

Die Reise nach Prag galt der Uraufführung seines Orchesterstücks ›Miserae‹. Hartmanns Biograph glaubte, aus der Partitur mehr herauslesen zu müssen, als 1935 die Zeitgenossen konnten:

Es dürften kaum Zweifel darüber bestehen, daß das auf dem Prager Musikfest so erfolgreiche »Miserae«, der frühesten, nachweisbaren Manifestation von Hartmanns Ablehnung des neuen Nazi-Regimes, einen öffentlichen Affront seiner diplomatischen Vertretung in Prag darstellte.[237]

Als Beweis galt ihm die Werkwidmung: »Meinen Freunden, die hundertfach sterben mußten, die für die Ewigkeit schlafen, wir vergessen euch nicht. Dachau 1933/1934.« Klar, dies meinte die im KZ Dachau totgequälten Kommunisten, Sozialisten, Gewerkschafter und Priester. Nur war Hartmann nun doch kein Selbstmörder; deswegen riskierte er genau das nicht, was der eifrige Biograph so gern gehabt hätte. Die verräterische Widmung durfte nicht an die Öffentlichkeit. Auf den Stimmen für die Musiker stand sie sowieso nicht, und die Dirigierpartitur des sehr schwierigen Werks lag bei Proben und Aufführung auf dem Dirigierpult, einsehbar nur für den Gesinnungsgenossen Hermann Scherchen, der die Aufführung betreute. Keine Gefahr der Entdeckung also, denn noch gehörte Prag zur ČSR, und etwa dort eingesetzte Gestapo-Zuträger würden wohl kaum in Musikmanuskripten blättern, um irgendwelche verdächtigen Widmungen nach Berlin zu melden. Es geschah auch nichts. Hartmann, nun immer mit Genehmigung der RMK, reiste noch wiederholt ins Ausland, so in die Schweiz, nach England und Belgien. Jedesmal ging es um die Aufführung irgendeines Werks. Konsequent hielt er seinen Widerstand nach innen durch, sogar im Bewußtsein der voraussehbaren Folge, daß er in Deutschland unbekannt bleiben werde. So engagierter Antifaschismus unter Musikern war selten.

Öffentliche Bekenntnisse gegen das Regime hatten stets üble Weiterungen. Die Pianistin Margarethe Klinckerfuss machte damit böse Erfahrungen. Im Frühjahr 1934 füllte sie den RMK-Fragebogen in derart bizarrer Manier aus, daß er kaum zu gebrauchen war. So stellte sie sich als »Johanniterschwester und Pianistin« vor, ganz korrekt, arbeitete sie doch in zwei Berufen, dem medizinischen und dem künstlerischen. Wo sie politisch stand, zeigt ein Brief, geschrieben wohl im Spätsommer 1934:

(...) Prof. Dr. Johannes Wolf – es ist ein Skandal, daß diese Capacität brach liegt! Er hätte der Universität erhalten bleiben müssen unter allen Umständen. Aber? Er ist nicht NSDAP. Hingegen wie ich befreundet z. B. mit Alfred Einstein, der mir gottlob aus Firenza ganz vergnügt schreibt. Ich halte zu meinen alten Freunden: Nikisch, Artur Schnabel, Bruno Walter, Reisenauer, Sauer, Hermann Levi usw.!!! (...) Bechstein beflügelte zuviel Nichtarier, die seinen Ruhm tönend der ganzen Welt verkündeten. Heute spielt z. B. Serkin Steinway – natürlich. Er ist Adolf Busch's eben »nichtarischer« (herrlicher) Schwiegersohn usw. Die Kunst stammt eben vom Himmel und unser Herrgott bestimmt, wer arisch oder nicht ist, z. B. Felix Mendelssohn (...).[238]

Wer so schrieb, mußte die NS-Ideologie verabscheuen. Hier kam noch christlicher Geist und Mut dazu, und mit ihm begann der fast selbstmörderische Konflikt zwischen Pianistin und Staatsmacht. Am 1. September 1937 fand in der Stuttgarter Stadthalle eine Tagung der Auslandsdeutschen statt. Vor 15000 Zuhörern, überwiegend Hitler-Jugend, sprach der Reichsjugendführer Baldur von Schirach. Er lobte die »gewaltige religiöse Bewegung« in der deutschen Jugend; es gäbe weder Protestanten noch Katholiken mehr im Reich, sondern nur eine einzige Weltanschauung, die nationalsozialistische. Andersdenkenden Eltern drohte er mit Entzug des Erziehungsrechts. Frau Klinckerfuss rief spontan dazwischen... »Positives Christentum!« Polizisten sprangen auf, zogen sie aus dem Saal, prügelten sie. Ein Arzt des Gesundheitsamtes Stuttgart, der die Spuren der Mißhandlung hätte aktenkundig machen sollen, alarmierte ein Gestapo-Kommando, indem er behauptete, die Patientin sei geisteskrank und gefährlich. Die Gestapo veranlaßte ihre Einweisung in eine Privatklinik. Nach zweieinhalb Jahren Beobachtung entließ man die Pianistin als »geheilt«.

Inzwischen hatte die RMK ihre Mitgliedschaft annulliert. Jedoch war Margarethe Klinckerfuss nicht zum Schweigen zu bringen. Ihr Dossier in der Stuttgarter Gestapozentrale verzeichnete immer mehr »staatsfeind-

liche« Äußerungen... so gegen die »Verstaatlichung« von vier evangelischen Seminaren in Württemberg, Judenverfolgung, Zerstörung der
Synagogen. Außerdem prangerte sie gewisse Vorgänge in den Heilanstal-
ten an, nämlich Selektion und Tötung »unwerten Lebens«, und verbreitete Predigten des Bischofs von Münster, Graf von Galen, die sich kritisch
mit den Untaten des Regimes befaßten. Im Dezember 1941 griff die Gestapo abermals zu und lieferte die Unbequeme – diesmal in München – als
»rückfällig geisteskrank« zwecks Schutzhaft in die Psychiatrische Klinik
ein. Von hier aus beantragte sie bei der RMK die Wiederaufnahme als
hauptberufliche Solistin; ab 1. Januar 1942 führte man sie dort wieder als
Mitglied. Drei Monate später gab die Psychiatrische Klinik die »Patientin« an die Bayerische Landesirrenanstalt Eglfing/Haar ab. Ein Oberlan-
desgerichtspräsident und der Chefarzt der Anstalt erwirkten dann, daß
sie im Mai 1943 in die Heilanstalt Christophsbad in Göppingen übersie-
deln durfte. Was geschah, ist ein aufschlußreicher Parallelfall zum
Mißbrauch der Psychiatrie zwecks Disziplinierung und »Ruhigstellung«
politischer Gegner in der UdSSR und – auf private »Initiative« – von Fa-
milienangehörigen hierzulande. Dabei hatte Frau Klinckerfuss noch
Glück. Den hochbegabten jungen Pianisten Karlrobert Kreiten brachte
1943 ein einziges unbedachtes Wort gegen Hitler unters Fallbeil.[239]
Obwohl über die Chancen solcher Versuche – gegen welches diktatorische Regime auch immer – eigentlich keine Illusionen aufkommen
konnten, wagten eine Reihe von Musikern die aussichtslose Kraftprobe.
Zum Beispiel profilierte sich der Dirigent Wilhelm Furtwängler, vom Hitler-Regime als kulturelles Aushängeschild hofiert, geradezu als Kämpfer
gegen den braunen Ungeist. Seine Schwierigkeit war, daß er einerseits mit
Spitzenfunktionären reden mußte, nicht nur um das vom Bankrott be-
drohte Berliner Philharmonische Orchester, sein Kampfinstrument, zu
retten, sondern auch, weil nur diese ihm die politischen Konzessionen
gewähren konnten, die er begehrte. Da das Ausland diesen Zusammenhang gar nicht mitbekam, wurde der Dirigent Zielscheibe erbitterter Attacken durch Emigranten und jüdische Kreise, die ihm psychologisch
schlimm zusetzten. Andererseits unterstrichen diese Angriffe, die ihn als
eine Art Nazi-Musik-Führer denunzierten, genau das Image eines sicheren Bundesgenossen des Regimes, das er dringend zu seiner Glaubhaftig-
keit brauchte. Natürlich hätte er emigrieren können. Damit wäre das
Druckmittel verschenkt gewesen, das er wiederholt zur Durchsetzung politischer Forderungen mit Erfolg handhabe, nämlich die Drohung, das
Reich zu verlassen.
Sein Hauptziel war es, den staatlich und parteiamtlich verordneten Antisemitismus zu unterlaufen. Deswegen nahm er – der Anlaß, eine Festaufführung der ›Meistersinger‹ zum »Tag von Potsdam«, war günstig – am
21. März 1933 den Dialog mit Goebbels auf. Anfang April schrieb er:

Das Konzert-Publikum, zumal in Berlin, besteht aus etwa 40% Juden oder ihnen nahestehenden Kreisen. Es ist durchaus eine offene Frage, ob dies Publikum, falls es ausgeschaltet würde, je wieder zu ersetzen sein wird. Die Juden haben ihren Anteil am deutschen Konzertleben seit dessen Bestehen (d. h. seit Ende des 18. Jahrhunderts).[240]

Dann erhielt der Dirigent ein Schreiben vom Vorstand des Mannheimer Nationaltheater-Orchesters, dem Posaunisten August Sander. Für den 26. April war ein gemeinsames Auftreten der Berliner Philharmoniker mit diesem Klangkörper in Mannheim geplant. Sander bat, die ersten Pulte mit Mannheimer Musikern zu besetzen. Im Klartext hieß dies, daß die Konzertmeister der Berliner in den Hintergrund zu verschwinden hätten, nämlich Simon Goldberg, Richard Wolff, Joseph Schuster und Nikolai Graudan, allesamt Juden. Am 6. April wies Furtwängler dieses Begehren, dem fanatische antisemitische Motive zugrunde lagen, brüsk ab. Gleichzeitig richtete er zugunsten der Juden einen weiteren Brief an Goebbels. Ganz willentlich ließ er ein paar Floskeln einfließen, die den Funktionär freuen mußten und geeignet waren, ihn konzessionsbereit zu stimmen. Im Prinzip ging es um Aufweichung der Rassenpolitik:

Angesichts meines langjährigen Wirkens in der deutschen Öffentlichkeit und meiner inneren Verbundenheit mit der deutschen Musik erlaube ich mir, Ihre Aufmerksamkeit auf Vorkommnisse innerhalb des Musiklebens zu lenken, die meiner Meinung nach nicht unbedingt mit der Wiederherstellung unserer nationalen Würde, die wir alle so dankbar und freudig begrüßen, verbunden sein müssen.

Ich fühle mich durchaus als Künstler und deshalb als unpolitisch im Sinne ausgesprochener Parteipolitik. Kunst und Künstler sind dazu da zu lieben, nicht zu hassen; zu verbinden, nicht zu trennen. Nur einen Trennungsstrich erkenne ich letzten Endes an: den zwischen guter und schlechter Kunst. Während nun aber der Trennungsstrich zwischen Juden und Nichtjuden, auch wo die staatspolitische Haltung der Betreffenden einwandfrei ist, mit geradezu theoretisch-unerbittlicher Schärfe gezogen wird, wird jenem andern, für unser Musikleben auf die Dauer so wichtigen, ja entscheidenden Trennungsstrich – dem zwischen gut und schlecht – anscheinend allzu wenig Bedeutung beigelegt.

Das heutige Musikleben, durch die Weltkrise, das Radio usw. ohnehin geschwächt, verträgt keine Experimente mehr. Man kann Musik nicht kontingentieren wie andere lebensnotwendige Dinge, wie Kartoffeln und Brot. Wenn in Konzerten nichts geboten wird, gehen die Leute eben nicht hinein; darum ist die Frage der Qualität *für die Musik nicht nur eine ideale, sondern schlechthin eine* Lebensfrage. *Wenn sich der Kampf gegen das Judentum auf jene Künstler konzentriert, die, selber wurzellos-destruktiv, durch Kitsch, trockenes Virtuosentum und dergl. zu wirken suchen, so ist das nur*

in Ordnung, der Kampf gegen sie und den sie verkörpernden Geist (der
leider auch noch viele nicht jüdische Vertreter besitzt) kann nicht nach-
drücklich und konsequent genug geführt werden. Wenn dieser Kampf sich
aber auch gegen wirklich große Künstler richtet, ist das nicht im Interesse
des deutschen Kulturlebens. Schon, weil große Künstler, wo es auch sei,
viel zu rar sind, als daß irgend ein Land sich leisten könnte, ohne kulturelle
Einbuße auf ihr Wirken zu verzichten.

Es muß deshalb klar ausgesprochen werden, daß Männer wie Walter,
Klemperer, Reinhardt usw. auch in Zukunft in Deutschland mit ihrer Kunst
zu Worte kommen müssen, genau so wie Kreisler, Huberman, Schnabel
und andere große Instrumentalisten jüdischer Rasse. Fordert doch schließ-
lich auch die Gerechtigkeit von uns Deutschen, des eingedenk zu sein, daß
wir einstmals in Joseph Joachim einen der größten Geiger und Pädagogen
deutsch-klassischen Formats, in Felix Mendelssohn gar einen großen deut-
schen Komponisten – denn Mendelssohn gehört in die deutsche *Musikge-*
schichte – besessen haben.

Deshalb nochmal: unser Kampf gelte dem wurzellosen, zersetzenden, ver-
flachend-destruktiven Geiste, *nicht aber dem wirklichen Künstler, der in*
seiner Art immer, wie man seine Kunst auch einschätzen möge, ein Gestal-
tender, ein »Liebender« ist und als solcher aufbauend wirkt.

In diesem Sinne appelliere ich an Sie im Namen deutscher Kunst, damit
nicht Dinge geschehen, die vielleicht nicht mehr gutzumachen sind und die
dem Ansehen deutscher Kunst und Kultur zum Nachteil gereichen.[241]

Der Minister erhielt diesen Brief am 7. April, also an dem Tag, an dem der
Reichstag das »Gesetz zur Wiederherstellung des Berufsbeamtentums«
verabschiedete, das »Nichtarier« und politisch Unzuverlässige von beamteten Positionen ausschloß. Ein günstiger Zeitpunkt, die Motive der Regierung öffentlich zu machen und zugleich der Welt vorzuspiegeln, es sei
möglich, mit den Männern des neuen Staates über Grundsatzfragen zu
diskutieren. Goebbels bat den Musiker also um Erlaubnis, den Brief in
die Presse zu bringen, holte sich dafür aber noch Rückendeckung von
Hitler. Das dauerte einige Tage. Inzwischen hatte Furtwänglers jüdische
Sekretärin Dr. Berta Geissmar mit Bleistift eine redigierte Fassung des
Briefs hergestellt, Konzentrierung, aber auch Entschärfung des Origi-
nals. Mit dieser Version erinnerte der Dirigent, ungeduldig geworden,
weil er den Antisemitismus der braunen Herren so effektiv wie möglich
anprangern wollte, an die Publizierung, indem er telefonische Verständi-
gung deswegen oder »persönliche Rücksprache nach dem Konzert heute
abend« – also am 10. April – anmahnte. Es war das letzte der Philharmonischen Konzerte der Saison 1932/33, und die Reichsregierung nahm
daran geschlossen teil. Der Brief in redigierter Form und die Antwort des
Ministers darauf erschien am 11. April in der deutschen Presse. Der Dialog zwischen Politiker und Künstler fand ein durchweg positives Echo. In

der Praxis änderte sich nichts. Nach dem Mannheimer Konzert mußte der Dirigent ein feindseliges Fazit lesen:

Wir werden Mittel und Wege finden, durchzusetzen, daß Fremdkörper aus einem vom deutschen Staate subventionierten Orchester radikal ausgeschieden werden. Wir werden auf keinen Fall dulden, daß man uns in Zukunft nochmals ein Orchester mit einigen Dutzend Juden vorzusetzen wagt. Herr Furtwängler möge sich das für die Zukunft merken.[242]

Er begriff bald, wie wenig sinnvoll der ostentative Dialog war. Die Rassenfrage ließ sich nur entschärfen, wenn es gelänge, die NS-Politiker zu veranlassen, durch Ausnahmeregelungen ihren eigenen Antisemitismus zu durchlöchern. Am 4. Juni 1933 legte er dem Preußischen Minister für Wissenschaft, Kunst und Volksbildung, der zu dem Zeitpunkt noch zuständig war, den Entwurf eines Konzerterlasses vor.

Dieser garantierte Auftrittsfreiheit für jüdische Solisten und sollte überwacht werden von einer Künstlerkommission, bestehend aus Furtwängler, Max von Schillings, Wilhelm Backhaus und Georg Kulenkampff. Der Erlaß über das Konzertwesen in Preußen kam am 28. Juni heraus – ohne die von linientreuen Ministerialbürokraten verlangten Änderungen, die ein Auftrittsverbot für jüdische Künstler bedeutet hätten. Damit war der erste Teil des großen Plans gelungen. Mit Abschriften des Erlasses ließ er nun Einladungen an jüdische und ausländische Musiker hinausgehen, in der kommenden Saison mit dem Orchester zu konzertieren. Zugleich brachte er den Propagandaminister dazu, telegrafisch für die Geltung dieses Preußischen Erlasses auch in anderen Provinzen des Reiches zu sorgen. Dies gelang mindestens teilweise. Daher verpflichtete die Direktion der Frankfurter Museumskonzerte ostentativ den jüdischen Dirigenten Otto Klemperer für die Leitung von fünf der sieben Konzerte in der Saison 1933/34.

Daß der Coup nicht gelang, lag an den Absagen. Die Eingeladenen dankten. Sie wollten sich nicht, da doch nur widerruflich geduldete Gäste, mit den Nazis gemein machen. Auch hatten sie alle Ursache, den drohenden Boykott gegen »Kollaborateure« durch teilweise scharf militante Emigranten und Juden zu fürchten. Furtwängler jedoch insistierte, weil er einen politischen Erfolg gegen das Regime, der so gut vorbereitet war, auch durchsetzen wollte. Deswegen weihte er einen der Eingeladenen, den Geiger Bronislaw Huberman, in seinen Schlachtplan gegen den braunen Antisemitismus ein:

(...) ich bin fest überzeugt, daß, wenn Sie in die dargebotene Hand eingeschlagen und meine Einladung angenommen hätten, dies unübersehbare *Folgen gehabt hätte. Was in Berlin möglich ist, wäre in allen anderen deutschen Städten möglich geworden, was Sie gethan hätten, hätten, Ihnen nachfolgend, alle Ihre Kollegen gethan. Und was hier, im Konzertleben*

geschehen wäre, hätte weitergewirkt auf alle übrigen Gebiete der Kunst und darüber hinaus.[243]

Huberman konnte nicht folgen; solches schien ihm zu weit hergeholt, und er mißtraute den Motiven des Dirigenten. Außerdem wollte er seinen deutschen Freundinnen die Wahl ersparen, ihn entweder schneiden zu müssen oder vom braunen Pöbel als »Judenhure« verschrien zu werden. Furtwängler stand allein. Gleichwohl ließ er in diesem Kampf nicht nach, der sich nun auf private Hilfeleistung für Juden und politische Gegner des Regimes verlagerte. Bildlich gesprochen, gelang es ihm, durch jeden Händedruck, den er mit Hitler, Goebbels oder Göring austauschte, einen Juden zu retten. Natürlich galt er nun erst recht als Judenfreund. Entsprechende Denunziationen gegen ihn beschäftigten mehrere Behörden und liefen zu einem Dossier zusammen, das beim Amt des Reichsleiters Rosenberg, seines wütendsten Gegners nach dem Reichsführer-SS Heinrich Himmler, geführt wurde. Beide Funktionäre wirkten zusammen, als nach dem Attentat gegen Hitler im Juli 1944 eine Generalabrechnung mit widerspenstigen Intellektuellen und Künstlern anstand. Das Dossier lieferte Beweise für eine Menge Beschuldigungen gegen den Dirigenten. Als die Gestapo in seinem Umfeld zu ermitteln begann, gelang es ihm, sich im Februar 1945 über die schweizerische Grenze in Sicherheit zu bringen.

Der Konflikt, den Furtwängler – in naiver Überschätzung seiner Möglichkeiten und ohne Machtmittel und Taktiken der Diktatur zu erkennen – oftmals auf geradezu leichtsinnige Art wagte, war auf eine persönliche Kraftprobe mit der NS-Führungsspitze angelegt. Dahinter stand die fast irrwitzige Hoffnung, er, der große Künstler, werde sich am Ende gegen das Regime durchsetzen und seine Politik allgemein verbindlich machen können. Das war eine Täuschung. Wirkung in Teilbereichen war ihm gegönnt, mehr nicht. Auf sein Konto gehen gelungene Rettungsaktionen für Juden… und eine Menge Fehlschläge. Dennoch blieb er hartnäckig und schaffte es sogar, nachdem die »Volljuden« das Berliner Philharmonische Orchester aus freien Stücken verlassen hatten, die verbleibenden »Halbjuden« und »jüdisch versippten« Musiker gegen die Machenschaften des Propagandaministers bis zum Sturz des Regimes zu schützen. Gewiß eine Tatsache, die den amtlichen Rassenwahn ad absurdum zu führen geeignet war. Dank erntete er kaum. Auch nach 1945 und sogar noch posthum fielen immer wieder, zumal in den USA, Leute mit publizistischem Einfluß über ihn her und verleumdeten ihn als Nazigehilfen, wozu jede Schwindelnachricht willkommen war.

Furtwängler hatte Glück. Es hätte anders ausgehen können. Despotien sparen auch mit Künstlerblut nicht, und kein Name bedeutet ihnen so viel, daß er nicht auf einer Liste von Häftlingen erscheinen könnte. Der griechische Komponist Mikis Theodorakis mußte es erfahren wie sein koreanischer Kollege Isang Yun. Dabei ging es um unbewiesene und unbe-

weisbare »Verbrechen«. Goliath fürchtet die Davids und schlägt sie prä-
ventiv. Auch das Leben des argentinischen Pianisten Miguel Angel
Estrella schien lange keinen Pfifferling mehr wert. Er war 1976 vor der
Militärdiktatur seiner Heimat ins benachbarte Uruguay geflohen, 37 Jahre
alt, Inhaber von Musikpreisen im Dutzend, *der* große Pianist Argentiniens, nun als linker Staatsfeind denunziert. Allerdings reichte damals der
Besitz einer Schreibmaschine und eines Bändchens mit Karl-Marx-Zitaten
bereits zur Verurteilung wegen »kommunistischer Geheimbündelei«; so
ein Verbrecher war Estrella jedoch nicht einmal. Er hatte nur Klavierkonzerte bei den Toba-Indianern im Nordosten des Landes gegeben, einfache
Urwaldmenschen mit Beethoven bekannt gemacht. Wer dies tat, außerdem in Fußballstadien und den Dörfern der Zuckerarbeiter konzertierte,
der geriet sogleich in Verdacht, staatsfeindliche Propaganda zu betreiben.
Dazu war er Mitglied der argentinischen Musikergewerkschaft und betreute als Kultursekretär der Föderation der Gewerkschaften der Zucker-
industrie die geistigen Bedürfnisse von Arbeitern. Besonders übel nahmen ihm die Machthaber ein Konzert 1974 in einem der großen Theater
von Buenos Aires. Es war dem Angedenken des Padre Mujica gewidmet.
Dieser, ein Priester der Armen und Entrechteten, hatte in den Well-
blechslums gewirkt, bis ihn die sogenannte Antikommunistische Allianz
Argentiniens ermordete.
Im Exil fühlte sich Estrella in Sicherheit und begann, von Uruguay aus
eine glänzende internationale Karriere vorzubereiten. Er schloß Verträge
für Gastspiele in Paris und Brüssel, für eine ganze Europatournee. Im
Dezember 1977 verschwand er spurlos, aus Montevideo entführt von an-
geblich »nicht identifizierten Militärpersonen«. Zu erwarten war das
Schlimmste, denn in Uruguay herrschten keine besseren Zustände als in
Argentinien. Sofort bildete sich in Frankreich ein Hilfskomitee mit Henri
Dutilleux als Präsident und Yehudi Menuhin und Nadja Boulanger als
Ehrenvorsitzenden. Konzerte zugunsten des Verschleppten fanden statt.
Eine Unterschriftensammlung brachte die Autogramme von Tausenden
von Musikern, Künstlern und Intellektuellen der Freien Welt zusammen.
Der Vatikan, die UN, UNESCO und das Internationale Rote Kreuz schal-
teten sich ein. Hunderte von Telegrammen gingen an den Präsidenten der
Republik Uruguay, die in Wirklichkeit ein Putschregime von Militärs war.
Nach Monaten kam ein Lebenszeichen. Estrella saß in Montevideo im
Kerker. Der sichtlich aus Argentinien »entliehene« Vorwurf – »Bildung
einer verbrecherischen Vereinigung und Handlungen in der Art einer
Verschwörung, die geeignet sind, die Nation der Gefahr eines Krieges als
Vergeltungsmaßnahme einer anderen Nation auszusetzen« – motivierte
die Anklage vor dem Militärgericht und auch noch gegen drei andere
»Mitschuldige«. Unter dem Druck der Weltmeinung zog sich die bewaff-
nete Rechtsprechung elegant aus der Affäre:

Der Präsident des Obersten Militärgerichts (...) sagte heute zum Ende der
öffentlichen Verhandlung, die Abänderung des Strafvorwurfs wie auch der
Beschluß, die vier Terroristen in Freiheit zu setzen und des Landes zu ver-
weisen, rühre daher, daß die Justiz die Meinung gewonnen habe, diese hät-
ten sich nicht in subversiver Form gegen Uruguay betätigt, sondern gegen
eine andere Nation.[244]

Nach zwei Jahren und drei Monaten hatten die Militärs also ihre örtliche
Unzuständigkeit entdeckt, und Estrella durfte den Kerker und das un-
gastliche Land verlassen, um in Frankreich eine neue Karriere zu beginnen.

In der Auseinandersetzung mit Goliath stehen die Musiker in aller Regel
auf verlorenem Posten. Einige haben Aufmucken mit dem Leben bezahlt. Hin und wieder geschah es, daß List zum Erfolg führte. Diese Erfahrung machte der weltberühmte Operettenkomponist Robert Stolz,
der damals in Wien und in Berlin lebte. Ihm ging 1933 plötzlich auf, daß
ihn die neuen Herren im Reich für einen »Nichtarier« hielten. Die ›Deutsche Kulturwacht‹, ein Blatt des sogenannten Kampfbundes für deutsche
Kultur, einer von Alfred Rosenberg kommandierten braunen Tarnorga-
nisation, denunzierte den beliebten Musiker als »Halbjuden«. Stolz forderte zur Berichtigung auf und legte Abschriften des Taufscheins und der
Heiratsurkunde seiner Eltern bei. Das Blatt mußte widerrufen, offenbar
auf Anordnung von oben. Kurz nach dem Angriff der ›Deutschen Kulturwacht‹ schrieb Stolzens Bruder Maximilian, pensionierter Eisenbahner in
Wien, einen geharnischten Protestbrief an Staatskommissar Hinkel in
Berlin und unterstrich:

Unser Wiener Parteiblatt »Dötz« hat schon vor 7 Monaten sich gemüßigt
gesehen, in einem eigenen Artikel bedingungslos zu widerrufen, daß Ro-
bert Stolz Jude oder jüdischer Abstammung sei und zu bestätigen, daß nach
gründlicher Nachforschung wir »Stolz« ein altes, steirisches, rein deutsches
Geschlecht aus Graz sind. (...) Gott sei Dank, beginnen Wagner in Mün-
chen u. Göbels in Berlin gegen diese üble Denunziantenseuche, durch
neidische Streber und feige Konjunkturschweine verursacht, energisch auf-
zutreten und eine Generalreinigung vorzunehmen. (...) Ich werde nicht
dulden, daß meinem Bruder, diesem harmlosen, politischen Kinde auch
nur ein Haar gekrümmt wird und geschieht es, werde ich den Schuldigen zu
finden und steirisch zu erledigen wissen.[245]

Der Brief wirkte, obwohl die »arische« Eigenschaft des Komponisten
noch jahrelang ungeklärt blieb. Die weltweite Popularität, die zudem De-
visengewinn für die Kasse des Reichsfinanzministers verhieß, verschaffte
Stolz Rückhalt, den er politisch ausbeutete. In der Unterhaltungsbranche
arbeiteten viele Juden. Mit ihnen war er gut ausgekommen, ein Grund
mehr, den braunen Antisemiten Sand ins Getriebe zu streuen. Bis 1938
pendelte Stolz zwischen Berlin und Wien; er reiste in einer riesigen Li-

mousine der Firma Gräf und Stift. Auf 21 Fahrten nahm er jüdische und politische Flüchtlinge mit und schaffte sie unbemerkt über die Reichsgrenze ins sichere Österreich. Sein Chauffeur, der Bravourstückchen liebte, war eingeweiht; er hatte die Idee, den Wagen mit einem Hakenkreuz auf der Kühlerhaube zu tarnen. Die deutschen Grenzposten winkten den berühmten Musiker unkontrolliert durch. Einer bat um ein Autogramm.

Goebbels ließ Stolz geradezu umwerben. Er dürfe im Reich bleiben und erhielte dann alle Privilegien und könne ungehindert als »Ehren-Arier« arbeiten. 1938 – um dem »Anschluß« zu entgehen – setzte sich der Vielbegehrte aus Wien über die Schweiz nach Frankreich ab. Nun ließ er seine Tantiemen über die britische Urheberrechtsgesellschaft laufen, und sie gingen in London ein, nicht in der großdeutschen Kasse. Das ärgerte die NS-Führer dermaßen, daß sie eine attraktive Gestapo-Agentin in Paris beauftragten, den als Frauenfreund bekannten Stolz heim ins Reich zu locken. Es mißlang. Gerade noch rechtzeitig vor dem Einmarsch von Hitlers Wehrmacht in Paris 1940 glückte die weitere Flucht über Südfrankreich in die Vereinigten Staaten. Hier gab er der Presse Interviews gegen die braune Diktatur, versicherte den Journalisten, er komponiere eben einen Jubelmarsch für ein großes Fest... den Tod Hitlers, und richtete eine Radiobotschaft an die vom Reich vereinnahmten Österreicher. Alles dies wurde in Berlin ruchbar. Bis dahin war die Musik von Stolz im Reich noch gespielt worden. Jetzt – am 4. April 1941 – erklärte die Reichsmusikprüfstelle, die Zensurinstanz der RMK, die Verbreitung sämtlicher Werke des Komponisten für unerwünscht, *da er sich durch seine Deutschland und den Nationalsozialismus verächtlichmachenden und herabwürdigenden Interviews in amerik. Zeitungen außerhalb der deutschen Volksgemeinschaft gestellt hat.*[246]

Die immer noch offene Abstammungsfrage ließ einem keine Ruhe. Das war Himmler, Reichsführer-SS und Chef der Deutschen Polizei. Stolz muß ihm mächtig imponiert haben. Wer so mutig gegen das Reich auftrat, sich nicht beirren ließ, nicht massivster Lockung erlag, der konnte kein »unreines« Blut haben. Himmler hielt nämlich – wie die meisten Rassegläubigen – die Juden für feige Dulder und unfähig zum Widerstand. Also setzte er seine besten Ahnenforscher von Amts wegen noch einmal an. Er muß erleichtert gewesen sein, als sich endlich herausstellte, jene verdächtige Großmutter, deren Geburtsurkunde bislang fehlte, sei doch »Arierin«. Nun konnte Robert Stolz als ebenbürtiger Gegner gelten. Konsequent erklärte der Reichsminister des Innern durch Bekanntmachung vom 8. November 1941, abgedruckt im Deutschen Reichsanzeiger und Preußischen Staatsanzeiger, Stolz unter Beschlagnahme seines Vermögens der deutschen Staatsangehörigkeit für verlustig.

Unter den vielen Möglichkeiten von Musikern, mit der Staatsmacht um-

Deutscher Reichsanzeiger
und
Preußischer Staatsanzeiger.

Nr. 264   Reichsanzeiger Berlin, Konto Nr. 1/1913   **Berlin, Dienstag, den 11. November, abends**   Postscheckkonto: Berlin 41821   **1941**

Inhalt des amtlichen Teiles.

Deutsches Reich.

Bekanntmachung über den Widerruf von Einbürgerungen und die Aberkennung der deutschen Staatsangehörigkeit.

Bekanntmachung über Vermögensstrafen, die deren Vermögen zugunsten des Deutschen Reichs eingezogen wurden.

Vierte Bekanntmachung auf Grund des § 4 Abs. 2 der Zweiten Anordnung zur Durchführung der Verordnung zur Anpassung der verbrauchergenossenschaftlichen Einrichtungen an die kriegswirtschaftlichen Verhältnisse vom 24. Juli 1941.

Verordnung über den Arbeitseinsatz während eines Arbeitsausfalls infolge schlechten Wetters. Vom 8. November 1941.

Anordnung über die Verbringung von Vieh und Elsaß, Lothringen und Luxemburg sowie in die befreiten Gebiete der Untersteiermark, Kärntens und Krains. Vom 6. November 1941.

Bekanntmachungen der Reichsstellen §§ und Wehr der Deutschen Polizei über den Betrieb der Verbreitung von ausländischen Druckschriften im Inland.

Bekanntmachungen des Geheimen Staatspolizeiamtes über die Einziehung von Vermögenswerten für das Reich.

Berichtigung der Bekanntmachung über die Neuausgabe des Reichsgesetzblatts.

Berichtigung der Bekanntmachung über die Neuausgabe den Brennstoffs für den Betriebsjahr 1941/42, in Teil I. Nr. 196.

Bekanntmachung über die Ausgabe des Reichsgesetzblatts, Teil I. Nr. 196.

Amtliches.

Deutsches Reich.

Bekanntmachung.

Auf Grund des § 2 des Gesetzes über den Widerruf von Einbürgerungen und die Aberkennung der deutschen Staatsangehörigkeit vom 14. Juli 1933 (Reichsgesetzbl. I S. 480) in Verbindung mit § 1 der Verordnung über die Staatsangehörigkeit und den Widerruf der Staatsangehörigkeitsrechts vom 11. Juli 1939 (Reichsgesetzbl. I S. 1235) erkläre ich die Einvernehmen mit dem Reichsminister des Auswärtigen folgende Personen der deutschen Staatsangehörigkeit für verlustig:

1. Brizel (Kunstlername Bernhard), Harald, geb. am 14. 4. 1914 in Mähr. Ostrau.
2. Greiling, Kurt Israel, geb. am 2. 3. 1886 in Berlin.
3. Greiling, Margarete Rina, geb. Berger, geb. am 10. 1. 1896 in Berlin.
4. Greiling, Rarin Renate Margareta, geb. am 8. 1927 in Berlin.
5. Greiling, Klaus Peter Theodor Eduard, geb. am 2. 6. 1930 in Berlin.
6. Herzberg, geborene Israel, geb. am 31. 5. 1878 in Rummelsburg, Kreis Rinteln-Weser.
7. Herzberg, Maria Zora Louise, geb. Schlüter, geb. am 30. 6. 1896 in Hannover.
8. Litten, Fritz Julius Israel, geb. am 2. 1. 1873 in Elbing.
9. Litten, Irmgard, geb. Wüst, geb. am 30. 8. 1879 in Halle-Saale.
10. Litten, Heinrich Wolfgang, geb. am 14. 6. 1905 in Halle-Saale.
11. Litten, Karl Reinhard, geb. am 30. 9. 1909 in Königsberg (Pr).
12. Michel, Auguste Sara, geb. Markus, geb. am 19. 2. 1874 in Waldenburg, Kreis Landsberg.
13. Sanholzer, Josef, geb. am 21. 3. 1895 in Medias bei Therdstetten.
14. Rosenberg, Franz Israel, geb. am 8. 7. 1873 in Görmälde, Kreis Neustettin.
15. Rosenberg, Margarethe Hanna Maria, geb. Georg, geb. am 17. 12. 1896 in Celle.
16. Rosenberg, Kurt Wolf Wolf Israel, geb. am 28. 9. 1922 in Landsberg a. Warthe.
17. Rosenberg, Gerhard David Israel, geb. am 17. 12. 1924 in Berlin.
18. Rothschild, Walter Fritz Louis Israel, geb. am 11. 12. 1896 in Hannover.
19. Rothschild, Emilie Auguste Charlotte geb. Fiedler, geb. am 14. 8. 1893 in Berlin.
20. Rothschild, Julius Hermann Egar, geb. am 8. 1924 in Hannover.
21. Rott, Johann, geb. am 27. 8. 1886 in Sangerhausen/Böhmen.
22. Rott, Anna, geb. Straßinger, geb. am 16. 7. 1886 in Schau/Niederdonau.
23. Rott, Elfriede Anna Johanna, geb. am 28. 8. 1920 in Wien.
24. Rott, Johann Karl Simon, geb. am 15. 6. 1922 in Wien.
25. Rott, Anna Johanna Maria, geb. am 12. 7. 1923 in Wien.
26. Sanbelowsky, Walter Sally Israel, geb. am 26. 10. 1897 in Königsberg (Pr),
27. Sanbelowsky, Inge Marie Louise Sara geb. Richards, geb. am 15. 10. 1901 in Bublau (Opr.
28. Sanbelowsky, Klaus Israel, geb. am 31. 1. 1926 in Königsberg (Pr,
29. Sanbelowsky, Peter Israel, geb. am 22. 11. 1927 in Königsberg (Pr.
30. Simon, George Israel, geb. am 15. 1. 1903 in Saint-Josseten Noode Belgien,
31. Simon, Olli geb. Lütgebon, geb. am 10. 7. 1903 in Stuttgart-Zuffenhausen.
32. Simon, Ruth, geb. am 26. 1. 1933 in Stuttgart.
33. Simon, John, geb. am 11. 3. 1936 in Stuttgart.
34. Schmid, Albert, geb. am 7. 5. 1886 in Basel Schweiz.
35. Schmid, Julianna Therese, geb. Melcger, geb. am 14. 5. 1907 in Peti Ungarn.
36. Schreiner, Josef Karl, geb. am 10. 6. 1891 in Nürnberg.
37. Schreiner, Bruno, Israel, geb. am 5. 5. 1893 in Gunzenhausen.
38. Schreiner, Werner, geb. am 25. 11. 1919 in Nürnberg.
39. Schürmann, Willy Israel, geb. am 2. 12. 1886 in Pattenstein, Kreis Springe Hannover.
40. Schürmann, Alma, geb. Müller, geb. am 5. 1. 1890 in Berlin.
41. Schürmann, Frit Israel, geb. am 8. 1. 1915 in Berlin.
42. Schürmann, Hannelore Sara, geb. am 5. 3. 1923 in Hildesheim.
43. Stolz, Robert, geb. am 25. 8. 1880 in Graz.
44. Wasserman, Ludwig Israel, geb. am 3. 3. 1883 in München.
45. Wasserman, Therese, geb. Schiller, geb. am 3. 1893 in Regen Bayrische Ostmark.
46. Wasserman, Ruth Adelheid Helene, geb. am 25. 10. 1926 in Regen Bayrische Ostmark.
47. Wasserman, Eugen Ludwig, geb. am 20. 1. 1931 in Regen Bayrische Ostmark.

Das Vermögen der vorstehend bezeichneten Personen wird beschlagnahmt.

Berlin, den 8. November 1941.

Der Reichsminister des Innern.
J. V. Pfundtner.

Bekanntmachung.

Auf Grund des § 24 Abs. 4 des Gesetzes über die Gewährung von Entschädigungen bei der Einziehung über den Übergang von Vermögen vom 9. Dezember 1937 (Reichsgesetzbl. I S. 1333) werden die Vermögensstücke, in deren Vermögen die Vermögensverwaltung der Deutschen Arbeitsfront GmbH. eingezogen ist, werden bekanntgegeben:

1. Strebelfenfälle des Bundes der Saal- und Konzentrationsstellschantels e. V. Berlin.
2. Beamtenrenten Langenbracher e. V. Essen.
3. Bund staatlich geprüfter Rugenpräfter, Berlin.
4. Sterbekasse der Schuhmacher-Vereinigung Horde West-falen.

Die Einträge werden gemäß § 25 Abl. 1 des Gesetzes vom 9. Dezember 1937 bestimmt:

zu 1: der 10. Dezember 1937, zu 2—4: der 31. Dezember 1934.

Berlin, den 8. November 1941.

Der Reichsminister des Innern.
J. V.: Dr. J. B.

Vierte Bekanntmachung

auf Grund des § 4 Abs. 2 der Zweiten Anordnung zur Durchführung der Verordnung zur Anpassung der verbrauchergenossenschaftlichen Einrichtungen an die kriegswirtschaftlichen Verhältnisse vom 24. Juli 1941 (Reichsgesetzbl. I S. 462/63).

Auf Grund des § 2 Abs. 2 der Zweiten Anordnung zur Durchführung der Verordnung zur Anpassung der verbrauchergenossenschaftlichen Einrichtungen an die kriegswirtschaftlichen Verhältnisse vom 24. Juli 1941 wird in die Gemeinschaftswerk der Deutschen Arbeitsfront, Gesellschaft mit

beschränkter Haftung, Hamburg, mit Wirkung vom 1. Januar 1942 in das Vermögen der Reichskonservenfabrik Berl GmbH., Berl i. Westf., und der Stahlwarenproduktion „Zolingia" GmbH., Zolingen, ein.

Die Reichskonservenfabrik Berl GmbH., Berl i. Westf., und die Stahlwarenproduktion „Zolingia" GmbH., Zolingen, gehen mit Ablauf des 31. Dezember 1941 unter Ausschluß der Liquidation ein aufgelöst.

Berlin, den 6. November 1941.

Der Reichswirtschaftsminister.
J. A.: Heuler.

Verordnung

über den Arbeitseinsatz während eines Arbeitsausfalls infolge schlechten Wetters.

Vom 8. November 1941.

Um den rechtzeitigen Arbeitseinsatz von Gefolgschaftsmitgliedern des Baugewerbes bei Bauunterbrechungen, bei denen größere Arbeitsausfälle infolge ungünstiger Witterung eintreten und die deshalb eine Gefährdung des wichtigen kriegswirtschaftlichen Zeitraum bedingen, bei anderweitigen staatspolitisch wichtigen Arbeiten sicherzustellen, verordne ich auf Grund der Verordnung des Ministerrats für die Reichsverteidigung zur Änderung von Vorschriften über Arbeitseinsatz und Arbeitslosenhilfe vom 1. September 1939 (Reichsgesetzbl. I S. 1682):

§ 1

(1) Unternehmer von Baubetrieben sind verpflichtet, dem Arbeitsamt, in dessen Bezirk die Baustelle liegt, binnen 24 Stunden anzuzeigen, wenn an drei aufeinanderfolgenden Arbeitstagen mehr als acht Arbeitsstunden wegen schlechten Wetters ausgefallen sind.

(2) Fallen an den unmittelbar folgenden Arbeitstagen weitere Arbeitsstunden wegen schlechten Wetters aus, so hat der Unternehmer gegen der Baustelle binnen Anspruch auf Erstattung der für diese Arbeitsstunden zu zahlenden Vergütungen, wenn er der Anzeigepflicht nach Abl. 1 nicht über nicht rechtzeitig nachgekommen ist.

§ 2

(1) Gefolgschaftsmitglieder von Baubetrieben, für die Beruigungen zur Zwischenberreitung gemäßen, sich auf Anordnung des Arbeitsamtes, in dessen Bezirk die Baustelle liegt, verpflichtet, sich bei diesem Arbeitsamt, in dessen Bezirk die Baustelle bezeichnet, zum Arbeitseinsatz in den infolge der ungünstigen Witterung ausfallenden Arbeitsstunden zu melden. Das Arbeitsamt bestimmt den Zeitraum, für den die Meldung jeweils zu erfolgen hat.

(2) Erfüllen Gefolgschaftsmitglieder diese Pflicht nicht, so verlieren sie für den Zeitraum, für den die Meldung zu erfolgen hatte, den Anspruch auf die nach der Schlechtwetterregelung zu gewährenden Vergütungen.

§ 3

Bei Verstößen gegen die Anzeigepflicht des § 1 oder gegen die Meldepflicht des § 2 kann der Leiter des Arbeitsamts, in dessen Bezirk die Baustelle liegt, die jenen Unternehmer auf- oder Ordnungsstrafe nach § 220 des Gesetzes über Arbeitsvermittlung und Arbeitslosenversicherung verhängen.

§ 4

Diese Verordnung tritt mit Ablauf von sieben Tagen nach dem Tage ihrer Verkündung im Deutschen Reichsanzeiger und Preuß. Staatsanzeiger in Kraft.

Berlin, den 8. November 1941.

Der Reichsarbeitsminister.
In Vertretung des Staatssekretärs:
Dr. Mansfeld.

Anordnung

über die Verbringung von Vieh nach Elsaß, Lothringen und Luxemburg sowie in die befreiten Gebiete der Untersteiermark, Kärntens und Krains.

Vom 6. November 1941.

Auf Grund des § 14 der Verordnung über die öffentliche Bewirtschaftung von Tieren und tierischen Erzeugnissen vom 7. September 1939 (Reichsgesetzbl. I S. 1714) ordne ich an:

Der Verkauf oder die sonstige Verbringung von Rindern einschließlich Kälbern, Schweinen einschließlich Ferkeln und Läufern, Schafen einschließlich Lämmern sowie von Pferden

Ausbürgerungsverfügung gegen Robert Stolz (mittlere Spalte, Nr. 43)

zugehen, ist eine, die kaum je ernsthaftes Opfernmüssen befürchten läßt. So ein David fordert den Goliath nicht heraus, denn er sieht den Riesen, läßt allen Mut sinken und richtet sich darauf ein, mit dem Mächtigen auf möglichst friedlichem Fuß zu leben. Der mythologische Kampf kann ausfallen. Diese risikolose und am Ende auch profitable Lösung kultivierte Richard Strauss. Daß er gerade in dem Land lebte, das die meisten Musiktheater besaß, mag ihm das erleichtert haben. Zwar konnte er es sich nicht aussuchen, aber er konnte das reiche Angebot an Opernhäusern seinen schöpferischen Zielen nutzbar machen. Nirgendwo sonst hätte er solche Möglichkeiten erhalten, seinen guten Ruf als Meister des Operntheaters zu begründen und zu mehren. Gunst der Verhältnisse verpflichtet. Wer zudem nach Herkunft, Erziehung, Gefühl und Erleben so »deutsch« ist wie er, der kann sich nicht gut abseits halten, wenn die Politik tiefgreifende Veränderungen schafft. Eine zentrale Figur des Musiklebens, abhängig von immer neuer, perfekterer Selbstdarstellung, geübt in der Strategie der Selbstbehauptung, gibt nicht auf, nur weil eine Regierung der anderen weicht. Wir wissen, daß er die parlamentarische Republik für schwach, unsicher und chaotisch hielt, daß ihm imperiale Autorität eher Eindruck machte, daß er Hitler und dessen Paladine als Rabauken und Banausen einschätzte. Warum sollte ein Musiker darüber nicht seine private Ansicht haben? Diese und das öffentliche Bekenntnis zur einen oder zur anderen Staatsform sind jedoch zweierlei. Beides muß nicht zusammenpassen. Der Meister mochte sich über das »Bübchen von Minister« erregen, nämlich über Hitlers schmächtigen körperbehinderten Propagandachef; doch hatte er keine Schwierigkeiten, gleichzeitig einen Aufruf der Kulturschaffenden zu unterzeichnen, in dem unverbrüchliche Treue gelobt war:

Wir glauben an den Führer, der unseren heißen Wunsch nach Eintracht erfüllt hat. Wir vertrauen seinem Werk, das Hingabe fordert, jenseits aller kritelnden Vernünftelei, wir setzen unsere Hoffnung auf den Mann, der über Mensch und Ding hinaus in Gottes Vorsehung gläubig ist. Weil der Dichter und Künstler nur in gleicher Treue zum Volk zu schaffen vermag und weil er von der gleichen und tiefsten Überzeugung kündet, daß das heiligste Recht der Völker in der eigenen Schicksalsbestimmung besteht, gehören wir zu des Führers Gefolgschaft.[247]

War das platte Doppelzüngigkeit, also ein Charakterfehler? Oder war es die Selbstbehauptung eines Künstlers, der sich nach allen Seiten absichern wollte? Not wird natürlich nicht durch kleinliche Bedenken gewendet; daß sich Strauss ständig in irgendeiner Notlage wähnte, Konkurrenz fürchtete, sogar – wie absurd – um sein Geld bangte, ist offensichtlich. Der Gipfel des Ruhms und der persönlichen Macht wirft lange Schatten: Angstträume von Verfolgung und Erniedrigung sind das Negativbild einer solchen Karriere. Sie waren es, die den Kontakt mit den Machthabern empfehlenswert scheinen ließen, nicht erst seit 1933. Mit Staatsmännern reden, ihnen zum eigenen Nutzen – und natürlich für die Tonkunst, als deren Verkörperung er sich verstand – wegweisende Gedanken vermitteln, gewisse Konzessionen abverlangen: Solches gehörte zu den selbstverständlichen Beziehungen zwischen Künstler und Politiker. Dies war umkehrbar. Auch die Politiker hatten Pläne, Musik und Musiker zum größeren Nutzen von Partei und Staat einzusetzen. Goebbels wußte wie. Zum Beispiel ordnete er zum 70. Geburtstag des Meisters eine Rundfunkaufführung der Oper ›Guntram‹ an; Hans Rosbaud erhielt die Leitung, und bei der Hauptprobe begrüßte nicht nur Reichssendeleiter Hadamovsky den Komponisten, sondern Frau Magda Goebbels plauderte angeregt mit ihm und las in der Partitur mit. Strauss war verwendbar; Ehrgeiz und Angst machten ihn anfällig dafür. Die Tatsache, daß die Jugend des neuen Deutschlands, organisiert im staatlichen Verband und einfache Kampflieder singend, sein so ganz andersartiges Œuvre verabscheute und boykottierte, steigerte noch seine Gefügigkeit. Schließlich war es allein Hitler, der ihm zur Krönung seiner von Erfolgen ohnehin verwöhnten Künstlerkarriere verhelfen konnte: nämlich der Praeceptor der deutschen Tonkunst zu werden, der wirkliche Musikminister des Reiches.

Erst heute ist bekannt[248], mit welcher Energie, welchen Winkelzügen und welcher Unbeirrbarkeit er das betrieb, schon zu einer Zeit, als die Nazis nur vage Vorstellungen von Musikpolitik hatten. Er war es, der den NS-Funktionären mit dem Gewicht seines Namens und seiner fachlichen Autorität sagte, wie die Musik zu organisieren, was für die Komponisten zu tun sei. Der Meister interessierte sich in erster Linie für diese, er selbst an deren Spitze; die nachschaffenden Künstler kümmerten ihn nur am Rande, und den ganzen Bereich der Unterhaltungsmusik verachtete und ignorierte er als Geschäftemacherei. Es mutet recht komisch an, daß er angesichts der umsatzträchtigen Operettenerfolge von Franz Léhar Einbußen für das eigene Œuvre befürchtete. In einer Konkurrenzsituation wie dieser schien es natürlich, sich der neuen Machthaber zu versichern, Konzession gegen Konzession.

Auf sein Betreiben verabschiedete der Reichstag ein neues Urheberrecht mit fünfzigjähriger Schutzfrist. Für einen Komponisten, der schon vor der Jahrhundertwende Werke geschaffen hatte, die ins Orchesterrepertoire eingingen, kam dies einem Geschenk gleich. Solches ließ sich nur ganz oben, sozusagen im Gespräch von Mann zu Mann, zwischen dem Führer der Musik und dem des Staates bewirken. Dabei gewannen die Gesprächspartner ein klares Urteil über den »ersten Musiker Deutschlands« und kamen nicht in Versuchung, ihn für einen überzeugten Nationalsozialisten zu halten. Immerhin war er bei aller diplomatischen Schläue in bestimmten Momenten rücksichtslos aufrichtig. Reichspropagandaminister

Dr. Goebbels beobachtete: »Der ist ein richtiger Geschäftemacher. Aber komponieren kann er«.[249]
Bei allen Vorbehalten – und zeitweise waren es auch solche ernsterer Natur – kalkulierten die neuen Herren des Reiches gern mit dem großen Namen. Nicht zuletzt spielte auch persönliche Ehrerbietung mit; der musikliebende Goebbels registrierte einmal ein »eigentümliches Gefühl, vor diesem großen Musiker zu sitzen«[250].
Fraglos gab es keinen anderen, auf den die Rolle eines höchsten Repräsentanten der »Reichsmusik« so gut gepaßt hätte. Darin waren sich die Politiker einig; darin gab Strauss ihnen recht. So nahm die politische Verstrickung ihren Lauf. Ende 1933 wurde er zum Präsidenten der Reichsmusikkammer ernannt, jener Selbstorganisation der Musikschaffenden mit Behördenfunktion, gelenkt vom Staat. Sie diente der »Erfassung«, Förderung und Kontrolle der Musiker, und Mitgliedschaft war obligat. Vor allem erfüllte die Kammer die Aufgabe, die rund 7000 jüdischen Musiker auszusondern und das pauschale Berufsverbot gegen sie durchzusetzen. Strauss kannte auch diese – gesetzlich fixierte – Zweckbestimmung der neuen Organisation. Daß viele Juden im Bereich des Films, der Operette und des Schlagers arbeiteten, mag ihm eine Bewertung erleichtert haben. Zudem brauchte er diese Schmutzarbeit nicht persönlich zu leisten; kein Verbotsbescheid gegen einen »nichtarischen« Musiker trägt seine Signatur. Er war so umsichtig gewesen, dem Geschäftsführer der RMK Unterschriftsvollmacht zu erteilen. Dieser, ein hoher SS-Offizier im Hauptamt des Sicherheitsdienstes, unterschrieb dann »im Namen des Präsidenten der RMK«. Obwohl Strauss auf diese Weise nicht direkt Beteiligter in der erbarmungslosen Maschinerie war, muß er das Verfahren als unangenehme moralische Einbuße empfunden haben.
Dafür gibt es ein Indiz. Nach dem Krieg versicherte der Komponist, er sei von Dr. Goebbels, »ohne um meine Zustimmung gefragt zu werden«[251], zum RMK-Präsidenten ernannt worden. Seine Lobby publizierte diese Unwahrheit hartnäckig weiter. Das Telegramm des Ministers mit der Bitte um Zustimmung zur Ernennung existiert noch; inzwischen ist auch bewiesen, daß es sich um eine lange vorbereitete Absprache handelte. Eine weitere Schutzbehauptung besagt, er habe alles tun müssen, um seine jüdische Schwiegertochter vor Verfolgung zu schützen. Doch war allein schon der Name Strauss die beste Sicherheitsgarantie; auch galten, zumal nach 1939, solche »arisch-jüdischen« Verbindungen als »privilegierte Mischehen«: Dem jüdischen Partner blieben Zwangsmaßnahmen wie Ausgangssperren, »Judenstern« und Deportation erspart, vorausgesetzt, er verhielt sich loyal und nicht provokativ-gegnerisch.[252]
Falls Strauss den Spitzenfunktionären, mit denen er von gleich zu gleich umging, seine Sorgen um die Schwiegertochter anvertraut hätte, wäre

gerade er mit dem Hinweis auf diese Regelung beruhigt worden. Unter seinen vielen Briefen an »hohe Herren« verrät kein einziger diese Sorge; tatsächlich griff in den kritischen Tagen der »Kristallnacht« 1938 der Gauleiter Wagner zugunsten von Frau Alice Strauss ein. Eine Aussprache mit Dr. Goebbels, der dem Komponisten im Juni 1939 des Führers Geburtstagswünsche in Wien überbrachte, behob das Problem ein für allemal. Seine Beziehungen ließ er sonst wegen jeder Lappalie spielen. Als dem Sohn der Entzug der Pachtjagd drohte, schrieb der fürsorgliche Vater gleich an den Stellvertreter des Führers, Rudolf Heß; in einer Devisensache appellierte er »vergrämt« mit Hilfe des Reichsministers Dr. Frank, des Generalgouverneurs und »Polenschlächters« in Krakau, sofort an den Reichswirtschaftsminister; vom Botschafter Italiens erbat er Zuteilung von Benzin für eine Ferienfahrt im eigenen Auto durch Südtirol und erhielt sie auf Anweisung Mussolinis; die Einquartierung von Luftkriegsopfern im Nebenbau seines Anwesens gedachte er durch einen Brief an Hitler persönlich zu vermeiden. Immer wieder veranlaßte er Funktionäre, zu seinen Gunsten tätig zu werden. Die unangenehmste Erfahrung von Alice Strauss beschränkte sich dieweil auf Beschwerden von Volksgenossen in Garmisch, wenn sie, die »Jüdin«, hoch zu Roß der verwirrten Öffentlichkeit ihr Namensprivileg demonstrierte; zu der Zeit lief die »Endlösung der Judenfrage«, der Holokaust, auf vollen Touren...

Solche Selbstsicherheit, solche Kameraderie mit den Goliaths hat ihren Preis. Schweigen oder Emigration kamen nicht in Frage. Heute wissen wir, daß das nur zwölf Jahre dauerte. Strauss mußte mit dem »tausendjährigen Reich« rechnen, das die Machthaber versprachen oder androhten. Also lief es auf ein Auf und Ab von Anpassung und – vorübergehender – Verweigerung hinaus. Die Kraftprobe, falls es eine war, schlug fehl. Strauss blieb der schwächere. Was er zugestand, für das eigene Image, für seine führende Position im deutschen Musikbetrieb, signalisierte die Niederlage. Sein Kreuz war das Hakenkreuz. Wer die Mitgliedsnummer 1 der RMK beanspruchte, zahlte dafür.

Strauss zahlte: als Präsident der RMK 1933–1935; als Präsident des »Ständigen Rats für internationale Zusammenarbeit der Komponisten«, einer NS-gesteuerten Gegengründung zur »Internationalen Gesellschaft für Neue Musik«, die als jüdisch unterwandert und ästhetisch »entartet« galt; als Schöpfer der ›Olympischen Hymne‹ zur Eröffnung des propagandistischen Unternehmens Olympische Spiele Berlin 1936; als Mitwirkender in dem Propagandafilm ›Philharmoniker‹ 1943, dem sich Furtwängler verweigert hatte; als Verfertiger mindestens eines Werks auf einen »ziemlich nationalen« Text des NS-Poeten Josef Weinheber 1944, das bislang schamhaft unveröffentlicht blieb und in der Autographen-Sammlung des Verlages, der Universal-Edition in Wien, als Geheimsache gehütet wird.

Eines der auf die Gunst Goliaths gezielten Werke hat eine abenteuerliche Geschichte: die Oper ›Der Friedenstag‹. Strauss hatte gemeinsam mit dem Textdichter Stefan Zweig die Oper ›Die schweigsame Frau‹ fertiggestellt und sann auf Neues. Zweig, der Jude, beunruhigt, wie bedenkenlos sich der Komponist durch die Annahme der RMK-Präsidentschaft auf die Seite des Regimes geschlagen, spielte nun den Versucher; er hoffte herauszufinden, ob die Kollaboration sich in Organisatorischem erschöpfte oder etwa aus politischem Glauben motiviert war. Also legte er eine Schlinge. Wenige Tage nach Hitlers Nichtangriffspakt mit Polen ließ er Strauss wissen, er glaube, »daß man gerade jetzt von Ihnen etwas erwartet, was dem Deutschen in irgend einer Form verbunden ist«.[253]

Auf die eher beiläufige Anregung reagierte der Musiker sogleich mit hellem Interesse:

Gestern fiel mir ein, ob man nicht zu Heinrich des dritten Sachsenkaiser berühmten Constanzer Frieden 1043 als Abschluß, ein schönes einaktiges Festspiel dichten könnte.[254]

Damit hatte er sich gleich mehrfach bekannt. Die Festspielidee bis hin zum »Thingspiel« unter freiem Himmel war von propagandistischer Aktualität; als Gefäß für nationale Werbung beschäftigte sie gerade Literaten und Tonsetzer gleichermaßen, unterstützt vom »Kampfbund für deutsche Kultur« und einem Reichsbund der Deutschen Freilicht- und Volksschauspiele, dem ein SA-Brigadeführer vorstand. Festspiel konnte nur heißen nationales Festspiel. Der Stoff paßte dazu. Mit geradezu prophetischem Spürsinn suchte Strauss den König aus, der nicht nur Böhmen, Polen und Ungarn unter die deutsche Lehnshoheit zwang, sondern auch nach Italien zog und fast den Thron Frankreichs an sich gebracht hätte. Zweig befaßte sich mit dem Stoff und seinen Symbolmöglichkeiten. Nur ein Dom fehlte ihm noch, also ein handfestes nationalsozialistisches Motiv. Daß er von Carl Maria Holzapfels gerade erschienenem Gedichtband ›Einer baut einen Dom‹ mindestens wußte, ist wahrscheinlich. Dieser Dombauer war natürlich ein Gleichnis für Hitler, der Dom das Reich... wie häufig in der braunen Huldigungspoesie. Strauss ahnte nicht, was der Dom sollte, und meldete glücklich, Heinrich II. habe ja den Bamberger Dom gebaut. Am 21. August – der Aufruf der Kulturschaffenden für Hitler, den auch Strauss unterzeichnete, war in Wien zur Kenntnis genommen worden – anonymisierte Zweig plötzlich den Stoff und transportierte ihn in die Zeit des Westfälischen Friedens 1648: Eine belagerte Festung wird kurz vor dem Untergang an Selbstzerstörung durch den Frieden gerettet. Aber damit zog sich der Dichter zurück:

Ich habe gar nichts dagegen, wenn Sie diesen Plan auch einem andern übergeben – Binding könnte es z. B. ausgezeichnet machen –, damit Ihnen alle Ärgerlichkeiten und das verflucht Politische erspart bleibe.[255]

Natürlich konnte er, der den Komponisten überaus schätzte, noch nicht

Klartext reden. Aber seine Abneigung, mit jemand zu arbeiten, der sich so deutlich auf die Gegenseite neigte, ist unverkennbar. Drei Wochen später offerierte er plötzlich das ›Opferspiel‹ des schweizerischen Poeten Robert Faesi, eine Verarbeitung des Stoffs ›Die Bürger von Calais‹; Faesi würde das Spiel für musikalische Gestaltung umarbeiten. So hoffte der ernüchterte Zweig von dem kompromittierten Strauss wegzukommen.[256] Der aber insistierte nun auf »1648«. Zweig äußerte Einwände, verschleppte die Sache, wehrte sich auch gegen andere Handlungsideen, schob seinen Wiener Freund Joseph Gregor vor. Darüber vergingen Monate.

Am 16. März 1935 verkündete Hitler die allgemeine Wehrpflicht. Als der Diktator an der Spitze der Reichsregierung am 30. März Straussens Neufassung der ›Ägyptischen Helena‹ mit seinem Besuch beehrte, fühlte sich der Musiker geschmeichelt von der »Anwesenheit des gütigen Führers«[257]. Sogleich reagierte der Dichter auf eine Idee des Meisters, indem er einen passenden »heroischen« Stoff empfahl, nämlich ›Semiramis‹ ...Das Heldische mußte es sein, und Zweig malte es aus, »dieses heroische Ende im Fanal der Selbstvernichtung«[258]. Da winkte ein großes heroisches Finale, endend »mit einem Waffenaufruf an das ganze Volk«[259]. Am 21. Mai unterbreitete Hitler der Welt ein allgemeines Friedensangebot, um den ungünstigen Eindruck der Wehrpflichtregelung wettzumachen und über seine expansiven Pläne hinwegzutäuschen. Strauss stellte sich sofort darauf ein. Nach einem Zusammentreffen mit Zweig bekundete er – am 8. Juni – verstärkt Gefallen am Stoff ›1648‹ und bat ihn eine Woche später, diesen selber für ihn auszuarbeiten. An diesem dramatischen Punkt bekannte der Literat nun, wo seine Sympathien lagen und was er ganz bestimmt nicht tun werde: nämlich mit einem gläubigen Repräsentanten des NS-Staates zusammenzuarbeiten. Dieser Brief, in Zürich auf den 15. Juni datiert, ist unveröffentlicht, weil – angeblich – verlorengegangen; das gleiche stieß auch Zweigs Antwort – vermutlich vom 25. oder 26. Juni – auf die politischen Bekundungen des Musikers vom 17. und 22. Juni zu. Alle anderen Briefe existieren. Daß die Erben des Meisters kein Interesse hatten, eine so ernst zu nehmende Schuldzuweisung publik zu machen, muß nicht besonders erklärt werden; die gesamte Strauss-Lobby hält sich an diese Regel, bis herab zu plumpen Dokumentenfälschungen. Der Inhalt des »verlorengegangenen« Trennungsbriefes läßt sich aber aus der vehementen Antwort von Strauss erschließen. Er, in Dresden bereits mit der Vorbereitung der Uraufführung der gemeinsamen Oper ›Die schweigsame Frau‹ befaßt, tobte:

Dieser jüdische Eigensinn! Da soll man nicht Antisemit werden!? Dieser Rassestolz, dieses Solidaritätsgefühl – da fühle sogar ich einen Unterschied! (...) Wer hat Ihnen denn gesagt, daß ich politisch so weit vorgetreten bin? Weil ich für den schmierigen Lauselumpen Bruno Walter ein Con-

cert dirigiert habe? Das habe ich dem Orchester zu Liebe – weil ich für den
anderen »Nichtarier« Toscanini eingesprungen bin – das habe ich Bayreuth
zu Liebe getan. Das hat mit Politik nichts zu tun. Wie es die Schmieranten-
presse auslegt, geht mich nichts an und Sie sollten sich auch nicht darum
kümmern. Daß ich den Präsidenten der Reichsmusikkammer mime? Um
Gutes zu tun und größeres Unglück zu verhüten.[260]

Kaum war sichtbar, daß dieser Brief den Konflikt mit dem Regime provoziert hatte, so daß eine begütigende Vorleistung dringend geboten sei,
entschied sich Strauss endgültig für »1648«. Hitlers »Friedenspolitik«
hatte kurz zuvor zu deutsch-französischen Wirtschaftsverhandlungen und
einem deutsch-britischen Flottenabkommen geführt. Die Differenzen
glichen sich jedoch aus; am 12. Oktober durfte der Meister als unvermeidlicher Ehrengast der Münchner Rundfunkintendantentagung in der
ersten Reihe zwischen dem Ministerialreferenten Weinbrenner und
Reichssendeleiter Hadamovsky sitzen und Beifall für dessen Verbot des
»Niggerjazz« spenden; drei Wochen später stand seine frühe Sinfonie
op. 12 als Reichssendung im Programm, am Pult der Komponist. Auch
der persönliche Frieden schien gesichert. Zudem arbeitete Zweig, eher
doch wohl höflichkeitshalber, eine Fassung »1648« aus; Gregor lieferte
seine. Die Rolle des Versuchers war beendet, als Strauss sich – wiewohl
nicht ganz glücklich – für Gregor entscheiden mußte. Der Stoff blieb zunächst aktuell. Am 7. März 1936 ließ Hitler das entmilitarisierte Rhein-
land besetzen und machte zugleich Friedensvorschläge; drei Wochen später ließ er sich seine Politik des bewaffneten Friedens durch eine Wahl
»für Frieden und Gleichberechtigung« bestätigen. Zwei Tage danach, am
31. März, überreichte die Reichsregierung in London ihren Friedensplan.
Strauss komponierte, um die Gunst der Stunde zu nutzen. Für alle Fälle
ließ er im Mai wissen, er plane eine Tonschöpfung über das Reichsehren-
mal Tannenberg und den dort beigesetzten Feldmarschall und Reichspräsidenten von Hindenburg. Daß er wieder in Gnade war, bewies die Aufführung der von Hitler inzwischen genehmigten ›Olympischen Hymne‹;
nach der Probe notierte Goebbels:

Sie ist wirklich wunderbar. Komponieren kann der Junge.[261]

Die Olympiade in Berlin demonstrierte, wie gewollt, den »Friedenswil-
len« Hitlers vor der ganzen Welt, und noch im Juli schloß das Reich einen
Freundschaftspakt mit Österreich, obwohl deutlich war, wohin das Regime, wäre der Zeitpunkt gekommen, als nächstes greifen würde. Gerade
im Sommer 1936 lag das fertige Textbuch der einaktigen Oper ›Der Friedenstag‹ der Abteilung VI des Reichspropagandaministeriums zur Prüfung vor. Gutachter Sigmund Graff urteilte:

Diese Oper entbehrt keineswegs einer echt heroischen Haltung: ihr »Pazi-
fismus« ist auch der Pazifismus des Führers.[262]

Nach Kenntnisnahme einer Zusammenfassung entschied Dr. Goebbels,

227

die Oper zu Ehren des Komponisten bei den Münchner Festspielen 1939 herauszustellen; diese Geburtstagsfeier wurde dann im Rahmen der Reichstheaterfestwoche nach Wien gelegt. Die Uraufführung in München am 24. Juli 1938 fiel in die Zeit neuer Friedensbeteuerungen der NS-Propaganda nach der Annexion Österreichs. Volltönend erfuhr die Musikwelt, diese Oper sei »die erste, die aus dem Geist des nationalsozialistischen Ethos geboren« sei.[263]

Als die Oper dann in der Wiener Staatsoper auf die Bühne kam, diente sie nicht nur als Geburtstagsgabe für den Meister, sondern als Schau- und Hörbild für die propagandistische Idee vom Frieden in Waffen. Ostentativ beehrte Hitler die Aufführung mit seinem Besuch. Strauss dankte mit einem begeisterten Handschreiben für die »wertvolle Anteilnahme« an seinen Werken und schickte ein Buch von Joseph Gregor über... Richard Strauss, den Meister der Oper, mit. Der Versucher Zweig war nun endgültig ins Nichts verbannt. Er endete im brasilianischen Exil von eigener Hand.

Die Oper hatte noch Folgen, die beweisen, wie rasch und bereitwillig Geschichte vergessen wird, wie unfehlbar ein falsches Etikett wirkt. Als die von Moskau propagierte Weltfriedensbewegung in die DDR überschwappte, veranstaltete das Musikhistorische Seminar der Humboldt-Universität ein Kolloquium über den »Friedensgedanken in der Tonkunst des Abendlandes«. Die Teilnehmer, über historische Zusammenhänge im dunkeln tappend, wie es für Musikologen alter Brauch ist, wunderten sich, warum »dieses zeitnahe Werk« nicht aufgeführt werde:

Wir sprechen die Bitte aus, die Inszenierung des »Friedenstages« in Angriff zu nehmen. Tausende von Hörern werden sich seiner suggestiven Wirkung nicht zu entziehen vermögen. Es würde sich der seltene Fall ergeben, daß die künstlerische Tat gleichzeitig eine auf rein geistiger Ebene sich vollziehende Aktion für den Frieden wäre.[264]

Etiketten sind austauschbar. Was Hitlers »Frieden« dienstbar war, konnte auch Stalins Friedensschwüre nachsingen. Mehr noch: Auf ungute und die Demokratie kompromittierende Weise wiederholten sich diese Situationen, als die Intendanz der Deutschen Oper in Westberlin auf die unglückliche Idee kam, zum Strauss-Gedenken 1989, ausgerechnet in den Tagen, die Hitler fünfzig Jahre zuvor zum Losschlagen gegen die Welt mißbraucht hatte, eine konzertante Festaufführung der Oper zu bieten... bei Anwesenheit des Bundespräsidenten Richard von Weizsäcker. Die früher einmal so aufmerksame Berliner Musikkritik tat, als sei ihr Name Hase; sie wußte von überhaupt nichts. Mit einer rühmlichen Ausnahme.[265] Kein Wunder, denn im Programmheft hatte der Direktor des 1982 gegründeten Richard-Strauss-Instituts, der bereits mehrfach öffentlich »Geschichtsfälscher« gescholten worden war, das verlogene Stichwort liefern dürfen: »Bekenntnis zum Frieden in kriegslüsterner Zeit«.

Betreff: Reichsmusikkammerfragebogen.

„In Anbetracht deffen, daß Hans Knappertsbufch der
‚Arabella‘ fo fchön auf die Beine geholfen hat, wird
vorläufig auf Beantwortung der Frage ‚Verwendungs-
möglichkeit‘ verzichtet.“

Richard Strauss als Musikgeneral, Karikatur 1934

Dieses Institut wird finanziert von der Landeshauptstadt München über
Zuschußmittel des Bayerischen Staates. Der Fiskus bezahlte letzten Endes die Verschleierung der historischen Wahrheit; er diente damit den
Interessen der Familie Strauss. Diese hat unliebsame, weil die Tantiemen gefährdende politische Fakten stets unterdrückt, seit der Rechtsan-
walt der Familie, Dr. Karl Roesen, im Februar 1953 der damaligen Sekretärin Furtwänglers, beunruhigt durch einen kritischen Artikel über
Strauss von Curt Riess in der Zürcher › Weltwoche‹, eine Sprachregelung
zukommen ließ. Zu jener Zeit waren die Verhandlungen mit dem State
Department in Washington wegen Freigabe der im Krieg beschlag-

nahmten Dollarguthaben von Strauss gefährdet; danach die Aufführungsentgelte generell. Die Lobby entfaltete weiträumige Wirksamkeit. Als die Münchner Staatsoper im September 1988 mit den Opern ›Die schweigsame Frau‹, ›Daphne‹ und ›Die Liebe der Danae‹ an der Mailänder Scala gastierte – unter Leitung des Vorsitzenden der Richard Strauss-Gesellschaft, Prof. Wolfgang Sawallisch –, und der Scala-Intendant auf Anregung des Mailänder Generalkonsuls der BRD einen Artikel über Richard Strauss und das Deutschland seiner Zeit ins Programmheft nehmen wollte, versuchte der Botschafter der Bundesrepublik in Rom zu intervenieren, freilich erfolglos. Das Nest sollte nicht beschmutzt werden.

Die Existenz solcher Davids neben den Goliaths sorgt freilich allemal für schmutzige Nester in dieser oder jener Tönung. Immer bleibt dabei die Musik auf der Strecke. Fraglos ist es normal, wenn sich auch Musiker kritisch mit der Welt auseinandersetzen, in der sie leben, wenn sie politisch Stellung beziehen. Protest aus ihrem Munde gegen die täglichen Untaten der Machthaber ist so gut wie jeder andere Protest. Nur fragt sich, warum die hierfür gar nicht zweckdienliche Musik mit hineingemischt werden muß. Nun gut, es gibt die spontane Aktion von unten. Man besucht eine Oper, zum Beispiel ›Die Stumme von Portici‹ von Daniel François Esprit Auber, die Geschichte eines Prinzen, der ein stummes Fischermädchen verführt und dadurch einen Volksaufstand entfesselt; vielleicht achtet man nicht so scharf auf die Handlung und läßt sich lieber von der Musik begeistern, merkt also nicht, daß der Täter am Ende mit süßem Lohn, mit einer standesgemäßen Prinzessin nämlich, davonkommt, während die Unschuldigen und Unterdrückten sterben müssen. Dann eilt man, wie es am 25. August 1830 in Brüssel geschah, vors Theater, wo sich sowieso unruhiges Volk versammelt hat. Gemeinsam stürmt man das Justizministerium. Und so bekommt Belgien endlich seine Unabhängigkeit. Das hat dann, so steht es in den Geschichtsbüchern, die Musik gemacht. Dabei existierte lange zuvor ein revolutionärer Zustand, wie er unter Fremdherrschaft die Regel ist; die Republikaner hatten sich organisiert, bewaffnet und den Geburtstag des ungeliebten Oranier-Königs, den 24. August, zum Losschlagen benutzt. Ein Zufall also, daß sich Opernpublikum unter die Insurgenten mischte.

Kein Zufall war es, als die Massen in den Straßen von Santiago de Chile nach der siegreichen Volksabstimmung gegen den Diktator General Pinochet im Herbst 1988 ein Lied sangen, das eigentlich auf der Konzertbühne eher vertraut ist als unter freiem Himmel: »Freude, schöner Götterfunken«. Ein erleichterter Nachruf auf den Machthaber, das ist es, was den Davids immer bleibt, wenn sie den gestürzten Koloß überleben. Daß die 9. Sinfonie von Beethoven, Finalsatz, ab und an bei Parteifeiern und Geburtstagskonzerten für Hitler im 3. Reich eine ganz andere Rolle spielte, besag nur, wie austauschbar und systembedingt musikalische Inhalte sind. Wenn Goliath am Boden liegt, freuen sich auch und besonders die Musiker. So widmete der Dirigent Michael Gielen im Dezember 1989 eine Aufführung der Dritten von Beethoven »Den Opfern der Gewalt, besonders den unsinnigen, am Tag, an dem der Diktator fällt«, um das Ende des despotischen Regimes in Rumänien zu feiern. Außerdem färbt von einer solchen Widmung immer auch humanistisches und politisches Image auf den Künstler ab, selbst wenn er sich etwa vergegenwärtigte, daß den Opfern keine Konzertaufführung nützt. Aber Dirigenten sind wohl so.

Wer einem so ausgeprägten Selbstdarstellungsdrang gehorcht wie zum Beispiel Leonard Bernstein, dem mußte, als er im Fernsehen die Bilder vom Fall der Berliner Mauer sah, dazu etwas Aufregendes einfallen. So kam eine nicht nur prächtige, sondern auch rührende Wirkung zustande: ein international besetzter Klangkörper, München, Dresden, New York, London, Leningrad und Paris, symbolisch zusammengeschaltet, Solisten aus den USA, der DDR, England und der Bundesrepublik, das Ganze am ersten Weihnachtstag in Ost-Berlin, dazu weltweit vom Fernsehen übertragen, auf Schallplatte acht Tage später im Handel und in Frankreich gar unter Beigabe von kleinen Brocken der Berliner Mauer als Werbegag vertrieben. Natürlich wieder Beethovens Neunte, die sich so schön universal für jede Art festlicher Erhebung eignet; aber nicht etwa in der originalen, von Schiller und dem Komponisten gewollten Fassung, sondern in einer von Bernstein im Hinblick auf den Anlaß verbesserten, zwar mit einer Ode im Finale, aber keiner mehr an die Freude. Da verwandelte sich der Dirigent, über irdische Zwänge hinauswachsend, sozusagen in brüderlicher Umarmung mit dem Dichter und dem Komponisten in einen Propheten, die eigne Epiphanie erregt zu feiern:

Ich glaube, dies ist der Augenblick, den der Himmel gesandt hat, um das Wort »Freiheit« immer dort zu singen, wo in der Partitur von »Freude« die Rede ist. Wenn es je einen historischen Augenblick gegeben hat, in dem man um menschlicher Freude willen eine akademische Theorie-Diskussion vernachlässigen darf – jetzt ist er gekommen, und ich bin sicher, daß Beethoven uns seinen Segen gegeben hätte. Es lebe die Freiheit![266]

Natürlich hat die philologische Forschung längst zweifelsfrei ergeben, daß Schiller keineswegs eine Ode an die Freiheit im Sinne hatte und nur durch die Zensur daran gehindert worden sei; Bernstein wußte das ganz genau. Aber die Gelegenheit überwältige ihn, und so einen einmaligen Augenblick konnte er nicht ungenutzt dahingehen lassen. Schließlich malte sogar Stockhausen, als das Studio für elektronische Musik des Westdeutschen Rundfunks 1968 in Wien gastierte, auf einen großen Gong das Wort »Vietnam«; damals entstand Unruhe im Saal, weil niemand so recht verstand, wie das gemeint war... Schließlich führten die USA dort einen sinnlosen schmutzigen Krieg. Und der Gong klang kein bißchen anders als ohne Etikett.

Nun hätten gewiß beide –Bernstein und Stockhausen – aus einem anderen gegebenen und keineswegs weniger historischen Anlaß, sozusagen direkt an der Front und unter eines noch sehr lebendigen Goliaths Augen, etwas tun können. Nicht vorstellbar die Situation: Bernstein mit einem großen Sinfonieorchester oder Stockhausen mit einem Instrumentalensemble vor den Toren eines amerikanischen Giftgasdepots oder Atomraketen-Stützpunkts in der BRD, konzertierend, protestierend gegen eine Militärdoktrin, die Völkermord nüchtern einkalkuliert. Dies geschah jedoch nicht. Solches – immerhin drohte »Freundberührung« – blieb dem Nachwuchs überlassen. Eine Gruppe Musiker aus allen Teilen der Bundesrepublik schloß sich 1986 improvisiert zusammen, um mit ihrer Kunst vor den Toren des Raketendepots in Mutlangen und dann auch anderswo an Brennpunkten zu demonstrieren, wo Sicherheitsbelange der Bevölkerung verletzt waren. Musik gegen den latenten Tod? Ein naives Unternehmen. Zunächst gewannen diese jungen Leute einen ungeheuren Vorschuß an Publicity, einfach dadurch, daß sie die Kunst aus ihrem angestammten Platz, dem Konzertsaal, ins Freie transportierten. Bach-Chöre, Schuberts Unvollendete, ein Klarinettenquartett von Mozart, die Egmont-Ouvertüre von Beethoven, also die geballte Macht abendländischer Kulturüberlieferung gegen die verbarrikadierte Mordmaschinerie. Was für ein Gedanke:

Konzertblockade bedeutet: auf schöpferische Weise der Todesmaschine Einhalt gebieten und – ganz banal – Gebrauch einer kulturellen Tradition mit hohem Image – dem Konzert. Damit wollten wir eine breitere Basis für Zivilen Ungehorsam schaffen und hofften auch auf mehr Akzeptanz, weil Blockierern gegenüber ja noch immer ein Haufen Vorurteile bestehen.[267]

Der grausige Kontrast war geplant von den etwa 130 Musikern, die sich an der Blockade beteiligten: der verzweifelte Daseinsanspruch der Kreatur gegen die in Megatonnen bezifferte Vernichtungsenergie. Goliath wich der Konfrontation aus, schüttelte die gefährliche Tonkunst ab. Eine Viertelstunde nach Mitternacht, also am 16. September, verhaftete Polizei elf der Musiker und später noch einmal fünfzehn und hielt sie zur Aufnahme der Personalien bis zu zwei Stunden auf der Polizeiwache Schwäbisch-Gmünd fest. Die Justiz reagierte mit Anklagen und Urteilen wegen Nötigung. Unbeirrt verfolgten die Lebenslaute-Protestierer jedoch auch weiterhin ihr friedliches Ziel. Die Presse sorgte für öffentliche Aufmerksamkeit: »Mit Bachs Messe gegen Pershing«, »Mit Bach und Beethoven gegen amerikanische Raketen«, »Konzertblockade« ... Und dabei blieb es. Die Zeit der Trompeten von Jericho ist dahin. Bachs Choräle schmolzen nicht die Stacheldrahtverhaue der atomaren Zwingburg; im hoffnungsvollen Klang des Lebens blieben die finalen Monster intakt, jeden Augenblick auf Knopfdruck zum Start bereit und – davon abgesehen – jeden Augenblick auch mögliches Ziel eines Präventivschlages durch einen vor Angst panisch handelnden Gegner.

Daher machte sich der nachdenkliche Kern der Lebenslaute-Musiker an die Aufarbeitung des Unternehmens. Im Frühjahr 1988 traf man sich zu einem Wochenendseminar auf dem Bauernhof eines Musikschriftstellers, der ihr Vertrauen hatte, mehr als ein Dutzend junger Leute zwischen zwanzig und dreißig, friedfertig, die Bergpredigt im Herzen, rührend naiv und offensichtlich in aller Harmlosigkeit unwissend, was Goliath, seine Stärke und seine Gewissenlosigkeit angeht. Hatten sie sich auf ein – gefährliches – Kinderspiel eingelassen? Der Gastgeber meinte, seinen Ohren nicht trauen zu können. War das denn noch Widerstand – oder wirkte diese Musik nicht gerade gegen die Idee, die sie vors Höllentor von Mutlangen versetzte? Also gab er zu bedenken, was geschähe, wenn... wenn man zum Beispiel anstelle der weithin neutralen klassischen Stücke Parodien auf Soldatenlieder böte, angeschärft durch neue Texte gegen Goliath, wenn man einen jungen Komponisten bäte, mit einer neuen Musik auf einen rhetorisch zupackenden Text – etwa von Tucholsky oder aus dessen Richtung – Schützenhilfe zu leisten, so daß man typisch und speziell konfrontativ verfahren könnte... Würde man dann nicht – vor Zeitungsreportern und laufenden Fernsehkameras – die mörderische Macht entlarven können, wenn Goliaths Lohndiener, musikalisch verhöhnt und in Wut versetzt, am Ende das täten, was sie gelernt haben, nämlich ihre Waffen aus der abgeriegelten Festung heraus, in wahnwitziger Feindbildphantasie, auf Musiker und Musikinstrumente zu richten? Zugegeben, eine schreckliche Vision... und doch ein »normales«, durch historische Erfahrung noch und noch verbürgtes, also auch wiederholbares Ereignis. Die jungen Leute schienen nicht zu verstehen. Solche Konsequenzen erschreckten sie.[268] Drei Wochen Gefängnis wegen Nötigung, ja; Zielscheibe durchdrehender Soldateska, nein. Dieses Opfer ist nicht zumutbar. Wir leben nicht mehr in der grauen Vergangenheit, als David, gegen jede Vernunft und Hoffnung, den Kiesel in seine Schleuder spannte. Vielleicht ist ja doch keine Art Musik so etwas wie die Schleuder Davids.

Trotzdem waren sie immer wach, die Davids. Sie sangen Spottlieder auf die Ritterschaft im Bauernkrieg, höhnten singend die Pfaffen und Herren, zielten mit ihren Weisen gegen Könige und Kaiser, machten sogar Napoleon lächerlich. Sie sangen gegen Hitler und für den Frieden, gegen Stalin, gegen die kapitalistische Verfettung der Hirne und Herzen, gegen Aufrüstung und zivilen wie militärischen Atomwahn, für die Kommunisten und gegen sie. Aber es blieb bei der Musik und der gläubigen Hoffnung, sie möge etwas ausrichten gegen die Goliaths, vielleicht gar so viel wie der Kiesel auf der Schleuder. Aber immer wieder endete es mit dieser Hoffnung. Manchmal reichte nicht einmal die. Der amerikanische Gewerkschaftssänger Joe Hill wurde 1915 unter falscher Beschuldigung hingerichtet; den chilenischen Volkssänger Victor Jara sperrten die Helfershelfer der Putschgeneräle 1973 in der Arena von Santiago ein, brachen ihm die Hände, damit er nicht mehr Gitarre spielen konnte, und ermordeten ihn dann. Was hat sich geändert?

Goliath schlägt zurück, blindlings. Und er versteht es auch immer wieder – Macht zieht an, wie wir wissen –, sich mit Hilfe anderer, unkritischer, williger Musiker sein eigenes tönendes Spiel zu verschaffen, gerade da, wo es noch viel charakteristischer nicht wie die Nationalhymne immer doch eine Art Geist spiegelt, sondern wo es geistferne, apparative, destruktive Gewalt verherrlicht. Diese Musik ist in großen Teilen der Bevölkerung weiterhin eine »Mordsgaudi«. Zieht man den unbedachten dummen Spaß ab, bleibt nur noch übrig eine Mordsmusik.

Mordsmusik

Die seltsame Beziehung der Machthaber zur Musik gipfelt darin, daß sich das äußerliche Zeichen staatlicher Gewalt, das Militär, mit ihr geradezu gewohnheitsmäßig schmückt. Daraus folgt ein schlechterdings perverses Bild. Musik, von alters her als Geschenk der Götter und Gegenkraft gegen das Böse, Häßliche und die Lüge gepriesen, dient in diesem Zusammenhang direkt oder indirekt als Magd bei der brutalsten Art der Konfliktlösung, nämlich der blutigen. Dafür lassen sich mehrere Ursachen denken. Bekanntlich verbieten zivilisierte Staaten generell Taten wie Mord und Totschlag, indem sie diese unter Strafe stellen. Strafe entfällt jedoch, wenn der Täter unzurechnungsfähig ist; dafür wird er nur in die psychiatrische Klinik eingewiesen. Der normale anständige Mensch bedarf solcher Verbote gar nicht erst, denn er verfügt über eine natürliche Hemmung, die ihn am Töten eines Mitmenschen hindert.

Nun leisten sich heute noch fast alle Staaten – auch die angeblich zivilisierten – eine doppelte Moral. Zum Zweck der Machterhaltung haben sie sich stehende Heere zugelegt. Ein bestimmter Teil der Bevölkerung, durchweg männlich, wird planmäßig in der Tötung von Menschen und Zerstörung von Eigentum geschult. Dies hätte wenig Sinn, wenn es nicht gleichzeitig gelänge, jene Hemmschwelle so weit herabzudrücken, daß im »Ernstfall« und auf Befehl wie am Schnürchen der Marionette das geschieht, was den Täter in friedlichen Zeiten sogleich hinter Gitter bringen und der Verachtung der Gesellschaft ausliefern würde. Die fleißig wiederholte Versicherung, man müsse für den »Verteidigungsfall« gerüstet sein, appelliert an den Verstand. Der aber müßte arg beeinträchtigt sein, wäre er nicht imstande zu realisieren, daß mindestens in diesem Jahrhundert – unter den Augen einer immer kritischer beobachtenden Weltöffentlichkeit – noch jeder Krieg zur »Verteidigung« geführt wurde, im Bedarfsfall durch einen fabrizierten »Verteidigungsgrund«. Der berühmte, selber inszenierte Überfall »der Polen« auf den Sender Gleiwitz 1939, den Hitler als Vorwand zum Losschlagen benutzte, war und ist in dieser oder jeder Spielart wiederholbar. Die ideale Konditionierung dafür scheint sich zu ergeben aus der Kombination der handwerklichen Ausbildung im Töten und Zerstören mit einer speziell darauf zugeschnittenen Musik, der Militärmusik. Sie vermag in den Hirnen jene Leere zu erzeugen, die in einer Epoche des Friedens als Unzurechnungsfähigkeit diagnostiziert und Mord daher straffrei lassen würde, andererseits im »Ernstfall«, den die Regierung mit stillschweigender Amnestie für Mord und andere Kapitalverbrechen dekretiert, moralische Bedenken im Keim erstickte. Anders würde kein Krieg gelingen.

Noch ein zweites Moment spielt mit. Menschen sind nicht dazu geschaffen, andere umzubringen, auch nicht, von diesen umgebracht zu werden. Sie haben eine tief verwurzelte Angst davor, Täter oder Opfer zu sein, Angst vor allem vor der Tat, die nach christlichem und humanistischem Verständnis immer auch Untat ist, weil Gewalt noch nie einen politischen Konflikt effektiv und auf Dauer gelöst hat und die Früchte der Gewalt stets faulig sind. Den Tod geben und den Tod erleiden: Das ist eine schreckliche, ungreifbare Bedrohung. Die Gegenäußerung stellt sich fast automatisch ein, den Angriff des Unheimlichen abzuwehren. Es ist die Situation des Kindes im Keller, das nun in der eigenen akustischen Äußerung Hilfe sucht, um dem quälenden Gefühl des Grauens zu entkommen. Pfeifen, Singen, Klatschen und Stampfen bieten Linderung, machen »frei«. In ähnlicher Weise stellt sich Militärmusik als Begleitung zum Töten und Getötetwerden ein. Sie neutralisiert die Angst. Daher hat die kriegführende Obrigkeit seit eh und je von Marsch und Soldatenlied profitiert. Begeisterte Zeugen bekunden immer wieder – mit einer Wortwahl, die uns Heutigen ungeheuerlich klingt –, wie eng Krieg und Musik zusammengehen:

Sie ist es, die unsere Soldaten aufleben läßt, wenn Müdigkeit ihre Glieder bannt, sie leitet die Mannschaft im bewegten Rhythmus zur Schlacht, ins Feuer. Wir Deutschen sind auch da in der Überlegenheit. (...) Der leidenschaftliche Mut unserer Soldaten, ihre Liebe zum Kaiser und Vaterland, ihr Drang zum Sturmangriff, ihr Trotz den Gefahren gegenüber hat in sich ein Stück des alten biblischen Prophetengeistes. Ein einziger Takt, ein einziger eherner Rhythmus geht durch die Herzen dieser Millionen, Pulsschlag für Haus und Herd, für König und Reich, für Gott und die Welt ihres andächtigsten Fühlens. Der Takt ihres festen Tritts durch Nacht und Gefahr, die Melodie ihres Heimatliedes, die Harmonie ihrer Wünsche und Regungen, die sich im lauten Schlachtgebet vereinen, – das ist Musik von Helden. Sie hört die Engelschar, hört den Gott, der Eisen wachsen ließ. Diese Musik kennt nur die eine einzige Auflösung, im Sieg, im Erfolg, wie sie einzig nur mutgeboren, eisengespornt und gepanzert aus dem Herzen und den Kehlen tapferer, frommer Soldaten quellen kann[269]*!*

Was so zusammengeschrieben wird zu Beginn eines von den Politikern gewollten und verschuldeten »Ernstfalls« über die Musik und ihre Nützlichkeit zur Kriegführung, scheint in einem Wahnreich angesiedelt, in dem klarer Blick und Erkenntnis von Ursache und Wirkung abhanden gekommen ist. Die protzigen Vokabeln poltern martialisch daher, unkontrolliert vom Intellekt, Versatzstücke überhitzter, hochflutender Gefühle. Nun meinen die musikalischen Schlachtenverklärer nicht etwa *die* Musik, sondern nur eine ganz bestimmte, zur Tathilfe besonders geeignete. Ein Berliner Musikkritiker klagte in jenen Tagen:

Der Tonkünstler ist im Laufe der Geschichte zu einem völlig unpolitischen

Wesen geworden; er ist gesetzlos, anarchisch, bleibt aber unter dem Schutze seiner unüberwachten Kunst straflos. Er tut ja auch nichts gegen den Staat, er vernachlässigt ihn nur, entzieht ihm seine Kraft.[270]

Gegen die verweichlichende Musik ein Mal zu setzen, muß nun die richtige kriegerische Tonkunst her, in der Deutschland und zumal Preußen eine »ruhmreiche« Tradition hatte, der Marsch und das Soldatenlied. Das ließ dann auch nicht auf sich warten. Die Poeten schrieben schnell, die Komponisten nicht minder. Karl Wilhelm, der zum Kriege 1870/71 die sangesfreudige Nation bereits mit der ›Wacht am Rhein‹ beschenkt hatte, wurde von seinem Verleger noch posthum mit »Kriegsliedern« wiederbelebt; Wilhelm Kienzl lieferte »Das Lied vom Weltkrieg«, Leo Blech die Hymne »Gott, Kaiser, Vaterland«, Philipp Gretscher den Marsch »In das Frankreich wollen wir marschieren«, Friedrich Bauer ersetzte die – nun schimpfliche, weil britische – Melodie der deutschen Nationalhymne »Heil dir im Siegerkranz« flugs durch eine eigne, echt deutsche, Viktor Holländer offerierte einen Gardemarsch, und Karl Wachter, der es besonders eilig hatte, zu militärmusikalischem Ruhm zu kommen, entlieh sich für sein »Lied vom Hindenburg« eine halbe Melodie von Humperdincks ›Hänsel und Gretel‹ – »Ein Männlein steht im Walde« – und die andere Hälfte aus Otto Reutters Couplet »Es war einmal ein Zylinder«...

Dieses waren die ersten Beiträge einer wahren Sturzflut von Marsch-, Kampf- und Siegesliedern, allesamt ebenso begeisterte wie konjunkturelle Erzeugnisse für den Zweck des Krieges. Die Soldaten konnten da nicht mithalten. Sie sangen, was ihnen gefiel und was der Unteroffizier befahl, und das war nicht eben das Allerfeinste. Schon vor der »Stunde der Entscheidung« lagen Beschwerden vor:

Man braucht kein Musiker zu sein, um viele Melodien unserer Soldatenlieder höchst gewöhnlich und die Art, mit der sie abgebrüllt werden, roh und abgeschmackt zu finden. Gerade die Lieder, die aus dem Soldatenstande selbst hervorgegangen zu sein scheinen, haben fast ausnahmslos gemeine Texte. Schamlosigkeit im Inhalt, Roheit im Ausdruck, Rüpelhaftigkeit im Vortrag: das ist das Kennzeichen vieler Soldatenlieder. Diese Lieder wirken entsittlichend auf weite Kreise unseres Volkes.[271]

Das scheint ein bißchen viel an Arglosigkeit. Schließlich kamen diese »entsittlichenden« Lieder gerade recht. Nicht Sittlichkeit war im Krieg gefragt, sondern immer nur das, was den Mann hinreichend enthemmte, so daß er ohne psychische Krisen und moralischen Kater befehlsgemäß sein blutiges »Handwerk« ausüben konnte. In der Heimat wollten sie das allerdings so genau gar nicht wissen. Es wäre ja nach allem, was man an christlichem Sittengesetz und humanistischem Ethos gelernt hatte, ernüchternd gewesen, erfahren zu müssen, wie Vater irgendeinem anderen Vater, nur weil der eine fremde Uniform trug, Auge in Auge, das Bajonett in den Bauch stoßen mußte... Deswegen hatte die nicht so peinlich

kriegerisch-realistische, die »höhere« Musik immer wieder als Alibi her-
zuhalten. Als klar war, daß Krieg die Politik mit anderen Mitteln auch
fürderhin bleiben werde, schwärmte Friedrich Hielscher:
*Die Bachsche Fuge und die fridericianische Schlacht gehören zu einer inne-
ren Einheit.*[272]
Ein anderer verstieg sich zu einer rhetorischen Ungeheuerlichkeit, wie sie
nur einem Militär mit gestörtem Verhältnis zur Realität wie zu zivilisier-
tem Anstand einfallen konnte: »Ein gut geführter Krieg ist wie eine große
Symphonie«.[273] Das klingt wie abgeschrieben vom einst durch den Ersten
Weltkrieg enthusiasmierten Herausgeber einer Musikzeitschrift:
*Vielleicht entdeckt der Musiker in den Formen, die der moderne Krieg an-
genommen hat, allerlei Parallelen zur Entwicklung der modernsten Musik.
Findet er doch hier wie dort das Massenhafte, die Anhäufung raffinierter
technischer Mittel als Hauptmerkmal. Daß ferner das Vorspiel, die Mobil-
machung und der Aufmarsch, ein Wunderwerk strategischer Polyphonie
ist, kann ihm am wenigsten entgehen; in der letzten Woche hat er's mit
eigenen Augen wahrgenommen, daß im deutschen Generalstab geborene
Polyphoniker sitzen (...).*[274]
Solche abstrusen Vergleiche tauchten immer wieder einmal in verwirrten
Köpfen auf, und die Musik, derart aktualisiert, mußte es sich wohl gefallen lassen. Es sollte chauvinistisch-enthemmte Geister genug geärgert haben, daß die Tonkunst dem »Feld der Ehre«, wie man das Schlachtfeld
verharmlosend nannte, von selber fernblieb. Denn da, im Lärm des kriegerischen Alltags, in der Hochspannung des Kampfes Mann gegen Mann
und Maschine gegen Maschine, fand sie keinen Platz. Die Märsche, die
Kampf- und Siegeslieder blieben hinter der Front und zeugten vor allem
in der Heimat ersatzweise für die Begeisterung und den kämpferischen
Mythos »unserer Feldgrauen«. Trotz der zweckmäßigen und zusam-
menschweißenden, Siegesgewißheit ausstrahlenden Militärmusik ging
dieser Krieg und mit ihm das Kaiserreich verloren. Dies hätte eine gute
Lehre sein können. Nur leider sind Militärs, mindestens was Musik angeht, keineswegs lernwillig. Während der Weimarer Republik hielt die
Rechte die Erinnerung an »Preußens Gloria« im Marschton eifrig wach.
Da war nichts vergessen, und Hitler brauchte sich nur zu bedienen.
Das traditionelle Soldatenlied verwandelte sich streckenweise zunächst
ins braune Kampflied, und gleichzeitig gingen Musiker ans Werk, die erfolgreich vorauswitterten, was demnächst auf dem politischen Programm
stehen werde. In dieser Erwägung liefen Soldatenlieder und parteigebun-
dene Kampflieder durcheinander; eines taugte zum anderen, beides zur
psychologischen Vorbereitung von Krieg, Opfer, Tod für »Führer, Volk
und Vaterland«. Hier wie dort der gleiche semantische Gestus. Das längst
vergessene, wiederaufgewärmte Landsknechtslied, die verdummende
Weise vom lustigen Soldatenleben, der traditionelle Gesang von den

durch die Stadt marschierenden Soldaten, denen – natürlich – die Mädchen ihre Fenster und Türen öffnen, dieser ganze, oft wild freudianische Wust von »großen« und erhebenden Gedanken, durchweg bescheiden musikalisiert, hatte seine Entsprechungen in den Produkten nationalsozialistisch angepaßter Komponisten. Der Kampf für Deutschland gegen die äußeren Feinde, der verlorenging, mündete in den scheinbar siegreichen Kampf für die braune Revolution. Deren Kolonnen übernahmen oder imitierten, was sie vorfanden, und reichten es dann an die grauen Kolonnen von Hitlers Wehrmacht weiter. Da war militantes Potential zu wecken und todesbereit zu machen, und dafür bedurfte man der sanft verdummenden Wirkung einer unaufhörlichen Berieselung mit aggressiven Liedern. Rundfunk und Lautsprecher hatten ihre große Zeit; alle personellen und technischen Kräfte waren in den Dressurakt eingespannt.

Hin und wieder kam es zu Augenblicken von erbarmungsloser, unentrinnbarer Suggestivität, so bei einer Morgenfeier der Hitler-Jugend im Funkhaus des Reichssenders Hamburg im Juli 1935. Die Fahne, das wußten die minderjährigen Knaben schon, sei »mehr als der Tod«; nun hörten und sangen sie das Lied vom großen Marschieren und erhielten Antwort auf die verächtliche Frage »Was ist der Tod, wo unsere Fahne weht?«, und der Textdichter Günther Benno Bobrik und der Komponist Hermann Erdlen, der die zum Opfer treibenden Sentenzen raffiniert-einfach vertonte, obwohl zu der Zeit noch gar kein Mitglied der NSDAP, 1964 aber wegen »seiner besonderen Verdienste auf geistig-kulturellem Gebiet« mit dem Bundesverdienstkreuz 1. Klasse dekoriert, zwei ergebene Vasallen Hitlers, taten für die »große Sache«, was sie konnten.

Solches war jedoch kein speziell deutsches oder faschistisches Problem. Es hat leider allgemeinere, internationale Parallelen. Dafür ein Beispiel. Erst Ende Dezember 1989 verbot das US-Verteidigungsministerium in Washington Liederbücher der in England stationierten Luftwaffenverbände, in denen antikommunistische Hetze barbarischen Niederschlag gefunden hatte. Das Verbot war indessen nicht von menschlichem Anstand diktiert – dazu kam es viel zu spät –, sondern durch Beschwerden britischer Bürger und die friedlicher werdende Ost-West-Lage:

In einer Zeit, da das Brandenburger Tor geöffnet wurde und sich in Osteuropa die Demokratie ausbreitet, können wir nicht zulassen, daß solche Slogans zur Schau gestellt werden.[275]

Eines dieser Fliegerlieder hat folgenden Text: »Die Bombenschächte sind geöffnet. Die Aufgabe ist fast schon erfüllt. Kommies zu killen, macht uns richtig Spaß!«[276] Es scheint sicher, daß solche Kampflieder – nicht nur die für graue und braune Soldaten – über einen kurzen Zeitraum hinweg Begeisterung auslösen, nämlich solange die von der Musik bewirkten physiologischen Veränderungen beim Hörer und beim Mitsingenden andauern, der Adrenalinstoß, die Zunahme der Pulsfrequenz, des Blutdrucks und dergleichen. Zudem wird Begeisterung gern für die Tat genommen, kann geradezu Ersatz für die Tat sein. Damit deklariert sich solcher tönender Enthusiasmus weithin als Flucht vor der Verantwortung, die jeder, der etwas tut, zu tragen hat, vor allem aber als Vermeidung der Mühen und Opfer, mit denen revolutionäre oder militärische Aktionen nun einmal einhergehen.

Musikalisch produzierte »Erhebung« erscheint als bequeme Alternative zur Mitgestaltung jeglicher politischer oder soldatischer Erneuerung. Daher marschiert – wo auch immer – das Gros der »Soldaten der Revolution« oder »Verteidiger der Freiheit« durch die Straßen, leuchtenden Auges Kampflieder singend. Die Revolution wird in der Parteizentrale gemacht – oder im Ausland; der Krieg von den Machthabern. Und später kann jeder von sich sagen, der mitmarschierte und übrigblieb, er sei dabeigewesen in einem »historischen Augenblick«. Für eine Bewußtseinsveränderung durch Kampflied und Soldatenlied, also dauernde Umstrukturierung, das heißt Einschränkung der Erkenntnisfähigkeit, existiert bis auf den heutigen Tag kein empirischer Beweis. Generäle, die glauben, mit Hilfe eines bestimmten Liedes eine Schlacht gewonnen zu haben, glauben eben nur, und die Gegenprobe – die gleiche Schlacht ohne Vorbereitung durch das Lied – läßt sich nicht mehr erbringen.

Militärische und politische Führer begreifen in aller Regel, daß das Kampflied bestenfalls Momentwirkung hat. Deswegen tendieren sie dazu, diesen Augenblick der intensivst möglichen Einflußnahme auf die Untertanen verweilen zu lassen, weil er für sie – als erlebbares Zeugnis ihrer Macht – so schön ist. Also überschütten sie das Volk Tag und Nacht und in endloser Wiederholung mit dem aktuellen Vorrat ihrer Kampflieder – durch politische Gliederungen, in den Schulen, über Rundfunk und Fernsehen. Jede Lücke könnte sich zu einem Machtvakuum auswachsen. Damit der Vorrat nicht zu rasch verschleißt, werden Texter und Komponisten aktiviert – durch propagandistische Gemahnung an die nationale Pflicht, durch Wettbewerbe mit mindestens ehrenvollen Preisen, durch Werkaufträge.

»Wir brauchen Lieder«, ist überall die gleiche Forderung. Sie artikuliert sich am deutlichsten unter zentralistischer Herrschaft, im Einparteienstaat. Wo sich Musik mindestens auf dem Papier der Staatsverfassung »frei« entwickeln darf, also im parlamentarisch-demokratischen Gemeinwesen, reichen die Machtmittel zumeist nicht aus, eine bestimmte Art Musik, etwa Kampflieder oder Soldatenlieder, herstellen zu lassen, zumal da auch die unerläßliche »einigende« Ideologie fehlt. Hier sind die Zielsetzungen der Politik nicht so eindeutig kämpferisch, daß Künstlerisches investiert werden müßte, wo schon außenwirtschaftliche und devisenpolitische Waffen den Ausschlag geben für den Sieg im Wettbewerb der Systeme und Nationen. An der Illusion, diese seien so wirkungssicher wie jene, ändert sich jedoch gar nichts. Immer von neuem tun sich in den sogenannten Demokratien amtliche Kräfte hervor, die mit keineswegs demokratischen Techniken versuchen, vorgeblich »umstürzlerische« und daher »linke« Lieder zu bremsen. »Rechten« Liedern, die ab und zu schon wieder ertönen, widerfährt selten etwas. Musikpolitik hat hier ein »dialektisches« Moment.

Als die Bundesrepublik, um sich dem einflußreichsten der ehemaligen westlichen Kriegsgegner als Bundesgenosse im vielleicht nicht nur »Kalten Krieg« gegen den Kommunismus zu empfehlen, mit der Remilitarisierung begann, spielte Militärmusik gleich eine auslösende Rolle. Noch unter der Erfordernis eines Freiwilligen-Gesetzes – die Wehrpflicht war späteren Datums – fanden sich mit den ersten 500 Soldaten immerhin vierzig Musiker ein. Eine ihrer ersten Dienstobliegenheiten war ein Ständchen zum 80. Geburtstag des damaligen Bundeskanzlers Adenauer (CDU) am 5. Januar 1956, gerade fünf Tage nachdem die ersten ungedienten Bundeswehrsoldaten in Andernach vereidigt worden waren, und sozusagen als Dank, denn der Jubilar hatte seinem Verteidigungsminister Herbert Blank (CDU) dringend ans Herz gelegt, daß Soldaten der Musik bedürfen. Damit entschied er zunächst den scharfen Streit der Meinungen über den Sinn militärmusikalischer Beeinflussung des »Bürgers in Uniform«. Daß Beeinflussung – im Weg über das Symbol der Macht – mitgedacht war, ergibt sich aus der Fortsetzung der »großen« Tradition. In der Tat brauchte Vorhandenes oder Erinnerliches nur wiederaufgefrischt zu werden. Man konnte es längst schwarz auf weiß lesen:

Die Militärmusik hat es »in sich«, sie erfüllt uns mit stolzer Freude, ihr heroischer und volksnaher Charakter machen sie zu einem wichtigen Kulturfaktor.[277]

Zudem existierten historische Tatsachen, die wirklich eine glänzende Tradition andeuteten. Das Gros der angewandten Musik während und nach der Französischen Revolution war militärischen Charakters. Schließlich hatte Bernard Sarrette, Armeeoffizier und Militärkapellmeister, 1792 die »Freie Musikschule der Nationalgarde« eröffnet, die solchen Erfolg hatte, daß das Direktorium, begünstigt durch die Wiederkehr etwas geordneter Zustände, sie 1795 zum Konservatorium der Musik erweiterte, zu eben dem Conservatoire, in dem sich Frankreichs musikalischer Genius bis auf den heutigen Tag konzentriert. Andererseits kam nur ein schlaues taktisches Verfahren in Frage. Sich zur Fortsetzung dessen zu bekennen, was das NS-Regime mit Märschen und Soldatenliedern angerichtet hatte, hätte böses Blut gemacht. Alle diese Produkte einer musikalischen Kriegsindustrie mußten zunächst mit »demokratischem« Abstand behandelt werden; es ging hier um Anpassung und Glaubwürdigkeit.

Die Franzosen, die 1940 von der Besatzungsmacht Platzkonzerte mit Militärmusik hörten, alle die Holländer, Dänen, Norweger, denen deutsche Musiksoldaten aufspielten, sie trauten ihren üblen Erinnerungen eher als blauäugigen Versprechen. Deswegen waren alle diese Feindbild-Märsche, diese Soldatenlieder voll Eroberungslust – eilfertige Komponisten hatten 1940, den Tatsachen weit voraus, bereits Siegesgesänge auf die Eroberung Englands geschrieben – nicht mehr aktuell. Neues mußte her, das der Vorgabe – Verteidigung des Abendlandes gegen den Kommunismus – mit einem nicht mehr aggressiven, sondern nur noch netten und gefälligen musikalischen Ausdruck gerecht werden konnte. Empfindsamkeiten waren dennoch schwer auszuräumen. Als sich der Bundesverteidigungsminister Franz Josef Strauss (CSU) mit einem eignen Ehrenpreis für die beste Marschlied-Komposition an das Deutsche Schlager-Festival 1961 in Wiesbaden anhängte und dem Schöpfer des Titels »Unterm Lindenbaum, Johanna«, dem sonst nie mehr kompositorisch hervorgetretenen Rudolf Peper, die Ehrenurkunde aushändigen ließ, quittierte das Publikum den feierlichen Akt mit Pfiffen und Buhrufen.

Das Abklopfen der Tradition nach einer brauchbaren Militärmusik für ein neues, demokratisch verfaßtes Gemeinwesen hätte Erfolg zeitigen können. Wie, das exerzierte die DDR, zugeschnitten auf eigne politische Bedürfnisse, mit Geschick vor. Propaganda für den neuen Staat, das hatte man hier begriffen, bedingte Distanzierung von allen militärisch-musikalischen Lösungen des faschistischen Regimes von gestern:

Was singen unsere Soldaten für Lieder? Sie singen die Lieder der deutschen und internationalen Arbeiterklasse, sie singen unsere schönen deutschen Volkslieder, sie besingen in ihren neuen Liedern die ruhmvolle Aufgabe der Soldaten der Volksarmee, der ersten Arbeiter- und Bauern-Macht in der Geschichte Deutschlands. (...) Das Arbeiter- und Soldatenlied ist das Lied der glühenden Kämpfer für den Frieden und die Wiederherstellung der Einheit eines friedliebenden demokratischen Deutschlands.[278]

Sichtlich geht es hier – wie stets bei Militärmusik – nicht allein um das tönende Machtsymbol, sondern auch um Stärkung des Wehrwillens, also »seelische Militarisierung«. Aber damit hat es angesichts der rapiden Veränderung der Wehrmöglichkeiten immer lästigere Schwierigkeiten, die auch der Pflege der Tradition Abbruch tun. Ehedem war das ganz einfach:

Die Musik hat damals 1914 wie 1815 den Wehrwillen erweckt, gestärkt, sie kann auch heut den Wehrwillen stärken. Wem schlüge nicht das Herz beim Klange der alten preußischen Armeemärsche, wer dächte nicht, wenn er das Deutschlandlied hört, an den Wehrwillen des ohnmächtigen Vaterlands? Und wenn ich das Musikstück eines großen Deutschen, wenn ich Wagner höre und sehe: Musik, d. h. Kunst, wird bei jedem wahren Deutschen den Wehrwillen stärken.[279]

Die Ummodelung friedfertiger junger Menschen in kämpferische, der Abbau der Tötungshemmung, die Konditionierung zu fügsamen Befehlsempfängern und Befehlsausführern bedarf eigentlich der für diesen Beruf lange existenten und immer wieder erprobten »orthodoxen« Militärmusik – und dieser ununterbrochen. Mindestens in der Bundesrepublik war solche Tradition kaum zu bändigen. Der Kulturkampf um die Militärmusik tobte über Jahrzehnte. Natürlich hätte das Bundesverteidigungsministerium aufpassen können. Musikgeschichte, auch »soldatische«, ist keine Geheimsache. Hier exakt zu sortieren, war jedoch vielleicht gar keine Frage der historischen Bewertungsfähigkeit. Vielleicht heiligte da einfach der Zweck das Mittel, so absurd das angesichts der penetranten Bekundung hehrster politischer Absichten auch scheinen mag, zur Anregung demokratischer Wehrfreudigkeit ausgerechnet NS-Märsche und Kriegslieder der SS einzusetzen.

Das erste vom Bundesministerium für Verteidigung, Führungsstab I der Bundeswehr, herausgegebene ›Liederbuch der Bundeswehr‹ – 1958 – war eine Anthologie solcher Musiker, die sich bereits 1933 bis 1945 mit Titeln für NS-Formationen und Hitlers Eroberungskrieg profiliert hatten. Nun durften sie sich voll rehabilitiert fühlen. Der Herausgeber fand nichts dabei, den demokratischen Streitkräften bewährtes NS-Genie anzubieten, beispielsweise – zumeist Lehrer und daher mindestens Mitglied im NSLB – Jens Rohwer (NSDStB), Hannes Kraft (HJ, NSDAP), Jürgen Riel, Hans Lang, Bernd Wübbecke, Fritz Sotke (NSDAP, HJ-Führer), Hans Baumann (NSDAP, SS), Gottfried Wolters (NSDAP, Gaumusikreferent der DAF, Bearbeiter des HJ-Liederbuchs ›Uns geht die Sonne nicht unter‹), Robert Götz (NSDAP, Amtswalter), August Kremser (NSDAP, Gaumusikreferent), Alfred Zschiesche (NSDAP, Pressewalter der NSV), Heinz Höhne (NSDAP), Karl Seidelmann (NSDAP), Willi Träder (NSDAP, HJ-Führer) oder Heinrich Spitta (HJ, Musikreferent der Reichsjugendführung) ... Mochte man in Bonn auf so viel tätige Erfahrung nicht verzichten? Tradition hat wohl eigene Verführungskraft; allerdings macht sie blind.

In der nächsten Auflage dieses Liederbuchs tauchte außer dem aus Wettbewerben gewonnenen »Liedgut« plötzlich noch so eine fatale Erinnerung auf, das berüchtigte Panzerlied ›Ob's stürmt oder schneit‹, getextet von einem Offizier in Hitlers Wehrmacht; die Melodie, in Wirklichkeit nach Volkston, hatten gleich zwei Musiker für sich beansprucht: der Musikzugführer der SA-Standarte 87 in Limburg/Lahn, Josef Neuhäuser, und der Münchner Kapellmeister Richard Planer, dessen Œuvre einige NS-Märsche zierten. Dieses Aggressorenlied, das die Panzerschlachten der einstigen Wehrmacht psychologisch begleitete, muß auf irgendeine geheimnisvolle Weise die Billigung des Führungsstabes gefunden haben, obwohl angeblich die Texte der für das Liederbuch in Aussicht genommenen Titel auf »Ideen aus früherer Zeit« überprüft worden waren. Nun ja, am Ende wirkte da ein »alter Kamerad« ganz in der Stille. Der Skandal kam ans Licht, als sich ein Soldat beim Panzerbataillon 154 in Westerburg, der zwanzigjährige Gerhard Bauer aus Bingen, weigerte, das Lied zu lernen und zu singen, da es »seiner demokratischen und inneren Überzeugung« widerspreche. Die Bundeswehrführung berief sich darauf, dieses Lied sei nach »einer gründlichen und sorgfältigen Entscheidungsfindung« auch in die 4. Auflage des Liederbuchs 1978 übernommen worden und von allen drei Fraktionen im Verteidigungsausschuß des Bundestages »übereinstimmend« gebilligt worden. Vielleicht wird ein krimineller Akt gegen die Demokratie durch unfähige Mehrheit legalisiert; zusätzlich versuchte das Ministerium jedoch, die eigne Unsicherheit durch plattes Lügen zu verdecken.

Dessen Sprecher, Oberst Ekkehard Löhr, erklärte der Öffentlichkeit, das Lied stamme gar nicht aus der NS-Zeit, sondern noch von der Reichswehr der Weimarer Republik. Er vergaß freilich, sich daran zu erinnern, daß die Reichswehr – wegen der Einschränkungen durch den Versailler Vertrag – keine Panzerwaffe haben durfte und daher auch kein Lied vom Panzerangriff brauchte. Ja, er hätte die Wahrheit in seinem eigenen Liederbuch, 3. Auflage 1976, nachlesen können, wo die Quelle vermerkt ist mit dem Zusatz »Dieses Lied wird seit der Aufstellung der Panzertruppe 1935 gesungen«. Die Lügner behielten trotz allem die Oberhand; bestraft wurde der Panzerschütze Bauer, die Unwahrheit des Obersten Löhr blieb ungeahndet... und die Öffentlichkeit schluckte die dummfreche Einlassung mit Gleichmut. Als die Presse an einem anderen Panzerlied Anstoß nahm, das Tradition schamlos direkt beschwor – »Wie einst in Polen und in Flandern und im heißen Wüstensand«, so gesungen bei der Panzerbrigade 28 in Dornstadt –, wiegelte das Ministerium durch seinen Staatssekretär Andreas von Bülow wiederum ab, doch leitete es gegen die Verantwortlichen Disziplinarmaßnahmen ein.

In den siebziger Jahren publizierte ein auf Souvenirs aus »großer Zeit« spezialisierter Verlag in Osnabrück eine Schallplatte mit dem neutralen Titel ›Deutsche Präsentier- und Parademärsche‹. Der Kommentar machte jedoch deutlich, daß es sich sämtlich um Märsche von SS-Einheiten handelte, darunter zwei aus der Feder des SS-Hauptsturmführers Gustav Adolf Bunge, Pg. seit 1931, »komponiert unter dem Eindruck des ersten Waffengangs des 2. Weltkrieges«, zu deutsch: des Überfalls auf Polen. Interpret war das Heeresmusikkorps 5 der Bundeswehr unter Leitung von Oberstleutnant Heinz Schlüter. Dieser traditionsbewußte Soldat war 1973 mit dem Bundesverdienstkreuz belohnt worden und leistete noch im Ruhestand nimmermüde Dienste für die gute Sache, indem er sich seit 1981 als Heeresmusikberater und Professor für die Ausbildung der Militärkapellmeister des berüchtigten Generals Pinochet an der Escuela Militar in Santiago de Chile verdingte.

Kein Wunder, daß es immer wieder Fragen gab. Dabei wurden die Vertreter der Bundeswehr allzu oft in die Ecke gedrängt, weil sie tölpelhaft reagierten. So auch – bei einer Pressekonferenz – der Sprecher des Bundesverteidigungsministeriums, Armin Halle:

Auf eine Frage nach SS-Märschen in der Bundeswehr antwortete Halle, das sei »Schnurzpiepegal«, »Märsche, die gefallen, werden gespielt«. Selbstverständlich sei ausgeschlossen, daß zum Beispiel das »Horst-Wessel-Lied« gespielt werde. Die Tatsache dieser Bundeswehrmusik-Auswahl stelle keineswegs ein »Bekenntnis zu Dingen« dar, deren Wiederholung die Existenz der Bundeswehr ja gerade verhindern solle, meinte Halle. Scharf wandte er sich gegen etwaige Unterstellungen einer »Geistigen Verwandtschaft«.[280]

An der Tradition scheint alles faul, wenn wir eigentlich nur durch besonderen Glücksfall nicht noch mit der Hymne jenes »Blutzeugen« für Hitler belästigt werden. Wie auch immer: Um geistige Verwandtschaft kann es sich nun wirklich nicht handeln, höchstens um ungeistige. Ich könnte mir gut vorstellen, daß die Abschaffung solcher Voraussetzungen durch Demilitarisierung ganz beträchtlich der intellektuellen und moralischen Leistungsfähigkeit aufhelfen würde. Aber Tradition klebt fest. Kein Wunder, da doch die Militärmusik in der BRD erst eigentlich so richtig in Gang kam durch die hingebungsvolle Tätigkeit von Friedrich Deisenroth. Dieser, ein erstklassischer Musiker, Pg., Komponist von Fanfaren und Märschen, in deren Titeln sich Hitlers Eroberungszüge exakt spiegeln, überstand das NS-Regime als Stabsmusikmeister der Wehrmacht. Er war ein Mann der ersten Stunde, gleich 1956 als Chef des Musikkorps der 5. Panzerdivision der Bundeswehr zur Stelle und 1961 zum Stellvertretenden Musikinspizienten avanciert. An Brennpunkten wie diesem wirkt sich Tradition als Gefährdung der politischen Freiheit und Glaubwürdigkeit aus.

Hilfe dagegen kam von außen. Die tiefgreifenden Veränderungen der Militärstrategie behindern diese Art Tradition. Im modernen motorisierten Heer wird nicht mehr marschiert; die laute Maschinerie der schweren Waffen und Fahrzeuge macht sogar Singen unpraktisch. Also gibt es Gelegenheit zu Reformen. Das »klingende Spiel« folgt militärtechnologischen Zwängen, wechselt die Richtung. Den Ewiggestrigen gefällt so etwas nicht. Sie faseln von der Wiederkehr der »großen Zeiten«:

Die »Musik der Soldaten« – die Militärmusik – zu unterdrücken, fördert die Verödung unserer Kultur, weil demjenigen Stand eine wesentliche seelisch-geistige Grundlage damit entzogen wird, der für die Selbstbehauptung und das eigenständige Dasein unseres Volkes entscheidende Bedeutung besitzt.[281]

Damit niemand im Zweifel bliebe, aus welcher politischen Ecke das kam, deklarierte sich der Autor in einem Vorspruch, der keine Frage offen ließ:

Wer sich mit ganzer Kraft der großen Aufgabe verpflichtet fühlt, Künder deutschen Soldatentums zu sein (...) , kann an diesem Bindeglied des soldatischen mit dem zivilen Leben nicht achtlos vorübergehen. Wenn das Reich, unser Deutschland, das wir Nicht-Umerzogenen im Herzen tragen, einst wieder neu ersteht, wird auch die deutsche Militärmusik den Platz wieder einnehmen, der ihrer Güte und kulturellen Bedeutung zukommt.[282]

Es sieht so aus, als ginge die Geschichte – zum Glück – über solche kriecherische Anbetung eines Machtsymbols hinweg. Langsam scheint sich die Erkenntnis Bahn zu brechen, daß Konfliktlösung mit Gewalt – die Verlierer auf allen Seiten produzieren müßte – sich in der heutigen politischen Kultur, in der engen internationalen Vernetzung von Energie, Verkehr, Wirtschaft, Geldwesen und persönlichen Beziehungen, unweigerlich als Katastrophe, als letzte wahrscheinlich, erweisen würde. Also bedarf man auch nicht mehr der Militärmusik mit ihrer fragwürdigen, auf primitivste Strategien gegründeten Tradition. Folgerichtig unterstrich der Leiter des Militärmusikdienstes der Bundeswehr, Prof. Helmut Schaal, *daß heute die Militärmusik der Bundeswehr im Alltag der Truppe nicht mehr gebraucht wird, wenn mit dem Alltag der Dienst bei Ausbildung und Einsatz gemeint ist. Konsequent ist es deshalb, daß die Militärmusiker unserer Tage die Truppe im Dienst nicht nur nicht begleiten, sondern daß sie am Dienstbetrieb der Truppe im Grunde keinen Anteil mehr haben.*[283]

Das Bundesverteidigungsministerium hat die noch verbleibenden Aufgaben der Militärmusik per Dienstanweisung bestimmt: dienstlichen Veranstaltungen ein festliches Gepräge zu geben, das Gefühl der Zusammengehörigkeit in der Truppe zu fördern, die Bindungen zwischen Bundeswehr und Bevölkerung zu stärken. Da bleibt von der einstigen Musik zum Töten und Getötetwerden nicht mehr viel. Das Moment der Sympathiewerbung gewinnt Vorrang, nicht verwunderlich, wenn die außenpolitische Situation bewaffnete Streitkräfte eigentlich überflüssig machte.

Gerade die veränderte Funktion erfordert gediegenste Ausbildung. Sie wird in Hilden auf der bundeswehreignen Musikschule absolviert. Drill findet nicht mehr statt. Dafür erhalten die Musiksoldaten – für alle Fälle – zusätzlich eine Sanitäterausbildung. Strenge Auslese siebt die Bewerber schon bei der Aufnahme, ein nützliches Verfahren, da die meisten auch nach dem Ausscheiden aus der Bundeswehr in einem Musikberuf unterkommen möchten. Die Musikkorps – ein Stabsmusikkorps, ein Ausbildungsmusikkorps, 14 Heeresmusikkorps, vier Luftwaffenmusikkorps, zwei Marinemusikkorps und die Big Band der Bundeswehr – sind im Grunde Reiseorchester, deren Tourneen von einem Manager abgeschlos-

So sieht heute die Militärmusik aus: Showband der Bundeswehr,
Major Schiffer & Majories, Oktober 1985. Foto: Ariola/Schulte

sen werden. Zum Beispiel bewältigt das Heeresmusikkorps 9, zur
1. Luftlandedivision gehörig, von Stuttgart aus rund zweihundert Ein-
sätze pro Jahr. Zwar spielt es auch noch Märsche, überwiegend jedoch
Pop-Musik, Klassik-Arrangements und zeitgenössische Unterhaltungsmusik. Daß die Musiker nicht gern zu solchen Diensteinsätzen fahren,
bei denen sie, womöglich im Regen, die Hymne und ein paar Märsche
spielen müssen, weil irgendein ausländischer General auf dem Flughafen ankommt, ist verständlich. Mehr Spaß machen ihnen große Show-
konzerte, vielleicht nicht einmal in Uniform, sondern in bunten Ko-
stümen aus historischen Epochen. Irgendwo ist auch der Augenblick in
Sicht, an dem es keinen Unterschied mehr gibt zum Repertoire ziviler
Blasorchester oder Unterhaltungskapellen, so daß sich Militärmusik in
Musik generell verwandelt und die Bundeswehruniform nur noch ein
weiteres Kostüm ist, das die Musiker für irgendeine Show anlegen. An
diesem Punkt löst sich die Militärmusik mit allen ihren gespenstischen
Herkömmlichkeiten ins Nichts auf. Sie schlägt um in Musik, wie sie
sonst auch und immer ist.
Fast wehmütig gab der Bundesverteidigungsminister einmal zu, daß diese
Entwicklung Preußens Gloria weit hinter sich gelassen hat:
Militärmusik (...) verkörpert all das, für das unsere Soldaten stehen. Mu-

sik ist international. Musik verbindet nicht nur Menschen, Musik verbindet auch die Völker.[284] Anlaß dieser Verlautbarung war ein Militärmusik-Festival, das keiner soldatischen Pflichtübung galt, sondern – zugunsten der Aktion Multiple Sklerose Erkrankter (AMSEL) veranstaltet – Militärkapellen aus Frankreich, Großbritannien, Italien, den Niederlanden, Norwegen, Österreich, den USA und der BRD vorstellte. Das Wohltätigkeitskonzert – hier ausdrücklich als »Musikshow« angepriesen – signalisiert natürlich die heimliche Suche nach einer neuen Funktion jenseits der Aufputschung von Kampf- und Opfergeist. Da ist es konsequent, wenn sich aus den Musikkorps zum Beispiel Kammerensembles, Streichquartette, Bläserquintette, je nach Erfordernis, herauslösen, die vorklassische bis romantische Konzertstücke vortragen, andererseits verschiedene Jazz- und Popbesetzungen bis hin zur Big Band, die den immer noch wachsenden Markt rund um die Standorte hin bedienen.

Tatsächlich haben die Musikkorps den größten Teil ihrer einstigen militärischen Zweckbeziehungen eingebüßt, so daß der Bundesrechnungshof schon nachgedacht hat, ob sich an den erheblichen Kosten für die Militärmusik in der Bundeswehr nicht Abstriche zwecks Rationalisierung vornehmen ließen. Dienstlich ist eigentlich nur noch die Feiergestaltung:

So wird zum Beispiel der Kommandowechsel in der Truppe vor der Front mit angetretener Truppe und einem Musikkorps durchgeführt. Bei Ministerwechseln oder beim Ausscheiden aus dem Dienst für drei und vier Sterne-Generale und Admirale wird ein Großer Zapfenstreich gegeben. Bei offiziellen Staats- und Regierungsbesuchen stellt die Bundeswehr zur Begrüßung bzw. ggf. zur Verabschiedung eine Ehrenformation. Je nach gegebenem Anlaß werden bei den Feiern auch Kammerorchester der Musikkorps der Bundeswehr eingesetzt. Generelle Richtlinien für den Einsatz bei solchen Veranstaltungen gibt es nicht.[285]

Ihrer ursprünglichen Funktion nach war Militärmusik immer Angriffsmusik. Soldaten marschieren – und marschieren vor. Vormarsch ist Angriff, und ehedem marschierten Militärmusiker mit, unterstützten durch Trommeln und Pfeifen den Gleichschritt zum Kampfe vorgehender Einheiten. Das tönende Symbol durfte ebensowenig fehlen wie die voranflatternde Fahne. Weil es das alles nicht mehr gibt, nicht mehr geben kann, entsteht die Frage nach vernünftigen Konsequenzen.

Ein einziges Land, begünstigt durch Blockfreiheit, hat bislang unter die Militärmusik einen Schlußstrich gezogen. Seit dem Sommer 1971 kennt Schweden keine Militärmusiker mehr. In der richtigen Erkenntnis, daß Musik nun wirklich nichts mit Strategie, Taktik und Verteidigungsnotwendigkeiten zu tun hat und auf militärische Lobgesänge verzichtet werden könne, erhielten die uniformierten Musiker kurzerhand Zivilstatus.

Ausbildungsklassen für Militärkapellmeister und für die musikalische Unteroffizierslaufbahn, die zuvor an der Musikhochschule Stockholm bestanden hatten, verschwanden auf Nimmerwiedersehen, als der letzte Student sie durchlaufen hatte. Die Reichskonzert-Organisation (IRK) setzte die ehemaligen Musiksoldaten – rund 600 Mann – dann im regionalen Musikbetrieb vorwiegend für Schul- und Jugendkonzerte ein. Je nach Erfordernis bildete man wechselnde Ensembles; dies gelang um so leichter, als die Ausbildung zum Militärmusiker die Beherrschung mehrerer Instrumente vorsah. Probleme entstanden lediglich vorübergehend aus der Tatsache, daß diese Musiker auf Blasinstrumente spezialisiert waren. Also zog man zunächst Laien und Musikstudenten hinzu, die Streichinstrumente spielen konnten, oder entwickelte ein Repertoire, das sich auf die klassische Bläserliteratur stützte. Der Übergang ins Zivile war ein Jahr lang sorgsam vorbereitet. Schließlich mußte damit gerechnet werden, daß Militärmusiker mit der gängigen Konzertliteratur ihre Nöte haben. Zwar hatten sie schon früher ab und zu öffentlich gespielt, Platzkonzerte und dergleichen; aber das war gewohnte Kost, Märsche, Operettenpotpourris, Volksliedarrangements... Um bessere Qualifizierung zu ermöglichen, engagierte das Institut für Reichskonzerte namhafte Orchesterdirigenten. Sie erteilten Dirigierkurse, gaben stilkundliche Nachhilfe. Die früheren Musiksoldaten lernten, klassische Sinfonien zu bewältigen. Sie übten sich in der Wiedergabe zeitgenössischer Standardwerke. Dies war nicht einfach. Ensemblespiel für Streichquartett etwa, Schlagwerkgruppe, ja, der Publikumskontakt, dies alles mußte vermittelt werden. Das IRK beschäftigte hauptsächlich Pädagogen von der Musikhochschule. Siegfried Naumann zum Beispiel bildete in Östersund aus, dann in Boden und Jönköping; Gert-Ove Andersson, Kjell Ingebretsen und der Karajan-Preisträger Okko Kamu unterrichteten in Linköping, Falun und Kristianstad. Es ging ums Gelingen der Rückschaltung in die zivile Existenz:

Die positivsten Erfahrungen dürften auf der psychologischen Ebene liegen. Die Militärmusiker haben erwiesenermaßen gediegene musikalische Kontakte erhalten, wurden mit einem aktiven zivilen Musikleben konfrontiert und erlebten jedenfalls ein stark inspirierendes Repertoire. Die Erlebnisse mit Lehrern und Musikern haben das Vertrauen der Militärmusiker in ihr eignes Können verstärkt.[286]

Nun wäre es denkbar, auch in anderen Ländern die Konsequenz aus dem schleichenden Funktionsverlust der Militärmusiker ähnlich geschickt zu ziehen. Musiksoldaten würden keineswegs arbeitslos werden, sondern gerade im regionalen Bereich eine Fülle von Aufgaben übernehmen können; ohnehin ist der Militärmusikdienst für das Gros nur Vorbereitung auf eine zivile Karriere in irgendeinem Orchester, in der Musikhochschule oder in der Musikschule. Gute Instrumentalisten – und gerade zum

Beispiel Holzbläser – sind da immer noch rar. Es bedürfte eben nur einer sachlichen, unsentimentalen Entscheidung. Vielleicht schafft der finanzielle Druck, was nüchterner Betrachtung bisher nicht glückte. Es mutet absurd an, wenn in Großbritannien, obwohl die Zahl der Kapellen in den Streitkräften zwischen 1984 und 1988 von 93 auf 81 zurückging, 62 Millionen Pfund Sterling – im Rechnungsjahr 1988/ 89 – für Militärmusik ausgegeben wurde. Diese stolze Summe macht nämlich 56 Prozent der gesamten Subventionen der Regierung für das Musikleben des Landes aus, einschließlich Operntheater, Ballettgruppen und Konzertensembles.[287]

In der BRD stehen der Abschaffung der Militärmusik und ihrer Integrierung in das von militärischen Ritualen freie zivile Konzertleben hauptsächlich Gefühlsvorbehalte entgegen. Die Anhänger des »klingenden Spiels« und seiner überlebten Traditionen möchten gewisse »Höhepunkte« nicht missen. Zu diesen gehört an erster Stelle ein lästerliches, inzwischen auch lächerlich gewordenes Ritual, das immer noch die Aufgabe von ehedem erfüllen soll, nämlich junge Männer durch die emotional zwingende Kombination von Fackelschein, Gottesbeschwörung und hymnischer Musik in den Zustand zu versetzen, der jede kritische Frage ausschließt: der Große Zapfenstreich. Die Dienstvorschrift schildert ihn so:

Der Große Zapfenstreich ist eine militärmusikalische Veranstaltung der Truppe. In der Bundeswehr gilt er neben dem feierlichen Gelöbnis als das bedeutendste militärische Zeremoniell. Der Kern des Großen Zapfenstreiches hat sich seit seiner Entstehung in der ersten Hälfte des neunzehnten Jahrhunderts trotz wechselnder Staats- und Gesellschaftsformen in unserem Lande unverändert erhalten. Der Große Zapfenstreich ist im Bewußtsein der Bevölkerung fest verankert. Im In- und Ausland gilt er als eindrucksvolles Zeremoniell deutscher Militärtradition.[288]

Der Unterton ist unverkennbar. Da spricht ein an der Sache nicht zweifelnder Bürokrat; er verschweigt dem Leser, daß dieses Ritual sich – »trotz wechselnder Staats- und Gesellschaftsformen« – keineswegs erhalten hat, sondern stets im Interesse der Machthaber und ihrer Militaristen erhalten worden ist, auch gegen Widerstände der Bevölkerung; denn es gab und gibt durchaus Schichten, in deren Bewußtsein der Zapfenstreich negativ verankert ist. Schließlich handelt es sich um imperiale Machtdemonstration, die sogar den Gott in Dienst stellt, jenen natürlich, der »Eisen wachsen ließ«, nur verschleiert als »Macht der Liebe«. Es war Wilhelm Friedrich Wieprecht, Direktor sämtlicher Musikchöre des Königlich-Preußischen Garde-Corps, der 1838 dieses Ritual einführte, für seinen König Friedrich Wilhelm III., den Reformfeind, der im Jahre zuvor – nach langjähriger Verfolgung der sogenannten »Demagogen« – die protestierenden Göttinger Professoren, darunter Jacob und Wilhelm

Grimm, hatte amtsentheben lassen. Die Monsteraufführung am 12. Mai in Berlin galt dem Staatsbesuch eines noch schlimmeren Despoten, des Zaren Nikolaus I. von Rußland, wo noch immer Leibeigenschaft herrschte. Wieprecht gab ihm mit allen Preußischen Musikkorps, ungefähr tausend Musikern und zweihundert Trommlern, die unverdiente Ehre. Diese Geburtsgeschichte des Rituals geriet bequemerweise in Vergessenheit. Nach 1871 ließ sich dann der Kaiser mit dem Großen Zapfenstreich huldigen, zum Beispiel auf Garnisonbesuchen oder an seinem Geburtstag. Um ihm gefällig zu sein, fügten die Militärmusiker bei diesen Gelegenheiten die Kaiserhymne der Spielfolge hinzu. Die Republik von Weimar, im Bestreben, Militärs zu trösten und im Ansehen aufzuwerten, die so sichtlich unter dem schmählichen Verlust des Ersten Weltkriegs litten, führte die neue Nationalhymne, das Deutschlandlied, in die kriegerische Schau ein. Spektakuläre Beachtung gewann der Große Zapfenstreich – willkommenes Sinnzeichen für den neuen imperialen Anspruch – im Hitler-Regime. Die Dienstvorschrift tut jene Periode, die tatsächlichen Vorgänge verschweigend, mit einem einzigen Satz ab, der eine Nebensache hervorhebt:

Bestrebungen in der nationalsozialistischen Zeit, den Gebetsteil zu verändern bzw. ganz abzuschaffen, konnten sich nicht durchsetzen.[289]

Es wären freilich mehr derartige Bestrebungen zu registrieren gewesen, nämlich solche bei der Nationalen Volksarmee der DDR, dem potentiellen Gegner also. Die DDR nahm das militärische Ritual am 1. März 1962 wieder auf... ohne den sentimentalischen Choral »Ich bete an die Macht der Liebe, die sich in Jesu offenbart«, der in diesem blutigen Zusammenhang freche Heuchelei ist. Hier war man sich bewußt, daß Symbole nicht lügen dürfen. Die unkritische Übernahme der vorbelasteten Tradition kam schon deshalb nicht in Frage, weil es um politischen Neuanfang ging:

Im Laufe der Geschichte konnte sich – wie so vieles aus dem progressiven Erbe – auch der Zapfenstreich nicht dem imperialistischen und militärischen Mißbrauch entziehen. Gebet und Choralgesang erleichterten es, mit Hilfe dieses Soldatenrituals die uneingeschränkte Macht von Monarchie, Militär und Kirche zu demonstrieren.[290]

Allerdings erfuhren auch hier die Leser nicht, daß das Ritual genau den imperialistischen und militaristischen Ursprung hat, der seine Nutzung – durchaus nicht mißbräuchlich, sondern typisch – in dieser Richtung überhaupt erst ermöglichte. Politisches Interesse an einem »zu Herzen gehenden« Feierakt unterdrückte verläßliche historische Information, ganz wie in der Bundesrepublik. Von Anfang an schnitten die Militärmusiker der DDR die Spielfolge ihres Großen Zapfenstreichs auf die Wunschrealität ihres Staates zu, und zu Ehren des X. Parteitages der SED schuf der Leiter des Zentralen Orchesters der NVA, Oberst Gerhard Baumann, eine ganz

Zapfenstreich auf dem Schiffenberg in Gießen, 1979: Foto: Gießener Anzeiger

neue erweiterte Zapfenstreichmusik. Sie wurde 1981 zum 25. Jahrestag der Streitkräfte der DDR vorgestellt. Die Presse schilderte diesen Festakt, der *Themen des revolutionären Kampfes – von »Des Geyers schwarzer Haufen« über »Der kleine Trompeter« und »Dank euch, ihr Sowjetsoldaten« bis zur »Internationale« – erkennen ließ. Unter präsentiertem Gewehr, dumpfem Trommelwirbel und einem Trompetensolo marschierte das Fahnenkommando zum Portal des Mahnmals, in dem blutgetränkte Erde aus faschistischen Konzentrationslagern und von Schlachtfeldern des 2. Weltkrieges aufbewahrt sind. Bei gesenkter Fahne und dem Lied »Unsterbliche Opfer« wurden die zahllosen Opfer und Helden des Widerstandskampfes feierlich geehrt. Ein Fanfarensignal leitete dann die Hymne der DDR ein. Mit einer hymnischen Bearbeitung des Liedes »Für den Frieden der Welt« von Dmitri Schostakowitsch und dem folgenden Vorbeimarsch der Ehrenformation endete der Große Zapfenstreich.*[291]
Solche politische Aktualität war zugleich die Gewähr dafür, daß selbst aufgeklärte, pazifistische Gruppen keine Abwehrhaltung entwickeln konnten. Anders in der BRD. Hier liegt die verfehlte Anknüpfung an die militaristisch-imperiale Tradition auf der Hand, die mit dem Auftrag der Bundeswehr völlig unvereinbar ist. Deswegen provoziert seit langem fast jede Aufführung des Großen Zapfenstreichs zum Teil erregte Diskussionen in der Öffentlichkeit, sogar unter besonnenen Kräften innerhalb der Bundeswehr.
Wie emotional beladen solche Kämpfe um ein »heiliges« Symbol ablau-

fen, zeigt das Beispiel Gießen. Aus Anlaß des 25jährigen Bestehens der Steubenkaserne in Gießen, wo das Raketenartilleriebataillon 52 stationiert ist, wollten die Militärs einen Großen Zapfenstreich veranstalten. Zur Mitwirkung vorgesehen: das in SS-Märschen firme Heeresmusikkorps 5, das ebenfalls dort zu Hause ist. In einer Magistratssitzung, in der zu entscheiden war, ob ein städtisches Grundstück, nämlich der Schiffenberg mit seiner romantischen Kulisse, dafür zur Verfügung stände, sah sich der Oberbürgermeister, der bereits feste Versprechungen gemacht hatte, überstimmt. Die Jungsozialisten hatten vorsorglich Protest angekündigt:

Ein Zapfenstreich sei nicht nur anachronistisch, sondern auch kontraproduktiv hinsichtlich einer von einem Großteil der Bevölkerung gewünschten Abrüstungs- und Verständigungspolitik.[292]

Der Stadtkämmerer begründete, weswegen der Festplatz nicht für diesen Zweck geeignet sei. Es gäbe eine Reihe von Veranstaltungen, Symbolen und Traditionen, »die die Bundeswehr nicht pflegen sollte, und zu denen Repräsentanten des öffentlichen Lebens nicht die Hand reichen sollten«. Dazu gehörten etwa Militärparaden, feierliche Gelöbnisse und auch der Große Zapfenstreich. Diese Veranstaltungen seien »in unterschiedlichem Maße militaristisch« und könnten »ein undemokratisches Bewußtsein fördern«.[293]

Nun setzte ein wildes Kesseltreiben gegen den Magistrat ein. Der Bataillonschef redete von »Zensur« und »Maulkorb«, obwohl er natürlich genau wußte, daß es lediglich um den Schiffenberg ging und die Veranstaltung selber, die ohnehin nicht der Jurisdiktion der Stadtverwaltung unterlag, in der Kaserne oder auf dem Sportplatz daneben hätte unbehelligt stattfinden können. Darum ging es aber nicht. Es ging um Machtdemonstration. Die Interessenten begannen eine weittragende Kampagne. CDU-Politiker in Bonn mischten sich ein; Hessens Ministerpräsident Walter Wallmann (CDU) trat als Scharfmacher auf und erklärte diesen »einmaligen Vorgang« als Beleidigung der Bundeswehr, ja der gesamten Bundesrepublik. Auch der Landtag nahm Stellung, obwohl der Magistrat, in eigener Angelegenheit souverän, nicht »von oben« legaliter gezwungen werden kann. Aber eben auf »moralischen« Zwang war es abgesehen. Die Stadt versuchte, mit einer Unterschriftenliste demokratische Basis zu demonstrieren; das Interesse der Bevölkerung war lau. Um das strittige Ritual nur ja an demokratischen Traditionen festzumachen – eine von der Bundeswehr erfundene Sprachregelung, um das Negativimage zu »widerlegen« –, belehrte eine Lokalzeitung, unbeleckt von Geschichtswissen, ihre Leser:

Der Zapfenstreich hat in seinen entscheidenden Elementen den Ursprung in der Zeit der Befreiungskriege von 1813. Der Name macht deutlich, daß die Landsknechte damals auf ein Kommando den Zapfen des Fasses zuzu-

schlagen oder zu streichen hatten. Danach gab es nichts mehr zu trin-
ken.[294]

Wenn nicht dieser elegante Salto über mehrere Jahrhunderte, so war es
der Druck der Kräfte, die zu politischer Differenzierung weder Mut
noch intellektuelle Kraft hatten, der das Stadtparlament am Ende
»überzeugte«. Nachdem auch die sogenannten »Republikaner« in das
Wehgeschrei eingestimmt, stand den Kritikern eine geschlossene partei-
politische Front derer gegenüber, die das Ohr am Puls des Wählervolkes
hielten, geführt von der CDU, abgedeckt von der FDP, flankiert vom
Bundeswehrverband. Mit freundlicher Hilfe von zehn SPD-Abgeordne-
ten, denen im entscheidenden Moment jegliche Zivilcourage abhanden
kam, entschied das Stadtparlament nun, daß der Schiffenberg doch für
den Großen Zapfenstreich jener Militärs zur Verfügung stehe, die gerade
eben bei einem »Tag der Begegnung« in der Kaserne, »Waffenschau« in-
klusive, Kinder auf Panzern und Kanonen herumklettern lassen hatten.
Die tönende Machtshow mit Hilfe dieses »bewährten« Rituals hätte anders ihren Zweck auch kaum so recht erfüllt; sie bedarf natürlich des
Publikums, eines möglichst arglosen und einfältigen, daher optimal zu
beeindruckenden, also eher eines zivilen Festplatzes anstelle des Kaser-
nenhofes, der bestimmte Erwartungen nahelegt. So geschah es dann
auch.

Solche Aktionen geben allerdings der Opposition gegen militärisches
Theater Auftrieb. Dabei spielt die jeweilige außenpolitische Situation
eine entscheidende Rolle. Es ist absehbar, daß die Militärmusik mit dem
weiteren Verlust ihrer herkömmlichen Funktionen – also Mordsmusik
und darüber hinaus – eines Tages zur Disposition steht. Wo immer aber
irgendeine Art von Abbau, von historischer Korrektur droht, beginnt die
Zeit der krummen Rücken.

Die krummen Rücken

Die Existenz von musikalisch begabten und interessierten Menschen unter Verhältnissen, die nicht sie selber bestimmten, sondern denen sie ausgeliefert waren, zeitigte immer wieder Folgen. Der Zwang zur Anpassung begünstigte so etwas wie eine gebückte Haltung. Starke Obrigkeiten verursachen krumme Rücken, und die sich produktiv dem Guten, Wahren und Schönen in der Tonkunst ergeben, sind besonders dem autoritativen Druck ausgeliefert. Dies geht bis zur Persönlichkeitsveränderung, und es endet ja vielleicht mit dem »neuen Menschen«, den die Machthaber in ihre Programme geschrieben haben, dem lenkbaren, fügsamen, keinesfalls aufmuckenden. Die Beschäftigung mit solchen Persönlichkeiten, und das ist in der Tat ein rätselhaftes Phänomen, scheint posthum noch ansteckend. Krumme Rücken sind auf geheimnisvolle Weise übertragbar wie einst die Pest, selbst dann noch, wenn die damaligen Machtverhältnisse längst einem grundgesetzlich abgesicherten parlamentarischen System Platz gemacht haben.

Wir müssen nicht nur diesen großen Komponisten verehren, sondern auch einen wirklichen Helden. Zum völligen Mißerfolg in einer tauben Welt der Unwissenheit und Gleichgültigkeit verurteilt, blieb er unerschütterlich dabei, seine Diamanten zu schleifen, seine blitzenden Diamanten, von deren Minen er eine so vollkommene Kenntnis hatte.[295]

Mit diesen poetischen Worten schaltete sich einer der Großen der Musik des 20. Jahrhunderts in den vielstimmigen Chor ein, der dem österreichischen Avantgardisten Anton Webern huldigte. Igor Strawinsky war es, der solcherart einen Trauertag für die Musikwelt ausrief, mehr noch: einen Tag der tätigen Ovation. Es ging um ein musikalisches Œuvre von atemberaubender Konsequenz, aber auch um ein kärgliches, nicht eben mit Erfolgen reich gesegnetes Künstlerleben, und am Ende wohl auch um einen unzeitigen Tod von dummer Grausamkeit des Schicksals. Man schrieb 1955. Seit einem Jahrzehnt war Webern, erschossen von einem US-Besatzungssoldaten, nicht mehr am Leben und eigentlich schon fast vergessen. Die Veranstalter in Deutschland und Österreich holten nach, gewiß. Aber sie begannen lieber da, wo Publizität und Wiedergutmachung an Künstlern der Emigration zusammengingen. Und sie nahmen, weil dies so bequem war, musikpolitische Anregungen der Besatzungsmächte auf. Die Wiederentdeckung und Wiedererweckung des Schönberg-Schülers Webern konnte warten. Als die Universal-Edition in Wien begann, die seit Mitte der dreißiger Jahre vernachlässigte Publikation von Partituren des Komponisten nachzuholen, stand durchaus noch nicht fest, ob sich das verlegerische Risiko lohnen werde.

Wo immer der erste Funke sprühte, läßt sich nicht mehr ausmachen. Aber die Akzeptanz Weberns verbreitete sich wie ein Lauffeuer. Unterschiedliche Motive wirkten zusammen. Plötzlich taten sich Konzertveranstalter, Rundfunksender und Festivalmacher als Entdecker hervor, im Hintergrund der Verleger, der sein Werbepotential an strategischen Punkten konzentrierte. So gelang binnen kurzem so etwas wie eine Wiederauferstehung des Komponisten durchaus auch in metaphysischem Sinne. Denn nun strömten ihm die Jünger zu; eine Mehrheit des kompositorischen Nachwuchses machte sich auf und folgte ihm nach. Weberns Stil und kompositorische Technik gewannen nicht nur Aktualität, sondern so etwas wie Heilscharakter; sie schienen nun – anders als zu Lebzeiten des Meisters – automatisch erfolgversprechend. Aus einsamer Randlage des Musikbetriebs rückte diese Art musikalischer Ausdruck in den Brennpunkt. Ein ebenso fähiger wie fleißiger Propagandist der neuen Musik faßte bewundernd zusammen:

Die Musik Anton Weberns erwartet vom Zuhörer ein gefühlsmäßiges Aufmerken, ein naives Zuhören, eine Bereitschaft, die nichts anderes soll, als die Musik auf sich einwirken zu lassen. Der Hörer, der sich bei der Musik Weberns in den Zustand zurückfindet, in dem man draußen in der Natur den unendlichen Stimmen lauscht, in denen die Natur gleichsam in der Stille redet, ist bereit für die Sprache dieser Musik. Denn Weberns Musik ist, wie es Theodor W. Adorno ausdrückte, ein Gestus des Lauschens, eine Musik der absoluten Innerlichkeit, die Sprache eines extremen Lyrikers, ein Echo auf wirkliche und imaginäre Laute. Zwischen dem Innen und Außen im Verhalten der Seele gibt es bei Webern keine Differenz mehr. Das Naturgefühl ist kreatürlich und zugleich völlig vergeistigt. In der Aufhebung dieses Widerspruches liegt das Wunder des schöpferischen Ingeniums Weberns.[296]

Die Sprache des sonst maßvollen, ja nüchternen Autors verrät etwas vom Enthusiasmus des Aufbruchs. Freilich blieb diese Bewegung fachintern. Die große Masse der Musikfreunde war weder mit Webern selber noch mit seiner Nachfolge zu gewinnen. Doch mußte diese sich den Gefahren des freien Marktes gar nicht aussetzen. Schließlich sprang der Rundfunk in seiner neuen Funktion des Förderers der neuen Musik ein. Sein Kompositionsauftrag bedeutete allemal mehr als das Publikumsecho im Konzertsaal. Zu gewinnen war jedenfalls ein wenig Teilhabe an jenem »Wunder des schöpferischen Ingeniums«.

Allerdings beruhte die technische Nachfolge Weberns keineswegs ausschließlich auf dem Willen des Nachwuchses, Wirkung zu erzielen und Erfolg zu haben. Ein starkes bekennerisches Element jenseits der seriellen Aufbereitung kam hinzu, gab in vieler Hinsicht sogar den Ausschlag. Es ging um Politik. Verdrossen notierte ein Gegner des »Entarteten«:

Da kam Hitler mit seinen Verboten. Und nun ging der Extremismus in die

Emigration. Dort aber, wo diese Dinge bis dahin gar keine besondere Rolle gespielt hatten, wurden sie plötzlich zur Repräsentanz der verfolgten Geistesfreiheit. Sie bekamen zugleich einen politischen Akzent (...), durch den sie zur Ehrensache der freien Welt wurden. Und unter dem Schutze dieses politischen Akzents, mehr noch: mit aller materiellen Unterstützung, die ihr im Lichte dieser politischen Bedeutung zukam, wurde die Zwölftonmusik 1945 als wichtigster Bestandteil der Reeducation nach Europa zurückverpflanzt.[297]

Hatte Webern denn überhaupt etwas mit Politik zu tun? Er lebte doch abseits der »großen Zeit« und ihrer einschneidenden Ereignisse. Abgesehen vom Kriegstod seines Sohnes, holte ihn die Realität im letzten Augenblick ein – und nun so massiv und unwiderruflich, daß sie den Tod brachte. Auch seine Musik hielt sich von Geschichte und Politik entfernt, als sei sie bewußt ausgesondert und vor jeder außermusikalischen Benutzung geschützt. Da drang keine Schlagzeile, kein historischer Augenblick, kein Geräusch der Straße ein. Die Tagesrealität auf dem Höhepunkt der »austrofaschistischen Diktatur« 1935 hinterließ im Œuvre nicht die geringste Spur. Solche Musik war für keinen Anspruch des Staates und der Politik brauchbar. Sie schmückt keine öffentlichen Rituale, fördert nicht den Marschtritt von Paradesoldaten; sie schüfe als Umrahmung für Auftritte von Staatsmännern weder Jubelstimmung noch weihevolle Ergriffenheit. Gerade dadurch aber, daß sie sich politischer Anwendung entzog, gewann sie ihre Beziehung zur Politik, nicht affirmativ, sondern als scheinbarer Widerspruch gegen die Barbarei.

Mitte der fünfziger Jahre hatte sich jedenfalls ein klares Bild dieser Zusammenhänge herauskristallisiert. Journalisten, Rundfunkautoren, die Universal-Edition wurden nicht müde zu versichern, daß Webern, eben weil er den Nazis verhaßte »entartete« Musik schrieb, im Reich Hitlers verfemt und verboten gewesen sei. Zu den Verfolgten habe er gehört, daher so gut wie im Untergrund leben müssen und als Reaktion auf Drangsalierung eben tapfere antifaschistische Haltung an den Tag gelegt. Diese Verknüpfung von Ursache und Wirkung hatte bestechende Logik. Weberns Biographie zeugte zudem für eine gewisse Konsequenz der Haltung. Ein Künstler der – trotz adliger Abkunft – in den zwanziger Jahren Arbeiterchöre betreut und Sinfoniekonzerte fürs Proletariat dirigiert hatte, so einer mußte sozialistischen Idealen anhängen. Erklärbar daraus wäre dann auch sein Antifaschismus. So rundete sich das Bild. Der Enthusiasmus der Webern-Jünger brauchte sich nicht auf Stil und Struktur zu beschränken. Er konnte das politische Bekenntnis aufnehmen. Nun erst schien der ganze Webern entdeckt. Wer ihm nachfolgte, wer – wie er – seriell komponierte, der übte sich in antifaschistischer Aktion. Das wuchs sich zur Mode aus:

Ans Licht kamen in dieser Zeit, unsere Imagination überfordernd, die pa-

ranoiden Greuel der militanten Bourgeoisie, die ganz Europa in ein Kon-
zentrationslager verwandelt hatten. Während viele Überlegungen angestellt
wurden, wie es möglich sein konnte, daß eine Nation so tief unter ihr Ni-
veau sinken mußte, in eine Schande, die in Jahrhunderten nicht reinzuwa-
schen ist, lernten wir, daß Musik abstrakt ist, in keinen Zusammenhang zu
bringen mit dem Verlauf des Lebens, daß unveräußerliche Werte in ihr be-
herbergt liegen (aus diesem Grunde eben hatten die Nazis die zur absoluten
Freiheit drängenden Werke der Moderne aus dem Verkehr gezogen), in-
kommensurabel. (...) Alles mußte stilisiert werden, abstrahiert, Musik be-
trachtet als Glasperlenspiel, Versteinerung des Lebens. Disziplin stand auf
der Tagesordnung.[298]

Das war auf Webern gemünzt. In der Tat: So zu komponieren wie er,
mußte auf ein Bekenntnis gegen Hitler hinauslaufen, war Solidaritätser-
klärung. Seriell demonstrierten die Jungen, wo sie politisch standen. Dies
schuf einen nützlichen Nebeneffekt. Jede Mißfallenskundgebung im Publikum, jede abfällige Kritik eines Rezensenten konnte nun leicht als faschistisch denunziert werden. Die politische Aura des kompositorischen
Messias strahlte auf seine Jünger herab, ja sogar noch auf bloße konjunk-
turbewußte Nachahmer.

Allerdings blieben Eintrübungen dieses heilen und bequemen Vorbildes
nicht aus. Karl Amadeus Hartmann zum Beispiel erzählte schon früh und
freimütig, Webern sei eigentlich ein Nazi gewesen; als zeitweiliger Schüler des Meisters erinnerte er sich mancher Gespräche, die solchen Schluß
nahelegten. Wer nur inbrünstig genug glaubte, konnte dies noch als Kol-
legenneid abtun. Und jener Brief, in dem Arnold Schönberg vom »Nazi-
Webern« schrieb[299], blieb ein für allemal verschollen, so daß kein Unheil
zu befürchten war. Der Ruhm der posthumen Entdeckung dämpfte häßliche Gerüchte, und der Verlag, der die Wahrheit kannte, schwieg. Auch
die Biographen malten in freundlichen Farben:

Webern hatte für politische Phrasen kein Organ und für lärmende Demon-
strationen und Manifestationen als stiller, in sich gekehrter, schöngeistiger
Mensch schon gar nichts übrig.[300]

Als Tatsachenfeststellung machte das Sinn; aber mit Negativbeweisen ist
das immer so eine Sache, obwohl der Biograph gewiß nicht irrte, wenn er
ergänzte:

Und für antisemitisches Vokabular konnte Webern mit seiner Verehrung für
Mahler, Schönberg und den ehemaligen Lehrer Guido Adler sich über-
haupt nicht erwärmen.[301]

Allerdings war Nationalsozialismus mehr als nur dieses, und so mutet die
Schlußfolgerung, das Hochglanzporträt des Helden, dann auch arg
schönfärberisch an:

So nimmt es nicht weiter wunder, daß Webern für die Grundsubstanz
der nationalsozialistischen Weltanschauung nichts Positives empfinden

konnte, also dem ganzen Komplex Faschismus – Nationalsozialismus und seiner dazugehörigen Welt denkbar fernstehen mußte. Und das unaufhaltsame Hintreiben und Hinarbeiten des Nationalsozialismus zum Kriege tat ein übriges, um ihn, den überzeugten Pazifisten, dem braunen Ideengut so ferne als nur möglich zu halten.[302]

Einige Jahre später arbeitete ein anderer Biograph das Moment der politischen Verfolgung Weberns liebevoll heraus. Der Anlaß schien Anknüpfung zu gebieten. In einer üblen Hetzschrift, die als »Abrechnung« gedacht war, hatte Staatsrat Dr. Hans Severus Ziegler 1938 Juden und Atonale als »Kunstbolschewisten« verdammt. Zwar war Webern im Text nicht erwähnt. Der Völkische Verlag in Düsseldorf hatte aber die Broschüre mit Fotos der sogenannten »Systemgrößen« garniert, übrigens ohne Abstimmung mit Ziegler, und eines der Bilder zeigte Webern. Da fand der Biograph sein Argument:

Ein Komponist wie Webern, den man aus rassischen Gründen nicht angreifen konnte, war solcherart stilistisch als zersetzendes Element gebrandmarkt, er mußte einer solchen Musikschau notwendigerweise auch als Interpret verdächtig sein, als Pädagoge geradezu jugendgefährdend.[303]

Soweit Walter Kolneder. Er, der alsbald nach dem »Anschluß« Österreichs NSDAP-Mitglied wurde, konnte – im Bewußtsein eigener persönlicher Kompromittierung – fraglos nicht das nötige Maß an Objektivität in der Beurteilung seines Helden aufbringen; er hatte schließlich die Aufdeckung seiner eigenen politischen Vita zu befürchten. Der nächste Biograph differenzierte anhand von mehr Information schon vorsichtig und faßte dann zusammen:

Anton Webern war also in dieser Situation ein Mitläufer wie Millionen andere, ein naiver Eiferer mit seiner eigenen Philosophie. Gewalt war ihm ebenso fremd wie Diffamierung. Aber einen Glauben an hierarchische Abstufungen und – damit verbunden – eine Hörigkeit und ein unreflektiertes Obrigkeits-Vertrauen kann man bei ihm nicht ausschließen.[304]

Hier klingt leise Kritik durch, gewiß. Sie wird aber sogleich mit Relativierung zugedeckt: ein Mitläufer also und im Grunde Opfer der Verhältnisse. In diesem Tenor stimmte auch die bislang letzte Biographie wieder ein. Zwar zitierten die Autoren ausgiebig aus Briefen des Komponisten, in denen er die Eroberungszüge Hitlers enthusiastisch begrüßte und ein Gedicht von Stefan George als Weissagung vom Großdeutschen Reich unterm Hakenkreuz entschlüsselt; aber solches, sagten sie, käme von außen, sei Verführung gewesen:

Weberns gesamter Habitus, von seiner adeligen Herkunft bis hin zu seinem geradezu chauvinistischen Glauben an die Vormachtstellung der deutschen Musik, ließ ihn prädestiniert erscheinen für jede Art von Patriotismus, die ihn mit dem Ausbruch des Konflikts dazu trieb, sich hinter die Sache der Nation zu stellen.[305]

Aber dann legten sich die Autoren – und ihre Verehrung für das Objekt ihres Interesses schmolz sichtlich zusammen –, unangenehm berührt, die Frage vor:

Wie brachte Webern es fertig, diese pan-germanischen Ideale mit seinen persönlichen Loyalitäten und künstlerischen Überzeugungen, die so untrennbar miteinander verknüpft waren, in Einklang zu bringen? Kein anderer außer ihm selbst könnte diese brennende Frage beantworten.[306]

Das muß wohl so eine Art unentrinnbares Schicksal gewesen sein... und was an Antwort wartete, steckte in der archivalischen Hinterlassenschaft des NS-Regimes. Wer freilich nicht sucht, findet auch nicht. Also blieb offen, weswegen man hoffen sollte, daß einer, der 1938 – in diesem geschichtlichen Augenblick – aus seinem privaten Traumreich auf die harte Erde gerissen wird, reagiert. Musikalisch gewiß nicht. Das Streichquartett op. 28 verrät nicht die Spur einer Beziehung zu den umwälzenden Ereignissen des Jahres. Eine immerhin demokratisch gewählte Regierung weicht der Drohung Hitlers; der empörende Truppeneinmarsch auf der einen Seite und die spontane Zustimmung einer Mehrheit der Österreicher auf der andern vollendeten den »Anschluß«. Konnte ein Musiker, wenn er Gegner des Regimes wäre, im Werk so perfekt schweigen? Weberns Musik vertritt in der Tat den Gestus des Schweigens. Sie ist vergleichbar einem Bild, das Brecht wählte, jenem »Gespräch über Bäume«, das »fast ein Verbrechen ist, weil es ein Schweigen über so viele Untaten einschließt«. Sie bildet das tönende Symbol für Nie-dabei-gewesen-sein-Wollen. Reichte es aber hin, daß Webern keine »Befreiungshymne« in liedhaft-jubelndem Dur und auf huldigenden Text »Heil Hitler, unser Retter du!« komponierte – wie jener andere »Atonale«, der Schönberg-Schüler Hanns Jelinek? Wer immer über Webern schrieb, hätte den ganzen, den politischen Hintergrund ermitteln können; sie alle begnügten sich mit halben Antworten.

Seit dem Ende des NS-Regimes birgt das Document Center in Berlin einen Aktenvorgang, der die volle Antwort enthält. Verbot es die Liebe zu dem Komponisten, seine Aura des Heroischen, genau da nachzuforschen, wo die Chance einer sensationellen Entdeckung so nahelag wie in dieser Sammlung der papiernen Hinterlassenschaft der Nationalsozialisten? Das Thema Webern im 3. Reich ist jedenfalls durch keinen der Biographen abgerundet. Beginnen müßte es so:

Weil die Lehren Hitlers in der Familie Webern schon seit Jahren gut bekannt waren, gehörte sie zu den Österreichern, die das Großdeutsche Reich begrüßten. Der Sohn Peter war schon während der Verbotszeit der NSDAP in der Republik, also illegal, Nationalsozialist geworden. Das Regime quittierte so viel Eifer 1938 gleich mit seiner Ernennung zum Politischen Leiter. Die jüngste Tochter wurde Mitglied des »Bundes Deutscher Mädel« (BDM), der Organisation Hitlers für die weibliche Jugend. Vater Webern zeichnete sich als gläubiger Leser der NS-Presse aus. Diese Fakten ermittelte das Personalamt der Gauleitung Wien der NSDAP. Webern selber veranlaßte diese Recherche und bekam ein glänzendes Führungszeugnis: Er sei zwar früher sozialdemokratisch eingestellt gewesen, bekenne sich jetzt aber zum NS-Staat und sei daher in politischer Hinsicht unbedenklich.

Die Aktenüberlieferung beginnt mit einem getippten Brief des Komponisten, datiert auf den 9. November 1940, den Jahrestag von Hitlers Putschversuch an der Feldherrnhalle in München. Dies mochte ein hilfreicher Zufall sein. Kein Zufall war die Adresse. Der Brief ging nach Berlin SW 11, Bernburger Str. 19. Keine gewöhnliche Anschrift. Hier residierte die Reichsmusikkammer. Das angebliche Opfer der braunen Musikpolitik korrespondierte ausgerechnet mit der Schaltstelle eben dieser Musikpolitik. Und was versprach sich Webern von der Empfehlung des Musikwissenschaftlers Prof. Dr. Georg Schünemann? Nun ja, das war doch wohl Kalkül. Eingeweihte wußten, daß Schünemann auf der Honorarliste des Einsatzstabes Reichsleiter Rosenberg stand und an der Bearbeitung der besonders im besetzten Frankreich geraubten Musikalien beteiligt war. Eines solchen Mannes Empfehlung war Geld wert. Und um dieses ging es tatsächlich. Für verarmte Künstler existierte ein vom Minister Dr. Goebbels ins Leben gerufener millionenschwerer Sozialfonds namens »Künstlerdank«. In seinem Brief an den Treuhänder der Sparte III Musik dieser Stiftung schilderte Webern zunächst seinen bisherigen Werdegang. Daß er die Tätigkeit für den Wiener Arbeiter-Singverein verschwieg, ist verständlich. Er betonte seine internationale Wirkung, zumal die pädagogische und die als Rundfunkdirigent, und kam auf seine derzeit mißliche Lage zu sprechen:

Wiewohl nun meine Heimat von alledem Kenntnis haben mußte, ist dennoch ausgeblieben, was zu erwarten ich mich schließlich berechtigt glaubte, nämlich, daß mir endlich eine gesicherte Stellung, insbesondere auf Grund meiner Lehrtätigkeit, geboten würde. Aber im Gegenteil: mit der Zunahme der innerpolitischen Schwierigkeiten meines Landes, vor allem seit dem Jahr 1934, wurde das immer aussichtsloser! Bald mußten sich aber diese Zustände auch auf meine private Tätigkeit auszuwirken beginnen: es sank die Zahl der Schüler, Ausländer blieben aus, meine Dirigententätigkeit, die sich zuletzt nur mehr auf gelegentliche Fälle am Radio beschränkt hatte, nahm schließlich ein völliges Ende, weil man ja nur mehr Leute einer bestimmten politischen Richtung (der »vaterländischen Front«) berücksichtigte. So war ich, als 1938 der Anschluß an das Deutsche Reich kam, in eine höchst schwierige Lage geraten.[307]

Aber auch nun erfüllten sich die Hoffnungen nicht. Die Veranstalter Großdeutschlands mieden seine Partituren. Zwar hatte er als Mitglied der RMK das Recht zur Komposition und Aufführung in der Öffentlich-

Fragebogen betr. Spende „Künstlerdank" (KD.) 8567

1. Name des Antragstellers: (der Antragstellerin)	Dr. Anton von Webern
	(Familienname, Vorname, bei Frauen auch Geburtsname)
	(Künstlername)

2. Wohnort evtl. Postanstalt:	Wien XXIV. Maria Enzersdorf
3. Straße und Nr.	Im Auholz 8
4. Geboren am:	3. Dezember 1883 in Wien
5. Berufsbezeichnung:	Komponist

6. Wie lange waren Sie künstlerisch tätig? Wo und in welchem Jahre zuletzt? Beruflicher Werdegang mit Jahresdaten. Falls vorhanden: Angabe eigener Werke und Schicksale derselben:	Seit 1908 ohne Unterbrechung Wien, 1940 Musikwissenschaft an der Wiener Universität u. privates Studium der Komposition [1902 – 1908] Theater-Kapellmeister bis Kriegsausbruch [Wien, Danzig, Stettin, Prag.] Seit 1918 als Lehrer für Komposition, Chor- u. Orchester dirigent in Wien - Konzerte im In- u. Ausland [u.a. seit 1929 alljährlich Radio London] sowie Radio Wien [1924-1934] insbesondere Schüler aus dem Ausland	6a) Mitglied-Nr. Vorläufige Wiener Nr. 2341 der Reichs - Musik - Kammer Fachschaft Komposition u. Fachschaft Musikerzieher" sowie der „Bühne"
	Bisher 30 Werke erschienen im Musikverlag Universal-Edition Wien [Spezial-Katalog] viele Auslandsaufführungen; u.a. England, Amerika, Frankreich, Spanien	

Dieser Platz ist freizulassen

1.) Min. Korr. v. 6.3.41 Nr. 291

Auszahlung

Erste – weitere – letzte – Unterstützung von: 250.- XM

(Datum) (Unterschrift)
24. 2. 41 Hugo Rasch

25390

keit. Er wußte, daß Goebbels »arischen« Neutönern gegenüber tolerant, manchmal sogar aufgeschlossen war. Dennoch umgingen ihn die Organisatoren des Musiklebens. Dies lag jedoch nicht daran, daß irgendein Verbot vorgelegen hätte. Der allgemeine Boykott jüdischer Musik betraf ihn nicht. Formelle Verbote wegen »Entartung« fielen durchweg in den Bereich Unterhaltung. Es gab aber damals – wie seit eh und je – ein doppeltes Interesse der Veranstalter. Sie wollten volle Säle und gute Abendkasse. Dafür schied Webern aus, war einfach nicht wichtig. Lediglich seine Bearbeitungen von Partituren Bachs und Schuberts hatten eine Chance. Obwohl sie gedruckt vorlagen, bemühte sich der Verlag aber nicht sonderlich, sie anzubieten; kein Wunder, denn in der gleichgeschalteten Universal-Edition gaben stramme Nationalsozialisten den Ton an, die sich und das jüdische Unternehmen nach oben absichern wollten. Wohl wäre dies annehmbare Musik gewesen. Weberns Orchestersatz verfälschte die Klassiker durchaus nicht, sondern romantisierte sie ein bißchen. Aber selbst damit kam er kaum zum Zuge. Seine Situation wurde daher so schwierig, daß er der RMK klagte:

Nun aber hat diese seither noch immer keine Änderung erfahren!!! Noch immer befinde ich mich, trotz aller Bereitwilligkeit zur Mitarbeit in völliger Isolierung, die ich mir nicht anders als aus der Besonderheit der Verhältnisse im Wiener Musikleben zu erklären vermag, unter der ich schon seit je zu leiden hatte![308]

Eine deutliche Aufforderung, ja ein Angebot an die musikpolitische Obrigkeit. Die reagierte routiniert. Zuerst mit Fragebögen und Begutachtung der wirtschaftlichen, beruflichen und persönlichen Verhältnisse des Antragstellers. Die NSV befürwortete das Gesuch. Der Landesleiter Wien der RMK riet ab, weil Webern 225 Mark im Monat verdiene und zwei der Kinder im Haushalt auch noch 270 Mark heimbrächten. Der Treuhänder erkannte:

Anton von Webern ist künstlerisch reichlich verschroben, jedoch zweifellos von Überzeugung für sein Werk und hohen Idealen erfüllt.[309]

Für die Ministervorlage – Goebbels behielt sich stets die letzte Entscheidung über solche Zuwendungen vor – faßte die Dienststelle Künstlerdank zusammen:

(...) seine Art zu komponieren subjektiv-intellektuell dem Schönberg-Kreis nahestehend! politisch ohne Bedenken (Sohn illeg. Parteimitgl.), Notlage in seiner Art zu Komponieren begründet, Spende möglich![310]

Das war kein unverschuldet in Not Geratener, konnte Goebbels der Vorlage entnehmen; kein Schicksalsschlag, sondern persönliche Verschrobenheit. Gleichwohl unterschrieb er Anfang März 1941 den Bewilligungsbescheid. Nun war es üblich, trotz der Größe des Fonds solche Zuwendungen bescheiden zu halten. In der Regel erhielten die Antragsteller 100 bis 150 Mark. An Webern ging der außergewöhnlich hohe Betrag von 250 Mark.

Dies ist ein Indiz. Die braunen Funktionäre sahen ihn auf ihrer Seite. Der schöpferische Eigenwille störte nicht; er wirkte schließlich nicht gegen Partei und Staat. Was Webern schrieb, nützte dem Regime nicht und schadete ihm nicht, und so half die Goebbels-Spende dem Komponisten, komplettiert durch einige kleine Gaben aus Gau-Mitteln übrigens, in Ruhe die 2. Kantate auf Worte von Hildegard Jone zu Ende zu bringen. Das spätere Angebot einer Professur an der Musikakademie Wien bestätigt den Vorgang; indem er darauf bestand, über Schönberg zu lehren, durchkreuzte er sich diese Lösung seiner Probleme.[311]

Die RMK kam ihm sogar weiter entgegen und befreite ihn später von der Mitgliedschaft; dies war nach der 1. Durchführungsverordnung zum Reichskulturkammergesetz in Fällen möglich, in denen die Beschäftigung eines Künstlers nur minimalen Umfang aufwies, weder Partituren im Druck erschienen noch nennenswerte öffentliche Aufführungen zustande kamen. Es war ein Wartestand auf Widerruf, der seine Arbeitserlaubnis nicht berührte, ihm jedoch Beiträge ersparte. Wer mit der Mark rechnen mußte, für den war auch dies ein Geschenk. Der krumme Rücken lohnte sich.

Bleibt der historische Irrtum der Nachfolger-Generation, der den von Webern entliehenen seriellen Stil nun einer Politik überstülpte, die das Gegenteil dessen ist, wofür sein Erfinder einst gestanden. Der Beweis liegt auf der Hand, daß musikalische und politische »Fortschrittlichkeit« insofern nicht zusammengehen, als ein Faschist oder ein Kommunist durchaus in Webernschen Strukturen Musik erfinden kann, ohne sich damit gleich ideologisch zu deklarieren. Was dennoch geschah, hat Mauricio Kagel, hintergründig-humorig besorgt, einmal kritisch aufgespießt:

Leider sehe ich auch Komponisten an der nächsten Chile-Kantate arbeiten, in der die Schreckenstaten der Militärdiktatur in säuberlich organisierten Tonreihen disponiert werden, oder an einem Griechenland-Oratorium für Soli, Chöre, Orchestergruppen und elektronische Klänge, mit gut hörbaren Opferschreien und Foltergeräuschen, damit das internationale Publikum das Engagement spürt. Und das Wort Freiheit wird durch den Klangwolf des Synthesizers so lange moduliert, bis man es deutlich mißversteht. (...) Und schließlich erhebt sich das leidende Proletariat aller Länder im Zeichen der Dankbarkeit, wenn Komponisten durch Tonsetzung des Marxschen »Kapital« sich mit ihm solidarisieren.[312]

Die Musikgeschichte – kein ewiges Völkerschicksal, sondern von Menschen gemacht, die mitten unter uns leben – kennt viele, eigentlich absurde Begegnungen, darunter einige ganz wahnwitzig dadurch, daß sie den krummen Rücken in der Pose des klassischen Kotaus erstarren lassen. Da existierten zwei Musiker, einer diesseits, einer jenseits der Frontlinie, die 1933 von den NS-Machthabern quer durch das Volk gezogen worden war. Der eine starb, erst 45 Jahre alt, damals in jener schrecklichen Zeit, als so viele Menschen jung sterben mußten, weil sie angeblich einer minderwertigen Rasse angehörten. Der andere feierte zu Weihnachten 1990 seinen 77. Geburtstag, in guter Gesundheit und geehrt nicht nur als Komponist und Musikwissenschaftler, sondern auch als Entdecker und Nachlaßpfleger seines zu früh dahingegangenen Landsmanns und Berufskollegen. Denn auch der jüdische Musiker Viktor Ullmann war sozusagen ein böhmischer Musikant, wenngleich österreichischer Staatsangehörigkeit. Der Zufall der Geburt brachte das mit sich. Die kleine Stadt Teschen, wo sich Polnisches, Mährisches und Deutsches mischte, lag damals ungeteilt im österreichischen Schlesien; rund 13 000 Seelen mit Kreisgericht, Bezirkshauptmannschaft, Zollamt und einem katholischen Generalvikariat, dazu passende Schulen einschließlich eines adligen Konvikts und eines evangelischen Alumneums, Museum, Sparkasse, Theater. Eher bescheidene Fabriken stellten Garne, Stoffe, Möbel und Wagen her; sie brauten Bier und brannten Schnaps, und der Bahnhof, Kreuzungspunkt zweier Nebenlinien, diente lebhaftem Handel. Aber dieses Teschen war nicht der richtige Ort, wo sich ein begabter Musiker hätte hoffnungsvoll entwickeln können. Wer immer konnte, entfloh dieser gutbürgerlichen Enge. Wien, die Metropole, übte einen unwiderstehlichen Sog auf die Provinz aus.

Ullmann ging dann auch in Wien aufs Gymnasium, danach auf die Universität. Hier stieß er auf Schönberg und begeisterte sich für seine Art zu lehren, zu denken und Gedanken in Musik zu setzen. Wieder einmal erwies sich Schönberg als einflußreicher Lehrmeister. Inzwischen brach das Kaiserreich zusammen. Ullmanns Vaterstadt lag nun in der tschechoslowakischen Republik. Nationalität war fortan weniger vieldeutig. 1919 wechselte der Kompositionsschüler nach Prag zu Heinrich Jalowetz. Doch gab er Wien nicht auf, sondern studierte hier bei Eduard Steuermann Klavier. Die einstige Hauptstadt war noch immer gut für geradezu revolutionäre künstlerische Anregungen; die neue – Prag – stellte gleichsam die tragende Plattform. Schon während des Studiums fing Ullmann hier als Chordirektor und Kapellmeister am Deutschen Theater an. Eine überdurchschnittliche Karriere zeichnete sich ab. 1927 holte ihn das Stadttheater Aussig an der Elbe als Opernchef, dann das Schauspielhaus Zürich als Komponisten und Kapellmeister der Bühnenmusik.

Aber solche Funktionen konnten nicht darüber hinwegtäuschen, daß freies Komponieren das eigentliche Metier dieses begabten Musikers war, und dies keineswegs im Sinne Smetanas oder Dvořáks. Wer Schönbergs Schule durchlaufen hatte, konnte wohl nicht mehr zurückschauen. Ullmann stand ein für allemal auf der Seite der Avantgarde. Geist und Esprit, das Neue in jeder Form, die Wortgefechte um Ästhetik, Inhalt und Form zogen ihn an. Er trat, als könne dies gar nicht anders sein, der Literarisch-Künstlerischen Vereinigung in Prag bei. Mit gleicher Selbstverständlichkeit gehörte er der tschechoslowakischen Sektion der Internationalen Gesellschaft für Neue Musik an. Erste Aufführungen stärkten sein Selbstbewußtsein. Sogleich erhielt er von der Kritik ein Etikett: der Atonale, der Bilderstürmer, der – angeblich – keine Tradition gelten lasse. Die IGNM präsentierte ihn auf nationalen und internationalen Festivals: Ullmann, eine Hoffnung der neuen Musik der ČSR weit über Leoš Janáček hinaus...

Aber dann war plötzlich alles vorbei. Hitler ließ seine Wehrmacht marschieren, zuerst ins Sudetenland und hier scheinbar legal auf Grund des England und Frankreich unter Druck abgehandelten Abkommens von München, dann und nun ohne Zustimmung der westlichen Regierungen nach Prag. Es galt, das Reich zu arrondieren, Berlin und Wien ohne Umwege zu verbinden. Das deutsche Besatzungsregime führte die üblichen Zwangsmaßnahmen gegen die Juden ein, nur härter und weniger getarnt als im Reich. Der Krieg enthob die von SS durchsetzte Verwaltung auch der letzten etwaigen Bedenken. Jüdischer Geist vor allem war zu isolieren und am Ende auszurotten; denn in ihm witterten die Statthalter Hitlers zu Recht Widerstand. Deutlich – dabei mit der Wortwahl von Heuchlern – war in der deutschen Presse zu lesen, was geschehen müsse. Am Schreibtisch popularisierten sie den Völkermord; so auch ein Wiener Journalist, der Ullmann in seiner Studienzeit begegnet sein mochte:

Wir haben den Juden den totalen Krieg erklärt. Und es gibt kein Gebiet, auf dem wir nicht ihren vielleicht noch so unscheinbaren Einfluß ausrotten werden. Es ist kein blinder Haß, der uns beseelt. Wir werden keine Pogrome veranstalten, denn sie müssen leben, damit endlich die Welt sie in ihrer ganzen feigen Erbärmlichkeit kennenlernt. Ohne jedes Mitleid muß ihnen der Nährboden entzogen werden. Wir werden sie abriegeln, und wer trotzdem meint, Umgang mit ihnen pflegen zu müssen, darf sich nicht wundern, wenn er wie ihresgleichen behandelt wird.[313]

Totaler Krieg also. So stand es da, im Frühling 1943. Die Krematorien des Vernichtungslagers Auschwitz-Birkenau, nicht gar so weit von Ullmanns Vaterstadt Teschen entfernt, sandten seit vielen Monaten stinkenden Qualm übers Land. Kein blinder Haß, nein, sondern gezielter, kalkulierter Haß, eiskalt und technologisch perfekt ins Werk gesetzt. Kein Pogrom, sondern der Holokaust.

Ullmann las dies nicht. Er war 1942 von der Gestapo in Prag verhaftet und in das Konzentrationslager Theresienstadt überstellt worden. Eine Zwischenstation, in der sich ein halbwegs normales Leben anzubahnen schien. Elend und Hunger waren in Kauf zu nehmen, gewiß; aber das Bedürfnis der Eingesperrten nach Musik verlangte den Künstler. So begann unter Ghetto-Verhältnissen der Anschein eines gutbürgerlichen Konzertlebens – und manchmal mehr. Ullmann komponierte wieder. Nicht mehr atonal, sondern so, wie seine nicht besonders vorgebildeten oder geübten Zuhörer es verstanden. Begleitmusik für Literaturabende, für Theateraufführungen, kammermusikalische Werke für kleine Musikgruppen, gar eine Oper mit dem Titel ›Der Kaiser von Atlantis‹ und – Gipfel der Hoffnung – ein Lied auf Conrad Ferdinand Meyers ›Säerspruch‹. Auch Konzerte waren zu dirigieren, andere zu rezensieren – in der Ghetto-Zeitung mit dem schrecklich-zynischen Namen »Freizeitgestaltung«. Der Musiker sprach sich gleichwohl Mut zu:

Theresienstadt war und ist für mich die Schule der Form. Früher, wo man Wucht und Last des stofflichen Lebens nicht fühlte, weil der Komfort, diese Magie der Zivilisation, sie verdrängte, war es leicht, die schöne Form zu schaffen. Hier, wo man auch im täglichen Leben den Stoff durch die Form zu überwinden hat, wo alles Musische im vollen Gegensatz zur Umwelt steht: Hier ist die wahre Meisterschule, wenn man mit Schiller das Geheimnis des Kunstwerks darin sieht: den Stoff durch die Form zu vertilgen, was ja vermutlich die Mission des Menschen überhaupt ist, nicht nur des ästhetischen, sondern auch des ethischen Menschen. (...) Zu betonen ist nur, daß ich in meiner musikalischen Arbeit durch Theresienstadt gefördert und nicht etwa gehemmt worden bin, daß wir keineswegs bloß klagend an Babylons Flüssen saßen und daß unser Kulturwille unserem Lebenswillen adäquat war (...).[314]

Wirkung und Mitwirkung in diesem Sinne war erwünscht... nicht aus Menschenfreundlichkeit. Die SS-Verwaltung führte dieses sogenannte Musterlager internationalen Kommissionen vor. Es war Tun als ob, nicht nur wohlwollend geduldet, sondern auf Befehl der Zwingherren. Da zeigte sich ein Gewissenskonflikt an. Hatte Ullmann vor, ein Bekenntnis abzulegen mit einer Oper über Jeanne d'Arc, an der er zu arbeiten begann? Stand die Befreierin des Vaterlandes von fremdem Joch symbolisch für die Hoffnung auf Erlösung aus der SS-Despotie? Der selbstgeschriebene Text war alles, was der Künstler noch verwirklichen konnte. Die Deportation nach Auschwitz im Oktober 1944 nahm ihm die Feder aus der Hand. Wenige Tage später schickten ihn die Schergen Himmlers ins Gas. Nichts blieb von Viktor Ullmann.

Eben deshalb war die Gelegenheit günstig, ihn als Alibi zu mißbrauchen. Und damit rückt nun jener andere böhmische Musiker ins Bild, der auf der sozusagen »richtigen« Seite, der mit dem »Adel der arischen Rasse«, wie es damals vollmundig-schwülstig hieß. Karl Michael Komma, fünfzehn Jahre jünger als Ullmann, war aus Asch im Sudetenland gebürtig. Er rühmte sich weitläufiger Verwandtschaft mit Max Reger. Vielleicht vererbt sich ja musikalische Begabung tatsächlich in gleichsam homöopathischer Verdünnung; vielleicht lag es am Genius des Ortes, der Landschaft Böhmen im engeren Sinne. Jedenfalls folgte dem Besuch des Gymnasiums in Eger musikalischer Privatunterricht und dann ein Studium an der Deutschen Musikakademie in Prag. Komposition bei Prof. Fidelio Finke zu lernen, das war schon etwas. Anschließend absolvierte Komma ein komplettes Studium der Musikwissenschaft, nicht in Prag, sondern in Heidelberg. 1934 aus der ČSR ins Reich überzuwechseln, konnte durchaus praktische Gründe haben. Wer aus national gesinnter Familie kam, für den war das von jüdischen Emigranten wimmelnde Prag nicht besonders attraktiv. Später hat Komma »familiäre Gründe« genannt, aber eines schließt das andere doch nicht aus. Jedenfalls genoß der musikwissenschaftliche Lehrstuhl in Heidelberg guten Ruf; der Ordinarius, Prof. Dr. Heinrich Besseler, hatte deutlich gemacht, wo er stand, indem er Hitlers Partei beitrat und ihr zudem noch als SA-Mann diente. Bei ihm studierte der begabte junge Mann nun, und unter ihm arbeitete er dann drei Jahre als Assistent des musikwissenschaftlichen Seminars. So eine Beziehung hinterläßt Spuren. Die Realität des NS-Staats ließ sich nicht ausklammern; es ging um die Karriere. Kompositorisch lief es gut. Anpassung, so durch Mitarbeit im NS-Deutschen Studentenbund, erwies sich als förderlich. Die Dissertation – über den böhmischen Barockkomponisten Johann Zach – des »jungen Sudentendeutschen« gewann das tätige Interesse des Doktorvaters:

Ich halte es für meine Parteipflicht, in einer Institutsangelegenheit, die grundsätzliche Bedeutung hat, meine abweichende Ansicht auch außerhalb des Dienstweges zu Ihrer Kenntnis zu bringen. (...) Nach meiner Ansicht, die ich wiederholt schriftlich und mündlich geäußert habe, muß bei der Preiszuerkennung die politische Bewertung der Arbeit entscheidend berücksichtigt werden. Es geht darum, grundsätzlich solche Werke zu fördern, die der Neuausrichtung des Faches im nationalsozialistischen Geiste dienen. (...) Ich habe deshalb für den diesjährigen Preis die Arbeit eines jungen Sudetendeutschen (Dr. Komma) vorgeschlagen, die schon im Thema ihre völkisch-politische Ausrichtung erkennen läßt: »Johann Zach und die tschechischen Musiker im deutschen Umbruch des 18. Jahrhunderts«. Diese Dissertation ist eine gute Leistung, die das behandelte Einzelproblem in den Rahmen der deutsch-tschechischen Beziehungen stellt und damit einen wirklichen Beitrag zur Neugestaltung unseres geschichtspolitischen Weltbildes leistet.[315]

Ein politischer Preis sollte es sein. Das war im Frühjahr 1939, vier Wochen nach Errichtung des Reichsprotektorats Böhmen und Mähren, das heißt nach der Annexion der ČSR durch Hitler. Die Gunst dieser – wie man sagte – »großen Zeit« brachte es mit sich, daß der ehrgeizige und erfolgreiche Komma Direktor der Gaumusikschule im böhmischen Reichenberg, Musikberater der Hitler-Jugend und – vertretungsweise – Städtischer Musikbeauftragter wurde, sichere Indizien für den politischen Status äußerster Zuverlässigkeit. So blieb es, bis Hitlers Regime endete, und auch als Komponist machte er von sich reden. Daß der NS-Staat derart unterging, war natürlich unangenehm, aber Komma entging peinlichen Weiterungen.

Kein Posten mehr; doch von der neuen niederbayerischen Heimat aus betrieb er mit Fleiß eine neue Karriere und die Verschleierung gewisser dunkler Punkte der alten. Als die Herausgeber von ›Kürschners Deutschem Musiker-Kalender‹ Anfang der fünfziger Jahre bei Komma wegen des Eintrags in ihr Fachlexikon nachfragten, bekamen sie ein gestutztes Werkverzeichnis. Der Musiker paßte seine Autobiographie den veränderten Verhältnissen an. Seither blieb ihm der Erfolg treu.

Schon 1953 belohnte ihn der Kulturkreis im Bundesverband der Deutschen Industrie mit einem Stipendium. Drei Jahre darauf fiel der Förderpreis des Sudetendeutschen Kulturpreises an ihn; schließlich verkörperte er deutschen heimatvertriebenen Künstlergeist. Abermals zwei Jahre später bescherte ihm jener rührige Kulturkreis der Industriellen-Dachorganisation einen interessanten Kompositionsauftrag. Also lieferte er eine Psalmenkantate, die in der Kathedrale von Reims aufzuführen war ... zwecks aktuell-feierlicher Besiegelung der deutsch-französischen Freundschaft. Nahezu automatisch folgten der Johann-Wenzel-Stamitz-Preis – zuvor Ostdeutscher Musikpreis – und die Verdienstmedaille des Landes Baden-Württemberg. Dieses Bundesland war zuständig, denn 1954 erhielt Komma eine Dozentur an der Musikhochschule Stuttgart, und 1960 wurde daraus eine Professur für Musikgeschichte und Komposition. Das Bundesverdienstkreuz krönte 1988 diese exemplarische Laufbahn.

So ein Lebenslauf spiegelt durchaus auch aktuelle Politik der BRD. Diese macht es opportun, Vergangenheit einerseits verschleiert weiterzuerben und andererseits zu »bewältigen«, dies wie das durch das Medium Musik. Derart demonstriert einer, unter anderm und zumeist, wo er steht oder stehen möchte. So ist politische Solidarität bekundet. Es fehlte nur noch der starke Akzent. An diesem Punkt stieß Prof. Dr. Komma auf seinen in Auschwitz ermordeten Landsmann. Das geschah zunächst eher zufällig, im Umweg über Hölderlin. Denn um sich verdient zu machen um die Hölderlin-Gesellschaft im nahen Tübingen, sammelte und edierte er für sie Vertonungen von Texten dieses bemerkenswerten Dichters und Denkers. Bei dieser Arbeit fand er zu Ullmann, der ebenfalls ein Gedicht Hölderlins vertont hatte. Damit reifte eine zeitgemäße Idee. Tote können sich nicht wehren; die nach ihnen handeln, sind allemal die Stärkeren. Ein beträchtlicher Teil der sogenannten »Vergangenheitsbewältigung« in diesem Lande galt und gilt dem Alibi. Wer »Trauerarbeit« leistet, kann zugleich und wenn nötig persönliche Schuld wegwischen; er kommt um jede Sühne herum. Solches braucht nicht kalkuliert zu sein. Das Gefühl reicht völlig hin.

Auch hier bestätigte der Erfolg den Musiker Komma. Seine Variationen über eben dieses Hölderlin-Lied Ullmanns wirkten, wie sie sollten. Das geschah im Frühjahr 1988: ein großes Ereignis im musikalischen Leben von Reutlingen, diese Uraufführung zum Andenken eines ermordeten Juden. Es war – vermittelt von Studienrat Dr. Hartwig Bögel – ein Kompositionsauftrag für das Friedrich-List-Gymnasium, dessen begabteste Schüler ihre Kraft arglos dem neuen Werk widmeten. Die Presse jubilierte. Dies sei ein Denkmal und ein Mahnmal für uns alle, und das Werk leiste *die von uns Deutschen eingeforderte Trauerarbeit, die furchtbares Geschehen nicht vergißt und eine Brücke des Gedenkens baut, die im Mitleiden das Vergangene zu tragen versucht. (...) Daß es junge Menschen waren, die sich auch der geschichtlichen und inhaltlichen Auseinandersetzung dieser Variationen gestellt haben, mag als ermutigendes Zeichen für den Umgang der Jugend mit der schuldlos ererbten Last deutscher Geschichte gelten. Dieser Komposition wäre weite Verbreitung zu wünschen. Man sollte sie in Polen und Israel aufführen und überall da, wo Menschen Leid zugefügt worden ist.*[316]

Der Zeitungsmann kleidete seine Unwissenheit in handliche Wiedergutmachungsphrasen. Darüber vergaß er die fällige Frage: Welche Schamlosigkeit treibt einen Mittäter dazu, das Opfer noch zu verhöhnen, indem er dessen Schicksal ausbeutet für eigenen Ehrgeiz, zur Selbstfreisprechung? Denn dem Komponisten Komma stände es wohl an zu schweigen. Warum – dies zeigt die Ergänzung seines frisierten Werkverzeichnisses. Was floß ihm vor 1945 nicht alles aus der fleißigen Feder: eine schmissige Kantate für die Kulturkundgebung des NSDStB 1935 in Heidelberg; 1938 ein Jubelchor zur Annexion der ČSR durch Hitler, gar mit selber gedichtetem Text: Gesang zur Heimkehr, »Heiliges Jahr! O hochgepriesene Zeit!«; 1941 ein Chorwerk auf Josef Weinhebers Huldigung an seinen Führer, »Deutschlands Genius, Deutschlands Herz«; Orgelstücke über Feierlieder der Partei, 1938 und 1944; und – als reiche das immer noch nicht – 1939 eine widerwärtige Denunziation:

Wer als Deutscher die Nachkriegszeit in Prag verlebte, der weiß, mit welchen Absichten dort gerade Mahler in »deutschen« und tschechischen Veranstaltungen herausgestellt wurde. Das Judentum wollte die Verwischung der Grenzen besonders in dieser gefährlichen Lage vornehmen. Der Deutsche Bruckner, dessen Lehrer Simon Sechter auch Sudetendeutscher war, wurde nicht beachtet. Dafür wurde die undeutsche Verzerrung seines Werkes in den Symphonien des mährischen Juden Mahler immer wieder dargeboten. Heute sind nun endlich die Störenfriede zwischen beiden Nationen ausgeschaltet.[317]

Daß einer immer auf der Höhe seiner Zeit ist, kann nicht als Entschuldigung dienen für den krummen Rücken. Komma hat nichts zu fürchten. Ullmanns Asche ist in Auschwitz verweht. Keiner verwehrt es dem Überlebenden, das Andenken des Ermordeten für sich nutzbar zu machen. Das bewies auch ein Nachspiel amtlichen Charakters. Ein Bürger Amsterdams, Freund von Simon Wiesenthal, hatte durch eine Veranstaltung des Goethe-Instituts von der beabsichtigten Verleihung des Bundesverdienstkreuzes an Komma erfahren. Da ihm solche Ehrung deplaziert vorkam – in Holland, das fünf Jahre Okkupation durch das NS-Regime durchstehen mußte, herrscht naturgemäß eine starke Empfindlichkeit in politischer Hinsicht, wo immer die Rechtsnachfolger des 3. Reiches Dickfelligkeit zur Schau stellen –, fragte er bei der Ordenskanzlei des Bundespräsidialamts in Bonn nach. Diese gab den Brief an das zuständige Staatsministerium Baden-Württemberg weiter, weil Komma von dort aus vorgeschlagen worden war. Dann verging Zeit noch und noch; in Stuttgart hatten sie es nicht eilig. Acht Monate später würdigte das Bundespräsidialamt den Frager einer abschließenden Antwort:

Herr Professor Dr. Michael Komma aus Reutlingen ist für seine Verdienste im kulturell-künstlerischen Bereich, die er nach Gründung der Bundesrepublik Deutschland erbracht hat, mit dem Verdienstorden ausgezeichnet worden. Das Staatsministerium Baden-Württemberg hat aufgrund Ihrer kritischen Äußerung zu dieser Ordensverleihung die Angelegenheit nochmals geprüft. Das Prüfungsergebnis bestätigt, daß Prof. Dr. Komma nach dem Bescheid der Spruchkammer Nördlingen vom 20. Januar 1947, Nr. 822, »vom Gesetz nicht betroffen« ist und daß beim Document Center Berlin über ihn keine Unterlagen vorhanden sind. Mithin sind keine nachweisbaren Punkte festgestellt worden, die gegen eine Auszeichnungswürdigkeit von Herrn Prof. Dr. Komma sprechen.[318]

Einer der typischen Fälle, in denen das Verfahren das Resultat bestimmt. Daß das Staatsministerium in Stuttgart bei der Überprüfung der Sache keine »nachweisbaren Punkte« gegen Ordenswürdigkeit »feststellen« konnte, liegt an der schlampigen Art des Vorgehens. Bekanntermaßen besitzt das Document Center nur über etwa vierzig Prozent der rund 120 000 Musikschaffenden der NS-Zeit Unterlagen; nicht einmal die Zentralkartei der NSDAP ist komplett überliefert. Daß dort über Komma nichts vorliegt, spricht nicht – wie das Staatsministerium möchte – zu seinen Gunsten, sondern nur für die Lückenhaftigkeit dieses Archivs. Die Heranziehung des Spruchkammerbescheids bedeutete die wissentliche Übernahme eines Ergebnisses, das schon damals wegen Zeitmangel und Ungeschick der Kammer nicht auf Wahrheitsfindung im juristischen Sinne beruhen konnte, zumal hier nur formelle Mitgliedschaft in der NSDAP und ihren Formationen und Begünstigung durch das Regime zur Debatte stand und nicht Ideologie nebst praktischen Zeugnissen. Offensichtlich war es das Bestreben der Ministerialbürokratie, auf diese Weise – die zugleich tiefergreifende Recherche zum Beispiel in Zeitungs- und Notenarchiven ersparte – eine Stunde Null vorzuspiegeln, als sei die BRD aus dem Nichts erschienen und in keiner Hinsicht historisch mit ihrem »Rechtsvorgänger« kompromittiert. Gerade im betroffenen Holland mußte solches einen politisch gewiß unerwünschten Effekt haben.

Solange »Schreibtischtäter« – und dies war in der Tat ein zweiter Fall Werner Höfer – aufgrund unzureichender und oberflächlicher Kriterien in den Genuß einer hohen staatlichen Ehrung kommen können, ist der moralische Wert des Verdienstordens weiterhin fragwürdig. Aber das Verfahren könnte auf einem ganz einfachen politischen Kalkül beruhen. Solcherart ist Frieden geschaffen zwischen Tätern und Opfern. Diese sind tot, und jene haben ein reines Gewissen. Die Konsequenz enthüllt eine mögliche Realität der Bundesrepublik: die massenhafte besessene Suche nach dem Alibi um jeden Preis. Wer nicht die »Gnade der späten Geburt« in Anspruch nehmen kann, der dekoriert sich mit der »Gnade des schuldlos Reuigen«. Ein unüberhörbarer Zeitgeist flüstert den Künstlern ein, was gerade opportun ist.

Auch die nächste Generation kommt nicht ungeschoren davon. Unter den jungen Leuten gibt es viele, die sich an die schwierige sichtende und politisch wertende Aufarbeitung machen; das ist ein wiederholsamer Prozeß von immerwährender Aktualität. Er beginnt jetzt wieder in der ehemaligen DDR, Folge der politischen Neuordnung. Aber zusehends kräftiger formiert sich Widerstand gegen die Aufklärung. Das Nichtwahrhaben-Wollen erleichtert fraglos manches, zumal da, wo es um Identität geht. Da bildete sich in Münster, gefördert vom damaligen städtischen Kulturdezernenten, 1976 ein Franz-Ludwig-Kreis e.V. Gemeinden suchen immer Möglichkeiten, lokale Kulturgröße zu demonstrieren, Denkmäler zu errichten, die dem Image des Ortes aufhelfen. So auch hier. Schließlich hatte der Komponist und Musiklehrer Ludwig eine Menge Schüler hinterlassen, die auf ihn schworen, und auch der Lokalpresse war kulturelle Zeugenschaft für Münster gerade recht. Das Glück wollte es, daß der Musiker – auch er – in Böhmen gebürtig war, eine zusätzliche Chance, geistige Gemeinschaft mit den Organisationen der Heimatvertriebenen zu pflegen. Das ließ sich sehr schön an.

Der Franz-Ludwig-Kreis bezog das Haus, das der 1955 verstorbene Künstler bewohnt hatte, gab Informationen für die Mitglieder heraus, förderte eine wohlwollende, politisch schamhaft verschwiegene Biographie, publizierte eine Schallplattendokumentation aus dem Œuvre Ludwigs. Auf Anhieb gab der Nachlaß mehr als 180 Nummern her, und im ›Stifter-Jahrbuch III‹ rühmte Karl Michael Komma 1953 seines Landsmanns Verdienste um die Chorbewegung. Die Zeitschrift ›Lied und Chor‹ vermerkte 1959 die 70. Wiederkehr seines Geburtstags und 1975 die Konzerte in Münster zum 20. Todestag, an denen auch das Luftwaffenmusikkorps 3 der Bundeswehr beteiligt war... Ludwig hatte nämlich für aktuelle Feierzwecke auch dankbare Bläserstücke komponiert, damals in der NS-Zeit.

Das war noch nicht alles, denn der Komponist mochte sich von charakteristischen Partituren nicht trennen und ließ seine Hinterlassenschaft daher ungereinigt. Als sich der Franz-Ludwig-Kreis – der 100. Geburtstag stand an – um öffentliche Mittel zur Aufführung eines Hauptwerks ihres Schützlings bemühte, kam dies alles, gut dokumentiert, in einer Studie ans Licht, die der junge Historiker Wolfgang Sandberger für das WDR-Studio Münster erarbeitet hatte, nicht nur Briefe, in denen sich Ludwig politisch bekannte und bei führenden NS-Politikern anbiederte, sondern auch mehr als ein Dutzend Partituren einschlägiger Werke: Märsche auf Texte des Parteidichters Heinrich Anacker; eine Kantate für Männerchor, Knaben- und Frauenchor und Orchester auf Leopold von Schenkendorfs Gedicht »An den Führer: Führe uns! In deinen Händen liegt das Schicksal von Millionen!«; ein Deutscher Sängerruf »Ein Volk, ein Reich, ein Führer!«; der für einen Reichsparteitag gedachte Chor mit Blasorchester »Der Tag von Nürnberg«; die Kantate »Die Fahne hoch! Wir halten Stand!«; ein Reichsarbeitsdienstmarsch; ein Marschlied der Flak... und so weiter.

Ludwig, der 1934 – ohne Parteimitglied zu sein, und das ist ein Indiz für anderswie bewiesene Zuverlässigkeit – Musikfachberater beim Gaukulturamt der NSDAP Westfalen-Nord, 1935 Vertrauensmann der RMK für diesen Gau und 1936–37 ehrenamtlicher RMK-Landesleiter wurde und 1937 dann auch der NSDAP beitrat, war also einer der vielen Schreibtischtäter, die aus durchaus eigensüchtigen Gründen ihre Kunst für das Regime prostituierten. Daß die Rechnung manchmal nicht aufging, war Künstlerpech. So erhielten alle Chöre des Sängergaus Westfalen im DSB die Noten seiner Hitlerhuldigung »An den Führer« als Spende zur Vorbereitung des Sängergaufestes in Münster 1939; doch kam der Krieg der Veranstaltung in die Quere, die den Ruhm des parteitreuen Komponisten hätte mehren sollen. Die Entdeckung des politischen Sängers veranlaßte die Stadtverwaltung, die Förderung der vom Franz-Ludwig-Kreis propagierten Aufführung zu streichen.

Es ist auch nicht einzusehen, weswegen öffentliche Gelder und Gebäude zur Feier einer solchen Persönlichkeit hergegeben werden sollten, ehe den Opfern des Regimes nur annähernd Gerechtigkeit zuteil ward. Interessenten bleibt es unbenommen, aus eigenen Mitteln und in gemieteten Räumen das zum Andenken ihres künstlerischen Handlangers für Hitler zu tun, was sie wollen. Aber die Stadt hatte mit ihrer Weigerung das identifikatorische Spiel gestört. Die Presse lieh sich als Sprachrohr der Interessenten her, zumal der Erbin des Komponisten, Paula Gräfin Rességuier. Der Tenor der Verteidiger biß sich fest an der willkommenen Behauptung: Die anderen waren ja genau so... womit dieser eine bestens entschuldigt wäre. Störrische Reaktion auf die Spielverderber: *Zweierlei Vergangenheitsbewältigung. Heißt: Der ›Rosenkavalier‹ wird weiter weltweit gefeiert, das ›Lambertusspiel‹ hat Aufführungsverbot.*[319] Sichtlich sollte die Stadt ins Unrecht gesetzt werden. Also mußte das Märchen vom Verbot her und die lachhafte Gleichsetzung eines sich selber tragenden Meisterwerks der musikalischen Weltliteratur mit dem subventionsbedürftigen Dutzendstück eines Provinzmusiklehrers. Dann meldete sich, wie gewünscht, Volkes Stimme. Die großen Relativierer sahen ihre Sternstunde:

Aber Musiker mußten sich über die Jahrhunderte prostituieren, um Möglichkeiten für ihr Werk zu finden. (...) Dabei hätte es ein gutes Lehrstück werden können für alle Beteiligten. Ein Lehrstück für die Schwierigkeit, im System des Nationalsozialismus, nachträglich durchaus peinlich, Nischen für sich zu finden, um zu überleben.[320]

Eine undurchdachte Aufforderung zu weiterer Prostitution, der Macht zu Gefallen alles zu tun, was man, ist man Musiker, eben traditionell tut, ohne sich den Luxus einer politischen Moral zu leisten: ein feines Lehrstück in der Tat. Ein Feuilletonredakteur bemerkte weise:

Wer nie in Verlegenheit kam, Mut beweisen zu müssen, sollte keinen dafür tadeln, daß er kein Held war.[321]

Wieviel Heldentum hätte dazu gehört, eben keine Hitlerkantate zu komponieren und keine tönenden Anbiederungen an das Regime? Was Ludwig tat, war weder bestellt noch befohlen; es war freiwilliges Angebot, um sich Erfolg zu sichern. Dies zu unterlassen, wie es für das Gros der 3600 Komponisten zwischen 1933 und 1945 verbürgt ist, hätte kein bißchen Mut erfordert, nur ganz normalen menschlichen Anstand.

Wie schlecht es damit auch heute bestellt ist, bewies die Kampagne in Münster. Immer wieder taten sich dabei Musiker hervor, die für den permanent krummen Rücken zu plädieren schienen und sich auf mitleidregende Weise dumm stellten. Nun nämlich profilierte sich der Leiter der Abteilung Münster der Staatlichen Hochschule für Musik Westfalen-Lippe, Prof. Friedrich-Wilhelm Kröger; er als Hausherr des Instituts, das nicht der Stadt untersteht, konnte den kommunalen Aufklärern Trutz bieten. Das tat er dann, indem er eine Geburtstagsmatinee für Ludwig ausrichten ließ; für die Mitglieder des Städtischen Orchesters, anständige Leute, die wegen ihrer Verbindungen nach Israel abgesagt hatten, sprangen nun eben – hätten sie sich ihrem Direktor verweigern sollen? – Studenten ein. So eine Gelegenheit bedarf auch der Festrede, willkommene Möglichkeit, Geschichte in seinem Sinne ungeschehen zu machen, für noch einen Musikpädagogen, nämlich Prof. Hans-Joachim Vetter, pensionierter Dekan der Musikhochschule Münster, Träger des Bundesverdienstkreuzes, Ehrenvorsitzender des Verbandes Deutscher Musikerzieher und konzertierender Künstler e. V., nach eigener Darstellung »überzeugter Gegner des damaligen Regimes und jahrzehntelanger Sozialdemokrat«:

Ludwig sei als Sudetendeutscher »bestenfalls Nationalist« gewesen. Seine Ehrenämter habe er zumeist schon vor 33 bekleidet, »und wer danach nicht im Geiste der Ideologie arbeitete, der hatte keine Chance, als Künstler zur Kenntnis genommen zu werden«. Nur eine Handvoll ideologisch verfärbter Kompositionen gäbe es (...). »Das Verstehen und Verzeihen menschlicher Irrtümer ist für mich ein echter Beitrag zur Humanität«.[322]

Um seinen Zuhörern moralische Unangreifbarkeit zu suggerieren, stellte er sich als einer vor, der »nachweislich seit über 65 Jahren bis zum heutigen Tag auf der linken Seite gestanden habe und noch immer stehe«. Nun ja, vielleicht hat jener berühmte Linke Brecht den erzkapitalistischen Wahlspruch »Erst kommt das Fressen, dann kommt die Moral« wirklich zur allgemeinen Beherzigung geprägt und nicht als Verdammungsurteil. Überdies könnte der nachweisliche Musikpädagoge sich herausreden, es sei doch nicht ums tägliche Brot gegangen; Franz Ludwig mußte gar nicht hungern. Er prostituierte sich nur deswegen bei den braunen Machthabern, weil er deren Aufmerksamkeit auf sich lenken wollte. Und so lernten dann die Festgäste:

Kenner der damaligen Situation wissen, daß es fast unmöglich war, ohne diese »zwanghafte Konzession« überhaupt Beachtung zu finden. Nach einem zeitlichen Abstand von 50 Jahren müßte man einem solchen gelegentlichen Verhalten eine relativierende Bewertung zubilligen, solange kein real schuldhaftes Verhalten vorliegt.[323]

Was sie nicht erfuhren, war die Tatsache, daß solche Konzessionen »Leistungen« aus gänzlich freien Stücken darstellten, daß sie Ludwig so wenig zur Anerkennung verhalfen wie seine Denunziation eines Kollegen, daß die Mehrheit der Komponisten ohne derartiges für ihre Bedürfnisse hinreichende Beachtung fand, daß selbst die eifrigsten Parteimusiker nur gelegentlich NS-Titel und sonst harmlose unpolitische Werke schufen, daß reale Schuld weder von der Einsicht in diese noch von der Quantität der bösen Taten bestimmt wird... weswegen Ludwigs Dutzend Huldigungspartituren zugunsten des Regimes dann auch zur Bewertung seiner politischen Moral ausreicht.

Wortreiche Entschuldigungen für den Täter schalten jedoch die moralische Frage nicht aus. Es entspricht einem individualpsychologisch zu ermittelnden Klischeeverhalten, für sich selber in Anspruch zu nehmen, was man anderen so großzügig gewährt, und da die Archive heute noch ungesichtete Mengen an dokumentarischer Hinterlassenschaft des NS-Staats bergen, können im Falle des Falles Freisprecher und Fürsprecher morgen auf die nämliche Milde eines Großteils der Öffentlichkeit pochen. Eine weitere Frage berührt das Politische bis zu dem Punkt, an dem pauschale Freisprechung umschlägt in Verschleierung von historischen Ursachen und Wirkungen. Verzeihen heißt hier dann: nicht erkennen und erklären wollen, was den Charakter eines Menschen, eines Volkes derartig korrumpierte, und ausweichen wollen vor der Herausforderung durch unbequeme Tatsachen.

So ist dann alles bestens relativiert. Die Beschwörung eines Musikers, der »unpolitisch« war und dennoch Hitler lobhudelte, kann weitergehen. Handfeste politische Motive stecken dahinter. Bei einer Festveranstaltung zum 90. Geburtstag Ludwigs, die im März 1980 stattfand, trat – passend zum Anlaß – ein Festredner von vorgestern auf, der unter dem Vorwand, Ludwig in sudetendeutscher Perspektive darstellen zu wollen, alsbald in revanchistische und völkisch-nationale Parolen verfiel. Vom Versailler »Schandvertrag« bis zu Willy Brandts »Verzichtspolitik« fehlte da nichts aus dem bekannten Arsenal jener Geschichtsverfälschung.[324]

Als Ludwigs Hundertster beim Heimatkreistreffen der Graslitzer 1988 in Aschaffenburg feierlich begangen wurde, verhinderte der Ehrenvorsitzende des Franz-Ludwig-Kreises, Prof. Dr. Josef Suchy, die Aufführung slowakischer Volkslieder in Béla Bartóks Bearbeitung durch den Westfälischen Kammerchor Münster, und einer der Festredner schoß sich auf »die Tschechen« ein. Das »Haus des deutschen Ostens« in Düsseldorf und die »Sudetendeutsche Stiftung« in München haben Konzerte des Franz-Ludwig-Kreises unterstützt; sie stehen mit ihm in Verhandlungen, die auf die Gründung einer Franz-Ludwig-Stiftung abzielen. Auch der offizielle Staat bezog Stellung für den Schreibtischtäter. Die »alten Kameraden« können es nicht gewesen sein; aber diese haben schon Nachwuchs. Jedenfalls verlieh der Bundespräsident auf Antrag des Staatsministeriums Nordrhein-Westfalen Ende Februar 1990, als die braune Komplizenschaft Ludwigs noch frisch auf dem Tisch lag, der Gräfin Rosséguier das Bundesverdienstkreuz »für die Pflege des kompositorischen Werkes von Franz Ludwig«. Von der politischen Torheit einmal abgesehen, müssen sich die Düsseldorfer Ministerialbürokraten jede Erwägung verkniffen haben, daß die Erbin der musikalischen Urheberrechte – wie viele Musikverleger sonst auch – für diese Pflege noch weitere und weniger uneigennützige Motive haben könnte. Damit war die Ehrenrettung vollkommen, historische Aufarbeitung wieder einmal abgewürgt. Und so käme dann jene vielzitierte indische Weisheit mit den drei Affen zu ihrem Recht, wenn auch ein wenig verfremdet: nicht sehen, nicht reden, nur hören ... Denn es geht ja *nur* immer um Musik.

Geschichtslos leben erspart eine Menge intellektueller Arbeit, das ist ausgemacht; mehr noch: Es macht Bekenntnisse überflüssig, die in Zukunft vielleicht eingefordert werden könnten. Kein Risiko also, und damit wäre der Triumph der krummen Rücken komplett. Gibt es eine Alternative? Seit jeher haben die Menschen aus dem verfügbaren Vorrat der Kultur ausgewählt, was ihnen wichtig schien. Die Kriterien dafür waren oft ganz individuell, ja lustbetont. Immer aber spielte bei der Auswahl auch Politik mit. Verbotenes zum Beispiel schreckte einige auf Dauer ab; viele andere reizt es geradezu. Wer politisch rechts steht, wird wenig mit Songs von Eisler auf Texte von Brecht anfangen können. Für einen Demokraten, der das vereinigte Europa ersehnt, können nationalistische, aggressive Lieder nicht von Interesse sein. Darüber hinaus existieren Momente ausgleichender Gerechtigkeit. Eine Komposition verrät viel über den, der sie schafft, ist geradezu Symbol seiner Persönlichkeit; da bleiben Höhen und Tiefen nicht aus. Wer aber – und erkennbar aus banaler Anpassung an die Konjunktur – sich gestern so, heute so und zu anderen Zeiten wieder anders darstellt, als sei er ein Chamäleon, muß mit Mißtrauen rechnen[325].

Das gilt auch für die Erben in jeder Bedeutung des Worts, die mit bequemem Vergessen, und sei es noch so schamlos als »Humanität« ausgegeben, rasch bei der Hand sind. Sie müssen sich unangenehme Fragen bieten lassen. Täter sollten nicht in Schutz genommen werden, solange nicht zuerst allen Opfern Schutz gewährt worden ist, dessen sie – und gerade in der BRD – mehr bedürfen als solche, die an politischen Untaten eigenhändig, und sei es nur komponierend, beteiligt waren.

Zu Weihnachten 1988 hielt es der Dirigent Riccardo Chailly für richtig, mit dem Concertgebouw-Orchester Amsterdam, über Eurovision ausgestrahlt, die ›Carmina burana‹ von Carl Orff aufzuführen, nachdem sein Vorgänger Bernard Haitink den Tag stets ostentativ mit einer Mahler-Sinfonie beging. Politisch hellhörige Journalisten erinnerten an die Unterdrückung Mahlers unter der deutschen Besetzung, an Orffs neue ›Sommernachtstraum-Musik‹, die jene des »Juden Mendelssohn« hatte ersetzen sollen, und sprachen von »einem Weihnachtsgruß aus Nazi-Deutschland«. Einer von ihnen schrieb an den – vielleicht nur politisch naiven – italienischen Dirigenten einen offenen Brief:

Herr Chailly, Sie können, dünkt mich, unmöglich Bescheid wissen über dieses Pröbchen von unerhörter Perfidie. Sonst hätten Sie am ersten Weihnachtstag Ihre Finger nicht an jenem anderen arischen Opus von diesem unglaublichen Lümmel und Intriganten verbrannt (...). Bleibt Heimweh nach Haitinks Mahler unterm Christbaum. (...) Wissen Sie was, Herr Chailly? Setzen Sie dieses Muster jüdisch-bolschewistischer Entartung nächste Weihnachten aufs Programm, lassen Sie den leidigen Orff auf dem Misthaufen der Musikgeschichte verrotten – und dann reden wir nicht mehr weiter darüber.[326]

Vielleicht ist es das, was wir brauchen: einen klaren Kopf mit verläßlichem Erinnerungsvermögen, dazu den Mut, dieses voll auszuschöpfen, und einen moralisch funktionierenden Misthaufen der Musikgeschichte. Wie anders könnte es uns gelingen dazuzulernen? Fragt da noch einer, worin der Mißbrauch der Musik eigentlich besteht? Erinnerung verfliegt allzu rasch, läßt uns immer wieder im dunkeln tappen. Helfen wir ihr immer wieder auf...

Machen wir uns also von neuem auf die Spurensuche[327].

in memoriam c. f.   Les Gouttelles, 30. Juli 1989

Abkürzungen

ARD	Arbeitsgemeinschaft der Rundfunkanstalten Deutschlands, Dachorganisation der öffentlich-rechtlichen Rundfunk- und Fernsehanstalten in der BRD außer ZDF.
BA	Bundesarchiv, Koblenz
BDC	Berlin Document Center
BDM	Bund Deutscher Mädel, weiblicher Zweig der Hitler-Jugend
BMI	Bundesministerium des Innern
BR	Bayerischer Rundfunk, München
BRD	Bundesrepublik Deutschland
CDU	Christlich-Demokratische Union
CSU	Christlich-Soziale Union
DAF	Deutsche Arbeitsfront
DDR	Deutsche Demokratische Republik
dpa	Deutsche Presse-Agentur
DSB	Deutscher Sängerbund
FAZ	Frankfurter Allgemeine Zeitung
FBI	Federal Bureau of Investigation
FDP	Freie Demokratische Partei
FR	Frankfurter Rundschau
Gestapo	Geheime Staatspolizei, 1933–1945
GMD	Generalmusikdirektor
HJ	Hitler-Jugend
IRK	Institut für Reichskonzerte, zentrale staatliche Musikorganisation in Schweden
KPdSU	Kommunistische Partei der Sowjetunion
KPI	Kommunistische Partei Italiens
KZ	Konzentrationslager
M	Die Musik
NDR	Norddeutscher Rundfunk, Hamburg
NMZ	Neue Musik-Zeitung
NS	Nationalsozialismus, nationalsozialistisch
NSDAP	Nationalsozialistische Deutsche Arbeiter-Partei
NSDStB	Nationalsozialistischer Deutscher Studenten-Bund
NSLB	Nationalsozialistischer Lehrer-Bund
NSV	Nationalsozialistische Volks-Wohlfahrt
NVA	Nationale Volksarmee der DDR
NZfM	Neue Zeitschrift für Musik
Pg.	Parteigenosse, NSDAP-Mitglied
RMK	Reichsmusikkammer
SA	Sturmabteilung, Kampfformation der NSDAP
SDR	Süddeutscher Rundfunk, Stuttgart
SED	Sozialistische Einheitspartei Deutschlands, 1946–1989 in der DDR
SPD	Sozialdemokratische Partei Deutschlands
SS	Schutzstaffel, Kampfformation der NSDAP
UdSSR	Union der Sozialistischen Sowjetrepubliken

UN	United Nations, Weltorganisation der Vereinten Nationen
UNESCO	UN-Organisation für Erziehung, Wissenschaft und Kultur
VB	Völkischer Beobachter
WDR	Westdeutscher Rundfunk, Köln
WFA	Wilhelm-Furtwängler-Archiv, Zürich
ZDF	Zweites Deutsches Fernsehen, Mainz
ZfM	Zeitschrift für Musik
ZK	Zentralkomitee
ZStA	Zentrales Staatsarchiv (der DDR), Potsdam

Anmerkungen

Alle Zitate des Buches stehen wie im Original, also unkorrigiert; Kürzungen sind durch (...) bezeichnet. Übersetzungen von Zitaten aus dem Englischen, Französischen, Holländischen, Italienischen, Russischen, Schwedischen und Spanischen, für die eine Quelle in Originalsprache angegeben ist, stammen vom Autor, falls nicht anders vermerkt.

1 Sigmund Freud: Das Unbehagen in der Kultur. 1.–12. Tsd. (Wien, 1930), S. 47.

2 Platon: Der Staat. Deutsch von August Horneffer (Stuttgart, 1949), S. 119.

3 Johann Georg Sulzer: Allgemeine Theorie der schönen Künste. 2. Aufl. 1793. Zitiert nach H. Pfrogner, Musik – Geschichte ihrer Deutung (Freiburg/Br., 1954), S. 243–244.

4 W. Belinskij: Sotschinenija, tom III (Moskau, 1948), S. 797; deutsch in Enzyklopädie der Union der Sozialistischen Sowjetrepubliken, Band 50 (Leipzig, 1959), Spalte 1319.

5 J.-J. Rousseau: Staat und Gesellschaft (»Contrat Social«). Übersetzt und kommentiert von Kurt Weigand (München, 1959), S. 110–111.

6 vgl. Oskar Fleischer: Napoléon Bonapartes Musikpolitik (Zeitschrift der Internationalen Musikgesellschaft III/11, 1902, S. 433f.).

7 L. Kestenberg: Angewandte Musikpolitik (Berliner Tageblatt, Nr. 425, 21. September 1922). Über die Rolle des sozialdemokratischen Funktionärs als Ideengeber wider Willen für einige Bereiche der späteren NS-Musikpolitik vgl. Heide Hammel: Die Schulmusik in der Weimarer Republik. Politische und gesellschaftliche Aspekte der Reformdiskussion in den 20er Jahren (Stuttgart, 1990), S. 67, 127, 135.

8 André Gide: Zurück aus Sowjet-Rußland (Zürich, 1937), S. 96–97.

9 siehe: Üble Drohungen gegen Kay und Lore Lorentz (FAZ Nr. 239, 14. Oktober 1965).

10 siehe: Drohungen gegen Piscator (BZ LXXXIX/271, Berlin, 22. November 1965).

11 Kultusminister Werner Schütz: Der Staat als Mäzen. In: Staat und Kunst. Hrsg. im Auftrag des Landes Nordrhein-Westfalen (Krefeld, 1962), S. 18.

12 Rede des Kultusministers a. D. Werner Schütz bei der Deutschen Buchmesse, Eröffnungsfeier, Frankfurt/Main 1962. Übertragung nach Tonbandaufzeichnung. Quelle: Archiv des Autors. Vgl. Hans F. Nößbauer: Eine Seele aus Holz (Abendzeitung, 22./23. September 1962).

13 vgl. auch: Kleine Machtmusik (Der Spiegel Nr. 42, 13. Oktober 1965) und Josef Müller-Marein: Der Minister und sein Komponist (Die Zeit Nr. 43, 22. Oktober 1965).

14 Hundert Jahre Deutscher Sängerbund (Bulletin des Presse- und Informationsamtes der Bundesregierung Nr. 135, 26. Juli 1962, S. 1162).

15 Ebenda, S. 1161.

16 siehe: Erfolgreiche Arbeit im Dienste der musischen Bildung. Förderung des Interesses der Jugend an Chorgesang und Orchester. Verleihung der Zelter-Plakette (Bulletin des Presse- und Informationsamtes der Bundesregierung Nr. 42, 28. März 1968, S. 342).

17 Singfibel für Soldaten. Schriftenreihe Innere Führung, Reihe: Truppenbetreuung. Hrsg. vom Bundesministerium der Verteidigung (Bonn, 1963), S. 66.

18 siehe G. Pallmann: Soldaten Kameraden. Liederbuch für Wehrmacht und Volk. Mit einem Geleitwort des Reichskriegsministers und Oberbefehlshabers der Wehrmacht hrsg. (Hamburg, 1936).

19 Ansprache des Herrn Ministerpräsidenten Dr. Kiesinger beim Bundesliederfest in Karlsruhe am 27. Mai 1965. Typoskript, S. 3. Quelle: Archiv des Autors.

20 Immer wieder distanzieren sich Komponisten daher von der Vergangenheit und ihrem Konkurrenzdruck. Schon Carl Maria von Weber klagte, die Zeiten würden »schwieriger für den Komponisten; es wird jetzt zu viel Musik gemacht. Das Publikum ist von Jugend auf zu sehr an sie gewöhnt, die Reizbarkeit dafür geht immer mehr verloren. Dasselbe Tonstück, das Sie heute unbewegt läßt, weil Ihr Ohr ganz tonsatt ist, würde Sie sehr ergreifen, wenn Sie ein Jahr über gar keine Musik gehört hätten« (C. M. v. Weber: Ein Brevier. Hrsg. von Hans Dünnebeil, Berlin 1949, S. 145). Aus Übersättigung mit traditioneller Musik und folglich ihrer »Abnutzung« bezogen die Musiker besonders seit 1900 ihr Argument für avantgardistisches Vorprellen.

21 Ernst Křenek gestand 1950 ein: »Die meisten Erfahrungen stützen die Anschauung, daß das künstlerische Schaffen in erster Linie veranlaßt wird durch den Drang nach Ausdruck der eigenen Persönlichkeit und nicht durch den Drang nach Mitteilung an andere« (E. K.: Über die Bedeutung von Musik. In: Schweizerische Musikzeitung XCIII/3, 1. März 1953, S. 111).

22 Musik vergangener Epochen. Leserbrief von Heino Becker, Kassel (FR Nr. 126, 30. Mai 1984).

23 Ebenda

24 K. Stockhausen: Texte zur Musik 1977–1984 (Köln, 1989), S. 570. Das Zitat ist Teil einer Antwort auf eine Umfrage des Internationalen Musikrats der UNESCO.

25 K. Stockhausen: Der Beruf des Komponisten: In: Texte Band 2 (Köln, 1964), S. 236–237.

26 A. Honegger: Ich bin Komponist (Zürich, 1952), S. 28. Métier = Beruf, Gewerbe. Statistisch gesehen, ist der Beruf des Komponisten, wo immer das Gesetz des Marktes herrscht, ökonomisch aussichtslos. John Cage, der es wissen mußte, faßte 1977 bündig zusammen: »Musik ist absolut nicht dazu zu gebrauchen, damit seinen Lebensunterhalt zu bestreiten« (siehe Richard Kostelanetz: John Cage im Gespräch zu Musik, Kunst und geistigen Fragen unserer Zeit, Köln 1989, S. 179).

27 F. T. Marinetti: Manifesto del futurismo. In: Piccola Antologia di Poeti Futuristi. A cura di Vanni Scheiwiller (Milano, 1958), S. 12–13.

28 K. Stockhausen: Der Beruf des Komponisten. In: Texte, Band 2 (Köln, 1964), S. 237.

29 Piccola Antologia di Poeti Futuristi (Milano, 1958), S. 14.

30 A. Haensgen an Dr. Goebbels, 16. September 1934, handschriftlich. Quelle: BA Koblenz R 55/1169.

31 E. Křenek: Selbstdarstellung (Zürich, 1948), S. 20.

32 F. Liszt: Über die zukünftige Kirchenmusik. In: Essays und Reisebriefe eines Baccalaureus der Tonkunst (Leipzig, 1881), S. 56.

33 idem S. 136, Brief an George Sand, Paris, 30. April 1837.

34 G. Nedoschiwin: Über die Beziehung der Kunst zur Wirklichkeit. In: Bei-

träge zum Sozialistischen Realismus. Grundsätzliches über Kunst und Literatur (Berlin/DDR, 1953), S. 118.

35 siehe: Musikalische Aphorismen, Citate aus den Werken großer Philosophen, Schriftsteller und Tonkünstler. Gesammelt und hrsg. von Otto Girschner, 2. verm. Aufl. (Leipzig, 1888), S. 11, 12.

36 Ebenda

37 Ebenda

38 siehe: M XXVII/5, Februar 1935, S. 346.

39 Aus einem Interview mit Ernst Thomas, 1974. Siehe Stockhausen: Texte zur Musik 1970–1977, Band 4 (Köln, 1978), S. 554.

40 Stockhausen, a. a. O. (Anm. 28)

41 Eine anläßlich des »Europäischen Jahres der Musik« vom Bayerischen Rundfunk gesendete Darstellung mit der im Folgenden verwendeten Information empörte den Präsidenten des Bayerischen Musikrats, Prof. Dr. Alexander L. Suder, derart, daß er sich beschwerte, nicht beim federführenden Redakteur, nicht beim Autor, sondern gleich beim Intendanten des Senders, allerdings ohne die angezielte Wirkung.

42 W. Scheel: Eine aufregende wie lohnende Erfahrung. Europäisches Jahr der Musik 1985 (Das Parlament, 26. Januar 1985).

43 Fritz Stege: Berliner Musik: In: ZfM CI/5, Mai 1935, S. 522. Stege, Pg. seit 1930, war zu der Zeit Leiter des Presseamts der RMK.

44 dpa-Meldung vom 8. Januar 1985. Vgl. Keine »musikalische Umweltverschmutzung« (Badisches Tagblatt Nr. 8, 10. Januar 1985). In der Publikation »Deutscher Musikrat: Referate und Informationen« XXI/59, April 1985, die Maiers Rede auf S. 23–25 abdruckte, fehlte der wörtlich zitierte Satz!

45 Diverses Informationsmaterial des Europarats Strasbourg, u. a. »Forum Europarat« I/1985.

46 Presseinformation des Europarats: Das Europäische Jahr der Musik stellt sich vor, Strasbourg, 25. Oktober 1984.

47 siehe: Holz und Blech (Der Spiegel Nr. 1, 31. Dezember 1984, S. 70).

48 Interview mit Judith Prieberg-Mohrmann, 29. Dezember 1984. Aufzeichnung. Quelle: Archiv des Autors. Moßmann erhielt inzwischen einen Teil des Reinhold-Schneider-Preises 1990 der Stadt Freiburg/Br. – in Form eines Stipendiums von 10 000 DM.

49 siehe Musik-Almanach 1990/91. Musikleben in der Bundesrepublik Deutschland (Kassel und Regensburg, 1989), S. 35.

50 Werner Petermann: Musik, Freunde und Wein. Der »Macher« der »Frankfurter Bachkonzerte« (FR Nr. 222, 24. September 1990).

51 K. Böhm: Ich erinnere mich ganz genau. Autobiographie (München, 1979), S. 150.

52 Furtwängler: Aufzeichnungen, 1930, handschriftlich, S. 10. Quelle: WFA.

53 siehe Gerhard Hellwig: Das Buch der Zitate (München, 1981), S. 511. Das ist keine Fiktion, wie die Dramaturgie der Großwildjägerfotos zeigt: Der kleine Mensch steht oder sitzt auf dem erlegten Rhinozeros oder Elefanten oder posiert daneben, wenigstens noch den Fuß triumphierend auf den Riesenkadaver gestützt.

54 Erich Haisch: Über musikalische Testverfahren (Schweizer Archiv für Neurologie und Psychiatrie, Band 75 Heft 1/2, Zürich 1955, S. 67–68). Der eingeklammerte Hinweis bezieht sich auf ein lesenswertes Standardwerk, nämlich A. Michel, Psychoanalyse de la Musique, Paris 1951.

55 S. Freud: Das Unbehagen in der Kultur. 1.–12. Tsd. (Wien, 1930), S. 22. Hier

wäre daran zu erinnern, daß Nietzsche solches bereits 1872 vorgedacht hatte: »In der Bewußtheit der einmal geschauten Wahrheit sieht jetzt der Mensch überall nur das Entsetzliche oder Absurde des Seins (...). Hier, in dieser höchsten Gefahr des Willens, naht sich, als rettende, heilkundige Zauberin, die Kunst; sie allein vermag jene Ekelgedanken über das Entsetzliche oder Absurde des Daseins in Vorstellungen umzubiegen, mit denen sich leben läßt: Diese sind das Erhabene, als die künstlerische Bändigung des Entsetzlichen, und das Komische, als die künstlerische Entladung vom Ekel des Absurden« (Die Geburt der Tragödie aus dem Geiste der Musik. Goldmann-TB, München 1959, S. 56).

56 Goethe: Maximen und Reflexionen. Neu geordnet, eingeleitet und erläutert von Günther Müller (Stuttgart, 1943), S. 97.

57 Franz Brendel: Fragen der Zeit I (NZfM XXVIII/31, 15. April 1848, S. 182.

58 F. Brendel: Fragen der Zeit II (NZfM XXVIII/33, 22. April 1848, S. 193, 194. Zur Fortschrittsdebatte jener und der folgenden Zeit vgl. Reinhard Ermen: Musik als Einfall. Hans Pfitzners Position im ästhetischen Diskurs nach Wagner (Aachen, 1986), S. 71–97.

59 Raoul Hausmann: Die neue Kunst (Die Aktion XI/19–20, 14. Mai 1921, Spalte 282). Anders als der kunstpolitische Missionar haben praktische Musiker gemeinhin mit Publikum von geringer Akzeptanzbereitschaft für Neues zu tun und resignieren daher immer wieder, so auch der GMD Wilhelm Schüchter, ersichtlich unter dem Zwang, das Haus füllen zu müssen: »Er – der Erfolgsmensch unserer Tage – möchte das Stückchen Freizeit, das er besitzt, ›in Schönheit genießen‹. Die Besucher großer Konzerte sind in ihrer Mehrheit auch heute romantische Naturen und Stimmungsmenschen. (...) Die Erwartungen der Abonnenten mit der notwendigen Förderung der Musik unserer Zeit in Einklang zu bringen, setzt diplomatische Meisterschaft voraus. Ich glaube, daß wir auch dies schaffen werden, ohne die Nerven der Abonnenten zu sehr zu strapazieren.« (In: hier, Kulturzeitschrift der Stadt Dortmund, Nr. 2, 1965).

60 Felix Draeseke: Konfusion in der Musik. Ein Mahnruf (Stuttgart, 1906), S. 7.

61 Wilhelm Kienzl: Betrachtungen und Erinnerungen. Gesammelte Aufsätze (Berlin, 1909), S. 118.

62 siehe Hans Koeltzsch: Der neue Opernführer (Stuttgart o. J. = 1961), S. 229. Der Hinweis soll keine generelle Empfehlung für Arbeiten von Koeltzsch sein; zu diesen gehört u. a. ein niederträchtiges Stück antisemitischer Hetze, das Kapitel »Das Judentum in der Musik« in drei Auflagen des berüchtigten ›Handbuchs der Judenfrage‹ (Leipzig, u. a. 1935) und Mitwirkung an der 2. Auflage des Denunziationslexikons ›Judentum und Musik‹ (München, 1936) von Hans Brückner und Christa Maria Rock.

63 siehe Richard Wagner an Mathilde und an Otto Wesendonck. Tagebuchblätter und Briefe (Berlin o. J.), S. 242. Es handelt sich um ein Dominanzsymbol, das Niederlagen besser verschmerzen läßt; Opfer und Erlöser zugleich zu sein, bilden sich auch Politiker gelegentlich ein, so der chilenische Diktator Augusto Pinochet; siehe: Jesus II (FR XLIV/251, 27. Oktober 1988). Das Krankheitsbild Paranoia umfaßt Größenwahn und Verfolgungswahn, einer ursächlich für den anderen.

64 siehe Karl Freigedank = R. Wagner: Das Judentum in der Musik (1850). In: Sämtliche Schriften und Dichtungen, 5. Band, 6. Aufl. (Leipzig, o. J.), z. B. S. 67, 79, 85. Zusätzlich empfehlenswert sind die Arbeiten von Hart-

mut Zelinsky über Wagner, deren analytische Folgerungen Aufsehen erregten.

65 Bernd Feuchtner: Der Kleinbürger als Weltenschöpfer (FR XLIV/212, 12. September 1988).
66 K. Stockhausen: Statt Panik und Angst ein höheres Bewußtsein. Karlheinz Stockhausens »Freibrief an die Jugend« (FAZ, 22. August 1968).
67 Hans Bunge: Fragen Sie mehr über Brecht. Hanns Eisler im Gespräch (München, 1970), S. 45.
68 Programmzettel des SWF, Ars Nova, 7. März 1981, S. 2–3.
69 Ein Versuch, die Logik per Briefwechsel zu fixieren, mißlang, denn Medek witterte – warum eigentlich? – einen Vorwurf, in der Person Ahasvers einem antijüdischen Affekt erlegen zu sein, und bestritt heftig, sich mit Christus »identifiziert« zu haben, da er »nicht in Trance« schreibe. Der Kommentar klingt gewiß nicht nach Trance, sondern so, daß der Sinn der hergestellten assoziativen Beziehungen nicht im dunkeln bleibt. Die Beschwörung dieses Über-Ichs schafft nach innen Selbstvertrauen und nach außen Autorität; Pfitzner äußerte 1940 einmal: »Es fällt ein jeder Meister vom Himmel.«
70 siehe H. J. Moser: Geschichte der deutschen Musik. 2. Aufl. (Stuttgart und Berlin, 1928), S. 182–183.
71 F. Draeseke: Konfusion in der Musik. Ein Mahnruf (Stuttgart, 1906), S. 16–17.
72 Peter Schleuning: Das 18. Jahrhundert: Der Bürger erhebt sich (rororo Sachbuch, Hamburg 1984), S. 420. Dieses Buch, Auftakt einer »Geschichte der Musik in Deutschland«, ist ein unentbehrliches Standardwerk, das gerade durch unkonventionelle Sichtweise und Art der Darstellung Aufschlüsse ermöglicht, die bislang von der »orthodoxen« Musikwissenschaft nicht zu haben waren.
73 Adorno schrieb zu Recht: »Aber die ästhetische Produktivkraft ist von der seit Riemanns Ausfällen gegen Schönberg immer wieder angeprangerten ›Lust, Unerhörtes zu leisten‹, gar nicht zu trennen. Wer nicht sucht, findet nichts« (Kritik des Musikanten, In: Dissonanzen, 2. Ausgabe, Göttingen 1958, S. 78).
74 zitiert im Artikel »Claque« in: The International Cyclopedia of Music and Musicians, ed. by Oscar Thompson. 6th Edition (New York, 1952), S. 342.
75 siehe Helmut Lohmüller: Ich traf Walter Haupt (Melos XLI/4, Juli/August 1974, S. 207).
76 CBS-Aufnahme, 1969.
77 Adorno beklagte, »daß die materielle Existenz der konsequenten Künstler schwer bedroht« sei; und sprach im Zusammenhang mit Alban Berg und Anton Webern von »realen Leiden der Menschen« (Das Altern der Neuen Musik, in: Dissonanzen, 2. erweiterte Ausgabe, Göttingen 1958, S. 142).
78 vgl. F. K. Prieberg: Männer machen Musik (Die Zeit Nr. 14, 4. April 1969); Jürgen Oster: Kein Platz für Frauen bei den Philharmonikern (BILD, Berlin, 25. April 1969); Wolfgang Burde: Emanzipation des Orchesters (Der Tagesspiegel Nr. 7215, 7. Juni 1969); Heinz Josef Herbort: Am letzten Pult. Über die sonderbare Benachteiligung der Frauen in den deutschen Orchestern (Die Zeit Nr. 45, 7. November 1969); Hermann Voß: Mit formaler Emanzipation ist es nicht getan (NMZ XIX/1, Februar/März 1970); Wolfgang Nagel: Der deutsche Mann geigt gern allein (Welt am Sonntag Nr. 10, 8. März 1970); Frauen als Orchestermusiker (FR, 26. August 1985).

79 siehe Franz Stieger, Wien: Opernkomponistinnen (M XIII/23, 1. Septemberheft 1914, S. 270–272). Liebende Ehemänner, oft selber Komponisten, taten
   das ihre bei der Verhinderung solcher »Frauenzimmerarbeiten«, so durch
   häufige Schwangerschaft und Brutpflegezwang, durch entmutigende Bevormundung und, wenn alles nichts half, per Komponierverbot.
80 Neger-Concert (Harburger Anzeiger und Nachrichten, 6. November 1886).
81 Klaus Umbach: Schön forsch und flippig (Der Spiegel Nr. 40, 2. Oktober 1989,
   S. 256). Die jenseits der musikalischen Leistung wirksame Publicity war längst
   bekannt; so empfahl der englische Dirigent Sir Thomas Beecham sarkastisch,
   es wäre das beste, »man würde bei jedem Konzert einen Elefanten auftreten
   lassen, der auf dem Rüssel Kopfstand macht – oder irgendeine andere Volks-
   belustigung« (siehe Ethel Smith: Zwei kurze Eindrücke von Königin Victoria,
   1920. In: Von Schütz bis Schönberg. Autobiographische Skizzen europäischer
   Musiker. Kassel, 1988, S. 142).
82 H. Eimert: Von der Entscheidungsfreiheit des Komponisten (die Reihe. Information über serielle Musik. Heft 3, Wien 1957. S. 12, Fußnote).
83 Ebenda. Dies ist ein Dokument für die Tatsache, wie wenig einfach postulierte
   Wahrheiten sind. Ein Mensch bemerkt nicht, mit welcher Geschwindigkeit
   seine Erde durchs Sonnensystem rast; er bleibt ja auf dem Fleck. So begriff
   Eimert – als echter Ideologe – auch nicht, was sich in und jenseits jener Flucht-
   bewegung »Fortschritt« tat, für deren Spitze er sich bar jeder Bescheidenheit
   hielt, und vor allem bei Adressaten und Empfängern dieser Tonkunst. Es
   brauchte nicht einmal zwanzig Jahre, da stand nicht mehr Eimert vorn, und
   die »Spitze« war umgebogen.
84 Friedrich Schiller: Deutschland und seine Fürsten, 1795 (In: Gedichte und
   Balladen, München 1952, S. 52).
85 Friedrich II. an Vester, 30. Juni 1776. Das französische Original ist zitiert von
   Adolf Beyschlag: Auf allerhöchsten Befehl. Eine Aufführung des Händel-
   schen Judas Maccabäus in Berlin (M XI/21, 1. Augustheft 1912, S. 143, Fußnote).
86 Friedrich II. an Vester, 5. Juli 1776, im Original deutsch. s. o. Anm. Der Ehe-
   mann der Mara war Cellist und hatte den König durch Unzuverlässigkeit und
   Widersetzlichkeit erbost.
87 siehe Constant Pierre: Les Hymnes et Chansons de la Révolution. Aperçu
   général et catalogue (Paris, 1904), S. 146. Der Kalender der Revolution legte
   den Weinmonat als den ersten des Jahres auf den 22. September bis 21. Oktober – der Brief datiert also vom 2. Oktober 1798 – und den Keimmonat als
   siebenten des Jahres auf den 21. oder 22. März bis 18. oder 19. April.
88 zitiert bei Adolphe Boschot: Jean François Lesueur, der Lehrer von Hector
   Berlioz (M VI/23, 1. Septemberheft 1907, S. 259).
89 siehe Josef Ludwig Fischer: Am Vorabend der Opern-Renaissance (M IX/5,
   1. Dezemberheft 1910, S. 268).
90 Reden des Kaisers. Ansprachen, Predigten und Trinksprüche Wilhelms II.
   Hrsg. von Ernst Johann (München, 1966), S. 102. Diese Ansprache fand statt
   am 18. Dezember 1901 bei einem Festmahl für Künstler anläßlich der Fertig-
   stellung der Siegesallee-Denkmäler.
91 Willy Pastor: Leoncavallos »Roland von Berlin«. Uraufführung im Berliner
   Opernhaus (M IV/7, 1. Januarheft 1905, S. 45). Martin Kirschner war der
   Oberbürgermeister von Berlin.
92 So 1898 vor Mitgliedern des Königlichen Schauspielhauses Berlin. Siehe
   Anm. 90, S. 78. Schon Schumann sprach davon, daß Chopins Werke »unter

Blumen eingesenkte Kanonen« seien (siehe Georg Eismann: Robert Schumann. Ein Quellenwerk über sein Leben und Schaffen. Bd. 1, Leipzig 1956, S. 99). Die Gleichsetzung der Musik mit einer Waffe durchzieht sämtliche politischen Systeme des 20. Jahrhunderts – vom Rätestaat über die faschistischen Regimes und sozialistischen »Volksrepubliken« bis zur parlamentarischen Demokratie: Die psychologische Situation der Sänger, denn es geht stets um textierte Musik, läßt eine Verlautbarung des Rockkünstlers Pete Townshend ahnen: »Manchen Leuten drückt man ein Gewehr in die Hand, und die schießen damit auf Spatzen, was schlimm genug ist. Andere schießen damit auf Menschen. Ähnlich geht es mir mit der Gitarre. Mal schieße ich auf Spatzen, mal auf Menschen. Die E-Gitarre gibt mir ein Gefühl von Macht und Power, ist ein Symbol für Unbesiegbarkeit« (siehe Philipp Roser: Wenn die Gitarre zur Knarre wird. In: Offenburger Tageblatt, 18./19. November 1989). Kein Wunder, daß Diktatoren an der »Waffe Musik« so hängen wie der Fixer an der Nadel.

93 Rede am 6. Juli 1903. Siehe Anm. 90, S. 109.

94 siehe: M IV/8, 2. Januarheft 1905, S. 153.

95 Haydn an Artaria, 27. Mai 1781. In: J. Haydn, Gesammelte Briefe und Aufzeichnungen (…). Hrsg. und erläutert von Dénes Bartha (Kassel, 1965), S. 96.

96 Eugène de Mirecourt: Rossini (Paris, 1856), S. 52. Der genannte Titel ist der eines 1814 von dem Dichter Monti geschriebenen Poems, das der österreichischen Macht schmeichelt.

97 Rossinis letzter Biograph Richard Osborne hält die Geschichte für eine Verleumdung durch Mirecourt, möchte aber auch die Tatsache nicht überbewerten, daß der Komponist sie wiederholt heftig abstritt, so mit der Behauptung, er sei im April 1815 in Neapel gewesen. Beide Biographen differieren zudem in der Datierung. Osborne legt die Rückeroberung von Bologna auf den 16. April, Mirecourt drei Wochen später. Vgl. R. Osborne: Rossini. Leben und Werk (München, 1988), S. 35.

98 siehe Max Kalbeck: Johannes Brahms. 2. Halbband, 1869–1873 (Berlin, 1909), S. 350–351.

99 Ebenda, S. 349.

100 Badisches Tagblatt, Baden-Baden, 14. Januar 1889.

101 Bruckner an Kaiser Franz Josef I., Wien, im März 1890. Siehe: Anton Bruckner, Gesammelte Briefe. Neue Folge. Ges. und hrsg. von Max Auer (Regensburg, 1924), S. 229.

102 Adorno: Zur Musikpädagogik. In: Dissonanzen, 2. Ausgabe (Göttingen, 1958), S. 113. Reinhard Heydrich, SS-Obergruppenführer, Sohn eines Komponisten, amtierender Reichsprotektor von Böhmen und Mähren, als Unterdrücker der tschechoslowakischen Bevölkerung verhaßt, starb 1942 durch ein Attentat; Hans Frank, 1939–1945 Generalgouverneur in Polen, wurde 1946 als Kriegsverbrecher hingerichtet; Wilhelm Keitel, ab 1938 Chef des Oberkommandos der Wehrmacht, bei den Nürnberger Kriegsverbrecherprozessen zum Tode verurteilt, starb 1946.

103 Walter Scheel nahm für seinen Plattenhit 100000 DM entgegen (Badisches Tagblatt Nr. 19, 23. Januar 1974). Es handelt sich um eine dpa-Meldung, die typisch ist für den Kotau von provinziell verklemmten Journalisten vor der Macht; der falsch geschriebene Vorname steht so in der Zeitung.

104 Dafür seien hier als Stichprobe mehrere Beispiele genannt. Etwa Kurt Mey: Der Kaiser und die Musik (Wartburgstimmen, Eisenach, Nr. 17, 1903), Albert

Dessoff: Napoléon I. und die Musik (Frankfurter Zeitung, Nr. 155, 1904), Julius Blaschke: Napoléon I. und die Musik (NMZ, Nr. 22, 1907), Olga Stieglitz: König Oskar II. von Schweden als Förderer der Musik seines Landes (NMZ Nr. 23, 1909), Richard Sternfeld: Kaiser Wilhelm II. und die Musik (Allgemeine Musikzeitung Nr. 8, 1913), Adolph Kohut: Bismarcks Verhältnis zur Musik (M XIV/11 und 12, 1. und 2. Märzheft 1915), M. Grinberg: Lenin und die Musik (Musyka i rewoljuzija, Nr. 1, Januar 1928), Adolf Hitler und die Musik (Deutsche Musik, Mitteilungsblatt der Heinrich-Schütz-Gesellschaft, Heft 2, 1933), O. Karstädt: Mussolini als Geiger (Hamburger Nachrichten, 19. Dezember 1933), Ernst Lüdke: Kanzler und Künstler (Die Musik-Woche, 5. Februar 1938), Fritz Ebers: Der Komponist in der Führerloge. Adolf Hitler und die deutschen Künstler (Der neue Tag, Prag, 20. April 1939), bibliographische Angaben zu »Lenin und die Musik« (Enziklopeditscheskij Musykal'nyj Slowar', Moskau 1959, S. 129), Siegfried Streller: Ideale der Klassiker sind heute Wirklichkeit. Walter Ulbricht – seine freundschaftlichen Beziehungen zu Schriftstellern und Künstlern (Berliner Zeitung, Berlin/DDR, Nr. 177, 29. Juni 1968).

105 Gemeinsame Anordnung der Präsidenten der Reichsmusikkammer, Reichskammer der bildenden Künste, Reichsschrifttumskammer, Reichstheaterkammer und Reichsfilmkammer über die Grundpflichten der Kulturschaffenden v. 10. 3. 1943 (Die Musik-Woche XI/8, 5. Mai 1943).

106 Jacob Burckhardt: Weltgeschichtliche Betrachtungen (Köln, 1954), S. 73–74.

107 Lortzing an Georg Meisinger, 26. Dezember 1848. Siehe Albert Dessoff: Briefe Lortzings an Georg Meisinger (M III/7, 1. Januarheft 1903, S. 38).

108 Klaus Wagner: Requiem auf ein Requiem. Zur Hamburger Strandung von Henzes »Floß der Medusa« (FAZ Nr. 288, 11. Dezember 1968). Es gelang den »linken« Musikern so perfekt, die Öffentlichkeit darüber im Unklaren zu lassen, was Musik zu leisten imstande ist und was nicht, daß noch ein Jahrzehnt später Franz Josef Strauß wetterte, er lehne »den von Henze und Genossen darüber hinaus prognostizierten Weg des Theaters und der Oper als eines gesellschaftsverändernden Revolutions-Vehikels mit allem Nachdruck ab. Ich wende mich gegen einen Mißbrauch des Taktstockes zum Einüben revolutionärer Rhythmen. Ich bin für den Paukenschlag als musikalisch-dramatisches Moment, bin aber gegen diesen Paukenschlag, wenn er klassenkämpferisch umgedeutet und als Startsignal zu Systemveränderung eingesetzt werden soll« (Bayernkurier, 13. August 1977).

109 Hashagen an Großkopf, 8. März 1974.

110 Großkopf an Hashagen, 11. März 1974.

111 Gedächtnisprotokoll von Großkopf. Quelle: Archiv des Autors.

112 Hashagen an Großkopf, 1. April 1974.

113 Telefoninterview des Autors mit Dr. Otto Tomek, 25. Dezember 1974. Aufzeichnung.

114 Warnung vor linken Politschlagern (Hamburger Abendblatt Nr. 151, 2./3. Juli 1977).

115 Entführer-Operette abgesetzt (FR Nr. 261, 9. November 1977).

116 siehe M IV/10, 2. Februarheft 1905, S. 437. Die detaillierten Berichte der deutschen Musikzeitschrift müssen hierzulande Eindruck gemacht und Hoffnungen geweckt haben, bei der Obrigkeit Verdacht und Ängste.

117 Bericht von Bernhard Wendel aus Petersburg (M IV/18, 2. Juniheft 1905, S. 443).

118 Russkoe Musykal'noe Obschtschestwo (Enziklopeditscheskij Musykal'nyj Slowar', Moskau, 1959, S. 236).

119 Hans Engel: Musik und Gesellschaft. Bausteine zu einer Musiksoziologie (Berlin, 1960), S. 260.

120 J. Mattheson: Der vollkommene Capellmeister, 1739. Faksimile-Nachdruck (Kassel und Basel, 1954), S. 30. Über die Moralität der Musik, von Platon ausgehend, vgl. Ernst Bloch: Zur Philosophie der Musik, 6. bis 7. Tsd. (Frankfurt/M., 1976), S. 313–314, ferner Adorno: Dissonanzen, 2. Ausgabe (Göttingen, 1958), S. 11.

121 Ebenda

122 R. Wagner: Sämtliche Schriften und Dichtungen. Volksausgabe, 6. Aufl., Band 9 (Leipzig, 1912), S. 121.

123 H. Pfitzner: Die neue Ästhetik der musikalischen Impotenz. Gesammelte Schriften, Band 2 (Augsburg, 1926), S. 245–246.

124 A. Lunatscharskij: Sozial'nye istoki musykal'nogo iskusstwa, 1929. In: W mire musyki. Staty i retschi (Moskau, 1958), S. 372.

125 Ernst Hermann Meyer: Musik im Zeitgeschehen. Hrsg. von der Deutschen Akademie der Künste (Berlin/DDR, 1952), S. 58.

126 Rede von Ministerpräsident Dr. Kiesinger anläßlich der Essener Chortage am 7. Oktober 1965, S. 3. Quelle: Archiv des Autors.

127 Auf welche aktuellen propagandistischen Aspekte es ankam, zeigen die Haupttitel, z. B. Auslese und Bildung der Wehrmänner (1934), Über die Grundsätze artgemäßer Staatsführung (1935), Vaterländische Reden (1936), Neuadel nach Plato (1936), Erziehung zum politischen Menschen (1938). Mit von der Partie war auch der berüchtigte Rassen»forscher« Hans F. K. Günther mit dem Titel ›Platon als Hüter des Lebens. Platons Zucht- und Erziehungsgedanken und deren Bedeutung für die Gegenwart‹, erstmals in der Weimarer Republik publiziert, 1936 in 2. Auflage. Auch der Rundfunk pflegte passende Anknüpfung; er behandelte »Das Führerprinzip in Platons Staat und Adolf Hitlers Mein Kampf« im Schulfunk, bot mit der Überschrift »Vom Führertum« einen Dialog aus dem »Staat« oder stellte eine HJ-Morgenfeier unter das Motto »Alles Große steht im Sturm (Plato)«. Der Kölner Komponist Hermann Unger, Landesleiter der RMK für den Gau Köln-Aachen, Musikfachberater des Gaukulturamts der NSDAP, Pg. seit 1932, sprach sogar vom »Staatsgedanken (...) Plato-Hitlers« (Siehe Deutsches Musikjahrbuch 1937, S. 9).

128 Der Grundgedanken der nationalsozialistischen Erziehung. Arbeitsbericht aus dem pädagogischen Seminar der Hindenburg-Hochschule, Nürnberg (Reichszeitung der deutschen Erzieher/NS-Lehrerzeitung, 2. Heft, Hornung 1934, S. 15).

129 Karl Gustav Fellerer: Musik und Politik. Musik – Ethos politikon (Deutsche Tonkünstler-Zeitung XXIX/7, 1933. S. 103, 104). Fellerer legte noch mehr Bekenntnisse ab, indem er der NSDAP beitrat, 1939 zur Universität Köln überwechselte und sich als Lektor für Musik beim Amt Reichsleiter Rosenberg verdingte. Weitere Beschwörungen Platons von musikwissenschaftlicher Warte vgl. Friedrich Mahling: Musik und Volk (Berliner Tageblatt Nr. 23, 1934) und Wilhelm Heinitz: Musik und Moral (Münsterischer Anzeiger, 22. Dezember 1935).

130 Paul Marsop: Der Einheitsgedanke in der deutschen Musik (Berlin, 1885), S. 51.

131 P. Marsop: Zur »Sozialisierung« der Musik und der Musiker (Regensburg, 1919), S. 50–51. In diesem Zusammenhang scheint es angebracht, daran zu

erinnern, daß »Kosmopolitismus« in der späteren sowjetischen Musikästhetik schwerwiegender Anklagepunkt gegen Komponisten war, die es wagten, von der volksliedabhängigen Schaffensnorm abzuweichen; die DDR übernahm das verschwommene Tabu wie das empfohlene Gegenmittel, die Volksmusik, »als echtes nationales Kulturgut das stärkste Bollwerk jedes Volkes auf dem Gebiete der Musik gegen den reaktionären Kosmopolitismus« (siehe E. H. Meyer: Musik im Zeitgeschehen, Berlin/DDR 1952, S. 187).

132 Konrad Huschke: Die deutsche Musik und unsere Feinde (Regensburg, 1921), S. 79–80. Folgerichtig attackierte er die gefährlichen »kosmopolitischen Schwarmgeister« ebenfalls.

133 Friedrich Wilhelm Herzog: Was ist deutsche Musik? (Bausteine zum deutschen Nationaltheater II/7, Juli–August 1934, S. 202). Herzog, 1931–32 Mitglied der NSDAP, später oberster Musikchef der NS-Kulturgemeinde, spezialisierte sich auf Denunzierung des Gegenbildes, nämlich die »undeutsche« jüdische Musik; diese zu verdrängen, gab er neue Begleitmusiken zu Shakespeares »Sommernachtstraum« in Auftrag.

134 Vgl. Die Heilkunst LXXIII/5, Mai 1960, Sonderheft »Die Musik in der Medizin«, und die jüngere, sehr reichhaltige Literatur über Musiktherapie.

135 Sulzer, a. a. O. (Anm. 3)

136 siehe ZfM IC/10, Oktober 1933, S. 1184.

137 H. J. Moser: Vom Volks- zum Kampflied (Hannoverscher Kurier Nr. 609/10, 1933). Moser, zeitweise zu Unrecht als »Judenstämmling« verdächtigt, stand zu dieser Zeit unter politischem Druck, dem er sich jedoch bald durch Anpassung bis hin zum Beitritt zur NSDAP zu entziehen wußte.

138 Ebenda

139 Arthur Kracke: Unsere Lieder. In: Musikalische Jugendkultur. Anregungen aus der Jugendbewegung, hrsg. von Fritz Jöde (Hamburg, 1918). S. 109.

140 L. Kestenberg: Musikerziehung und Musikpflege (Leipzig, 1921), S. 134.

141 Richard Eichenauer: Gedanken über die Tonkunst im neuen Reich (NS-Monatshefte Nr. 43, 1934, S. 458). Eichenauer, NSDAP-Mitglied, SS-Offizier, Mitarbeiter des SS-Rasse- und Siedlungshauptamts, im Zivilberuf Studienrat, Fachmann für musikalische Rassentheorie, gab u. a. ein ›Liederbuch des deutschen Dorfes‹ heraus.

142 Joachim Weinert: Volksmusik – Berufsmusiker (Magdeburgische Zeitung, 20. August 1935). Weinert war 1937 Pressewart des Chorkreises Magdeburg des Reichsverbandes der gemischten Chöre Deutschlands, einer Untergruppierung der RMK.

143 Fritz Reusch: Musik und Musikerziehung im Dienste der Volksgemeinschaft (Osterwieck im Harz/Berlin, 1938), S. 34. Reusch durfte wegen außerordentlicher Dienste für die Partei 1935 während der von Hitler verfügten Sperrzeit NSDAP-Mitglied werden.

144 H. Engel: Unsere Aufgabe (Deutsche Musikkultur I/1, April–Mai 1936, S. 10). Engel, der erst 1941 zur NSDAP stieß, war zu der Zeit Lehrstuhlinhaber in Königsberg und Schriftleiter der Zeitschrift.

145 Zehn Grundsätze deutschen Musikschaffens. Rede von Dr. Goebbels anläßlich der Reichsmusiktage in Düsseldorf (Amtliche Mitteilungen der Reichsmusikkammer V/17, 1. September 1938, S. 41).

146 A. A. Shdanow: Fragen der sowjetischen Musikkultur. Diskussionsbeitrag auf einer Beratung von Vertretern der sowjetischen Musik im ZK der KPdSU (B), Januar 1948 (Beiträge zum sozialistischen Realismus. Grundsätzliches über Kunst und Literatur, Berlin/DDR, 1953, S. 49).

147 siehe Der Spiegel XLIV/5, 29. Januar 1990.
148 Heinz Ischreyt: Deutsche Kulturpolitik. Informationen über ihre pluralistischen und totalitären Formen (Bremen, 1964), S. 16. Dr. Ischreyt war damals Referent im Ostinstitut Düsseldorf.
150 Wagner an Liszt, 2. Januar 1859. In: Briefwechsel zwischen Wagner und Liszt. 2. Band. Vom Jahre 1854–1861 (Leipzig, 1887), S. 229.
151 Edward Bellamy: Ein Rückblick aus dem Jahre 2000 auf 1887 (Leipzig, 1890), S. 88.
152 Fischer, a. a. O. (Anm. 89), S. 297.
153 Burckhardt, a. a. O. (Anm. 106), S. 93.
154 Kestenberg, a. a. O. (Anm. 140), S. 137.
155 Furtwängler an Reichskanzler Brüning, 30. August 1930. Typoskript. Quelle: BA R 43 I/828 S. 174 R.
156 Schon liegt auch für die BRD die Forderung eines Expertengremiums an das Bundesbildungsministerium vor, eine »Deutsche Musikinstrumentenstiftung« zu finanzieren, die Stücke aus ihren Bestand leihweise an Hochbegabte abgeben soll.
157 J. W. Stalin: Über den dialektischen und historischen Materialismus. In: Geschichte der KPdSU (B) (Berlin/Ost, 1947). Siehe Handbuch des Weltkommunismus. Hrsg. von Joseph M. Bocheński und Gerhart Niemeyer (Freiburg/München, 1958), S. 39.
158 A. I. Schawerdjan: Puti raswitija sowetskoj musyki (Moskau, 1948), S. 10. Deutsch in: Handbuch des Weltkommunismus..., S. 495.
159 Abram Gosenpud: Musykal'naja kul'tura i faschism (In: Sowetskaja Musyka. Sbornik statej, god 1943, S. 39). Der Leningrader Musikwissenschaftler, Jahrgang 1908, Fachmann für russisches und sowjetisches Opemtheater, bediente sich einer Sklavensprache. Aus propagandistischen Gründen unterschlug er, daß die Streitkräfte der Republik Spanien 1939 vor dem Putschgeneral Franco nach erbittertem Bürgerkrieg kapituliert hatten. Die kriecherische Verbeugung vor dem Diktator hat keinen Bezug zum Thema; sie wäre opportun gewesen, auch wenn es sich um Frühgemüseproduktion gehandelt hätte.
160 N. S. Chruschtschew: Sa tesnuju swjas' literatury i iskusstwa s shisn'ju naroda (In: N. S. Chruschtschew: Wysokoe priswanie literatury i iskusstwa, Moskau 1963, S. 43–44). Rede im Mai 1957 bei einem Künstlerempfang.
161 J. Goebbels: Rede bei der Eröffnung der 2. Reichs-Theaterfestwoche in Hamburg, 17. Juni 1935. In: Goebbels-Reden, Band I 1932–1939 (Düsseldorf, 1971), S. 219.
162 Ebenda. »Kommando« bezieht sich auf die Gründung der Reichskulturkammer 1933, einer Zwangsorganisation aller künstlerisch Tätigen.
163 Franz Brendel: Fragen der Zeit III (NZfM XXIX/19, 2. September 1848, S. 104).
164 Kunst muß der Zeit verpflichtet sein. Die Rede des Führers auf der Kulturtagung (Der Reichsparteitag Großdeutschlands 1938. Sondernummer der Führerblätter der NSDAP Gau Halle-Merseburg, Oktober 1938, S. 18).
165 Richard H. Stein: Musikerkammern (M XII/17, 1. Juniheft 1913, S. 315)
166 siehe: Franz Brendel – ein Vorkämpfer der Reichskulturkammer (ZfM CI/6, Juni 1935, S. 677).
167 Der CSU-Abgeordnete Dr. Erich Schosser in der Plenardebatte des Bayerischen Landtags, 26. Januar 1982. In: Kunst und Kultur in Bayern. Schriftenreihe der CSU-Fraktion, Band X (München, 1982), S. 76–77.
168 Bei allen Unterschieden der Ideologien fielen beider Interessen, was Erhal-

tung und Mehrung der staatlichen Macht betraf, exakt zusammen. Da es keine üppige Auswahl von Techniken des »social engineering« gibt, gilt hier der Satz, daß ähnliche Ziele ähnliche Maßnahmen bedingen.

169 Adorno: Die gegängelte Musik. In: Dissonanzen, 2. erw. Ausgabe (Göttingen, 1958), S. 46.

170 Hans Heinz Stuckenschmidt: Was ist bürgerliche Musik? (Stimmen. Monatshefte für Musik I/7, 1948, S. 211). Die sowjetischen Theoretiker benutzten den aus dem Französischen entlehnten Ausdruck »burshua« für den Standesbürger der westlichen Demokratien, der marxistischen Glaubenssätzen unzugänglich bleibt; so gerieten dann zu ihrer Überraschung auch solche modernen Komponisten in die Kategorie »bürgerlich«, die zuvor von Konservativen und NS-Autoren als »Kulturbolschewisten« geächtet worden waren.

171 Der Ausdruck entstammt nicht dem originären Vokabular der Nationalsozialisten. Wie viele andere konnte er übernommen werden. Schon E. T. A. Hoffmann hatte ihn 1821 in einem Aufsatz über die Entwicklung der Oper verwendet – gegen Rossini (Siehe E. T. A. Hoffmann: Betrachtungen über Musik, Stuttgart 1947, S. 128). Die Ausbeutung der Vokabel durch das NS-Regime hinderte BRD-Politiker nicht, sie unbefangen wieder aufzugreifen. So bekannte Bundeskanzler Ludwig Erhard auf einer CDU-Kundgebung: »Ich kann die unappetitlichen Entartungserscheinungen der modernen Kunst nicht mehr ertragen« (Siehe: Versprecher? In: Die Zeit, Nr. 23, 4. Juni 1965).

172 Vgl. Frankfurter Zeitung, 10. März 1935, und Blick in die Zeit III/11, 15. März 1935, S. 15.

173 H. Reutter – Brief an den Autor vom 20. Februar 1963 – überliefert ein Urteil des Präsidenten der RMK, Peter Raabe, über Drewes: »Wenn Sie nicht die schmutzige Protektion von Hans Severus Ziegler genössen, wären Sie heute dritter Kapellmeister in Kottbus.«

174 Amt des Reichsleiters Rosenberg an Ziegler, 25. Oktober 1937. Quelle: BA NS 15/162a, unpaginiert. Eine Durchschrift informierte den örtlich zuständigen Gauleiter Sauckel.

175 Strawinsky sympathisierte tatsächlich mit Mussolini und Hitler, und zwar mit Hinweis auf seine »negative Einstellung gegenüber Kommunismus und Judentum – um keinen stärkeren Ausdruck zu gebrauchen«! (Siehe Carlos Widmann: War Strawinsky ein Faschist? In: SZ am Wochenende, Nr. 227, 1./2. Oktober 1988).

176 Friedrich Brand an das Institut für Deutsche Kultur- und Wirtschaftspropaganda, 27. April 1938. Typoskript. Quelle: BA NS 15/162a, o. S. Das Institut war auf Brand aufmerksam geworden, weil er im Monat zuvor bewegte Klage geführt hatte, daß man noch immer kein »umfassendes Mißklangmuseum« analog zur Ausstellung »Entartete Kunst« besäße (siehe Brand: Fünf Jahre Aufbau des Musiklebens. In: Deutsche Sängerbundeszeitung XXX/13, 26. März 1938, S. 185–186).

177 Rundspruch 69, 18. Mai 1938. Betrifft: Reichsmusiktage in Düsseldorf. Quelle: BA R 55/446, S. 65.

178 Vertrauliche Information Nr. 114/38, 24. Mai 1938, 13 Uhr 07. Quelle: BA R 55/446, S. 83.

179 Hermann Reutter an den Autor, 20. Februar 1963. Typoskript.

180 Eintragung vom 9. Mai 1940 (Goebbels-Tagebuch Band IV, S. 149). Der »Banause« war in erster Linie der Chef der Musikabteilung des Propagandaministeriums, Dr. Drewes, und es ging um die »3. Liste unerwünschter musika-

lischer Werke«, die ausschließlich leichte Musik von jüdischen Autoren und nationalen Kitsch, Swing und deutschfeindliche Tätigkeit des Emigranten Robert Stolz auflistete.

181 Hermann Zilcher: Zur deutschen Musikerziehung (ZfM C/9, September 1934, S. 924). Zilcher, NSDAP-Mitglied, widersprach hier milde der von Goebbels geprägten Phrase von der»stählernen Romantik«, komponierte aber einige Jahre später eine»unpolitische« neue Sommernachtstraum-Musik, mit der die als»jüdisch« verbotene von Mendelssohn ersetzt werden sollte.

182 siehe M XXVI/8, Mai 1934, S. 639.

183 Vom Fall Furtwängler zum Fall Jaeckle (Volksrecht Nr. 45, 22. Februar 1945).

184 dpa-Meldung: Zürich gegen Oistrach (Münchner Merkur, 14. Juli 1961).

185 Dr. Kutscher, Auswärtiges Amt, Bonn, an den Autor, 29. Dezember 1964.

186 Protest der Musiker (FAZ Nr. 197, 26. August 1968).

187 siehe Die Zukunft II/5, 3. Februar 1939.

188 Die Täter sind oft militant. So faßte das FBI in New York den Chef und zwei Mitglieder der»Jüdischen Verteidigungsliga«, die im Herbst 1986 versucht hatten, im Lincoln Center Gastspiele des Moissejew-Balletts und eines sowjetischen Orchesters durch Anschläge mit Tränengas und Brandbomben zu verhindern.

189 Heinrich Mann: Ziele der Volksfront (Neue Weltbühne XXXIII/53, 30. Dezember 1937, S. 1664–1665; siehe auch H. M.: Verteidigung der Kultur. Antifaschistische Streitschriften und Essays, Hamburg 1960, S. 295–296).

190 Ischreyt, a. a. O. (Anm. 148), S. 94.

191 vgl. Max Willberg: Die Musik im Sprachgebrauch (Muttersprache, Heft 73, 1963, S. 201–221).

192 Der Autor erfuhr erst nach der Niederschrift des Manuskripts, daß dies der Titel eines 1989 publizierten Buches von Joachim Ernst Berendt – also Koinzidenz des Einfalls – ist; Berendt beschäftigt sich jedoch mit völlig anderen Aspekten des Hörens.

193 vgl. auch Adorno: Dissonanzen (Göttingen, 1958), S. 10, hier auf U-Musik bezogen:»Sie bewohnt die Lücken des Schweigens, die sich zwischen den von Angst, Betrieb und einspruchsloser Fügsamkeit verformten Menschen bilden.«

194 Urban Rosenblad, Vorstandspräsident des IRK, in: Rikskonserter 1970. En årsbok (Stockholm, 1970), S. 5. Ihm ging es gewiß nicht um»Kraft zur Auflehnung«, mit der die Musik auch überfordert wäre; hier wollte der Demokrat nicht Klartext reden. Seine Definition trifft im übrigen haarscharf das, was Freud Ersatzbefriedigung nannte.

195 Rede des Bundespräsidenten Prof. Dr. Th. Heuss auf der Festversammlung des Deutschen Allgemeinen Sängerbundes am 17. Juni 1951 in Frankfurt/M., Typoskript, S. 5. Quelle: Archiv des Autors.

196 Feierstunde des Deutschen Sängerbundes im Preußischen Landtag. Grundlegende Ausführungen des Ehrenführers des DSB Rosenberg (Deutsche Sängerbundeszeitung XXVI/17, 28. April 1934, S. 261).

197 Fritz Stein: Du bist nichts, dein Volk ist alles! (Die Musik-Woche IV/13, 27. März 1936).

198 Meyer, a. a. O., (Anm. 125), S. 151.

199 Ausgestrahlt vom Sender Freies Berlin am 5. November 1983 gegen 8 Uhr 30.

200 Aus der Rede Hitlers zur Eröffnung des Hauses der Deutschen Kunst und der

ersten Großen Deutschen Kunstausstellung, 18. Juli 1937 (Siehe Adolf Dresel: Deutsche Kunst und entartete Kunst, München 1938, S. 26).

201 Richard Münnich: Die nationale Revolution der Musik (Zeitschrift für Schulmusik VII/5, 1. Mai 1934, S. 60).

202 Joseph Wulf: Die Bildenden Künste im Dritten Reich. Eine Dokumentation (Gütersloh, 1963), S. 195. Der Musikband, gleichzeitig erschienen, ist unentbehrlich für jeden, der auch nur beiläufig mit Musik zu tun hat. Wulf resignierte vor dem Unverstand der bundesdeutschen Öffentlichkeit für ein Anliegen, das zwar seines war, aber von nationalem Zuschnitt, nämlich kritische Aufarbeitung der NS-Geschichte, und gab sich 1974 den Tod.

203 Molière: Der Bürger als Edelmann. Komödien. Übersetzt von Gustav Fabricius und Walter Widmer (München, 1970), S. 770.

204 Richard Bie/Alfred Mühr: Die Kulturwaffen des neuen Reiches. Briefe an Führer, Volk und Jugend (Jena, 1933), S. 55.

205 Meyer, a. a. O. (Anm. 125), S. 182–183.

206 Siegmund von Hausegger: Über nationale Kunst. Vortrag, gehalten zur Aufführung der Phantastischen Symphonie von Berlioz am 20. November 1916 (Hamburg, 1916), S. 13. Die Franzosen schossen zurück, zum Beispiel – in ganz eigner Art – mit der Militäroperette »Die Jagd auf die Boches« von François Perpignan. Im Reich war der Impressionismus schon vor dem Krieg als feindselig klassifiziert, vgl. Theodor Alt: Die Herabwertung der deutschen Kunst durch die Parteigänger des Impressionismus (Mannheim, 1911). Alt bekämpfte die französische Moderne auf über 500 Seiten!

207 Paul Bekker: Die Weltgeltung der deutschen Musik (Berlin, 1920), S. 50.

208 Vortrag von Peter Raabe, 7. Juni 1934, in Wiesbaden. Siehe Raabe: Die Musik im dritten Reich. Kulturpolitische Reden und Aufsätze. 8.–10. Auflage (Regensburg, 1935), S. 23. Beschwörungen dieser Art nahmen numerisch zu, je brutaler das Regime sein wahres Gesicht zeigte; vgl. Karl Hasse: Von der Weltgeltung deutscher Musik (Generalanzeiger der Stadt Wuppertal-Elberfeld Nr. 21, 26. Januar 1938), Die Weltgeltung deutscher Musik (Deutsche Zukunft, 17. Dezember 1939), Erwin Völsing: Die Weltgeltung der deutschen Musik (NS-Monatshefte XII/132, März 1941, S. 224) etc. Völsing äußerte – etwas voreilig – »die stolze Gewißheit, daß unser Volk nach dem glorreichsten Sieg des deutschen Schwertes als wahrhaft schöpferische Nation auch auf den hehren Gefilden der Kunst zu Höchstem berufen ist« (S. 228).

209 Musikkongreß 1964. Unsere Musik – ein Teil der sozialistischen Weltkultur. Grußadresse des ZK der SED an den Musikkongreß (Musik und Gesellschaft XIV/12, Dezember 1964, S. 738).

210 Karl Heinz Ruppel: West-östliches Musikfest in Japan (Süddeutsche Zeitung, 25. April 1961).

211 A. Schönberg: Stil und Gedanke. Aufsätze zur Musik. Gesammelte Schriften 1 (Frankfurt/Main, 1976), S. 185. Auf der »roten« Gegenseite formulierte H. H. Stuckenschmidt in einer Studie über die Musik des neuen Frankreichs: »Ich bange für die musikalische Weltherrschaft Deutschlands« (Siehe: Sozialistische Monatshefte XXXIII/65, 1927/28).

212 Gesprächsweise zu Josef Rufer in Traunkirchen 1922 (Siehe H. H. Stuckenschmidt: Arnold Schönberg, Zürich/Freiburg i. Br., 1951, S. 64).

213 John F. Kennedy an Miss Thodate Johnson, Publisher, 13. September 1960 (Musical America LXXX/11, October 1960, S. 11).

214 Soweit feststellbar, existierte auf dem deutschen Büchermarkt nie eine distanzierte Darstellung der Militärmusik. Die Autoren waren immer Begeisterte

293

und stellten keine systemwidrigen Fragen. Das galt – um nur vier Beispiele zu nennen – ebenso für Wilhelm Wieprecht (Die Militärmusik und die militärische Organisation eines Kriegsheeres, Berlin 1885) wie für Peter Panoff (Militärmusik in Geschichte und Gegenwart, Berlin 1938), Hans Schwenk (Marschmusik. Vom Kriegsruf zum Großen Zapfenstreich, München 1965) oder Joachim Toeche-Mittler (Armeemärsche, Band 1 und 2, Neckargemünd 1966 und 1967).

215 siehe Stanley Loomis: Ein Jahr, zwei Wochen und ein Tag. Paris 1793–1794 (Tübingen, 1964), S. 57.

216 Worauf der Herausgeber von Meyers Konversationslexikon, 4. Auflage, Band 13 (Leipzig, 1889) sich bewogen sah, in dem Artikel »Rouget de Lisle« zu formulieren »soll daselbst in einer Nacht die Marseillaise (...) gedichtet und komponiert haben«. Ungeachtet jeder Frage der Urheberschaft fürchteten die Gegner der Republik und der bürgerlichen Freiheitsrechte dieses Lied noch lange wie die Pest. Der österreichische Innenminister Alexander Freiherr von Bach erließ sogar einen Steckbrief gegen Richard Wagner, nachdem dieser einmal bei offenem Fenster die Marseillaise gesungen hatté.

217 Die Marseillaise. Leserbrief von Ernst Köhne, Döffingen bei Stuttgart (Die Welt, 6. August 1962).

218 Zitiert aus »Charivari«. In: NZfM XXI/36, Oktober 1848, S. 212.

219 vgl. Eugène de Mirecourt: Rachel (Paris, 1856), S. 42.

220 siehe M V/23, 1. Septemberheft 1906, S. 323.

221 vgl. Wolfgang Zank: Der Sturm auf Langemarck (Die Zeit Nr. 46, 10. November 1989, S. 49–50).

222 Das Deutschlandlied auf der Pressa verboten. Adenauer verbietet das Deutschlandlied (VB, Bayernausgabe, 193. Ausgabe, 21. August 1928).

223 siehe z. B. Matthias Felsmann/Dorothee Merschhemke: Chronik 1935. Tag für Tag in Wort und Bild. Hrsg. von Bodo Harenberg (Dortmund, 1989), S. 72.

224 Das deutsche Lied ist eine Quelle der Kraft (Der Führer XI/210, 2. August 1937, S. 3). Hitler schob zwecks Täuschung der Zuhörer hier das Volk vor, obwohl der Text nicht das Volk, sondern das Land über alles stellt!

225 Dr. H. Schneider: 100 Jahre Deutschlandlied (Mitteilungsblatt des NSLB, Gauwaltung Westmark, Nr. 8. August 1941).

226 siehe SBZ-Archiv IV/14, 20. Juli 1953, S. 216.

227 Der Bundespräsident an Adenauer, 2. Mai 1952. Quelle: Pressestelle des Bundespräsidialamtes, Bonn.

228 Helmut Thielicke: Die deutsche Jugend sucht eine Aufgabe (Die Welt Nr. 141, 20. Juli 1962).

229 wg.: Vaterland und Deutschlandlied (Deutsche Soldaten-Zeitung und Nationalzeitung XII/24, 22. Juni 1962).

230 Gespräch des Autors mit dem Referenten Dr. Fischler im BMI, Bonn, am 5. Dezember 1968. Gedächtnisprotokoll.

231 Förderung des staatsbürgerlichen Bewußtseins der Schüler. Pressemitteilung Nr. 206 vom 23. November 1977, Kultusministerium Baden-Württemberg.

232 Verunglimpfung und Dummheit (Deutsche National-Zeitung Nr. 3, 9. Januar 1981).

233 Erlaß des Kultusministers des Bundeslandes Hessen – VII A – 600/82 – vom 23. Mai 1989. Eine kritische, vom BR bestellte Information über den Anlaß und sein Echo für das Musikmagazin – verantwortlicher Redakteur Alfred Schulze – wurde nicht gesendet!

234 Geschichte und wahrscheinliche Motive seiner beiden Beitritte zur NSDAP sind ausreichend geklärt; vgl. Prieberg: Kraftprobe. Wilhelm Furtwängler im Dritten Reich, Wiesbaden 1986, S. 309–348. Dennoch leugnete er bis zu seinem Tode hartnäckig, sogar noch, als ihm sein US-Biograph Roger Vaughan die Dokumente vorlegte.

235 u. a. Prieberg: Lexikon der Neuen Musik (Freiburg/Br.-München, 1958), S. 184, und Horst Seeger: Musiklexikon (Leipzig, 1966), 1. Band, S. 374.

236 Karteivermerk der RMK, Abt. BeKA (= Besondere Kulturaufgaben), vom 11. Juli 1941. Quelle: BDC, Namensakte Hartmann.

237 Andrew D. McCredie: Karl Amadeus Hartmann. Sein Leben und Werk (Wilhelmshaven, 1980), S. 40. Der Fehler – Genitiv statt Nominativ – steht so im Original. Auf die Nutzung der BDC-Dokumente verzichtete McCredie!

238 M. Klinckerfuss an Peter Raabe, ohne Datum. Quelle: BDC Namensakte Klinckerfuss. Johannes Wolf war aus Altersgründen emeritiert worden; Alfred Einstein, Musikologe, 1880–1952; Arthur Nikisch, Dirigent, 1855–1922; Artur Schnabel, Pianist, 1882–1951; Bruno Walter, Dirigent, 1876–1962; Alfred Reisenauer, Pianist, 1863–1907; Emil von Sauer, Pianist und Komponist, 1862–1942; Hermann Levi, Dirigent, 1839–1900; Rudolf Serkin, Pianist, 1903–1991; Adolf Busch, Geiger, 1891–1952. Eine Reihe dieser Persönlichkeiten waren Juden.

239 Es ist kennzeichnend für die bundesdeutsche Methodik, Geschichte aufzuarbeiten, daß zwar die Denunziantin Kreitens, Tiny Debüser, z. B. im 2. Teil des Tonkünstler-Lexikons von Frank-Altmann (Wilhelmshaven, 1974) steht, ihr Opfer aber nicht nur hier, sondern in allen Lexika fehlt. Es bedurfte erst eines ›Spiegel‹-Artikels (Harald Wieser: Tod eines Pianisten. In: Der Spiegel Nr. 51, 14. Dezember 1987, S. 156–170), damit der Rundfunkrat des WDR den beliebten Moderator des »Internationalen Frühschoppens«, Werner Höfer, der 1943 die Hinrichtung Kreitens in einem schändlichen Durchhalte-Artikel begrüßt hatte, zum Rücktritt veranlaßte, wodurch dieser, wie seine Anwälte beklagten, 150000 DM jährliche Honorareinnahmen verlor.

240 Furtwängler an Goebbels, 3. April 1933. Typoskript, unveröffentlicht. Quelle: Archiv des Autors.

241 Furtwängler an Goebbels, 6. April 1933. Typoskript, unveröffentlicht. Quelle: Archiv des Autors. Das Dokument gehört zum Nachlaß des Dirigenten und wird an das WFA Zürich übergehen.

242 Ausklang der Akademiekonzerte. Redaktioneller Zusatz zu der Konzertbesprechung des Musikkritikers Hermann Eckert (Hakenkreuzbanner, 29. April 1933).

243 Furtwängler an Huberman, 27. Juli 1933. Handschriftlich, unveröffentlicht. Quelle: Huberman-Archiv Tel-Aviv, 481 K 1.

244 Expulsan del Uruguay a subversivos argentinos (La Nación, Buenos Aires, 12. Februar 1980).

245 Maximilian Stolz an den Reichstagsabgeordneten (und Staatskommissar) Hinkel, Wien, 9. April 1933. Quelle: BDC, Namensakte Robert Stolz. »Dötz« meint die Deutsch-Österreichische Tageszeitung, ein NS-Blatt; die NSDAP-Gauleiter Adolf Wagner und Dr. Goebbels versuchten gerade – vergeblich – mit dem Unwesen des Denunzierens fertig zu werden.

246 Karteivermerk der RMK, Abt. BeKA (= Besondere Kulturaufgaben), 6. Februar 1941. Quelle: BDC, Namensakte Stolz.

247 Aufruf der Kulturschaffenden (VB, 18. August 1934). Unter den 37 Unterzeichnern – quer durchs politische Spektrum – waren Ernst Barlach, Rudolf

G. Binding, Gustav Frenssen, Wilhelm Furtwängler, Erich Heckel, Georg Kolbe, Agnes Miegel, Emil Nolde, Hans Pfitzner, Heinz Tietjen und Erwin Kolbenheyer. Der Text verrät den Stil von Goebbels.

248 Dank der bahnbrechenden Arbeit von Gerhard Splitt: Richard Strauss 1933–1935. Ästhetik und Musikpolitik zu Beginn der nationalsozialistischen Herrschaft (Pfaffenweiler, 1987).

249 Goebbels-Tagebuch III, S. 528.

250 Goebbels-Tagebuch II, S. 450. Eintragung vom 24. Juli 1933.

251 Strauss an Lyonel Barrymore, Baden bei Zürich, 1. Januar 1947 (FAZ, 8. September 1979). Die Publikation dieses Dokuments veranlaßte Hans Heinz Stuckenschmidt, der in der NS-Zeit, mit Schreibverbot bestraft, auf der anderen Seite stand; sein Vorspruch zeigt, wie sehr Strauss auch ihn hatte täuschen können.

252 vgl. H. G. Adler: Der verwaltete Mensch. Studien zur Deportation der Juden aus Deutschland (Tübingen, 1974), S. 280–281, 291–294, und Raoul Hilberg: Die Vernichtung der europäischen Juden (Berlin, 1982), S. 300–302.

253 Zweig an Strauss, ca. 31. Januar 1934. Siehe R. Strauss / St. Zweig: Briefwechsel (Frankfurt/M., 1957), S. 58. Daß die pomphaften Feiern des ersten Jahrestages der »nationalsozialistischen Machtergreifung« am 30. Januar dem Dichter die Idee gaben, scheint einleuchtend.

254 Strauss an Zweig, 2. Februar 1934. Briefwechsel, S. 59.

255 Zweig an Strauss, Wien, 21. August 1934. Briefwechsel, S. 76. Bei Hitlers Friedenskampagne spielte 1648 symbolisch eine bedeutende Rolle; so trug Wilhelm Winkels Hörspiel »Friede im Land« (Reichssender Hamburg, 22. März 1936, im Hinblick auf die Wahl am 29. März gesendet), eine Aktualisierung des Friedens von 1648, als Motto das Hitler-Wort »Das deutsche Volk ist ein friedliches Volk«. Rudolf G. Binding gehörte nicht nur zu den Unterzeichnern des erwähnten Aufrufs der Kulturschaffenden für Hitler, sondern hatte im Sommer 1933 einen Angriff Romain Rollands gegen den Rassismus des NS hart zurückgewiesen und im Oktober des Jahres das Treuegelöbnis der 88 Schriftsteller an Hitler unterschrieben. Zweig deutete, indem er Binding nannte, unmißverständlich an, welcher Typus für *solchen* Text der passende sei.

256 Auch dieser Stoff blieb im Rahmen dessen, was die Versuchung bezweckte. Daß der Dichter das außerordentlich erfolgreiche Laienspiel ›Die Männer von Calais‹ von Rudolf Mirbt, 1933 als »Spiel des Volkes« uraufgeführt, gekannt hat, ist nicht ausgeschlossen. Im Sommer 1935 fand Rudolf Wagner-Régeny zum gleichen Stoff; ihm bescheinigte die Kritik, wie gut die Oper zum Opfermythos des NS paßte.

257 Strauss an Heinz Tietjen, Garmisch, 1. April 1935 (Siehe Richard-Strauss-Blätter, Neue Folge, Heft 20. Dezember 1988, S. 94).

258 Zweig an Strauss, Wien, 26. April 1935. Briefwechsel (Anm. 253), S. 119.

259 Zweig an Strauss, Wien, 4. Mai 1935. Briefwechsel (Anm. 253), S. 126. Hier ließ der Dichter eine Anspielung auf die Wehrpflicht einfließen.

260 Strauss an Zweig, Dresden, 17. Juni 1935. Typoskript. Quelle: BDC, Namensakte Strauss. Es hätte nahegelegen, auch diesen Brief verschwinden zu lassen, weil er Schlüsse auf die Vorwürfe von Zweig zuläßt. Dies war nicht möglich, denn die Gestapo in Dresden las mit und kopierte ihn. Er diente als Beweismaterial gegen den Meister, der nun durch Rücktritt seiner politischen Ämter verlustig ging. Die ›Schweigsame Frau‹ wurde strafhalber nach einigen Aufführungen stillgelegt. Daß Strauss seine Kollaborateursrolle gegenüber

Zweig zu verharmlosen sucht, erklärt sich psychologisch; dennoch unterlief ihm eine Vokabel wie »Schmierantenpresse«, Zusammenziehung von Schmierer und Emigrant, bei der der Dichter zusammengezuckt sein muß. Obwohl der Brief – Wort für Wort – schon früh veröffentlicht war (siehe Die Welt Nr. 37, 27. März 1948, S. 3), operierte die Strauss-Lobby bis auf den heutigen Tag mit verstümmelten, entschärften Versionen, zuletzt Kurt Wilhelm: Fürs Wort brauche ich Hilfe. Die Geburt der Oper »Capriccio« (München, 1988), S. 23.

261 Goebbels-Tagebuch II, S. 360. Eintrag vom 20. Juni 1936. Gegenüber Zweig hatte Strauss abgewiegelt: »Ich vertreibe mir in der Adventslangeweile die Zeit damit, eine Olympiahymne für die Proleten zu componieren (...)« (Brief vom 12. Dezember 1934. Briefwechsel, S. 90).

262 Aktennotiz vom 10. Juni 1936. Quelle: ZStA Bestand ProMi VI 6270, S. 546.

263 Walter Panofsky: Richard Strauss (München, 1965), S. 305. Panofsky, von keiner Kenntnis der Winkelzüge brauner Propaganda berührt, nannte dieses Presse-Echo »seltsam«. Dabei reagierte die Kritik, wie sie konnte und sollte bei einem solchen Werk. So faßte sie nach der Erstaufführung in Königsberg zusammen, das Thema entspreche »den Gefühlen und Empfindungen, die Millionen Menschen besonders zu diesem Jahreswechsel 1938/39 in tiefster Dankbarkeit an die glückliche Wendung der Zeitläufte beseelen« (VB, Norddt. Ausgabe, Nr. 365, 31. Dezember 1938). Zu dieser Zeit hatte Hitler unter ständigen Friedensbeteuerungen, massiv aufrüstend, Österreich und das Sudentenland annektiert und erreicht, daß England und Frankreich ihm dies in der Münchner Konferenz eben noch ohne militärisches Veto gewährten.

264 Offener Brief an alle Opernintendanten der Deutschen Demokratischen Republik (Musik und Gesellschaft II / 6. Juni 1951, S. 190). Unter den vier Signataren war der spätere Schumann-Forscher und Cheflektor des VEB Deutscher Verlag für Musik in Leipzig, Herbert Schulze.

265 Michael Jäger: Der Pazifismus des Führers. Wie die Deutsche Oper Berlin versuchte, den Naziliebling Richard Strauss zu rehabilitieren, und wie Bundespräsident Richard von Weizsäcker und seine Gattin sich dafür einspannen ließen (die tageszeitung Nr. 2902, 5. September 1989). Jäger zog nach mit einer nun dezidiert philologischen, ebenso aussagekräftigen wie wichtigen Studie: Verbrenne die Mauern, schließe uns ein. Ein Opernskandal, der totgeschwiegen wird (Kommune I, 1990, S. 68–74).

266 Grußwort Leonard Bernsteins zu den Berliner Konzerten und zur Aufnahme (Presseinformation der Deutschen Grammophon, Dezember 1989).

267 Thomas Schmitt: Konzert = Konzert? (Lebenslaute. 1. Konzertblockade. Eine Dokumentation. 1986, S. 8).

268 Nicht anders das SWF-Fernsehen, das den größten Teil der Gespräche aufnahm. In dem nach Monaten des Schneidens, Herausschneidens und Montierens endlich fertigen, bis heute nicht gesendeten Films sah man nette, bunte Bilder vom Frühling und jungen Menschen, aber jedes Wort über Notwendigkeit und Taktik des politischen Kampfes auf seiten der Menschlichkeit war unter den Schneidetisch gefallen.

269 Kurt Singer: Krieg und Musik. Feldpostbrief (M XIV/7, 1. Januarheft 1915, S. 14, 15). Dr. Singer, Arzt und Musiker, damals 29 Jahre alt, 1930–1932 Intendant der Städtischen Oper Berlin, starb als Opfer des NS-Regimes im KZ Theresienstadt.

270 Adolf Weißmann: Musik und Krieg (M XIV/3, 1. Novemberheft 1914, S. 100).

271 Hermann Graef: Der Niedergang des Volksgesanges (Leipziger Tageblatt, 9. Juli 1907, zitiert nach M VI/24, 2. Septemberheft 1907, S. 378).

272 Friedrich Hielscher: Das Reich (Berlin, 1931), S. 27. Gewiß läßt sich solches als verblasenes Gerede eines musikalisch ignoranten Selbstdarstellers abtun; zu denken gibt aber, daß selbst ausgewiesene Musikfachleute entsprechende Assoziationen zu publizieren wagten, so der damalige Direktor der Musikhochschule Berlin und Vorsitzender der musikgeschichtlichen Kommission: »Denn die Seele dieser Beethovenschen Sinfonie ist urdeutsch, ist Sammlung, Ordnung und volle Hingabe an die Sache im Großen und im Kleinen, es ist derselbe Geist wie der unseres herrlichen Militarismus« (Hermann Kretzschmar: Der Krieg und die deutsche Musik. In: Monatsschrift für Wissenschaft, Kunst und Technik IX/4, 15. November 1914, Sp. 239).

273 Friedrich von Boetticher: Feldherrntum und Generalstab: Grundsätze und Geist (Wehrkunde XIII/9, September 1964, S. 454).

274 August Spanuth: Der Musiker und der Krieg (Signale für die musikalische Welt LXXII/32, 16. August 1914). Nach der Kriegserklärung an Frankreich am 3. August hatte der Überfall auf das neutrale Belgien begonnen, um die französische Verteidigung vom Rücken her aufzurollen.

275 siehe Kein garstig Lied (FR XLVI/1, 2. Januar 1990).

276 Ebenda. Commie, Kommie = verächtliche Sprachform für Kommunist. Die strategische Vorstellung von Massenbombardements ohne große Gegenwehr stammt ersichtlich aus der Schlußphase des 2. Weltkriegs. Damals nannte sich ein US-Bombergeschwader »Murder Incorporated« ... »Mord, e. V.«!

277 Peter Panoff: Militärmusik in Geschichte und Gegenwart (Berlin, 1938), S. 1.

278 Volkspolizei-Oberrat (Helmut) Wachsmann: Die guten Kräfte wecken. Gedanken über das Arbeiter- und Soldatenlied (Freiheit, Nr. 200, Halle, 4. September 1956).

279 Hans Bohmhardt: Kann Kunst den Wehrwillen stärken? (Der Erzieher. Zeitschrift des NSLB, Kreis Bremen, II/2, Januar 1934, S. 21–22).

280 Bundeswehr duldet SS-Märsche (L'Alsace, Strasbourg, 9. Oktober 1976).

281 Wolfgang Hausen: Deutsche Militärmusik. Eine Einführung in ihr Wesen und ihre Geschichte (Deutsche Monatshefte XXXIX/1, Januar 1988, S. 40).

282 Ebenda, S. 33.

283 Helmut Schaal: Deutsche Militärmusik. Ein Streifzug durch Geschichte und Gegenwart. Hrsg. vom Bundesverteidigungsministerium. Kopie im Archiv des Autors.

284 Bundesverteidigungsminister Manfred Wörner (CDU) in einem Interview mit dem SDR. Sendung »Nato nach Noten«, Südwest III, 20. März 1988, 19 Uhr. Quelle: Aufzeichnung im Archiv des Autors.

285 Der Leiter des Protokolls im Bundesministerium der Verteidigung, Oberst i. G. von Plato, an den Autor, 15. März 1989.

286 Lars Akerblom: Regionmusikernas vidareutbildning (Tonfallet Nr. 14, 3.–16. maj 1970).

287 siehe: Military bands benefit most from grants for music (The Times No. 63 499, 14. September 1989).

288 Einführung in Geschichte und Spielfolge des Großen Zapfenstreiches (ZDv 10/S, Anlage 2/1–4).

289 Ebenda.
290 Karl-Heinz Audersch: Großer Zapfenstreich der NVA in neuer Form (Neues Deutschland, 12./22. Februar 1981).
291 Großer Zapfenstreich zum NVA-Jubiläum (Neues Deutschland, 2. März 1981).
292 Jusos: Zapfenstreich auf Schiffenberg verhindern (Gießener Allgemeine, 27. Juni 1989).
293 Lührmann versichert: Ich stehe zur Bundeswehr (Gießener Allgemeine, 29. Juni 1989).
294 dr.: Nach dem Zapfenstreich nichts mehr zu trinken... (Gießener Anzeiger, 28. Juni 1989).
295 Siehe: die Reihe. Information über serielle Musik. Anton Webern (Wien, 1955), S. 7.
296 Karl H. Wörner: Neue Musik in der Entscheidung, 2. durchgesehene Auflage (Mainz, 1956), S. 96.
297 Walter Abendroth: Die Krise der Neuen Musik (Die Zeit Nr. 46, 14. November 1958, S. 5). Abendroth, vor 1945 Musikreferent des Berliner Lokalanzeigers, schrieb u. a. über Rassefragen der Musik unter NS-Aspekten. Die irrige politische Einordnung der neuen Musik war allgemein; sogar Thomas Mann hing ihr an und dokumentierte dies durch einen Brief anläßlich der neuen Internationalen Ferienkurse für zeitgenössische Musik in Darmstadt, mit dem er die Pflege der »antifaschistischen Musik« dort begrüßte.
298 Hans Werner Henze: Die Bundesrepublik Deutschland und die Musik, 1967/68. In: Henze, Musik und Politik. Schriften und Gespräche 1955–1975, München 1976, S. 126, 127.
299 vgl. Hanspeter Krellmann: Anton Webern (Reinbek b. Hamburg, 1975), S. 92.
300 Friedrich Wildgans: Anton Webern. Eine Studie (Tübingen, 1967), S. 110.
301 Ebenda.
302 Ebenda.
303 Walter Kolneder: Anton Webern. Genesis und Metamorphose seines Stils (Wien, 1974), S. 152.
304 Krellmann, a.a.O. (Anm. 299), S. 97.
305 Hans und Rosaleen Moldenhauer: Anton von Webern. Chronik seines Lebens und Werkes (Zürich, 1980), S. 478.
306 Ebenda, S. 482.
307 Webern an Hugo Rasch, Wien XXIV, 9. November 1940. Typoskript, ungedruckt. Quelle: BDC, Namensakte Webern. 1934 verbot Österreich die Sozialdemokratische Partei – nach Straßenkämpfen in Wien und anderswo – und alle anderen Parteien, sodaß nur noch die »Vaterländische Front« zugelassen war. Nach einem NS-Putsch im Juli fiel der Bundeskanzler Engelbert Dollfuss von Mörderhand.
308 Ebenda.
309 Gutachten von Hugo Rasch, 11. Dezember 1940. Quelle: BDC, Namensakte Webern.
310 Aktenvermerk vom 21. Februar 1941 – KD III 8567. Quelle: BDC, Namensakte Webern.
311 Ein für das WDR-Musikmagazin in Auftrag gegebener Bericht über den Fall Webern, verantwortlicher Redakteur Dr. Michael Trapp, blieb ungesendet, desgleichen ein weiterer, vom NDR bestellter Beitrag, Redaktion Hanjo Kesting und Armin Halstenberg. Die kognitive Unfreiheit in Medien, die ehe-

dem führend an der Webern-Pflege mitwirkten, bremst öffentliche Information und Diskussion.

312 M. Kagel: Tamtam. Dialoge und Monologe zur Musik (München/Zürich, 1975), S. 27.

313 Mungo = Valentin Schuster: Arisierung der Gefühle (Musik in Jugend und Volk VI/4, April 1943, S. 62).

314 siehe H. G. Adler: Theresienstadt 1941–1945. Das Antlitz einer Zwangsgemeinschaft. 2. Aufl. (Tübingen, 1960), S. 661.

315 Prof. Dr. H. Besseler an Oberregierungsrat Dr. Miederer, Reichserziehungsministerium, 13. April 1939. Faksimile-Wiedergabe in: Entartete Musik. Eine kommentierte Rekonstruktion. Hrsg. von Albrecht Dümling und Peter Girth, 2. Aufl. (Düsseldorf, 1988), S. 53.

316 hdw = Hansdieter Werner: Ein Denkmal und ein Mahnmal zugleich (Reutlinger General-Anzeiger, 23. April 1988).

317 K. M. Komma: Die Musiklandschaften Böhmen und Mähren (Der Musikerzieher XXXV/7, April 1939, S. 154). In einer Gegendarstellung, die Komma am 27. Oktober 1989 einem Redakteur in Reutlingen überließ, stritt er vehement ab, je Antisemit gewesen zu sein, und legte zur Erhärtung den Brief einer ehemaligen Schülerin »aus jüdischer Familie« vor, die ihn lobte als »großartiger Musikschulleiter und Pädagoge und der lebende Beweis, daß man kein NS-Mitläufer sein mußte, um in exponierter Position zu wirken und junge Menschen der Musik zuzuführen«. Unerklärt blieb, wie sich so einer die antisemitischen Tiraden jenes Artikels hatte einfallen lassen können; also war dieser Brief gleich zwei anderen beigefügten Entlastungsschreiben von einem früheren Schüler und einem tschechischen Musikforscher Kombination von Gefälligkeit und Ahnungslosigkeit. Komma gab weiter an, er habe die NS-Werke »aus einer damals im Grenzland allgemein verbreiteten Hoffnung und Begeisterung geschrieben, der bald die Ernüchterung folgte«. Bald? 1945, ja. Deutlich ist wieder einmal, daß Betroffene, stets auf Selbstschutz bedacht, keinen Beitrag zur historischen Faktizität leisten können.

318 Bundespräsidialamt, Ordenskanzlei, an Max de Metz, 17. Juli 1989. Quelle: Archiv des Autors.

319 Andreas Weitkamp: Nie wieder Lambertusspiel? (Münstersche Zeitung, 20. September 1989).

320 Politische Schizophrenien aus der Not. Leserbrief von Prof. Dr. Helmuth Hopf (Westfälische Nachrichten, 22. September 1989). Hopf ist Dozent der Universität Münster, Fachbereich Musikpädagogik, und Mitherausgeber eines Lexikons der Musikpädagogik.

321 Bernd Behr: Fall Ludwig: Niemanden dafür tadeln, wenn er kein Held war (Münstersche Zeitung, 23. September 1989).

322 siehe Andreas Weitkamp: Ein musikalischer Salut für Franz Ludwig (Münstersche Zeitung, 14. November 1989).

323 Hans-Joachim Vetter: Franz Ludwig zum 100. Geburtstag. Typoskript, mit Anschreiben vom 29. März 1990 dem Autor zugesandt.

324 Leserbrief in der Münsterschen Zeitung, 7. März 1980. Zitiert nach dem Manuskript der WDR-Sendung »Ein Komponist im Nationalsozialismus« von Elmar Metz und Wolfgang Sandberger (WDR I, 4. Dezember 1989, 12.05 bis 13 Uhr).

325 Dabei verursacht absichtliche oder auf Unlust zur Recherche beruhende Aussparung von Information so manche pauschal schillernde Urteilsfindung, an der sich vorschnelle Selbstprofilierung übt. Dies zeigte der Fall Kurt Masur.

Der Gewandhauskapellmeister hatte verhindert, daß die Staatsgewalt der DDR, schon verunsichert und geschwächt durch das demonstrierende Volk, im Oktober 1989 durch Gewalt einen Bürgerkrieg provozierte, der blutige Opfer gefordert hätte. Eben daraus drehte ihm ein Musikjournalist die Schlinge, indem er unterstellte, solches habe nur ein politisch mächtiger Insider des Systems schaffen können, und sich dann darüber erregte, daß »Kulturschaffende wie der Gewandhauskapellmeister Kurt Masur an die Spitze der gesellschaftlichen Erneuerung treten – Wendehälse, die sich in der Vergangenheit als von den Herrschenden wohlhonorierte Mitläufer profiliert haben« (Siehe: Stefan Mikorey, Lakai der Partei? Zur fragwürdigen Rolle der DDR-Staatskünstler. In: FonoForum Nr. 1, Januar 1990, S. 80). Nicht weniger provinziell, aber stärker beeindruckt vom Abglanz der großen Welt, nannte ein anderer den nunmehr umworbenen Dirigenten »DDR-Befreiungsmusiker« (kwi = Kurt Witterstätter in: Offenburger Tageblatt, 16./17. Juni 1990).

326 Martin van Amerongen: Zeer geachte heer Riccardo Chailly (NRC Handelsblad, 31. Dezember 1988).

327 Dabei empfiehlt sich sorgsame Prüfung der Quellen. Viele taugen nichts. Zum Beispiel gibt Stephan Eisel in seinem Buch »Politik und Musik« (München, 1990) vorsichtshalber nicht einmal die Herkunft seiner Zitate an; er hat sie – wie einen Großteil des Faktenmaterials – wahllos und fehlerhaft aus Sekundärliteratur abgeschrieben, soweit sie seinen Kinderglauben stützen, in der »freiheitlichen Demokratie« der BRD könne der Musik nichts Böses zustoßen. ▬▬▬▬▬▬▬▬▬▬▬▬▬▬▬▬▬▬▬▬▬▬▬▬ War es Ahnungslosigkeit, daß er sich ein Kapitel über Staatshymnen ausgerechnet von einem früheren SA-Mann und NSLB-Mitglied liefern ließ?

Register

Abendroth, Walter 299
»Abendzeitung« 280
absolute Musik 10, 258
Adenauer, Konrad (Oberbürgermeister, Bundeskanzler) 137, 202, 204, 241, 294
Adler, Guido 258
Adler, Hans-Georg 296, 300
Adorno, Theodor W. 129, 173, 256, 284, 286, 288, 291, 292
Agenten, Agenturen 36, 58, 72, 164, 165, 182
Akerblom, Lars 298
Aksjuk, Sergej 167
Aktion Saubere Leinwand 28
Albrecht, Ernst (Ministerpräsident) 162
Alexis, Willibald 122
Alt, Theodor 293
Amerongen, Martin van 301
»Amtliche Mitteilungen der Reichsmusik-kammer« 289
Anacker, Heinrich 273
Anbiederung 9, 18, 19, 47, 54, 117, 128, 129, 134, 157, 163, 168, 221, 274, 275
Andersson, Gert-Ove 249
angewandte Kunst/Musik 9, 18, 19, 24, 132
Annahas, Conz 191
Annunzio, Gabriele d' 23
Antifaschismus 168, 211, 252, 257, 299
Antikommunismus 184, 185, 196, 217, 239, 291
Antisemitismus 47, 48, 93, 137, 173, 174, 176, 178, 180, 182, 185, 200, 207, 210, 212, 213, 214, 215, 218, 223, 226, 258, 259, 266, 270, 283, 289, 291, 300
Apostolow, Pawel 167
Arrau, Claudio 185
ars nova-ensemble, Nürnberg 139, 140
Artaria, Gebrüder 286
Artusi, Giovanni Maria 87
Ashe, Charlotte 63
Ästhetik, ästhetische Wertung 12, 17, 19, 21, 22, 121, 127, 130, 138, 158, 161, 173, 174, 224, 265
Auber, Daniel François Esprit 230
Audersch, Karl-Heinz 299
Aufklärung 189, 252, 272, 274
Augusta (deutsche Kaiserin) 128
Auslandsgastspiele 45, 69, 165, 182, 183, 184, 185, 186, 193, 217, 230, 292
Außenseiter 8, 9, 12, 23, 24, 27, 28, 50, 97, 167
Auswärtiges Amt 28, 292

Avantgarde 31, 67, 101, 172, 190, 193, 265, 281

Bach, Alexander Freiherr von (österreichischer Innenminister) 294
Bach, Johann Sebastian 42, 56, 60, 61, 62, 74, 155, 232, 238, 263
Backhaus, Wilhelm 215
»Badisches Tagblatt«, Baden-Baden 282, 286
Balfe, Michael William 60
Balfe, Richard (Europarat) 59, 60
Barenboim, Daniel 185
Barlach, Ernst 295
Barrymore, Lyonel 296
Barschel, Uwe (Ministerpräsident) 76
Bartha, Dénes 286
Bartók, Béla 137, 276
Bauer, Friedrich 237
Bauer, Gerhard 244
Baumann, Gerhard (Oberst) 251
Baumann, Hans 243
»Bausteine zum deutschen Nationaltheater« 289
Bayerische Staatsoper, München 106, 230
Bayerischer Rundfunk, München 78, 139, 142, 282, 294
»Bayernkurier«, München 287
Bayreuther Festspiele 13, 130, 131, 133, 227
Becher, Johannes R. 203
Becker, Heino 281
Beecham, Sir Thomas 285
Beethoven, Ludwig van 13, 20, 44, 71, 84, 90, 103, 155, 217, 230, 231, 232, 298
Befreiungsoper 20
Behr, Bernd 300
Bekker, Paul 195, 293
Belinsky, Wissarion 17, 280
Bellamy, Edward 163, 290
Berendt, Joachim Ernst 292
Berg, Alban 59, 137, 178, 284
Berio, Luciano 41
Berlin Document Center 260, 271, 295, 296, 299
Berliner Philharmonisches Orchester 108, 165, 185, 212, 213, 216
»Berliner Lokalanzeiger« 299
»Berliner Tageblatt« 288
»Berliner Zeitung«, Berlin/DDR 287
Berlioz, Hector 285, 293
Bernhardt, August 143
Bernstein, Leonard 66, 74, 77, 231, 232, 297

Berton, Henri 18
Besseler, Heinrich 268, 300
Beyschlag, Adolf 285
Bialas, Günter 30, 31
Bie, Richard 293
Biermann, Wolf 95
»Bild«, Berlin 284
Binding, Rudolf G. 225, 296
Bismarck, Otto von (deutscher Ministerpräsident) 127, 287
Blacher, Boris 30
Blank, Herbert (Bundesverteidigungsminister) 241
Blaschke, Julius 287
Blech, Leo 237
»Blick in die Zeit«, Berlin 291
Bloch, Ernest 178
Bloch, Ernst 288
Blomberg, Werner Eduard Fritz von (Reichskriegsminister) 33
Blum, Robert 135
Bobrik, Günter Benno 239
Bochenski, Joseph 290
Boetticher, Friedrich von (Generalstabsoffizier) 298
Bögel, Hartwig 270
Böhm, Karl 84, 282
Bohmhardt, Hans 298
Bolschoj-Ballett 184
Bolschoj-Theater, Moskau 194
Borodin, Alexander 137
Boschot, Adolphe 285
Boulanger, Nadja 217
Boulez, Pierre 41, 74, 102
Boykott 28, 31, 83, 108, 137, 138, 170, 178, 182, 183, 184, 185, 215, 222, 292
Braham, John 20
Brahms, Johannes 21, 78, 127, 286
Brand, Friedrich 177, 178, 291
Brandt, Willy (Bundeskanzler) 276
Brandukow, Anatolij 145
Braunfels, Walter 29
BRD siehe Bundesrepublik
Brecht, Bertolt 28, 138, 206, 260, 275, 276, 284
Brendel, Franz 53, 88, 169, 170, 283, 290
Brown, Earle 41
Bruckner, Anton 84, 86, 107, 270, 286
Brückner, Hans 48, 283
Brüning, Heinrich (Reichskanzler) 290
Bühnen der Landeshauptstadt Kiel 69
»Bulletin des Presse- und Informationsamtes der Bundesregierung« 280
Bülow, Andreas von (Staatssekretär) 244
Bundesarchiv, Koblenz 281, 290, 291
Bundesbildungsministerium 290
Bundesgerichtshof 206

Bundesinnenministerium 205, 294
Bundespräsidialamt 294, 300
Bundesrepublik 25, 28, 29, 31, 32, 62, 64, 95, 108, 111, 130, 138, 139, 141, 165, 184, 190, 195, 196, 203, 204, 206, 207, 232, 241, 243, 245, 248, 250, 251, 252, 253, 269, 271, 272, 277
Bundesverdienstkreuz 239, 244, 269, 271, 272, 274, 276
Bundesverteidigungsministerium 34, 242, 243, 244, 245, 247, 281, 298
Bundeswehr 34, 206, 241, 243, 244, 245, 246, 247, 248, 250, 252, 253, 254, 272, 298
Bunge, Gustav Adolf 244
Bunge, Hans 284
Burckhardt, Jacob 134, 164, 287
Burde, Wolfgang 284
Busch, Adolf 211, 295
Busoni, Ferruccio 104
Buxtehude, Dietrich 56
»BZ«, Berlin 280

Cage, John 41, 44, 281
Campanella, Tommaso 15
Caplet, André 21
Cardew, Cornelius 41
Carey, Henry 200
Carlos, Walter 106
Catel, Charles Simon 18
Cavaliere di Candia, Giovanni Matteo Mario 114
CBS-Schallplatten 284
CDU 30, 31, 32, 33, 70, 76, 141, 162, 204, 205, 206, 241, 253, 254, 291
Ceauşescu, Nicolae (rumänischer Staats- und Parteichef) 187
Chailly, Riccardo 277, 301
Chávez, Carlos 24
Cherubini, Luigi 18, 21, 200
Chessin, Alexander 144, 145
Chevillard, Camille 124
Chopin, Frédéric 20, 285
Chrennikow, Tichon 167
Chruschtschew, Nikita (Vorsitzender des Ministerrats der UdSSR) 290
Claque 101, 284
Columbia-Universität, New York 128
Comédie Française, Paris 199
Comédie Italienne, Paris 117
Concertgebouw-Orchester, Amsterdam 277
Concerts Colonne, Paris 124
Concerts Lamoureux-Chevillard, Paris 124
Cornelius, Peter 202
Costa, Michael Andrew Angus 114
Cousin, Victor 17
Covent Garden, London 114

CSU 62, 242, 290
Curzon, Clifford 185

Dalayrac, Nicolas 18
Dallapiccola, Luigi 30
Damon von Athen 14, 148
»Das Parlament«, Bonn 282
Davis, Colin 78
DDR 28, 62, 76, 95, 129, 135, 138, 180, 184, 195, 203, 204, 205, 207, 228, 242, 251, 252, 272, 289, 297, 301
Debüser, Tiny 295
Debussy, Claude 21, 194
Degeyter, Pierre 160
Deisenroth, Friedrich 245
Demokratie, demokratisch 11, 24, 28, 30, 33, 40, 56, 84, 89, 106, 117, 130, 143, 146, 147, 148, 162, 164, 165, 169, 170, 172, 182, 189, 191, 196, 197, 205, 206, 207, 228, 239, 240, 241, 242, 243, 244, 253, 260, 276, 286
Denunziation 176, 182, 183, 184, 190, 204, 205, 216, 217, 218, 259, 270, 275
»Der Erzieher«, Zeitschrift des NSLB Kreis Bremen 298
»Der Führer«, Karlsruhe 294
»Der Musikerzieher«, Leipzig 300
»Der neue Tag«, Prag 287
»Der Spiegel«, Hamburg 280, 282, 285, 290, 295
»Der Tagesspiegel«, Berlin 284
Desaugiers, Marc Antoine 18
Despotie 8, 116, 145, 148, 165, 182, 186, 191, 216
Dessoff, Albert 287
»Deutsche Kulturwacht«, Berlin 218
»Deutsch-Österreichische Tageszeitung«, Wien 295
Deutsche Grammophon 297
»Deutsche Monatshefte« 298
»Deutsche Musik«, Mitteilungsblatt der Heinrich-Schütz-Gesellschaft 287
Deutsche Musikakademie, Prag 267
»Deutsche Musikkultur«, Kassel 289
Deutsche Oper, Berlin 228, 297
Deutsche Presseagentur (dpa) 282, 286, 292
»Deutsche Sängerbundeszeitung«, Berlin 291, 292
»Deutsche Soldaten-Zeitung und National-zeitung«, München 294
Deutsche Staatsoper, Berlin 137
»Deutsche Tonkünstler-Zeitung«, Mainz 288
»Deutsche Zukunft«, Berlin 293
Deutscher Akademischer Austausch-dienst 140
Deutscher Allgemeiner Sängerbund 292
Deutscher Musikrat 55, 72, 73, 77, 282

»Deutscher Reichsanzeiger und Preußischer Staatsanzeiger« 219, 220
Deutscher Sängerbund 32, 189, 202, 273, 292
Deutsches Nationaltheater, Weimar 175, 176
Deutsches Theater, Prag 265
»Die Aktion«, Berlin 283
»Die Musik«, Berlin 282, 285, 286, 287, 290, 292, 294, 297, 298
»Die Musik-Woche«, Berlin 287, 292
»die Reihe«, Wien 285, 299
»Die Sowjetunion heute«, Köln 167
»Die Welt«, Hamburg 83, 294
»Die Zeit«, Hamburg 280, 284, 291, 294, 299
»Die Zukunft«, Paris 292
Diktatur 11, 23, 51, 54, 56, 105, 130, 146, 190, 196, 216, 217, 219, 230, 231, 264, 286
Dixon, Dean 185
Dollfuß, Engelbert (österreichischer Bun-deskanzler) 182
Donizetti, Gaetano 96
Draeseke, Felix 90, 283, 284
Dressel, Heinz 31
Drewes, Heinz 176, 291
Drury Lane Theatre, London 114
Dugazon, Louise Rosalie 117
Dümling, Albrecht 300
Dünnebeil, Hans 281
Dutilleux, Henri 217
Dvořak, Antonin 265
Dylan, Bob 191

Ebers, Fritz 287
Ebert, Friedrich (Reichspräsident) 201, 202
Eckert, Hermann 295
École Normale de Musique, Paris 42
Eichenauer, Richard 289
Eimert, Herbert 110, 111, 285
Einparteienstaat 8, 11, 26, 240
Einstein, Alfred 211, 295
Eisel, Stephan 301
Eisler, Hanns 95, 204, 276, 284
Eismann, Georg 286
Ellemann-Jensen, Uffe (dänischer Außen-minister) 13
Elsner, Franz Xaver 20
Engel, Hans 288, 289
Engel, Jurij 143, 145
Engholm, Björn (Ministerpräsident) 76
»entartete« Kunst / Musik 8, 11, 43, 137, 146, 150, 151, 170, 172, 173, 174, 175, 177, 178, 179, 190, 224, 256, 257, 263, 277, 291
Erdlen, Hermann 239
Erhard, Ludwig (Bundeskanzler) 133, 291
Ermen, Reinhard 283

Ersatzbefriedigung 7, 37, 87, 89, 155, 292
»Erste Allgemeine Verunsicherung« (Pop-
    Gruppe) 142
Eschenbach, Christoph 66
Eschpaj, Andrej 167
Esménard, Joseph Alphonse 19
Esterházy, Nicolaus 125
Estrella, Miguel Angel 217-218
Ethos der Musik 12, 15
Europäisches Jahr der Musik 59-65, 282
Europarat 59, 60, 282
Eurovision 207

Fabricius, Gustav 293
Faesi, Robert 226
Faschismus 110, 142, 156, 168, 182, 190,
    239, 242, 258, 259, 264, 286
Faure, Henri 123
FDP 59, 204, 205, 254
Feininger, Lionel 74
Feldman, Morton 41, 103
Fellerer, Karl Gustav 152, 288
Felsmann, Matthias 294
Festmusiken 9, 15, 18, 60, 114, 117, 118,
    154, 180, 225, 273
Fétis, François Joseph 198
Feuchtner, Bernd 284
Finke, Fidelio 267
Firkušný, Rudolf 185
Fischer, Josef Ludwig 285
Fischer-Dieskau, Dietrich 138, 139
Fleischer, Oskar 280
Flor, Claus Peter 66
Flothuis, Marius 185
Flotow, Friedrich von 96
Foldes, Andor 185
»FonoForum«, München 301
Fortner, Wolfgang 29, 30, 185
Fortschritt 39, 58, 59, 80, 81, 82, 86, 88, 89,
    90, 91, 92, 93, 94, 95, 96, 98, 99, 100, 102,
    103, 104, 105, 106, 107, 109, 110, 111, 112,
    122, 140, 169, 172, 190, 191, 196, 283
Fouché, Joseph 19
Fournier, Pierre 185
Franck, César 21
Franco, Francisco (spanischer Staats-
    chef) 187, 290
Frank, Hans (Generalgouverneur) 130,
    224, 286
»Frankfurter Allgemeine Zeitung« 280,
    284, 292
»Frankfurter Rundschau« 281, 282, 284,
    287, 298
»Frankfurter Zeitung« 287, 291
Frantz, Justus 66, 74-78
Franz I. (österreichischer Kaiser) 125
Franz Josef I. (österreichischer Kaiser) 286

Frauendiskriminierung 71, 99, 108, 124
»freie« Künstler 22, 26, 98, 110, 143, 163
»Freiheit«, Halle 298
Freiheit der Kunst/Musik 10, 11, 12, 14, 18,
    22, 23, 25, 29, 44, 88, 96, 97, 98, 113, 121,
    138, 143, 168, 172, 195, 206, 240
Frenssen, Gustav 296
Freud, Sigmund 7, 35, 37, 87, 89, 280, 282
Friedrich I. (König von Württemberg) 121
Friedrich II. (Kurfürst von Brandenburg)
    122
Friedrich II. (König von Preußen) 115, 116,
    120, 131, 238, 285
Friedrich Wilhelm III. (König von Preußen)
    250
Frisch, Max 130
Führerstaat 11
Furtwängler, Wilhelm 84, 165, 170, 184,
    185, 212-216, 224, 282, 290, 292, 295, 296
Futurismus 16, 43, 96, 106, 281
Fux, Johann Joseph 115

Gainsbourg, Serge 200
Galen, Clemens August von 212
Gaulle, Charles de (französischer Staatsprä-
    sident) 132
Gaveaux, Pierre 18
Geissmar, Berta 214
»Generalanzeiger der Stadt Wuppertal-
    Elberfeld« 293
Genscher, Hans-Dietrich (Außenminister)
    13
George, Stefan 259
Gergejew, Valerie 66
Gesellschaftskritik 12, 27, 142, 205, 230
Gestapo 177, 210, 211, 212, 216, 219, 266,
    296
»gesundes Volksempfinden« 11, 21
Gewandhausorchester, Leipzig 195, 301
Gewerkschaften 24, 207, 210, 217, 234
Gide, André 27, 280
Gielen, Michael 231
»Gießener Allgemeine« 299
»Gießener Anzeiger« 299
Girschner, Otto 282
Girth, Peter 300
Giulini, Carlo Maria 185
Giusti, Giovanni Battista 125
Glasunow, Alexander 143, 144, 145
Gleichschaltung 146, 151, 263
Glier, Rejn'gold 143
Gluck, Christoph Willibald 100, 115
Goebbels, Josef (Reichspropagandamini-
    ster) 32, 47, 52, 61, 131, 133, 160, 161,
    166, 168, 171, 173, 174, 175, 176, 177, 179,
    180, 202, 212, 213, 214, 215, 216, 218,
    219, 221, 222, 223, 224, 227, 261, 263, 264,

Goebbels, Josef (Fortsetzung)
281, 289, 290, 291, 292, 295, 296, 297
Goebbels, Magda 222
Goethe, Johann Wolfgang von 15, 87, 142, 283
Goethe-Institut 28, 271
Goeyvaerts, Karel 41
Goldberg, Simon 213
Göring, Hermann (Ministerpräsident und Reichsminister) 63, 216
Gorkij, Maxim 27
Gosenpud, Abram 290
Gossec, François Joseph 18, 19, 117, 118
Götz, Robert 243
Graef, Hermann 298
Graff, Sigmund 227
Grass, Günter 28, 29
Graudan, Nikolai 213
Graun, Johann Gottlieb 115
Graun, Karl Heinrich 115
Gregor, Joseph 226, 227, 228
Grétry, André 18, 117
Gretschaninow, Alexander 143, 145
Gretscher, Philipp 237
Griepenkerl, Wolfgang Robert 96
Grimm, Jacob und Wilhelm 251
Grinberg, Moissej 287
Grisi, Giulia 114
Grisson, Jean Baptiste Lucien 198
Großer Kunstpreis Nordrhein-Westfalen 29-30, 31
Großer Zapfenstreich 248, 250-254, 298, 299
Großkopf, Erhard 139, 140, 287
Grotewohl, Otto (DDR-Politiker) 129
Grundgesetz siehe auch Verfassung
Gruppennorm/-verhalten 8, 9, 10, 11, 12, 14, 26, 27, 29
Guevara, Ernesto »Che« (kubanischer Politiker) 138
Gulda, Friedrich 185
Günther, Hans F. K. 288

Habsburg, Otto von 141
Hadamovsky, Eugen (Reichssendeleiter) 222, 227
Haensgen, Adolf 47, 281
Haisch, Ernst 282
Haitink, Bernard 185, 277
»Hakenkreuzbanner«, Mannheim 295
Halle, Armin (Pressesprecher des Bundesverteidigungsministeriums) 245
Halstenberg, Armin 299
»Hamburger Abendblatt« 287
»Hamburger Nachrichten« 287
Hammel, Heide 280
Händel, Georg Friedrich 60, 61, 62, 63

»Hannoverscher Kurier« 289
»Harburger Anzeiger und Nachrichten« 285
Harenberg, Bodo 294
Hartmann, Karl Amadeus 30, 209, 210, 258, 295
Hartmann, Lothar 208
Hashagen, Klaus 139, 287
Hasse, Karl 293
Hauer, Josef Matthias 93
Haupt, Walter 106, 107, 284
Hausegger, Siegmund von 293
Hausen, Wolfgang 298
Hausmann, Raoul 283
Haydn, Joseph 20, 125, 201, 286
Heckel, Erich 296
Hegel, G. W. Friedrich 14
Heider, Werner 139, 140
Heinitz, Wilhelm 288
Hellwig, Gerhard 282
Henze, Hans Werner 29, 30, 138, 287, 299
Herbort, Heinz Josef 284
Herostrates 43
Herriot, Édouard (französischer Minister) 202
Herzog, Friedrich Wilhelm 289
Heß, Rudolf (Reichsminister) 224
Heuss, Theodor (Bundespräsident) 189, 204, 292
Heydrich, Reinhard (Reichsprotektor) 130, 286
Hielscher, Friedrich 238, 298
»hier«, Kulturzeitschrift der Stadt Dortmund 283
Hilberg, Raoul 296
Hill, Joe 234
Himmler, Heinrich (Reichsführer-SS) 216, 219, 267
Hindemith, Paul 30, 67, 86, 104, 137, 174
Hindenburg, Paul von (Reichspräsident) 47, 129, 227, 237
Hinkel, Hans (NS-Staatskommissar) 48, 218, 295
Hitler, Adolf 13, 23, 32, 45, 54, 63, 124, 130, 131, 132, 151, 153, 154, 160, 166, 169, 170, 173, 174, 175, 176, 180, 182, 187, 194, 195, 202, 203, 211, 212, 214, 216, 219, 221, 222, 224, 225, 226, 227, 228, 230, 233, 235, 238, 239, 243, 245, 251, 256, 257, 258, 259, 260, 261, 266, 268, 270, 273, 274, 276, 287, 288, 289, 291, 294, 296, 297
Hitzig, Wilhelm 177
Höfer, Werner 272, 295
Hoffmann, Ernst Theodor Amadeus 291
Hoffmann von Fallersleben, August Heinrich 201, 202, 206, 207
Hofoper, Berlin 92, 285
Höhne, Heinz 60, 243

Hölderlin, Friedrich 179, 269
Holländer, Viktor 237
Holzapfel, Carl Maria 225
Homosexualität 7, 99, 175, 176, 180
Honegger, Arthur 41, 42, 178, 281
Honorare/Gehälter 19, 33, 35, 36, 46, 47,
     48, 52, 63, 64, 72, 77, 100, 114, 115, 119,
     120, 123, 139, 193, 201, 230, 263
Hopf, Helmuth 300
Horneffer, August 280
Horst-Wessel-Lied 152, 158, 202, 206, 245
Huberman, Bronislaw 214, 215, 216, 295
Humboldt-Universität, Berlin 228
Humperdinck, Engelbert 237
Huschke, Konrad 289
Hussels, Helga 108

Il'itschew, Leonid (UdSSR-Politiker) 167
Impressionismus 124, 194, 293
Ingebretsen, Kjell 249
Institut für Deutsche Kultur- und Wirt-
     schaftspropaganda 177, 178, 291
Internationale 156, 160, 252
Internationale Gesellschaft für Neue
     Musik 224, 266
Ischreyt, Heinz 290
»Iswestija«, Moskau 167

Jäger, Michael 297
Jalowetz, Heinrich 265
Janáček, Leoš 266
Jara, Victor 234
Jarustowskij, Boris 167
Jazz 47, 48, 137, 174, 180, 186, 227, 248
Jelinek, Hanns 260
Joachim, Joseph 214
Jochum, Eugen 185
Jöde, Fritz 289
Johann, Ernst 285
Johnson, Thodate 293
Jone, Hildegard 264
Jürgens, Udo 142

Kafschinski, Rudolf 205
Kagel, Mauricio 41, 264, 300
Kaiserreich 121, 122, 123, 127, 128, 129, 153,
     201, 221, 238, 265
Kalbeck, Max 286
Kampfbund für deutsche Kultur 218, 225
Kampflieder 131, 137, 139, 156, 180, 197,
     199, 222, 233, 237, 238, 239, 240
Kamu, Okko 249
Karajan, Herbert von 40, 77, 85, 86, 108,
     209, 249
Karl VI. (deutscher Kaiser) 115
Karstädt, O. 287
Kaschkin, Nikolaj 143, 145

Katharina II. (Kaiserin von Rußland) 21
Kaub, Hannelore 191
Keitel, Wilhelm (Chef des OKW) 130, 286
Kennedy, John F. (Präsident der USA) 131,
     293
Kestenberg, Leo 23, 158, 164, 280, 289
Kesting, Hanjo 299
Kienzl, Wilhelm 92, 237, 283
Kiesinger, Kurt Georg (Ministerpräsident,
     Bundeskanzler) 33, 151, 281, 288
Killmayer, Wilhelm 67
Kirschner, Martin (Oberbürgermeister) 122
Klassenkampf 50, 51, 140, 189
Klebe, Giselher 30
Klecki, Paul 185
Kleiber, Erich 185
Klemperer, Otto 84, 185, 214, 215
Klinckerfuss, Margarethe 211, 212, 295
Koeltzsch, Hans 283
Kohl, Helmut (Bundeskanzler) 207
Köhne, Ernst 294
Kohut, Adolph 287
Kolbe, Georg 296
Kolbenheyer, Erwin 296
Kolneder, Walter 259, 299
Komma, Karl Michael 267-271, 272, 300
»Kommune I«, Frankfurt 297
Kommunismus, Kommunisten 14, 54, 61,
     137, 138, 141, 156, 166, 173, 183, 186, 210,
     217, 233, 239, 241, 242, 264, 298
Kommunistische Parteien 138, 192
»Kommunist Ukrainy«, Kiew 167
Kompositionsaufträge 22, 26, 56, 57, 65, 74,
     118, 121, 122, 139, 201, 240, 256, 269, 270
Konformitätszwang 8, 10, 11, 12, 14, 24, 27,
     31, 51, 118, 134, 151, 167, 172, 173
Konservatorium Brüssel 198
Konservatorium Karlsruhe 128
Konservatorium Moskau 144, 147
Konservatorium Paris 118, 200, 241
Konservatorium Petersburg 143, 144, 145,
     147
Konstantin (Großfürst von Rußland) 144
Kontarsky, Alfons und Aloys 13
Köppler, Heinrich (Landtagsabgeordneter)
     141
Kosmopolitismus 153, 289
Kostelanetz, Richard 281
Kracke, Arthur 289
Kraemer-Bergau, Margarete 178
Kraft, Hannes 243
Kratt-Harweng, Elise 128
Krebs, Friedrich (Oberbürgermeister) 179,
     180
Kreisler, Fritz 214
Kreiten, Karlrobert 212, 295
Krellmann, Hanspeter 299

Kremer, Gidon 73
Kremser, August 243
Křenek, Ernst 46, 47, 48, 281
Kretzschmar, Hermann 298
Kröger, Friedrich-Wilhelm 274
Kronos-Streichquartett 109
Kruglikow, Semen 143
Kubelik, Rafael 185
Kubin, Alfred 74
Kulenkampff, Georg 215
Kulturpolitik 12, 22, 23, 24, 25, 26, 56, 152, 162, 163, 186, 192
Kultusministerium Baden-Württemberg 294
Kultusministerium Hessen 294
Kunstkontrolle siehe Lenkung der Kunst
Künstleraustausch 13, 69

Lafontaine, Oskar (Ministerpräsident) 25
»L'Alsace«, Strasbourg 298
»La Nación«, Buenos Aires 295
Landestheater Altenburg 176
Lang, Hans 243
Langlé, Honoré 118
Lao-Tse 150
»Lebenslaute« 232, 233, 297
Lecocq, Charles 141
Léhar, Franz 222
»Leipziger Tageblatt« 298
Lemière, Frédéric 117
»Le Monde de la Musique«, Paris 181
Lenin, Wladimir I. (russischer Politiker) 17, 146, 147, 160, 187, 194, 287
Lenkung der Kunst 10, 11, 12, 13, 14, 15, 17, 21, 22, 23, 24, 26, 28, 30, 31, 114, 115, 116, 117, 120, 121, 124, 129, 168, 169, 173, 241
Leoncavallo, Ruggiero 122, 285
Leopold I. (deutscher Kaiser) 115
Lesueur, Jean François 18, 118, 119, 285
Levi, Hermann 211, 295
»Lied und Chor« 272
Ligeti, György 41
Linewa, Jewgenija 145
Liszt, Franz 50, 51, 127, 281, 290
Ljadow, Anatolij 143
Lohmüller, Helmut 284
Löhr, Ekkehard (Oberst) 244
London Handel Festival 63
Loomis, Stanley 294
Lorentz, Kay und Lore 29, 280
Lortzing, Albert 96, 135, 287
Lotti, Antonio 114
Louÿs, Pierre 124
Lübke, Heinrich (Bundespräsident) 32, 131
Luckhardt, Karl Heinz (Oberbürgermeister) 70

Luckner, Graf Nikolaus (französischer Marschall) 197
Lüdke, Ernst 287
Ludwig I. (König von Bayern) 88
Ludwig II. (König von Bayern) 121
Ludwig, Franz 272-276, 300
Lunatscharskij, Anatolij (Volkskommissar) 17, 147, 150, 167, 288
Lusson, René-Christian 199

Magaloff, Nikita 185
»Magdeburgische Zeitung« 289
Mahler, Gustav 48, 74, 77, 103, 258, 270, 277
Mahling, Friedrich 288
Maier, Hans (Kultusminister) 62, 282
Mainardi, Enrico 185
Maizière, Lothar de (Ministerpräsident) 76
Malipiero, Gian Francesco 137
Mandozzi, Graziano 106
Mann, Heinrich 185, 292
Mann, Thomas 299
Männerchor 123, 128, 160
Mara, Gertrud 115, 116, 285
Maria Theresia (österreichische Kaiserin) 115
Marie Antoinette (Königin von Frankreich) 100, 117, 118
Marinetti, Filippo Tommaso 43, 46, 281
Marktgesetz (-mechanismus, -situation) 38, 40, 46, 47, 58, 59, 70, 71, 74, 80, 98, 101, 102, 104, 107, 110, 111, 112, 163, 190
Marmontel, Jean François 100
Marsch 131, 237, 238, 241, 242, 243, 244, 245, 249, 252, 253, 257, 273
Marschner, Heinrich 44
Marseillaise 18, 125, 132, 197-200, 294
Marsop, Paul 288
Martin, Frank 30, 185
Martini, Jean Paul 18
Marx, Karl (Marxismus) 165, 190, 194, 217, 264
Massenlieder 18, 47, 157
Masur, Kurt 135, 300, 301
Mattheson, Johann 149, 288
May, Kurt 286
Mäzenat 12, 26, 30, 41, 49, 98, 119, 125, 280
McCredie, Andrew D. 295
Medek, Tilo 95, 284
Méhul, Étienne Nicolas 18, 120
Meisinger, Georg 287
»Melos«, Mainz 284
Mende, Erich (Vizekanzler und Bundesminister) 205
Mendelssohn-Bartholdy, Felix 13, 137, 211, 214, 277, 292
Menuhin, Yehudi 185, 217

Merschhemke, Dorothee 294
Messiaen, Olivier 103
Metropolitan Opera, New York 136
Metz, Elmar 300
Metz, Max de 300
Meyer, Conrad Ferdinand 267
Meyer, Ernst Hermann 288, 289
Meyer, Sabine 108
Meyerbeer, Giacomo 115, 201
Meyers, Franz (Ministerpräsident) 31
Michel, André 87, 282
Miederer, Martin (Ministerialreferent) 300
Miegel, Agnes 296
Mikat, Paul (Kultusminister) 31
Mikorey, Stefan 301
Militärmusik 196, 197, 201, 235-254, 293, 294, 298
Milstein, Nathan 185
Minimal Music 103
Mirbt, Rudolf 296
Mirecourt, Eugène de 125, 286, 294
»Mitteilungsblatt des NSLB, Gauwaltung Westmark« 294
Mitteldeutscher Rundfunk, Leipzig 177, 202
Moldenhauer, Hans und Rosaleen 299
Molière, Jean-Baptiste 192, 293
Monarchie 11, 113, 163, 251
»Monatsschrift für Wissenschaft, Kunst und Technik« 298
Monteverdi, Claudio 88
Monti, Vincenzo 286
Moorman, Charlotte 109
Morus, Thomas 15
Moser, Edda 138
Moser, Hans Joachim 96, 284, 289
Moßmann, Walter 65, 282
Mottl, Felix 128
Mozart, Wolfgang Amadeus 42, 63, 69, 78, 84, 100, 103, 106, 142, 182, 232
Mühr, Alfred 293
Mujica, Padre 217
Müller, Günther 283
Müller-Marein, Josef 280
»Münchner Merkur« 292
»Münchner Punsch« 126
Münnich, Richard 293
»Münsterischer Anzeiger« 288
»Münstersche Zeitung« 300
Murat, Joachim (französischer Marschall) 125
»Musical America«, New York 293
Musikakademie Wien 264
Musikerorganisationen 11, 64, 96, 117, 169, 170, 196, 210, 224, 274
Musikexport 48, 153, 164, 182, 184, 185, 186, 193, 194, 210, 211

Musikfeste (Festivals) 41, 64, 65, 74, 75, 77, 78, 79, 80, 133, 176, 202, 228, 242, 248, 256
Musikhochschule Berlin 190, 298
Musikhochschule Köln 25, 29, 99
Musikhochschule Münster 274
Musikhochschule Stockholm 249
Musikhochschule Stuttgart 269
»Musik in Jugend und Volk«, Wolfenbüttel 300
Musikinstrumente 36, 43, 91, 103, 104, 105, 165, 166, 187, 290
Musikkritik 39, 53, 87, 88, 94, 96, 97, 102, 110, 121, 124, 191, 228, 236, 258
Musikmanagement 61, 68, 70, 71, 72, 73, 74, 75, 76, 77, 78, 79, 107
Musikpflege 22, 24, 64, 65, 68, 73, 120, 121, 123, 124, 192
Musikpolitik 11, 14, 17, 19, 21, 23, 24, 26, 61, 62, 160, 161, 169, 177, 185, 189, 222, 241, 280
Musikpreise 29, 30, 65, 67, 68, 108, 151, 162, 268, 269, 282
Musiktherapie 156, 189
»Musik und Gesellschaft«, Berlin/DDR 293, 297
Musikwirtschaft 59, 63, 164
Musikwissenschaft, Musikwissenschaftler 14, 53, 60, 97, 152, 158, 160, 177, 198, 211, 228, 261, 265, 268, 284, 288, 290
Mussolini, Benito (italienischer Staatschef) 129, 131, 137, 224, 287, 291
»Musyka i rewoljuzija«, Moskau 167, 287
»Muttersprache«, Mannheim 292
Mythologie 12, 37, 39, 42, 54, 85, 92, 188, 193, 221

Nabering, Dirk 73, 74
Nagel, Wolfgang 284
Napoleon I. (Kaiser der Franzosen) 18, 19, 20, 21, 119, 120, 125, 233, 280, 287
Napoleon III. (Kaiser der Franzosen) 127
Nationalbibliothek, Paris 118
Nationales Musikinstitut, Paris 117, 118, 119
Nationalhymnen 132, 152, 196-208, 234, 237, 242, 247, 251, 301
Nationalsozialismus, Nationalsozialisten 14, 48, 54, 129, 130, 137, 151, 152, 159, 169, 173, 186, 189, 192, 205, 211, 215, 219, 222, 225, 228, 239, 243, 244, 245, 251, 258, 259, 260, 263, 264, 268, 272, 274, 291
»Nationalsozialistische Monatshefte« 293
Nationaltheater-Orchester, Mannheim 213
NATO 184, 298
Naumann, Siegfried 249

Nedden, Otto zur 175, 176
Nedoschiwin, G. 281
Neithardt, August 201
Neufchâteau, François de (französischer In-
    nenminister) 118
»Neue Musikzeitung«, Stuttgart 284, 287
»Neue Weltbühne« 292
»Neue Zeitschrift für Musik«, Leipzig 283,
    290, 294
»Neues Deutschland«, Berlin/DDR 299
Neuhäuser, Josef 243
New York Philharmonic Orchestra 137
Ney, Elly 54
Niemeyer, Gerhart 290
Nietzsche, Friedrich 283
Nikisch, Arthur 211, 295
Nikolaus I. (Zar von Rußland) 251
Nixon, Richard (US-Präsident) 131
Nobbe, Ernst 175, 176
Nolde, Emil 296
Nono, Luigi 74, 138, 140
Norddeutscher Rundfunk, Hamburg 138,
    205, 299
Nößbauer, Hans F. 280
»NRC Handelsblad« 301
NSDAP 47, 60, 174, 175, 176, 177, 179, 180,
    202, 209, 211, 239, 243, 245, 259, 260,
    261, 268, 270, 271, 273, 282, 288, 289,
    290, 292
NSLB 243, 298, 301
NS-Staat 13, 23, 32, 47, 132, 133, 134, 137,
    151, 152, 157, 158, 159, 160, 161, 162,
    166, 168, 170, 171, 173, 174-180, 192,
    209, 241, 251, 260, 261, 268, 271, 272,
    275, 291

»Offenburger Tageblatt« 286, 301
offene Form 104
öffentliche Meinung 8, 11, 14, 17, 24, 26, 27,
    57, 73, 172, 182, 187, 190, 205, 207, 217,
    235, 242, 274
Oginski, Michael Cleophas 20
Oistrach, David 73, 183, 184
Oistrach, Igor 73, 183
Opéra (Oper), Paris 18, 124
Opéra-Comique, Paris 100, 124
Orff, Carl 180, 277
Osborne, Richard 286
Osinski, Louis 20
Oskar II. (König von Schweden) 287
Oster, Jürgen 284

Pablo, Luis de 41
Pachmann, Ludek 205
Paderewski, Ignace 130, 131, 136
Paganini, Niccolo 20
Paik, Nam June 109

Paisiello, Giovanni 120
Pallmann, Gerhard 281
Pan-Europa-Union 141
Panoff, Peter 294, 298
Panofsky, Walter 297
Parodie 120, 199, 205, 206, 233
Parteilichkeit 8, 9, 27, 213
Pastor, Willy 285
Patriotismus 9, 18, 19, 21, 24, 125, 130, 198,
    259
Paul, Jean 53
Peper, Rudolf 242
Perpignan, François 293
Petermann, Werner 282
Pfitzner, Hans 44, 149, 150, 283, 284, 288,
    296
Pfrogner, Hermann 280
Piccinni, Niccola 100
Pieck, Wilhelm (DDR-Staatspräsident) 129
Pierre, Constant 199, 285
Pils, Isidore 197
Pinochet, Augusto (chilenischer Staatspräsi-
    dent) 230, 245, 283
Piscator, Erwin 29, 280
Planer, Richard 243
Platon 14, 15, 17, 23, 24, 33, 52, 55, 87, 129,
    148, 149, 150, 151, 152, 153, 192, 193,
    280, 288
Plechanow, Georgij (russischer Politiker)
    17
Pleyel, Ignaz 199
Pluralismus 8, 28, 110
Politmusik 9, 14, 18, 19, 20, 21, 50, 117,
    118, 125, 152, 158, 171, 173, 175, 180,
    181, 275
Polnische Nationalphilharmonie 184
Pottier, Eugène 160
Pousseur, Henri 41
Pratté, Edvard 20
»Prawda«, Moskau 137, 167
Pré, Jacqueline du 185
Prieberg-Mohrmann, Judith 282
Programm-Musik 110, 140
Prokofjew, Sergej 146
»Proletarskij Musykant«, Moskau 167
Protest 9, 55, 65, 104, 141, 185, 191, 204,
    205, 230
Psychoanalyse 7, 48, 86, 87, 282
Psychologie 7, 12, 38, 42, 43, 44, 45, 46, 48,
    52, 79, 84, 85, 86, 91, 93, 94, 107, 108,
    112, 130, 188, 236, 286
Puchelt, Gerhard 28
Puschkin, Alexander 136
Pythagoras 150

Quinault, Philippe 100
Quotenregelung 123, 124

Raabe, Peter 291, 293, 295
Rachel (Elisabeth Félix) 101, 199, 200, 294
Rachmaninow, Sergej 143
Rameau, Jean Philippe 114
Rasch, Hugo 299
Rätestaat 11, 26, 146, 160, 166, 286
Rationalismus 15
Ravel, Maurice 86
RCA-Schallplatten 106
Reger, Max 21, 152, 267
Regnier, Charles 138
Reichardt, Johann Friedrich 20
Reichserziehungsministerium 215, 300
Reichsinnenministerium 219
Reichskonzerte 189, 249, 292
Reichsmusikkammer 24, 134, 136, 169, 170,
    177, 179, 180, 209, 210, 211, 212, 219, 223,
    224, 225, 227, 261, 262, 263, 264, 273, 282,
    287, 288, 289, 291, 295
Reichssender Hamburg 239, 296
Reichstheaterkammer 134, 287
Reichswirtschaftsminister 224
»Reichszeitung der deutschen Erzieher/NS-
    Lehrerzeitung« 288
Reinhardt, Max 214
Reisenauer, Alfred 211, 295
Rességuier, Paula Gräfin 273, 276
Reusch, Fritz 289
»Reutlinger General-Anzeiger« 300
Reutter, Hermann 179, 204, 291
Reutter, Otto 237
Revolution 17, 18, 19, 27, 43, 54, 88, 89, 95,
    96, 97, 113, 116, 117, 118, 135, 139, 143,
    145, 150, 152, 166, 167, 192, 197, 198, 199,
    230, 240, 241
Rheinberger, Kurt 201
Rieger, Fritz 185
Riel, Jürgen 243
Riemann, Hugo 284
Riess, Kurt 229
Rihm, Wolfgang 102
Rimskij-Korssakow, Nikolaj 136, 143
Riotte, Philipp Jakob 21
Rivera, Diego 24
Rock, Christa-Maria 48, 283
»Rock gegen Rechts« (Popgruppe) 142
Roesen, Karl 229
Rohwer, Jens 243
Rolland, Romain 296
Rosanow, Sergej 143
Rosbaud, Hans 222
Rosenberg, Alfred (NS-Reichsleiter) 174,
    176, 177, 189, 216, 218, 261, 288, 291, 292
Rosenberg, Tornado 205
Rosenblad, Urban (schwedischer Musik-
    politiker) 292
Roser, Philipp 286

Rossi, Mario 185
Rossini, Gioacchino 96, 125, 286, 291
Rouget de Lisle, Claude-Joseph 197, 198,
    199, 200, 294
Rousseau, Jean-Jacques 17, 97, 280
Rubini, Giovanni Battista 114
Rubinstein, Artur 185
Rübner, Cornelius 128
Rufer, Josef 293
Rundfunk-Sinfonieorchester Budapest 184
Ruppel, Karl Heinz 293
Russische Musikgesellschaft 143, 144, 147
Rust, Bernhard (NS-Reichserziehungsmini-
    ster) 63

SA 47, 60, 158, 202, 225, 243, 268, 301
Safonow, Wassilij 144
Salieri, Antonio 100
Salzburger Festspiele 68
Sand, George 281
Sandberger, Wolfgang 273, 300
Sander, August 213
Sarrette, Bernard 118, 241
Sauckel, Fritz (NS-Gauleiter) 175, 291
Sauer, Emil von 211, 295
Sawallisch, Wolfgang 230
»SBZ-Archiv«, Köln 294
Scala di Milano 185, 230
Scarlatti, Domenico 60, 61
Schaal, Helmut (Oberst) 298
Schaljapin, Fedor 143
Schauspielhaus Zürich 265
Schawerdjan, Alexander 290
Schebalin, Wissarion 146
Scheel, Walter (Bundespräsident) 59, 60,
    131, 282, 286
Scheiwiller, Vanni 281
Schenkendorf, Leopold von 154, 273
Scherchen, Hermann 210
Schiller, Friedrich 231, 267, 285
Schillings, Max von 215
Schirach, Baldur von (NS-Reichsjugendfüh-
    rer) 211
Schleswig-Holstein Musik Festival 66, 67,
    75-79
Schleuning, Peter 284
Schleyer, Hanns-Martin 142
Schlüter, Heinz 244
Schmidt, Helmut (Bundeskanzler) 75, 131
Schmitt, Thomas 297
Schnabel, Artur 211, 214, 295
Schnabel, Ernst 138
Schneider, H. 294
Schneiderhan, Wolfgang 185
Schönberg, Arnold 86, 178, 196, 255, 258,
    263, 264, 265, 284, 293
Schopenhauer, Arthur 53

311

Schosser, Erich (Parteifunktionär) 290
Schostakowitsch, Dmitrij 104, 137, 146, 167, 252
Schröder, Rudolf Alexander 204
Schröter, Heinz 25
Schubert, Franz 155, 182, 232, 263
Schüchter, Wilhelm 283
Schulz, Rudolf 166
Schulz-Beuthen, Heinrich 21
Schulze, Alfred 294
Schulze, Herbert 297
Schumann, Robert 285, 286
Schünemann, Georg 261
Schuster, Joseph 213
Schuster, Valentin 300
Schütz, Heinrich 61, 62
Schütz, Werner (Kultusminister) 30, 31, 280
»Schweizer Archiv für Neurologie und Psychiatrie« 282
»Schweizerische Musikzeitung« 281
Schwenk, Hans 294
Sechter, Simon 270
SED 151, 195, 204, 251, 293
Seeger, Horst 295
Seidelmann, Karl 243
Selbstdarstellung 9, 26, 37, 39, 44, 48, 49, 57, 92, 110, 181, 197, 231, 281
Selbstverwirklichung 26, 37, 38, 39, 42, 43, 44, 45, 46, 49, 54, 55, 57, 82, 85, 86, 94, 104
Sender Freies Berlin 292
serielle Kompositionstechnik 110, 256, 258, 264, 285
Serkin, Peter 73
Serkin, Rudolf 73, 211, 295
Shakespeare, William 153
Shaw, George Bernard 201
Shdanow, Andrej (sowjetischer Kulturpolitiker) 151, 289
»Signale für die musikalische Welt«, Berlin 298
Singer, Kurt 297
Sixt, Paul 175
Skrjabin, Alexander 93
Smetana, Bedřich 265
Smith, Ethel 285
Soldatenlied 33, 34, 180, 197, 236, 237, 238, 239, 240, 241, 242, 243, 244
Solti, Georg 185
Sotke, Fritz 243
»Sowetskaja Kul'tura«, Moskau 52, 167
»Sowetskaja Musyka«, Moskau 171, 290
soziale/politische Verpflichtung 8, 9, 11, 26, 33, 116, 118, 134, 165, 167, 190, 193, 240
Sozialhygiene (-pädagogik) 14, 15, 22, 33, 36, 49, 50, 55, 129, 150, 151, 152, 153, 155, 159, 189, 236

Sozialismus, Sozialisten 62, 89, 145, 162, 166, 195, 209, 210, 257, 280
»Sozialistische Monatshefte« 293
Sozialistischer Realismus 26, 192
Sozialromantiker 17, 22
Spanuth, August 298
SPD 69, 70, 76, 201, 254, 274
Spitta, Heinrich 243
Splitt, Gerhard 296
Sponsoren 66, 68, 76
Spontini, Gasparo 19, 20, 200
SS 177, 216, 219, 223, 243, 244, 245, 253, 266, 267, 289
Staatskapelle, Berlin 166
Städtische Oper, Berlin 297
städtisches Kulturamt 28, 56, 68, 69, 71, 272
Städtisches Orchester, Münster 274
Stadttheater Aussig 265
Stalin, Josef W. (sowjetischer Staatschef) 17, 27, 50, 51, 52, 54, 129, 161, 166, 168, 171, 173, 180, 190, 191, 194, 228, 233, 290
Ständiger Rat für internationale Zusammenarbeit der Komponisten 224
Stege, Fritz 282
Stein, Fritz 292
Stein, Richard H. 170, 290
Stella, Santa 114
Stern, Isaac 185
Sternfeld, Richard 287
Steuermann, Eduard 265
Stieger, Franz 285
Stieglitz, Olga 287
»Stimmen«, Monatshefte für Musik, Berlin 291
Stockhausen, Karlheinz 31, 40, 41, 49, 55, 93, 94, 231, 232, 281, 282, 284
Stolz, Maximilian 218, 295
Stolz, Robert 218-220, 292, 295
Strauss, Alice 224
Strauß, Franz Josef (Bundesverteidigungsminister) 130, 133, 141, 242, 287
Strauss, Richard 69, 114, 115, 136, 170, 221-230, 296, 297
Strawinsky, Igor 57, 86, 104, 178, 185, 255, 291
Streller, Siegfried 287
Stresemann, Wolfgang 108
Strohl, Rita 124
Stuckenschmidt, Hans Heinz 173, 291, 293, 296
Sturmfels, Klaus 69
Subventionen 11, 12, 26, 49, 52, 56, 57, 61, 64, 69, 70, 74, 76, 79, 107, 114, 117, 124, 145, 162, 165, 229, 250, 261, 263, 264, 273
»Süddeutsche Zeitung«, München 291, 293
Suder, Alexander 282

Sudetendeutsche Landsmannschaft 29, 269, 272, 276
Suchy, Josef 276
Süddeutscher Rundfunk, Stuttgart 298
Südwestfunk, Baden-Baden 95, 105, 140, 284, 297
Sulzer, Johann Georg 15, 17, 157, 280

Tanejew, Alexander 143, 145
Taranow, Gleb 167
Taubert, Emil 122
Telemann, Georg Philipp 114
Theater der Stadt Bonn 141
Theater des Volkes, Berlin 173
Théâtre Lyrique, Paris 123
Theodorakis, Mikis 14, 216
»The Times«, London 298
Thielicke, Helmut (evangelischer Theologe) 204, 294
Thomas, Ernst 282
Thompson, Oscar 284
Tietjen, Heinz 296
Toeche-Mittler, Joachim 294
Tomek, Otto 140, 287
Tomita, Isao 106
»Tonfallet«, Stockholm 298
Toscanini, Arturo 227
totalitärer Staat 12, 14, 19, 172, 192, 196
Townshend, Pete 286
Träder, Willi 243
Trapp, Michael 299
Trial, Armand 18
Tschajkowskij, Petr 194
Tucholsky, Kurt 233

UdSSR 23, 26, 27, 28, 84, 160, 161, 169, 173, 174, 180, 181, 212
Ulbricht Walter (DDR-Staatsratsvorsitzender) 129, 195, 287
Ullmann, Viktor 265-267, 269, 270
Umbach, Klaus 285
Unger, Hermann 288
Universität Heidelberg 268
Universität Köln 288
Universität Königsberg 289
Universität Münster 300
Unsterblichkeit 37, 84, 163, 168, 169, 181
Unterhaltungsmusik 15, 21, 36, 174, 205, 218, 222, 237, 247, 263, 292
Urheberrecht 29, 40, 102, 209, 219, 222, 276
Utopien 8, 14, 15, 23, 26, 28, 31, 50, 89, 129, 164

Vanhal, Jan 20
Vaughan, Roger 295
Verbote 11, 12, 14, 20, 24, 136, 137, 138, 140, 141, 144, 173, 174, 180, 202, 204, 209, 215, 223, 227, 239, 256, 257, 263, 273, 276, 292

Verfassung 11, 15, 25, 28, 29, 55, 84, 88, 108, 138, 141, 191, 206, 240, 255
Verlage, Verleger 30, 36, 102, 157, 163, 164, 165, 209, 224, 237, 244, 255, 256, 257, 258, 259, 263, 276
Verstaatlichung 12, 23, 25, 146, 147, 162, 163, 164, 165, 169, 175, 180, 212
Vester (Hofopernintendant) 115, 116, 285
Vetter, Hans-Joachim 274, 300
Volans, Kevon 110
»Völkischer Beobachter« 294, 295, 297
Volksgemeinschaft 9, 289
Volkslied, Volksmusik 32, 60, 123, 158, 159, 160, 161, 172, 194, 209, 242, 243, 276, 289
»Volksrecht«, Zürich 292
Völsing, Erwin 293
Voß, Hermann 284

Wachsmann, Helmut 298
Wachter, Karl 237
Wagner, Adolf (NS-Gauleiter) 218, 224, 295
Wagner, Christean (Kultusminister) 206
Wagner, Gudrun 13
Wagner, Klaus 287
Wagner, Richard 42, 86, 93, 96, 126, 127, 135, 137, 149, 155, 163, 194, 242, 283, 284, 288, 290
Wagner, Siegfried 42
Wagner, Wolfgang 13
Wagner-Régeny, Rudolf 296
Wallmann, Walter (Ministerpräsident) 253
Wallraff, Günter 28
Walter, Bruno 182, 211, 214, 226, 295
Walton, William 185
Warencharakter der Musik 35, 40, 57, 101, 166, 172
»Wartburgstimmen«, Eisenach 286
Weber, Carl Maria von 21, 78, 96, 281
Webern, Anton 103, 178, 255-264, 284, 299, 300
»Wehrkunde«, München 298
Weigand, Kurt 280
Weimarer Republik 23, 89, 130, 153, 155, 159, 164, 169, 182, 201, 205, 221, 238, 244, 251, 280, 288
Weinert, Joachim 289
Weinheber, Josef 224, 270
Weiss, Peter 29
Weißmann, Adolf 298
Weitkamp, Andreas 300
Weizsäcker, Richard von (Bundespräsident) 228, 297
»Welt am Sonntag«, Hamburg 284
Weltgeltung 182, 194, 195, 196, 293
»Weltwoche«, Zürich 229
Wendel, Bernhard 287

Werner, Hansdieter 300
Wesendonck, Mathilde 93, 283
Westdeutscher Rundfunk, Köln 110, 141, 231, 273, 295, 299, 300
»Westfälische Nachrichten«, Münster 300
Westfälischer Kammerchor, Münster 276
Wettbewerb 28, 37, 64, 82, 98, 100, 101, 102, 104, 107, 108, 123, 133, 153, 199, 240
Widerspiegelung der Wirklichkeit 9, 10, 51
Widerstand 52, 143, 168, 188, 211, 219, 232, 233, 250, 252, 266, 272
Widmer, Walter 293
Widmungen 47, 120, 124-129, 132, 152, 157, 193, 200, 210, 231
Wiener Philharmoniker 182
Wiener Staatsoper 228
Wieprecht, Wilhelm Friedrich 250, 251, 294
Wiesenthal, Simon 270
Wieser, Harald 295
Wildgans, Friedrich 299
Wilhelm I. (deutscher Kaiser) 127, 128
Wilhelm II. (deutscher Kaiser) 121, 122, 123, 158, 159, 285, 287
Wilhelm, Karl 237
Wilhelm, Kurt 297
Willberg, Max 292
Winkel, Wilhelm 296
Witt, Karsten 68
Witterstätter, Kurt 301
Wolf, Johannes 211, 295

Wolff, Christian 41
Wolff, Richard 213
Wolters, Gottfried 243
Wörner, Karl H. 299
Wörner, Manfred (Bundesverteidigungsminister) 298
Wübbecke, Bernd 243
Wulf, Josef 192, 293

Yun, Isang 216

Zach, Wolfgang 268
Zank, Wolfgang 294
»Zeitschrift der Internationalen Musikgesellschaft«, Leipzig 280
»Zeitschrift für Musik« 282, 289, 290, 292
»Zeitschrift für Schulmusik«, Wolfenbüttel 293
Zelinsky, Hartmut 284
Zensur 10, 11, 12, 14, 17, 20, 21, 28, 29, 44, 96, 120, 135-142, 150, 180, 219, 231, 253
Zentrales Staatsarchiv, Potsdam 297
Ziegler, Hans Severus 175, 176, 177, 178, 179, 180, 259, 291
Zilcher, Hermann 292
Zimmermann, Bernd Alois 30
Zschiesche, Alfred 243
Zweig, Stefan 225-228, 296, 297
Zweites Deutsches Fernsehen 78, 208
Zwölftonmusik 110, 196, 257

Mentalitäts- und Sozialgeschichte

Erna M. Johansen
Betrogene Kinder
Eine Sozialgeschichte
der Kindheit
Band 6622

Jürgen Kocka
**Klassengesellschaft
im Krieg**
Deutsche Sozial-
geschichte 1914–1918
Band 4395

Eva Labouvie
**Zauberei und
Hexenwerk**
Zur Hexenverfolgung
in Deutschland
Band 10493

Peter Laslett
**Verlorene
Lebenswelten**
Geschichte der
vorindustriellen
Gesellschaft
Band 10561

Maurice Lombard
Blütezeit des Islam
Eine Wirtschafts-
und Kulturgeschichte
8.–11. Jahrhundert
Band 10773

Hans-Jürgen
Lüsebrink,
Rolf Reichardt
Die »Bastille«
Zur Symbolgeschichte
von Herrschaft und
Freiheit
Band 4419

Wolfgang
J. Mommsen (Hg.)
**Das Ende der
Kolonialreiche**
Dekolonisation und
die Politik der
Großmächte
Band 4439

Lutz Niethammer u.a.
**Bürgerliche
Gesellschaft
in Deutschland**
Historische Einblicke,
Fragen, Perspektiven
Band 4387

Wilfried Nippel
**Griechen, Barbaren
und »Wilde«**
Alte Geschichte und
Sozialanthropologie
Band 4429

Wolfgang
Reinhard (Hg.)
**Imperialistische
Kontinuität und
nationale Ungeduld
im 19. Jahrhundert**
Band 10576

Fischer Taschenbuch Verlag

fi 1702 / 1 c

Mentalitäts- und Sozialgeschichte

Wolfgang
Schivelbusch

**Geschichte der
Eisenbahnreise**
Zur Industrialisierung
von Raum und Zeit
im 19. Jahrhundert
Band 4414

Lichtblicke
Zur Geschichte der
künstlichen Helligkeit
im 19. Jahrhundert
Band 4341

**Das Paradies,
der Geschmack
und die Vernunft**
Eine Geschichte
der Genußmittel
Band 4413

Hans Speier
**Die Angestellten
vor dem National-
sozialismus**
Ein Beitrag zum
Verständnis der
deutschen Sozial-
struktur 1918–1933
Band 4407

Jean-Pierre Vernant
Tod in den Augen
Figuren des Anderen
im griechischen
Altertum:
Artemis und Gorgo
Band 7401

Paul Veyne
**Die Originalität
des Unbekannten**
Für eine andere
Geschichtsschreibung
Band 7408

Michel Vovelle
**Die Französische
Revolution**
Soziale Bewegung
und Umbruch der
Mentalitäten
Band 4340

Heinrich
August Winkler
**Zwischen Marx
und Monopolen**
Der deutsche Mittel-
stand vom Kaiserreich
zur Bundesrepublik
Deutschland
Band 10405

Fischer Taschenbuch Verlag

fi 1702 / 1 d

Geschichte der
Bundesrepublik Deutschland

Wolfgang Benz

**Von der Besatzungs-
herrschaft zur
Bundesrepublik**
Stationen einer
Staatsgründung
1946–1949
Band 4311

**Zwischen Hitler
und Adenauer**
Studien zur
deutschen Nach-
kriegsgesellschaft
Band 10718

Wolfgang Benz (Hg.)

**Die Geschichte der
Bundesrepublik
Deutschland**
Aktualisierte,
erweiterte und
illustrierte Neu-
ausgabe. Vier Bände
in Kassette: Bd. 4424
Die Bände sind auch
einzeln erhältlich:

Band 1: Politik
Band 4420

Band 2: Wirtschaft
Band 4421

Band 3: Gesellschaft
Band 4422

Band 4: Kultur
Band 4423

Wolfgang Benz (Hg.)

**Die Vertreibung
der Deutschen aus
dem Osten**
Ursachen,
Ereignisse, Folgen
Band 4329

**Rechtsextremismus
in der Bundes-
republik**
Band 4446

Fischer Taschenbuch Verlag

fi 1705 / 1 a

Geschichte der
Bundesrepublik Deutschland

**Deutsche Geschichte
1945 – 1961
Darstellung und
Dokumente in zwei
Bänden**
Herausgegeben von
Rolf Steininger
Band I: Bd. 4315
Band II: Bd. 4316

**Deutsche Geschichte
1962 – 1983
Dokumente in
zwei Bänden**
Herausgegeben von
Irmgard Wilharm
Band I: Bd. 4317
Band II: Bd. 4318

Hermann Glaser
**Die Kulturgeschichte
der Bundesrepublik
Deutschland**
Drei Bände
in Kassette:
Band 10530
Die Bände sind auch
einzeln erhältlich:
**Band 1: Zwischen
Kapitulation und
Währungsreform
(1945 – 1948)**
Band 10527

**Band 2: Zwischen
Grundgesetz und
Großer Koalition
(1949 – 1967)**
Band 10528

**Band 3: Zwischen
Protest und
Anpassung
(1968 – 1989)**
Band 10529

Georg G. Iggers (Hg.)
**Ein anderer
historischer Blick**
Beispiele ostdeutscher
Sozialgeschichte
Band 10834

Wilhelm
von Sternburg
Adenauer
Eine deutsche
Legende
Band 10151

Wilhelm
von Sternburg (Hg.)
**Die deutschen
Kanzler**
Von Bismarck
bis Schmidt
Band 4383

Fischer Taschenbuch Verlag

Biographien / Erinnerungen / Tagebücher

Musik

Pablo Casals
Licht und Schatten
auf einem langen
Weg
Erinnerungen
aufgezeichnet
von Albert E. Kahn
Band 1421

Alfred Einstein
Mozart
Sein Charakter –
sein Werk
Mit 99 Noten-
beispielen
Band 2039

Annette Kolb
Mozart
Band 5735

Hans Gal
Johannes Brahms
Leben und Werk
Band 2222

Alma Mahler
Gustav Mahler
Erinnerungen
Band 10715

Arthur Rubinstein
Erinnerungen
Die frühen Jahre
Band 1676

Christoph Rueger
Johann Sebastian
Bach
Eine Biographie
Band 5688

Franz Liszt
Band 5689

Maynard Solomon
Beethoven
Biographie
Band 5668

Franz Werfel
Verdi
Roman der Oper
Band 2061

Fischer Taschenbuch Verlag

fi 93 / 8